Jean-Jacques Rolin · Der Bettnässer

ÜBER WERK UND AUTOR

In kraftvollen Bildern erzählt der 1948 in Lothringen geborene Autor die Geschichte seiner in Frankreich erlebten Kindheit und Jugend. Schwere Krankheiten, Verschickungen, Remissionen, eine hartnäckige »Bettnässerei« und ständig brutaler werdende Auseinandersetzungen lassen das Leben des Jungen zu einer qualvollen Odyssee ausarten. Die Schilderungen der damaligen Lebensbedingungen in den Vogesen sowie die Zeichnung der eindrucksvollen Gestalten aus dem unmittelbaren Umfeld des Jungen bewirken, daß vor dem Auge des mitfühlenden und besorgten Lesers eine eigene Welt entsteht, in der auch unterhaltsame und heitere Szenen nicht fehlen. – Der Autor, dessen Muttersprache Französisch ist, hat die Geschichte seiner Kindheit und Jugend bewußt in deutscher Sprache verfaßt.

Jean-Jacques Rolin lebt seit 1968 in Deutschland, wo er zuerst als französischer Soldat bis 1972 in Speyer stationiert war. Ab 1978 besuchte er eine Schule für Krankengymnastik in Berlin und ließ sich 1983 im Großraum Lüneburg nieder, wo er seit 1984 eine eigene Praxis für Krankengymnastik in Adendorf führt. Im Jahre 1988 hat er die deutsche Staatsangehörigkeit angenommen. Er ist verheiratet und lebt derzeit in Lüneburg.

Jean-Jacques Rolin

DER BETTNÄSSER

Kindheit und Jugend

in Frankreich

K. Fischer Verlag · Aachen

Sans toi

il n'y avait rien ...

avec toi

il y a tout ...

Pour toi, Heidrun

»Ah! Voilà le grand! Mon Dieu, que je suis contente de te revoir!« (»Ah! Da ist der Große! Mein Gott, ich bin glücklich, dich wiederzusehen!«)

Freut sie sich wirklich, diese Frau, die gerade aus der Waschküche kommt und sich in ihrem grauen Kittel die Hände wäscht? Grau sieht sie auch aus. Und der Ton! Wieso spricht sie in einem Dialekt, den ich gar nicht verstehe? Warum nimmt sie mich nicht in den Arm, wenn sie sich so freut? Sie strahlt Kälte aus! Ja, sie strahlt eine ganz kühle Barriere aus, die ich nicht definieren kann, als ob sie ihre Hände absichtlich so hält, um Abstand zwischen uns beiden zu halten. Ihr Lächeln ist gezwungen! Gleichzeitig lächeln und beißen, dachte ich. Ich machte automatisch einen Schritt zurück, um nicht angefaßt zu werden. Aber sie traute sich und faßte mich mit ihren riesigen Armen an. Hilfe! Sie will mich verschlingen. Zu spät. Ich bin drin in der Falle, und es ist eisig kalt darin: es gibt kein Entkommen. Wie lange diese Umarmung dauerte, weiß ich jetzt überhaupt nicht mehr. Wie sie endete, auch nicht. Aber dieses Gefühl, mitten im Sommer die Arktis zu erleben – dieser Schock sitzt immer noch in meinem Herzen, obgleich diese Szene vierzig Jahre zurückliegt.

Dieses Wiedersehen fand im Jahre 1956 in Saint Dié des Vosges im Osten Frankreichs statt. Die Stadt, in der ich geboren bin. Eine merkwürdige Stadt mit noch merkwürdigeren Menschen. Nach dem Zweiten Weltkrieg, in dem die Stadt zu sechzig Prozent zerstört wurde, hatte die französische Regierung 1945 beschlossen, auf die Schnelle wakkelige und billige Baracken am Rande der Stadt aufzubauen. Die Stadt konnte man damals nur über kleine Pässe erreichen, inzwischen ist ein Tunnel gebaut worden. Überall rundherum ist die Stadt von Bergen umgeben. Am Hang einer dieser Berge, namens »Ormont«, wurde das »Paradis« gebaut. Es waren um die hundert solcher Baracken à zwei bis drei Familienwohnungen, die auf diesem sinnlos aufgereiht wurden. Es fällt mir jetzt ein, daß nur der obere Teil des Berges, der am Wald angrenzt, das »Paradis« genannt wurde, der untere Teil wurde »La Vigne Henry« (»Heinrich-Weinberg«) genannt, weil angeblich im Mittelalter hier Wein angebaut wurde, so wie jetzt im Elsaß.

Rue du Paradis N° 63. Wir wohnten hier im letzten Haus am Ende des Hanges im ersten Teil dieser Baracke. Diese Baracke war einstöckig. Wir, die vorne wohnten, besaßen eine Treppe mit etwa zwanzig Stufen, geradeaus herunter ohne Geländer. Diese Stufen haben für mich eine sehr wichtige Rolle gespielt. Die letzte Wohnung hatte keine Stufen, sie war ebenerdig. Wir verfügten über einen »Keller« ohne Außentür, in dem sich die Waschküche befand. Zur letzten Wohnung gehörte keine Waschküche. Wir waren richtig verwöhnt. Diese Baracke ist das Zentrum meiner Kindheit geblieben.

Vor der Öffnung der Waschküche hat sich die oben geschilderte Szene abgespielt. Ich hatte meine Mutter fast vierzehn Monate lang nicht gesehen. Ich sage »fast«, weil ich zwischen Krankenhaus und Sanatorium einen kurzen Aufenthalt in diesem Palast machen durfte. Zehn Monate lang hatte ich gerade im Sanatorium »La Source« (»Die Quelle«), im Departement du Var, in der Provence verbracht.

Die Jahre 1955 und 1956 sind mir nur in Form von starken einzelnen Bildern geblieben. Eine kleine Anzahl von schrecklichen, aufgereihten Stücken eines Puzzles, das seitdem nie richtig zusammengestellt wurde. Zwischen meiner Einlieferung ins Sanatorium und dem mißglückten Wiedersehen mit meiner Mutter hat sich dieses knappe Jahr sehr tief in mich eingegraben. Ein schwarzes Loch mit ein paar hellen Flecken, die nie größer wurden.

Als ich meine Mutter wiedersah, wußte ich nicht, was geschah. Mein Vater hatte mich mit der Bahn aus der Provence abgeholt. Das Wiedersehen mit ihm ist unproblematisch gewesen. Er war sowieso selten zu

Hause, und wenn er da war, wartete ich sehnsüchtig auf sein Verschwinden. Nicht, daß er mich ständig geprügelt oder mißhandelt hätte, nein, aber er war nicht wichtig. Diese Person war wichtig, diese Person, die ich nicht erkannt habe. Die Fremde, die mir sagt, daß sie mich mag, und mir zeigt, daß sie mich haßt. Oder will sie mir nicht zeigen, daß sie mich sehnsüchtig jeden Tag vermißt hat? Zehn Monate lang, ein paar Briefe, die ich vergessen habe, ein paar *colis* (Päckchen), die ich auch vergessen habe. Kein Besuch. Keine Telefonanrufe. Zugegeben, Frankreich war in den fünfziger Jahren wirtschaftlich und politisch ganz schön am Ende. Mein Vater hatte zwar Arbeit, mußte aber die ganze Woche hundert Kilometer von uns entfernt in einer Stahlgießerei arbeiten und kam nur zum Wochenende nach Hause. Wir hungerten nicht, aber wir mußten nebenbei noch viel aus dem Wald herausholen, um existieren zu können. Reich waren wir sicherlich nicht, arm, ja, sehr arm vielleicht. Unglücklich bin ich, glaube ich, nicht gewesen, bis zu dieser blöden Krankheit, die mich so lange von zu Hause ferngehalten hat.

Meine Mutter hätte doch kommen können, mindestens anrufen können. Nein, nichts! Vom Vater kam auch nichts, daran war ich schon gewöhnt, aber von Louise, meiner Mutter, hätte ich mehr erwartet. Ich denke oft an diese »verpaßten Besuche«, die ich mir von ganzem Herzen gewünscht hatte, so oft und so fest. Die Wünsche habe ich irgendwann verbannt, die Wünsche, die Sehnsucht, die Liebe und meine Mutter. So einfach ging es sicherlich nicht, wie ich es jetzt versuche zu beschreiben.

Als ich erkrankte, war ich gerade sieben Jahre alt und ging in die »École primaire de l'institution St. Marie«, eine Schule, die dem »Grand séminaire de Saint Dié« angegliedert war. Es war eine christliche Schule, die zum ehemaligen Bistum von Saint Dié gehörte. Wie unsere Wohnung, bestanden die Schulgebäude aus Holzbaracken. Madame Dubois hieß meine allererste Lehrerin. Sie war eine strenge alte Jungfer. Es ist für mich unmöglich zu sagen, wie alt sie wirklich war, jung, alt, älter. Sie kam mir so alt vor, weil sie sehr streng war.

Als ich eingeschult wurde im September 1954, hat mich Madame Dubois empfangen. Die Einschulung war in Frankreich damals einfach, man wurde einfach in die Schule gebracht. Die Lehrerin wartete an der Klassentür. Es gab keinen Flur. Man konnte von außen in das Klassenzimmer sehen und so den Unterricht verfolgen. Meine Mutter brachte mich bis zur Klassentür. Ich hatte schon den ganzen Weg geschrien und geweint. Das Weinen nahm bedrohlich zu, als ich die Lehrerin sah. Nicht, daß sie schrecklich oder häßlich aussah. Sie sah sogar nett aus. Sie war für mich nicht so schön wie meine Mutter, die ich bis dahin vergöttert hatte. Sie hatte nicht so schön und lieb zu sein wie Louise, auch dann nicht, wenn sie sich sehr bemühte. Ich höre noch meine Mutter sagen: »Madame Dubois, wir kommen gerade vom Direktor, der wissen wollte, wie zur Zeit der Gesundheitszustand von Jean-Jacques ist. Er hatte uns gebeten, vor der Einschulung noch vorbeizukommen. Er ist zur Zeit einigermaßen gesund. Sie wissen sicherlich, daß er sehr empfindlich ist, und deswegen bitte ich Sie, sehr rücksichtsvoll mit ihm umzugehen!«–»Ja, Madame Rolin. Der Direktor ...«

Sie kam nicht weiter. Ihre Stimme hatte meine Befürchtungen verstärkt. »Mit dir gehe ich nicht hinein«, dachte ich. Um diese Entscheidung deutlich zu machen, ließ ich eine unvergessene Arie des Weinens über den Schulhof, über die Schwelle der Klassentür bis zu meinem Stuhl erklingen. Die Arie war sehr kurz, wahrscheinlich auch sehr laut. Auf jeden Fall blieb ich Sieger. Ich ging wieder mit nach Hause. Beflügelt von diesem Erfolg wiederholte ich die Arie mit verschiedenen neuen Koloraturen jeden Tag, eine Woche lang. Diese erste Schulwoche war für mich sehr anstrengend. Jeden Morgen weinend diese anderthalb Kilometer mit meiner Mutter gehen, zehn Minuten lang im Klassenzimmer bleiben und sofort wieder denselben Weg weinend nach Hause zurück. Ich hatte meine Mutter sehr lieb diese erste Woche, die zweite nicht mehr. Sie stand nicht mehr zu mir. Ich blieb in der Klasse. Madame Dubois habe ich nie gemocht, sicherlich zu Unrecht. Es war nun mal so. Sie war Lehrerin, ich war Schüler. Ich wollte kein Schüler sein. Ich wollte zu Hause bleiben, in dieser häßlichen Baracke, die ich so sehr mochte. Irgendwann, kurze Zeit später, mußte ich lernen, den Weg allein nach Hause zu gehen. Den Rückweg lief ich immer sehr schnell hoch, Richtung »Paradis«. Der Weg hinunter, Richtung Schule, dauerte viel länger. Die Mittagspause dauerte über zwei Stunden. Ich ging nach Hause. Es war Pflicht.

Irgendwann im Winter 1955, Januar oder Februar, genau weiß ich es nicht mehr, ging ich mittags nach Hause. Ich war sehr wackelig auf den Beinen. Ich fühlte mich nicht wohl. Ich war ein ruhiges Kind, sprach von dieser für mich folgenschweren Krankheit nicht viel, war nur zufrieden, wenn ich zu Hause war, um mit meiner Schwester Francine, die drei Jahre jünger war als ich, spielen zu können.

Das Mittagessen stand schon auf dem Tisch. Es gab Spiegeleier und Kartoffelpüree. Es schmeckte nicht. Mir war heiß, ich kriegte keine Luft. Lachen, was ich selten machte, war unmöglich. Tief atmen auch nicht. Ich war wirklich krank!

Anfangs reagierte meine Mutter überhaupt nicht. Ich wollte natürlich nicht in die Schule gehen, um mich wie jeden Tag mit Madame Dubois zu quälen. Ich spielte kein Theater. Aber Louise blieb hart. Sie holte das Fieberthermometer: es zeigte 39 Grad an!! Endlich! Sie glaubte mir! Jetzt war Panik angesagt. Sie bestellte sofort über unsere Nachbarin einen Arzt.

Die Ärztin hieß Madame Pelletier. Was für eine Ärztin! Groß, breit, ein Gesicht wie Boris Karloff, etwas weicher, aber doch sehr ähnlich. Eine tiefe Stimme, Bariton oder in dieser Stimmlage. Ich weiß noch, daß sie stolz war, Mutter von sieben Kindern zu sein. Sie sah die Mutterrolle als heilig an. »Ta mère est sacrée. Une mère est toujours sacrée.« (»Deine Mutter ist heilig. Eine Mutter ist immer heilig.«)

Madame Pelletier stellte zunächst die Diagnose fest: *Pleuritis purulenta* (Eitrige Rippenfellentzündung). Beide Lungen waren betroffen. Tatsächlich war aber diese Rippenfellentzündung nicht eitrig. Es war eine vermehrte krankhafte Entzündung der Pleura und der Rippenfellflüssigkeit. So lautete die endgültige Diagnose. Ich wurde oft danach geröntgt. Viele Tuberculintests sind gemacht worden. Alle sind überreaktiv gewesen.

Die späteren Untersuchungen in Deutschland haben immer starke residuale Narben beider Lungenoberlappen gezeigt. Es ist höchstwahrscheinlich sicher, daß ich damals TBC gehabt haben muß. Sonst schickt man kein siebenjähriges Kind zehn Monate lang ins Sanatorium. Ich weiß es nicht. Es ist im Grunde genommen egal, was ich wirklich gehabt habe, TBC oder keine TBC! Ich habe auf jeden Fall gelitten und nicht nur körperlich!

Als die Krankheit anfing, als die Ärztin mir verordnete, fest im Bett liegen zu bleiben, als ich immer schwächer wurde, als dazu eine Darminfektion unbekannter Ursache kam, wußte ich nicht, was mir passierte.

Die erste Woche im Bett, zu Hause, in dieser Baracke, die schwer warmzukriegen war, diese erste Woche war schön. Ich weiß noch, daß meine Mutter netter zu mir war als sonst. Es war an bestimmten Details zu merken. Ich besaß kein Schmusetier, deswegen durfte ich ab und an die *Canadienne* meines Vaters – so wurden bei uns schwere Winterjacken mit Fellkragen genannt – auf meine Bettdecke kriegen. Sie lag so, daß der Kragen nach oben zu meinem Gesicht gerichtet war. Ich konnte auf diese Weise mit diesem aus Fell bestehenden Kragen schmusen. Wie ich diese »Canadienne« geliebt habe! Ich habe noch den Geruch in der Nase: eine Mischung aus altem Leder, Tabak und Schweiß. Dies erinnerte mich ständig an meinen Vater, der nicht oft da war.

Die Krankheit war hartnäckig. Sie war ambulant nicht zu bekämpfen. Nach drei Wochen entschloß sich die Pelletier, mich in das Unikrankenhaus von Nancy zu überweisen. Es waren insgesamt acht Wochen, die ich da verbracht habe. Zwei wichtige Bilder prägen diese Zeit. Das Krankenzimmer war ein riesiger Raum, quadratisch mit hohen Wänden und wenigen Fenstern. Es war ziemlich dunkel in diesem Zimmer. Ich lag gegenüber der breiten Eingangstür, die aus zwei großen, verglasten, eigenen Teilen bestand. Ich konnte sofort sehen, wer kam, wer ging, welche Kinder das Krankenhaus verließen, welche hineingingen. Es war ziemlich laut in diesem Raum. Es wurde gespielt und erzählt, auch oft geschrien, wenn die Schwestern mit ihren Spritzen kamen. Diese Spritzen! Wie viele habe ich in meinen Hintern gekriegt. Hunderte? Tausende? Auf jeden Fall habe ich im Krankenhaus vier pro Tag bekommen. Hatte ich Glück, tat die Spritze kaum weh. Meistens hatte ich Pech. Das Liegen war unmöglich. Die Pobacken waren schon durchgesiebt.

Meine Eltern kamen mit Francine, meiner Schwester, zu Besuch. Nie werde ich vergessen, wie sie da stand, etwa zwanzig Meter von mir entfernt vor der Eingangstür. Sie durfte nicht herein. Sie stand da mit ihren vier Jahren, unbeweglich, wie versteinert, die Hände überkreuzt. Sie hatte ein kariertes Kleid an und englische Locken. Es war die Mode damals, Mädchen so zu frisieren. Meine Schwester trug sehr lange, schöne Haare, und bei Festlichkeiten legte ihr meine Mutter sechs bis acht Korkenzieherlocken. In meiner Erinnerung ist sie für mich nie wieder so hübsch gewesen wie damals, als sie mich besuchte, aber nicht zu mir durfte. Es tat sehr weh. Es trübte den Besuch meiner Eltern.

Sie waren nett zu mir, zuvorkommend. Sie fragten mich, wie ich behandelt wurde. Ich zeigte mein Hinterteil, es sah hübsch zerstochen aus. Sie blieben nicht lange und nahmen mich nicht mit. Sie ließen mich einfach da im Bett liegen und sagten gar nicht, wann ich zurückdurfte. Vielleicht wollten sie mich dalassen? Sie verabschiedeten sich mit französischen Küssen, viermal daneben geküßt – oder waren es schon sechs? –, aber nur ein einziges Mal die Wange getroffen! Meine Mutter beugte sich zu mir herab, küßte mich noch einmal und sagte: »C'est pour toi seul. Je les cache sous l'oreiller!« (»Das ist nur für dich. Ich verstecke sie unter dem Kopfkissen.«)

Als sie weg waren, habe ich diskret nachgesehen, was sie da für einen Schatz hinterlassen hatte, meine Mutter. Es waren kleine Marzipanfrüchte in Form von Bananen, Orangen, Äpfeln. Die waren so schön! Ich wagte nicht, sie anzubrechen. Die Tüte habe ich nicht aufgemacht. Was daraus geworden ist, weiß ich nicht mehr. Ich weiß nur, daß ich sie, diese kostbaren Marzipanfrüchte, wirklich heldenhaft verteidigt habe, solange ich im Krankenhaus war.

Die Ärzte im Krankenhaus kamen auf eine tolle Idee: Das Kind muß weg! Das Klima in den Vogesen ist viel zu ungesund für dieses schwache Kind. Es wird verschickt! Ich wußte nichts davon, als ich nach Hause kam. Die Freude war sehr groß, wieder in dieser geliebten Baracke zu sein.

Ein neues Lieblingsspiel war »Besteck-fallen-Lassen«. Die Waschküche befand sich unter der Küche. Der Küchenfußboden war eine Ansammlung von Holzbrettern, die nebeneinandergelegt waren. Der Abstand zwischen manchen Brettern war so groß, der Spalt so breit, daß ich Küchenbestecke einfach dazwischenstecken konnte. Messer und Gabeln fielen hinter dem Rücken meiner Mutter, die am großen Betonspülbecken stand und Wäsche wusch, herunter. Es machte viel Spaß, das ganze Küchenbesteck heruntersausen zu lassen. Es kam nie dazu, die Schubladen ganz auszuleeren. Ich hatte nie die Zeit, alle herunterzuwerfen. Nach drei oder vier Gabeln kam schon meine Mutter hoch und ... Ja, ich habe des öfteren den Arsch voll oder saftige Ohrfeigen gekriegt. Eine harte Strafe für so ein Kinderdelikt! Meistens schaute Francine nicht nur zu. Sie war mit ihren vier Jahren ganz schön aktiv dabei. Ich weiß nicht, wie sie es vor dieser Rippenfellentzündung immer fertigbrachte, mir ständig die Schuld zu geben. Beim »Besteck-fallen-Lassen« kriegte ich regelmäßig die Strafe. Sie war so ein Engel, wenn Mutter hochkam. Und ich war zu blöde, zu ängstlich, um die Wahrheit zu sagen.

Ich blieb nicht lange. Im Juni 1955 war es soweit. Das Unternehmen »Verschickung« nahm seinen Lauf. Raymond, der Bruder meines Vaters, der übrigens André heißt, hatte sich bereit erklärt, mitzufahren. Er und mein Vater würden mich in die Provence begleiten. Es war abgemacht. Die Reise an sich war unbedeutend. Es ist langweilig im Zug, wenn man weiß, daß die Zukunft ungewiß ist. Wie lange bleibe ich fort? Warum muß ich weg? Bin ich so krank? Werde ich sterben? Lieben mich meine Eltern nicht mehr? Ist Francine viel besser als ich? Sie ist gesund. Das ist ihr Vorteil. Niemand, nicht einmal die Pelletier hat mir etwas dazu gesagt. Warum auch. Kinder waren in Frankreich zu dieser Zeit – wie auch heute noch in dieser Gegend – Geschöpfe zweiter Kategorie. Was habe ich getan? Warum muß ich weg? Es kreiste in meinem kleinen Gehirn. Dieselben Fragen kamen immer wieder hoch. Im Grunde kam nur eine Frage hoch: Warum? Meine Eltern hätten kämpfen müssen, daß ich bleibe. Ich war ihr Kind. Was ist wichtiger, die Meinung der Ärzte oder die Liebe der Eltern zum eigenen Kind? André und Louise haben nicht für mich gekämpft. Nein. Vielleicht waren die beiden froh, mich loszuwerden?

Wir kamen in Marseille an. Hier machten wir eine Zwischenstation. Es war wirklich wie Urlaub. Ich fuhr zum ersten Mal in meinem Leben mit einem Boot. Vom Hafen von Marseille fuhren wir zum Château d'If. Wie es da aussah und wie schön es auf dem Schloß war, ist mir nicht im Gedächtnis geblieben. Aber die Bootsfahrt. Ja, es war unheimlich aufregend! Soviel Wasser auf einmal! Es sah alles so blau aus. Es war schon sehr heiß. Ich hatte das Meer, dieses Mittelmeer so nie gesehen. Ich war einfach überwältigt. Für ein paar Stunden vergaß ich meine ernste Situation. Ich habe nicht einmal gezeigt, daß ich Angst hatte. Angst vorm Wasser, eine Angst, die ich heute noch habe. Damals war sie etwas anders als jetzt. Ich dachte, die Wellen könnten mich schnappen und herunterziehen oder das Boot zum Kentern bringen. Oder das Boot wäre nicht dicht, es sah so klapperig und alt aus. Wir blieben aber unversehrt! In Toulon mußten wir aussteigen, um mit dem Bus weiter nach Cuers zu fahren. Wir kamen in Cuers an. Abgeliefert: Tschüs!

Das war's! Bis irgendwann. Ich blieb allein zurück, allein und verlassen. Ich denke nicht, daß der Abschied wirklich so brutal war und so schnell geschah. Ich kann die Abschiedszeremonie nach so vielen Jahren nicht wieder hochkommen lassen. Jahre, die ich gebraucht habe, alles zu vergessen, was damit verbunden war. Es war unbeschreiblich. Ich war krank, zerbrechlich, und deswegen war ich hier, am Ende der Welt. Allein, einsam: heute am ersten Tag, morgen am zweiten Tag und dreihundert Tage später auch. Dieser Zustand wird sich nie ändern. Er hat sich auch nicht verändert. Vierzig Jahre später, jetzt, da ich diese Zeilen niederschreibe, ist dieses Gefühl noch stark vorhanden, so, als ob es gerade geschehen wäre, als ob ich gerade in Cuers angekommen wäre. Welche Möglichkeiten hatte ich, mit dieser Situation fertigzuwerden? Neunhundert Kilometer von zu Hause entfernt! Ein Sanatorium mit vielen kranken Kindern und krankem Personal. Eine fremde

Umgebung. Es war nicht Frankreich. Der Akzent aus der Provence war mir unheimlich. Die Leute sprechen hier nicht, sie singen! Und am schlimmsten: die Ungewißheit! Wie lange werde ich hier bleiben? Meine Mutter hatte nichts gesagt. Mein Vater hatte sich nicht geäußert. Onkel Raymond wußte nichts. Hier im Sanatorium selbst war Schweigen angesagt. Also würde ich sicher für immer hierbleiben. Und so war es auch. Dreihundert Tage sind eine Ewigkeit, wenn man sieben Jahre alt ist und weit weg von zu Hause total abgeschnitten lebt. Diese Zeit im Sanatorium ist nicht mehr lebendig in mir.

Ich habe es überlebt, das ist am wichtigsten. Es war eine lebenswichtige Entscheidung! Entweder zugrunde gehen, sterben. Oder: Leben und etwas *in mir* sterben lassen. Ja, *sie in mir* vernichten. Alles, was bis jetzt wichtig gewesen war, mußte auf der Strecke bleiben. Angefangen mit der Familie. Die Mutter war nicht da. Ich wußte nicht mehr, ob sie überhaupt Briefe geschrieben hatte. Vergessen! Also, sie mußte auch weg. Sie hatte mich weggeschickt, ich warf sie aus mir heraus. Wie geschah es? Wie? Es geschah einfach. »Überleben«, so hieß damals im Sanatorium die Devise. Der Vater war auch nicht da. Zu Hause auch nicht, aber wenn er da war, dann wußten wir alle, wer der Pascha war, der Oberbefehlshaber über Leben und Tod der Familie Rolin. Er, der Vater! Er hatte mich hierher gebracht und mich ausgeliefert.

Ich wollte nicht hierbleiben. Ich mußte! Er war allein mit seinem Bruder nach Saint Dié zurückgefahren. Er hatte mich verraten. Also, er mußte auch weg aus mir. Tot!

Jetzt war ich ohne Vater und ohne Mutter. Sie waren sowieso nicht da. Francine, die kleine, süße, zickige Schwester – ich hatte sie sicherlich in mir bewahrt, so unterschwellig, auf Sparflamme. Sie war die einzige, die unschuldig war. Sie konnte nichts dafür. Sie war gesund und konnte bleiben. Ich war krank und mußte weg.

Außer einer Horrorszene aus dem Refektorium ist mir aus dieser Zeit, die ich in Cuers verbracht habe, wenig im Gedächtnis geblieben. Das Refektorium war ein riesiger Raum, lang und relativ schmal. Die Tische, oder besser gesagt, der sehr lange Tisch war hellgrün und bildete ein weites, offenes U. Wir saßen alle außen, so konnte man uns besser beobachten. Essen war Pflicht, egal, ob wir Appetit hatten oder nicht. Es gab oft *boulettes,* sogenannte *»Crottins de cheval«* (»Pferdeäpfel«). Sie sahen fast genauso aus und schmeckten schlimmer als richtige Pferdeäpfel, obwohl ich noch nie die Ehre gehabt habe, welche zu probieren, schrecklich! Eines Tages beim Mittagessen wurde die alltägliche Pflichtvorstellung zu einer Horrorvision. Dieses Erlebnis ist so lebendig wie abscheulich. Ein kleines Mädchen, das in der Mitte dieses Tisches Platz genommen hatte, wurde von einer Betreuerin gezwungen zu essen. Das Mädchen aß widerwillig und spuckte alles wieder auf ihren Teller aus. Aus diesem unappetitlichen Gemisch wurde das Mädchen wieder »gefüttert«! Ein, zwei Löffel, der Mund wurde festgehalten, so lange, bis das Mädchen alles heruntergeschluckt und später noch einmal ausspuckte. Schlucken, kotzen, mischen, rühren, füttern, schlucken, kotzen, mischen, rühren ... Bei mir dreht sich der Magen heute noch um, wenn ich dieses Bild beschreibe. Es ist schwer, die Szene getreu wiederzugeben. Es fehlt immer etwas. Und das, was fehlt, ist noch schrecklicher als das, was ich schon beschrieben habe.

Ich weiß noch, daß ich jede Nacht in meinem eigenen Urin gebadet habe. Ich war »Bettnässer«, inkontinent, *pisse-au-lit.* Ja, dieses »Ins-Bett-Pinkeln« hat mich bis zum 16. Lebensjahr begleitet. Da ich schon immer in der Baracke regelmäßig ins Bett gemacht hatte, war mir die Bettnässerei im Sanatorium nicht als etwas Besonderes haftengeblieben. Nur das Essen war zu Hause viel besser. Meine Lungen und mein Darm waren krank. Meine Lungen sollten sich erholen. Zuerst wurde die »Spritzenkur« weitergeführt. Zwei Spritzen am Tag, und das zehn Monate lang. Alle vier Wochen wurden meine Lungen geröntgt. Zugenommen habe ich in dieser Zeit vier Kilo. Ja, bei *dem* Essen eine Leistung! Ich wurde als gesund, aber nach wie vor zerbrechlich entlassen.

Ich wurde vom Vater allein abgeholt. Ich habe André sofort erkannt. Es war nicht schwer. Zu Hause mußte ich sowieso mit seiner Anwesenheit sparsam umgehen. Wir kamen irgendwann in Saint Dié an und fuhren zum »Paradis«, wo sich diese Szene des Wiedersehens abspielte. Ich habe sie wiedergesehen, meine Mutter: ich habe sie nicht erkannt, nicht erkennen wollen. Ich war wieder da, ob ich es wollte oder nicht. Ich war ihr Sohn. Sie konnte mit mir machen, was sie wollte. Sie hatte mich gerade zehn Monate lang weggeschickt, und jetzt war sie glücklich, mich wiederzuhaben. So verhielt sich meine Mutter damals.

Sicherlich weiß ich heute, daß sie es aufrichtig gemeint hat, daß sie froh war, »ihren Liebling« in der Familie wiederzuhaben. Aber warum vermisse ich seitdem, seit immer schon, die Signale, die Details, die mir die Sicherheit hätten geben müssen, zu wissen: sie liebt mich wirklich! Sollte ich einfach spüren, daß es so ist? Sollte ich als Sieben- bis Achtjähriger schon die Kraft besessen haben, über den Tatsachen, den Fakten zu stehen, die alle gegen sie sprachen? Gesund kriegte ich keine Zuwendung, ich lief einfach mit. Krank kriegte ich welche, ja, sogar viel, aber sehr krank wurde ich fortgeschickt. Wie sollte ich damals unterscheiden können? Ich hoffe, irgendwann finde ich die Kraft, um verstehen zu können, was der wahre Grund für diese unterschiedlichen Verhaltensweisen war.

Meine Gesundheit, meine vorübergehend wiedererlangte Gesundheit, verkraftete dieses Wiedersehen nicht. *Une rechute* (ein Rückfall), sagte die Pelletier, die immer noch für mich zuständig war. Ah, ich habe sie so herzlich gehaßt, dieses Monstrum. Warum mischte sie sich wieder ein. Es war doch klar, daß ich, sobald ich diese zwanzig Stufen zur Wohnung hochgeklettert war, nicht die körperliche Kraft besaß, diesen Schock zu überwinden. Die Lungen machten nicht mehr mit. Dieselbe Diagnose wie vor anderthalb Jahren. »Mais cette fois c'est nettement moins grave, Madame Rolin. Une série die piqûres suffira pour surmonter cette rechute.« (»Dieses Mal ist es nicht so ernst, Madame Rolin. Mit Spritzen werden wir diesen Rückfall schnell beheben.«) Da hatte sie recht, die Ärztin. Spritzen! Schon wieder. Der erneute Ausbruch dieser Rippenfellentzündung war tatsächlich harmlos. Nach ein paar Wochen, die ich wieder im Bett verbrachte, konnte ich, mußte ich wieder zur Schule gehen.

Meine Mutter wurde im Alter von etwa zwölf Jahren, nach dem Tod ihrer Mutter Ende Oktober 1938, als Waise mit ihren Schwestern in ein Kloster geschickt, in dem auch ein Waisenhaus von den Nonnen betreu wurde. Meine Mutter erzählte gern von diesem Kloster von Remiremont, einer kleinen Stadt in den Vogesen. Ihr Vater war schon ein paar Jahre vorher gestorben. Das Klosterleben hat meine Mutter sehr geprägt, sie durfte dort den Beruf einer Hilfsschwester erlernen. Sie ist keine intelligente Frau, nicht weltoffen, nicht kritisch, nicht stark. Sie ist religiös, ergeben selbstlos. Jahrelang habe ich gedacht, ich hätte eine Heilige als Mutter. Es ist schade, daß ich sie nicht früher gekannt habe. Als ich erkannte, daß auch sie, genauso wie ich, ein Instrument in der Hand meines Vaters war, dem Padre Padrone schlechthin, war es schon zu spät. Sie war für mich nicht mehr zu retten, ich mußte mich selbst retten, und das habe ich getan. Sie blieb auf der Strecke, wurde schwer gemütskrank. Irgendwann, irgendwie hat sie meinen Vater kennengelernt. Ich weiß nur mit Sicherheit, daß er ihr Bonbons angeboten hatte, was damals 1946/47, kurz nach dem Krieg, nicht selbstverständlich war, weil Bonbons zu den Luxusartikeln gehörten. So hatte er meine Mutter erobert, mit Bonbons. Auf jeden Fall wurde sie schwanger. Ein Skandal! Sie war noch nicht volljährig, und die Klostervorsteherin wollte nicht, daß meine Mutter heiratet. Tatsächlich durfte sie erst nach ihrer Volljährigkeit heiraten. Da war sie schon im siebten Monat schwanger. Bei der Hochzeit war ich dabei. Im Bauch meiner Mutter. Ich habe alles miterlebt. Leider weiß ich überhaupt nichts mehr davon, sonst hätte ich gern darüber geschrieben. Ich habe später meine Mutter gefragt, wie es dazu kam, vor der Hochzeit mit meinem Vater zu schlafen, weil ich genau weiß, daß meine Mutter Sexualität immer als Pflicht der Ehefrau angesehen hat. Die Antwort war verblüffend. Mein Vater hatte ihr schon die Heirat versprochen und ihr erzählt, daß sie miteinander schlafen müßten, wenn sie überhaupt Kinder haben wollte, worauf meine Mutter folgendes sagte: »Aber soll ich jedesmal mit dir schlafen, wenn ich ein Kind will?«

Ja, sie hat heute noch diese Naivität, auch wenn sie nur noch selten zum Vorschein kommt. Genau drei Monate nach der Hochzeit kam ich auf die Welt. Ende Februar – ein »Fisch«. Neun Pfund wog ich. Ein riesiges Kind. Ein ruhiges Kind.

Ich habe absolut keine Erinnerungen mehr, wie ich das erste Jahr auf dieser Erde verbrachte. Ich habe mich nie angestrengt, Bilder aus dieser Zeit (wenn es überhaupt möglich ist) hochkommen zu lassen. Ich wurde sofort getauft, weil man vermutete, ich würde vielleicht nicht lange leben!

Das, was ich jetzt aufzählen werde, wurde mir von meiner Mutter und meiner *marraine* (Patin) Madeleine, der älteren Schwester meiner Mutter, unzählige Male geschildert. Es ist so eigenartig. Ich habe von meiner Mutter gehört, daß viele Ärzte gemeint haben, ich werde bald sterben, ich werde nicht alt. So jung und so krank. Manchmal frage ich mich, ob die Ärzte dies wirklich gemeint haben oder ob meine Mutter dies falsch interpretiert hat, um ihre Ängste auszudrücken. Oder war das ihr Wunsch, mich loszuwerden? Ich möchte meiner Mutter nichts Schlechtes anhängen. Die Kühle, die sie heute ausstrahlt, die hat sie auch in meiner Kindheit ausgestrahlt. Nicht ständig, aber immer wieder.

Tatsächlich, mit neun Monaten wurde ich plötzlich krank. Ich nahm keine Nahrung mehr auf. Ich konnte nicht mehr essen, nicht mehr schlucken. Ich schrie nur noch. Docteur Beaudouin mußte her. Er kam nicht sofort. Er war gerade unterwegs. Wir hatten natürlich kein Telefon, kein Auto. Meine Mutter konnte nicht radfahren. Im Notfall wurde jemand zur *épicerie* (Lebensmittelladen) geschickt, unten, etwa einen Kilometer entfernt, am Fuße des Berges. Monsieur Vincent, der Besitzer, hatte ein Telefon, das einzige im »Paradis« und in »La Vigne Henry«. Inzwischen hatte ich Fieber bekommen. Hohes Fieber. Irgendwann abends, sehr spät, kam Docteur Beaudouin, ein Hals-Nasen-Ohren-Arzt, »*othorhino*« sagen die Franzosen dazu. Beaudouin war nicht die Pelletier. Er war, er ist (ich glaube, er lebt noch und muß schon weit über achtzig Jahre alt sein) ein Arzt, dem ich immer verbunden bleiben werde, mein Leben lang. Ich verdanke ihm mein Leben, und zwar zweimal. Das erste Mal bei dem, was ich jetzt gerade beschreibe, das zweite Mal fast achtzehn Jahre später. Er hatte mich untersucht und meiner Mutter erzählt, er müßte sofort einen kleinen Eingriff vornehmen. Ich hätte eine hochgradig eitrige Mittelohrentzündung, beide Ohren wären betroffen. Zwei Abszesse wären entstanden. Er müßte sie durchstechen und sehen, was dann passieren würde. Er nahm mich zwischen seine Knie und machte, was er für richtig hielt.

Meine Mutter erzählte mir später, daß der Eiter richtig aus beiden Ohren lief, »en masse«. Mit Antibiotika wurde ich geheilt. Meine Ohren sind bis heute noch nicht ganz in Ordnung. Eine ganz leichte Schwerhörigkeit resultiert davon, außerdem habe ich danach fünfzehn Jahre lang fast jährlich eine leichte bis schwere Mittelohrentzündung gehabt. Ich denke, meine Mutter hat damals sehr mit mir gelitten, wenn ich ihrer Erzählung Glauben schenke, besonders bei diesem kleinen Eingriff. Diese Mutter habe ich nie durchschaut, heute noch weniger als damals.

Als ich anfing zu sprechen, waren meine Eltern entsetzt. Damals wie heute erwarten die Eltern, daß ihre Kinder die Muttersprache mit solchen Wörtern wie »Mama« oder »Papa« erlernen. Mein erstes Wort war schlicht und einfach »Stoß«. Ja, ein deutsches Wort. »Papa«, »Mama«, das kann jeder. Aber in Frankreich als erstes Wort ein deutsches Wort zu sagen und das noch relativ kurz nach dem Zweiten Weltkrieg, das war etwas! Der Gipfel dabei war, daß keiner verstand, was ich sagte. Das war mein erster Coup. Die anderen Wörter waren, Gott sei gelobt, französisch, ein paar davon sprach ich mit einem deutschen Akzent. Mein Vater war entsetzt, daß ich *bateau* (Schiff) und *gâteau* (Kuchen) so aussprach: »baaato« und »gaaato«.

Wir wohnten nicht sehr weit von der elsässischen Ebene entfernt. Die Sprachgrenze verläuft sehr genau entlang des Bergkammes. In Saint Dié wurde Dialekt gesprochen, ein unmöglicher Dialekt, der zum Glück heute kaum noch gesprochen wird. Meine Großeltern väterlicherseits sprachen diesen Dialekt noch sehr gut. Meine Mutter nahm mich oft mit ins Krankenhaus, als sie wieder anfing zu arbeiten. Es gab keinen Kindergarten. Es gab wenig Arbeit, kein Geld. Jeder mußte mit der bitteren Nachkriegszeit fertig werden. Da meine Mutter als 15jährige im Krieg schon als Hilfsschwester gearbeitet hatte und auch nach dem Krieg, durfte sie ohne große Probleme nach meiner Geburt wieder im Krankenhaus arbeiten.

Als ich anfing, mich aufzurichten, wurde ich oft in ein *»youpala«*

gesteckt. Ich habe nie gewußt, wie man dieses Wort richtig schreibt. Wie man darin sitzt, das weiß ich noch. Es ist ein Laufgerät gewesen, mit drei Rädern und einem Gestell in der Mitte, in dem kleine Kinder stehen konnten. Die Beine hatten Kontakt mit dem Fußboden. Man konnte damit gehen, ohne auf das Gleichgewicht achten zu müssen. Die Möglichkeiten dieses Gerätes waren sehr gut. Ich konnte den Flur hin- und herrasen. Die Krankenschwestern mußten ausweichen. Es machte viel Spaß. Ich konnte im Krankenhaus damit soviel laufen, wie ich wollte. Es hatte mit dem heutigen Krankenhaus nichts gemein. Die Krankenzimmer waren riesig. Zwanzig bis dreißig Betten paßten hinein. In der Mitte standen ein paar Tische, an denen die Kranken sitzen und rauchen konnten. Die Flure waren sehr lang und sehr breit. Das Krankenhaus war zweistöckig. Leider. Die Treppen waren sehr breit und tief. Es war meine Spezialität, mit diesem »*youpala*« die Treppe hinunterzufahren. Sie war nicht dafür geeignet. Ich habe viel zu spät erfahren, daß ... Ich nahm Anlauf und raste die Stufen hinunter. Das erste Mal war ziemlich harmlos. Ich fiel schon nach zwei Stufen, ohne mich ernsthaft verletzt zu haben. Es gab mir Mut, Hoffnung. Das zweite Mal war auch gleich das letzte Mal. Ich glaube, ich habe damals den ganzen Flur als Anlauf genommen. Ich kam unten an, aber wie! Gleich waren zehn Krankenschwestern um mich herum, zusätzlich meine Mutter. Ich war grün und blau, hatte aber keine Brüche erlitten, aber das Gerät ... Ja, es war schon zu Ende mit diesem »*youpala*«.

Es gab noch ein Gerät, an das ich gern zurückdenke. An meinen Babystuhl. Es war ein Holzstuhl, auch zweistöckig, man konnte ihn zusammenklappen, und er sah so aus wie ein »*youpala*« mit einer kleinen Ablage davor. Ich saß stolz darauf, besonders wenn ich »gefüttert« wurde. Diese Aufgabe übernahm oft meine Tante Madeleine. Sie hatte gerade geheiratet und noch nicht das Glück, ein solches Kind wie mich zu haben. Sie war oft da und half mit beim Essen. Sie hatte meistens Glück, bis zu diesem Tag mit dem Kartoffelbrei. Oh, ich liebe Kartoffelbrei, frisch gemacht mit Butter und Milch! Nicht zu heiß. Ich war noch klein, es durfte nicht zu heiß sein. Ich saß wie immer auf diesem hohen Stuhl, auf der Ablage einen Teller mit diesem jetzt berühmten

Kartoffelbrei. Ein Babylöffel war auch vorhanden. Wozu, fragte ich mich. Meine Tante gab sich Mühe, mir zu zeigen, wie man mit diesem Löffel umgehen kann. Ja! Ich hatte Hunger. Der Teller war voll. Es roch so gut. Der Löffel war so klein. Meine Hand war noch so ungeschickt. Mein Mund immer irgendwo anders. Ich traf so selten. Irgendwann ließ die Aufmerksamkeit meiner Tante nach. Ich nahm entschlossen den Teller mit beiden Händen und führte ihn zu meinem Mund. Natürlich war mein Mund zu klein. Der Hunger trieb mich. Ich mußte sofort alles in den Mund kriegen. Ich fing an, nervös zu werden. Jetzt hatte ich es. Ich nahm den Teller und drehte ihn auf meinen Kopf. Ich sah nicht mehr viel, aber der Brei kam allein zu meinem Mund. Das war das Wichtigste. Es schmeckte mir. Meiner Tante weniger. Meine Mutter schrie meine Tante an. Warum? Die Erwachsenen haben kein Verständnis, wenn kleine Kinder in einer Notlage sind.

Etwas später, ich glaube, ich war zwei oder zweieinhalb Jahre alt, wurde ich noch einmal mit Treppen und Stufen konfrontiert. Wir heizten nur mit Holz. Mein Vater kriegte jedes Jahr vom Förster eine Waldparzelle zugeteilt. Er mußte sie »säubern«. Kleine Bäume, besonders Bäume mit Blättern, durfte er fällen, Nadelbäume sehr selten. Jedes Jahr wurden zwanzig bis dreißig Kubikmeter Holz vor dem Haus gestapelt, bestehend aus Eiche, Buche, Birke, Erle. Im Winter stand der Ofen in der Küche im Dauereinsatz. Da wir in einer Holzbaracke wohnten, mußte der einzige Ofen in der Wohnung mitten, oder fast mitten im Raum sein. Der Abstand zur Wand war auf jeden Fall sehr groß. Die Eisenröhren, die fast um die ganze Küche herumliefen, produzierten auch eine beträchtliche Wärme. Die Aschenproduktion war enorm. Um im Winter nicht ständig die Stufen herunterzulaufen, warfen meine Eltern die Asche immer von der Treppe herunter in den vor dem Haus und der Treppe gebildeten Winkel. Der Ruß vom Ofen und den Röhren kam noch dazu. Der Haufen war im Frühling schon sehr imposant. Sonntags wurde ich immer sehr hübsch angezogen. An diesem Sonntag trug ich »une culotte bouffante«, so eine Art Pumphose, die meine Mutter gestrickt hatte, rot und weiß, aus Wolle selbstverständlich. Meine Schwester war noch nicht geboren. Ich war das Mädchen. So nannten mich die Nachbarn. So wurde ich auch angezogen. Die Frisur selbst war mädchenhaft: blondes Haar mit vielen natürlichen Locken. Mädchen oder Junge, es war mir egal, solange ich geliebt wurde. Und heute am Sonntag war ich noch hübscher als sonst. Mein Vater war irgendwo draußen beschäftigt. Meine Mutter war gerade dabei, das Sonntagskaninchen vorzubereiten. Ich lief in der Küche herum. »Jean-Jacques, viens voir papa!« (»Jean-Jacques, komm zu deinem Vater!«) Es war die Stimme meines Vaters. Sie kam von draußen, etwas ungeduldig. »Jean-Jacques, viens, depêche-toi!« (»Jean-Jacques, beeil dich!«) Diesen Satz habe ich sehr oft gehört. Dieses Mal war die Stimme lauter. »Viens tout de suite.« (»Komm sofort!«) Ja! Ich mußte zu meinem Vater. Es war wirklich dringend. Ich ging aus der Küche heraus und kam zu der Treppe. »Tu viens ou tu veux que je vienne te chercher?« (»Kommst du, oder muß ich dich holen?«) Oh! Oh! Es brennt! Ich komme! Zwanzig Stufen. Ich blieb kurz oben stehen. Ich muß dazu sagen, daß die oberste Stufe etwas über drei Meter hoch war. Ich guckte herunter, geradeaus. Ich guckte auch nach links. Ja, da lag der schöne, weiche Haufen aus Asche und Ruß. »Jean-Jacques. Merde alors! Tu viens.« (»Jean-Jacques, verdammte Scheiße. Kommst du?«) Ich hatte keine Wahl. Ich sprang herunter. Oh, war der Sprung schön und die Landung besonders weich. Ich fand das Ganze meisterhaft, bis zu dem Moment, als mein Vater anfing, mich zu suchen. Er war nervös, ungeduldig, cholerisch. Was er sagte, egal was es war, war immer ein Befehl. Wir, meine Mutter und ich, mußten immer gehorchen. Er suchte mich und fand mich strahlend und fast versunken in diesem Aschenhaufen. »Regarde, papa. Je suis venu tout de suite!« (»Guck, Papa! Ich bin sofort gekommen!«) Oh, war ich stolz. Ich war einfach heruntergesprungen. Ja, guck, wie mutig ich war! Warum lachte er nicht? Sein Gesicht war entstellt. Er fing an zu grimassieren. Ich verstand es nicht. Warum sind die Eltern nie einverstanden, wenn kleine Kinder Initiative ergreifen. Ich habe es damals nicht verstanden und heute auch nicht. Dieses Mal habe ich die Ohrfeigen erst gekriegt, als ich gewaschen war. Es tat genauso weh wie immer. Meine Mutter mußte sich auch einmischen. Sie wurde ausgeschimpft, und daraufhin kriegte ich von ihr auch etwas auf die Pobacken. Was meine Pobacken schon ausgehalten haben! Spritzen »en masse«. Prügel weniger, aber reichlich genug.

Meine Mutter war schwanger. Damit konnte ich nichts anfangen. Ich weiß noch, daß der liebe Gott, Jesus und der Storch etwas gemeinsam unternommen hatten, und danach wurde meine Mutter schwanger. Mein Vater war nicht dabei, als das Unglück geschah. Die Eltern haben mir so etwas Ähnliches erzählt. Verstanden habe ich sowieso nichts. Es war auch unwichtig. Ich wollte keine Geschwister. Die Welt war doch in Ordnung bis jetzt. Ich war ein Junge, daraus machte meine Mutter ein Mädchen. Ich wußte nicht damit umzugehen. Ich war, was sie wollte. Es war gut so. Jemand anders würde uns stören, egal, ob Mädchen oder Junge. »Lieber Gott, wenn du gemacht hast, daß sie schwanger wurde, mach bitte jetzt, daß sie nicht mehr schwanger ist.« Das Gebet half nicht. Es mag auch sein, daß der liebe Gott nicht anwesend war, als ich gebetet habe. Francine wurde geboren. Ein Mädchen. Ich erfuhr diese wunderschöne Nachricht in St.-Michel-sur-Meurthe bei meiner Großmutter Gabriele Rolin. Meine Eltern haben mich dahingeschickt. Das Dorf liegt etwa acht Kilometer von Saint Dié entfernt. Meine Großeltern besaßen kein Auto, nur Großvater besaß ein Fahrrad, sonst wurde alles zu Fuß erledigt. Meine Oma war eine merkwürdige Person, die ich erst posthum richtig kennengelernt habe. Sie war in der Familie mit Respekt und gleichzeitig mit Hohn angesehen. Man sprach ihr außerirdische Kräfte zu. Negativ natürlich. Mein Vater behauptete ständig, seine Mutter wäre eine Hexe. »Attention. Mémère est une sorcière.« (»Vorsicht, Oma ist eine Hexe.«) Oma war keine Hexe. Sie war zwar merkwürdig, etwas außergewöhnlich, aber auf mich wirkte sie sehr anziehend. Sie war im Sommer wie im Winter immer sehr dick und warm angezogen. Ich habe nie ihre Beine gesehen. Sie trug mindestens drei bis vier Paar Wollstrümpfe. Sie hatte immer denselben dunklen, grauen Kittel an. Sie redete immer sehr, sehr schnell, viel zu schnell für mich. Die Zeit bei ihr, ich war gerade drei Jahre alt geworden, war eine angenehme Zeit für mich. Ich entdeckte die Schafs- und Ziegenwelt. Meine Großeltern besaßen einen kleinen Bauernhof, der typisch für die Vogesen war. Schafe und Ziegen machten den Tierbestand aus sowie Kaninchen und Hühner. Sie hatten Weideland und einen riesigen Gemüsegarten sowie Obstbäume. Es gab im Haus meiner Großeltern kein Klo. Eine kleine Holzhütte draußen neben dem großen Hühnerstall diente dazu. Es stank fürchterlich darin. Als Klopapier dienten die Lokalzeitungen. In diesem Haus lebten noch Lucien, Raymond und Monique, sowie Pierre und Serge, alle Geschwister meines Vaters. Lucien war der netteste von allen. Er hatte fast immer Zeit für mich. Der schönste Tag war immer der Markttag. Meine Oma besaß einen riesigen Wagen aus geflochtenem Korb und vier großen Stahlrädern. Der Wagen war am Markttag voll mit Gemüsen, Produkten des kleinen Bauernhofes, sowie mit Produkten aus dem Wald und mit mir dazu. Ich durfte darauf sitzen. Oma hatte alles organisiert. Ich fand immer Platz auf diesem Wagen. An diesem Tag standen wir früher auf als sonst. Ich mußte jeden Morgen Ziegenmilch trinken. Ganz frisch, oft noch warm. Oma melkte die Ziegen selbst. Die Milch wurde getrunken oder verkauft. Sie machte selbst keinen Käse daraus. Die Milch schmeckte mir unheimlich gut. Seit dieser Zeit habe ich eine Vorliebe für alle Ziegenprodukte: Milch, Käse besonders und Zickleinfleisch. Nach diesem Frühstück fuhren wir in die Stadt. Oma schob. Der Weg war sehr lang. Oma war dünn, mager, aber kräftig und zäh. Sie erzählte immer über alles Geschichten: über die Leute, die wir unterwegs sahen und kannten, über die Natur, über den Verkauf auf dem Markt und so weiter. Oma war nie langweilig. Warum mochte mein Vater seine Mutter nicht? Ich habe es nie erfahren.

Wir brauchten etwa zwei Stunden, um nach Saint Dié zu kommen. Oma hatte immer eine kleine Bank mit und da, wo wir saßen, war der Markt bunt. Es gab viele kleine Stände mit verschiedenen Produkten: Gemüse, Fleisch, lebende Hühner, Enten, Käse und so weiter. Ich blieb immer brav in ihrer Nähe. Ich hatte nicht das Bedürfnis, abzuhauen. Es war einfach, mit Oma Gemüse zu verkaufen. Die meiste Arbeit tat sie. Ich durfte nicht verkaufen. Mittags war der Markt zu Ende. Wir fuhren schneller zurück, weil der Wagen fast immer leer war. Nachmittags gingen wir auf die Felder. Ich durfte nicht mithelfen. Es machte trotzdem Spaß. Sie war nicht wie Mutter. Ich fand sie viel netter. Ich wußte, sie mag mich. Bei Mutter wußte ich das nie richtig. Die Zeit bei Oma verging sehr schnell. Wie lange blieb ich dort? Ich weiß es nicht mehr genau. Irgendwann wurde ich abgeholt und war wieder in der Baracke. Es hatte sich einiges geändert. Die Lautstärke von Francine war beeindruckend. »So schreit ein Mädchen immer«, dachte ich. Sie war so klein, sie sah nicht besonders hübsch aus. Ich hätte doch lieber einen Bruder gehabt. Wie werde ich jetzt mit diesem kleinen Wesen fertig. Meine Eltern sagten, sie bliebe für immer bei uns. Es war nicht nur ein Besuch, sie würde hier wohnen. Ich begriff die Welt nicht mehr. Ich mußte ganz stark nachdenken, um die Fragen, die hochkamen, zu beantworten. Vater hatte gesagt: »Mutter ist schwanger, du bekommst einen Bruder oder eine Schwester.« Mutter wurde immer dicker und krank. Sie mußte ins Krankenhaus. Der liebe Gott hatte es gewollt. Ich wußte nicht, ob er die Eltern gefragt hatte. Vater bekam auch das Kind mit. Er wäre aber nicht schwanger, hatte Mutter gesagt. Ich mußte weg, und Francine war da. Wie kam sie zu uns? Sie weinte sicherlich, weil die Reise zu lange gedauert hatte. Mutter war nicht mehr schwanger. Sie war dünn geworden. Hatte der liebe Gott sie krank gemacht? Und dann sofort wieder gesund? Oder wurde sie gesund, weil sie ein Kind gekauft hatte? Der Storch mußte Francine ganz schön geschüttelt haben, sie war ganz schrumpelig im Gesicht. Mehr hatte der Storch nicht gemacht. Der liebe Gott mußte alles arrangiert haben, und der »petit Jesus« auf diesem Holzkreuz. Es gab eine ganze Menge dieser Kreuze im Haus. Was hatte er damit zu tun? Ich verstand nichts. Die Eltern haben meine Fragen nie beantwortet. Gott, Jesus und der komische Vogel, der Storch. Alle waren im Himmel, und alle waren ständig bei uns, nur der Storch selten. Es kam mir alles merkwürdig vor, daß daraus ein Geheimnis gemacht wurde. Wenn der liebe Gott bei meinen Eltern war und sie gefragt hatte, warum hatte er mich nicht gefragt? Ich gehörte schließlich auch zur Familie. Und wenn meine Eltern Francine geholt hatten und vorher nicht wußten, ob Francine ein Mädchen oder ein Junge wird, warum durfte ich nicht mitkommen. Ich hätte einen Jungen genommen. Nein, ich hätte so lange geschrien, bis wir ohne Geschwister nach Hause gegangen wären. Diese Fragen kamen als mein Bruder Marc siebeneinhalb Jahre später geboren wurde, noch einmal hoch, und meine Eltern haben auch später nicht viel anders reagiert. Mit der Wahrheit taten sie sich sehr schwer. Besonders mein Vater. Er gab nie Erklärungen. Er sagte etwas und Schluß. Egal, was es war! *C'est comme ça!* lautete die Devise. Mit Francine hatten meine Eltern viel zu tun gehabt. Gott, Jesus, das Krankenhaus, der unbekannte Vogel. Sie waren verantwortlich. Ich habe alles geschluckt, wie vieles in dieser Kindheit. Erst sehr spät erfuhr ich die Wahrheit. Viel zu spät in mancher Hinsicht. Ich denke an diese Zeit, die in mir nur noch fragmentarisch vorhanden ist, ohne Bitterkeit zurück. Es war die schönste Zeit meiner Kindheit, trotz gesundheitlicher Probleme, die immer wieder auftraten. Ich war zu Hause, irgendwie aufgehoben, irgendwie geliebt, irgendwie angenommen. Alles mit Höhen und Tiefen. Und mit dem lieben Gott. Wir hatten zu Hause eine Katze »Zouzou«, eine aufgenommene, verwilderte Katze und einen Hund, einen weißen Spitz, dessen Name ich nicht mehr weiß. Der Hund hat nicht lange mit uns gelebt. Zouzou ja! In diesem zarten Alter fühlte ich mich für das Füttern der Tiere verantwortlich. Und es geschah nach dem Prinzip der Gerechtigkeit. Zwischen Küchenofen, auf dem gekocht wurde, und Wand war der Abstand so groß, daß wir alle drei, der Hund, Zouzou und ich Platz hatten. Hinter diesem Ofen war auch der Schlaf- und Futterplatz von Katze und Hund. Sie bekamen nur Essensreste. Es wurde nicht extra etwas für sie gekauft. Sie waren es so gewohnt. Es gab nur einen Teller für die Tiere. Ich saß oft dabei, besonders, wenn es Kartoffelreste gab. »Aujourd'hui, c'est moi qui partage. Une pour le chien, une pour le chat et une pour moi!« (»Heute verteile ich. Eine Kartoffel für den Hund, eine für die Katze und eine für mich!«) Katze und Hund saßen geduldig neben mir und warteten. Ich glaube, ich fing immer so an! Es war schön zu teilen. Es war gemütlich, keiner da, der die Idylle hätte stören können. Zouzou, die halb verwilderte Katze, war unheimlich lieb und geduldig zu Kindern. So lieb, daß ich einmal diese Reizschwelle testen wollte! Ich spielte an diesem Tag, immer noch in diesem zarten Alter von drei Jahren, mit Wäscheklammern. Es machte viel Spaß, sie überall in der Küche zu verteilen. Sie hielten überall gut fest. Zouzou kam vorbei! Ich packte sie. Sie war sowieso mit meinem Griff vertraut. Ich nahm sie auf meinen Schoß und klemmte ihr eine Wäscheklammer an die Schwanzspitze. Diese Klammer muß sicherlich ganz neu gewesen sein! Zouzou sprang sofort auf, wild miauend! Ich war auch erschrocken und fing an zu weinen. Die Katze sprang hin und her und lief zum Fenster. Es war zugeschlossen. Sie sprang auf die Gardinen und blieb daran hängen und entleerte sich gründlich. Die Gardine verfärbte sich sofort. Mutter kam immer rechtzeitig. Zouzou wurde mit Mühe und Not von ihr gefangen und sofort von ihrer Wäscheklammer befreit. Sie verschwand hinter dem Küchenofen, weit weg von mir, um sich zu verstecken. Mutter kam zu mir. Ich wurde auch befreit, von meiner Hose oder von dem, was ich an diesem Tag anhatte ... Sie fiel schnell herunter. Na, ja! Ob es mir weh getan hat, damals? Sicherlich. Mein Weinen wurde auf jeden Fall stärker! Gut, diese Tracht Prügel waren manchmal verdient, darüber bin ich nicht böse. Ich habe die meisten vergessen. Aber das mit der Katze, oh la la! Es ist mir eine Lektion geblieben. Zouzou habe ich nie wieder geärgert. Sie machte ab dem Moment einen Bogen um mich. Nur beim Füttern war sie wieder dabei!

Ich weiß noch genau, wie in dieser Frühkindheit mit dem lieben Gott gespielt wurde. Mit ihm und Jesus Christus. Ich mußte jeden Abend, so klein ich war, im Schlafzimmer meiner Eltern vor dem Bett niederkniend beten. Ich weiß nicht mehr, was ich sagen sollte. Ich mußte wiederholen, brav wie immer, was die Eltern vorsagten. Meistens war Mutter diejenige, die etwas vorsagte. Mein Vater war da ganz anders. Ich glaube nicht, daß er an Gott glaubt. Es ist seine Religion, er hat sie in die Wiege mitbekommen. Er behält sie einfach, weil es sich so gehört in Saint Dié, katholisch zu sein. Nein, er liebt Gott nicht! Davon bin ich überzeugt. Er hat diese *prières* (Gebete) als Macht benutzt, um mich klein zu halten, um mir zu zeigen, wie wenig Bedeutung ich auf dieser Erde habe, was ich für ein Spielzeug in seiner Hand bin. Er war gemein. Ich kniete da wie immer, die Hände gefaltet und weiß noch diese Sätze meines Vaters, die Gestik und meine Reaktionen. Es geschah immer plötzlich in einem bestimmten Moment, und ich habe nie gewußt, was diese Aktionen oder Reaktionen meines Vaters ausgelöst haben konnten. Er stand auf, nahm das Holzkreuz mit diesem mitleiderregenden Jesus, streckte den Arm und sagte folgendes: »Si tu n'es pas sage, le petit Jesus viendra te punir.« (»Wenn du nicht brav bist, wird der kleine Jesus dich bestrafen.«) Das war noch harmlos. Aber mein Vater produzierte dabei Geräusche, die mir Angst einjagten, eine Mischung aus Lachen, Grinsen, Kichern, laut und grell. »Hi, hi, hi, hi, hiiii, le petit Jesus ... Hi, hi, hi, le petit Jesus ... Hi, hi, hi, le petit Jesus ...« Es war grauenhaft. Ich stand plötzlich auf, heulend, in Panik, suchte den Rockzipfel meiner Mutter, um mich zu verstecken. Mein Vater lachte in diesem Moment aus voller Brust. Er war stolz. Er hatte diesem harmlosen Kind gezeigt, wie Gott mit Kindern umgeht. Es war nicht Gott. Das wußte ich damals schon. Es war dieser unheimlich drohende Mann, den ich meinen Vater nannte. In diesen Momenten war er nicht mein Vater. Er war mein Feind, eine Bedrohung, die sich mit der Zeit verstärkt und präzisiert hat. Ich denke noch heute immer wieder an diese Schreckensszene. Warum? Ja, warum? Warum sollte ich vor Jesus Angst haben? Bis zu dieser Zeit, mit drei Jahren, hatte ich noch nichts Böses getan. Gut, ich war wiederholt krank, ich machte jede Nacht ins Bett. Bis dahin glaubte ich nicht, daß dieses Verhalten als fehlerhaft zu betrachten war.

Francine wuchs schnell. Sie war nicht so wie ich. Das wußte ich sofort. Sie war nervös, unruhig, immer auf Achse, immer bereit, etwas zu unternehmen und später, als sie älter wurde, sogar link und verlegen. Ich dagegen war ruhig, plump, gutmütig und einfach gelassen. Ich kann behaupten, daß ich bis zu dieser Rippenfellentzündung einfach glücklich war, ein Kind zu sein. Ich kam mir nicht problematisch und zerbrechlich vor. Ich war sogar hilfsbereit. Francine war noch ein Säugling. Wie alt mag sie gewesen sein, als dieses Ereignis stattfand, sechs, acht oder zehn Monate? Sie konnte auf keinen Fall sitzen, stehen oder gehen. Sie war noch sehr klein und hilflos. Meine Mutter war seit einer Weile weg. Sie war entweder in der Waschküche unten oder Einkaufen gegangen oder Holz holen. Sie ging auf jeden Fall einer

Beschäftigung nach, die sie veranlaßte, uns allein zu lassen. Francine lag in ihrem *berceau*, so eine Art Wiegebett für Neugeborene. Da sie noch klein war, schlief sie noch im Schlafzimmer meiner Eltern. Sie ging an diesem Tag ihrer Lieblingsbeschäftigung nach. Sie weinte, heulte wie eine Sirene, schrie, brüllte. Ich habe nie den feinen Unterschied herausgefunden. Es war wie immer sehr laut. Wir waren allein. Ich war fast vier Jahre alt. Schon sehr groß. Das kleine Mädchen brauchte Hilfe. Ich guckte nach, versuchte sie zu wiegen, um sie zu beruhigen. Es half nicht. Ich faßte sie an den Füßen und zog sie aus ihrem Bett. Der Kopf schleifte zuerst an ihrem Bett entlang. Dann zog ich sie noch fester über den Rand dieses *berceaus*, die Füße zuerst. Geschafft. Der Kopf knallte auf den Fußboden. Ich zog sie jetzt Richtung Bett meiner Eltern. Sie schrie schon lauter als vorher. Ich schaffte es endlich. Sie lag auf dem Bett. Sie war nicht mehr zu beruhigen. Ich holte ein großes Kopfkissen und drückte es vorsichtig auf den Kopf von Francine. Sie wurde ruhiger. Sie hörte schließlich auf zu weinen. Ich war glücklich und rief meine Mutter, die sowieso schon im Anmarsch war. »Regarde, maman. J'ai calmé Francine!« (»Guck Mama, ich habe Francine beruhigt!«) – »Mon Dieu, qu'est-ce que tu as fait?« (»Mein Gott, was hast du gemacht?«) – »Je l'ai tirée par les pieds. La tête a ›coqué‹ un peu, mais elle n'a pas eu mal.« (»Ich habe sie an den Füßen gezogen. Der Kopf ist ein paarmal aufgeschlagen. Sie hat aber keine Schmerzen gehabt.«) Aber ich danach. Zuerst versohlte mir Mutter die nackten Hinterbacken. Und dann Vater. Ich mußte noch einmal die Hose herunterlassen. Mein Hintern mußte noch einmal alles ausbaden. Gesund oder krank. Er war immer dran! Und ich wollte nur helfen. Niemand hatte mir erklärt, was ich falsch gemacht hatte. In den Augen meiner Eltern war ich böse gewesen. Ich mußte bestraft werden, der Reihenfolge nach: durch Mutter, Vater, le petit Jesus und den lieben Gott. Es war immer dieselbe Litanei. Ich habe meiner Schwester nie weh tun wollen, im Gegenteil, ich habe sie später immer verteidigt, als ich in der Lage war, es zu tun.

Eine andere Szene mit Francine. Sie muß ein paar Wochen später stattgefunden haben. Meine Mutter hatte uns auf ihr Ehebett getragen und uns gesagt, wir sollten brav sein, sie würde gleich wiederkommen. Dieses »Soyez sage!« (»Seid brav!«) Lieb, brav sein. Auch ein Satz, der hängengeblieben ist. Immer das brave Kind spielen. Wir waren brav, aber wir waren Kinder. Ich war so, wie ich war, aber nicht so akzeptiert, auch so früh nicht, so jung. Also, ich wollte brav sein. Mutter war weg. Ich blieb allein mit Francine. Sie kreischte ein bißchen herum, saß, fiel, wollte krabbeln, es klappte nicht, sie drehte sich, fiel wieder, versuchte es auf der anderen Seite, fiel noch einmal und fing an zu schreien. Ich blieb ruhig. Heute kein Kopfkissen. Ich mußte sie so beruhigen. Ich suchte überall herum, um etwas zu finden, was sie beruhigen konnte. So viele Kinderspielzeuge hatten wir in dieser Zeit nicht. Besonders in diesem Alter. Ich suchte nach etwas. Ich stand auf und ging zum Kleiderschrank. Der schöne Eichenschrank! Er existiert heute noch bei meinen Eltern. Wenn er hätte sprechen können, damals, hätte er mich gewarnt. Mein Vater war in dieser Woche weg. Meine Mutter besaß ein bißchen Geld, das sie in diesem Schrank versteckte. Ein paar Scheine. Ich fand sie. Ich hatte sicherlich Geldscheine noch nie gesehen. Sie sahen toll aus. Ich nahm sie und stieg wieder ins Bett, zeigte Francine, was ich gefunden hatte. Sie war sofort interessiert. Wir versuchten beide, etwas aus diesem Papier zu machen. Wir haben zuerst systematisch alle Scheine halbiert. Es sah schon besser aus. Meine Schwester erweichte ein paar davon in ihrem Mund, ich zerriß sie weiter. Ein Haufen Konfettis war so entstanden, die sahen nicht alle gleich aus, aber fast. Wir hatten uns Mühe gegeben. Francine war sehr beschäftigt. War ich nicht ein lieber Bruder? Hatte ich sie nicht beruhigt, ohne Kopfkissen dieses Mal? Meine Mutter war ganz anderer Meinung. Das Geld für eine ganze Woche war weg. Wir hatten sowieso wenig zu essen, außer Baguette und Butter gab es nicht viel zu dieser Zeit. Schmalz, Kartoffeln und ab und zu ein Kaninchen, das uns Oma schenkte, wie auch den Rest. Ich kann mich an unsere roten Rationsscheine erinnern, auf denen stand: 250 Gramm Butter, Brot und so weiter. Bis Anfang der fünfziger Jahre wurden die Lebensmittel, besonders in Nordfrankreich, stark rationiert und waren oft nur durch solche, von der Regierung verteilte Marken, zu haben. Meine Mutter erzählte später, daß sie sogar die Marken für Butter sparte, um sie auszutauschen und dafür Zigaretten für meinen Vater zu bekommen. Das Geld war für das bißchen, was wir brauchten, gedacht. Es reichte nie! Und dann das! Ich kann verstehen, daß meine Mutter so reagieren mußte. Ich kriegte regelmäßig »den Arsch voll«.

Ich weiß in diesem Zusammenhang noch etwas zu berichten, das aber mit diesem Ereignis wenig zu tun hat, was aber die Mentalität der Leute aus den Vogesen, vielleicht der meisten Franzosen zeigt. Es war üblich, daß jede Familie einen *martinet* besaß. Das Wort *martinet* hat mehrere Bedeutungen. Drei weiß ich noch genau. Ein *martinet* ist eine Schwalbe mit sehr langen Flügeln. Ein *martinet* ist auch eine Art Kandelaber. Und ein *martinet* ist als dritte Bezeichnung der Kinderschreck schlechthin. Es ist so eine Art Peitsche, bestehend aus einem Holzgriff mit sechs bis zehn Lederriemen. Der Ursprung dieses Instruments findet sich in der Schule in Frankreich, wo die Lehrer diese Peitschen benutzen, um die Kinder gefügig zu machen. Es landete in den Familien. Ich weiß, daß es in Frankreich noch ab und an benutzt wird. In den Schulen sicherlich nicht mehr, aber privat ja. Wir hatten auch einen *martinet*. Ich muß, Gott sei Dank, berichten, daß ich selten etwas davon abbekommen habe. Wenn, dann nur leicht. Das hätte noch gefehlt! Aber die Hände der Eltern waren noch furchterregender als dieses Ding.

Als ich sechs Jahre alt war, spielte ich noch mit Puppen. Ich hatte seit der Frühkindheit eine besondere Puppe: einen Neger aus Zelluloid, den ich geliebt habe. Diese Negerpuppe hat eine Vorgeschichte. Mutter hatte ab und an als Putzfrau gearbeitet und zwar bei einer Familie Largé nicht so weit von der Baracke entfernt. Die Familie Largé besaß eine kleine Firma, und Mutter mußte die Privatgebäude reinigen. Eine Tochter hatte einen Grafen geheiratet, Comte de Deverdillac, der Diplomat irgendwo in Westafrika war. Er kam in den Ferien mit seiner Frau zu Besuch. Er brachte immer seine Zofe mit. Eine davon war eine gute Freundin der Familie, sie war eine Schwarze und sprach ein sehr merkwürdiges Französisch. Marie-Therese Ougez hieß die Gute. Sie war eine sehr lustige Person, die ständig lachte. Ich erinnere mich, daß sie einmal mit der Familie zu Weihnachten kam. In den Vogesen schneit es fast immer zu dieser Jahreszeit. Marie-Therese hatte, als Mutter mit mir ankam, um zu helfen, gerade Lockenwickler auf dem schwarzhaarigen Kopf. Sie sah sehr lustig aus. Als es anfing zu schneien, lief Marie-Therese im Kreis, und fing an zu schreien: sie hatte noch nie Schnee gesehen! Mutter mußte kommen und ihr helfen, die Lockenwickler abzunehmen. Die Arme war außer sich. Mutter lachte und versuchte zu erklären, was Schnee ist. Marie-Therese brauchte den ganzen Tag, um sich zu beruhigen. Irgendwann überwand sie die Angst und konnte nach draußen gehen, aber nur mit einem Kopftuch. Ein anderes Mal war Mutter in der Küche der Largés Saubermachen, Francine und ich waren immer dabei. Wir spielten gern auf dem Fußboden. Irgendwann kam Marie-Therese in die Küche, Francine und ich krabbelten gerade wieder auf dem Fußboden, wir kreisten Marie-Therese ein und wollten zwischen ihren Beinen unter ihren Rock gehen. Ich krabbelte zuerst darunter. Marie-Therese schrie auf und sagte: »Arrête, vas-t-en, tu ne sors pas de là, vas-t-en!« (»Du kannst nicht darunter krabbeln. Du kommst nicht von da heraus! Geh weg!«) Marie-Therese meinte damit, daß ich nicht unter ihren Rock krabbeln durfte, weil sie mich nicht geboren hatte. Marie-Therese war im Benehmen ganz anders als wir, aber ich habe sie gern gehabt, so gern, daß Mutter schon viel früher, vor diesen zwei Szenen, eine schwarze Spielpuppe gekauft hatte, nur für mich. Ich habe mit dieser *Negerpuppe* sehr lange gespielt und dabei oft an Marie-Therese Ougez gedacht. Sie kam nach diesem Winter nie wieder! Ihr Name und ihr freundliches Gesicht sind in mir wie eh und je im Gedächtnis.

Unsere Baracke war eine der längsten. Es wohnten drei Familien darin. Wir vorne, die Vincents, die Mervelets. Die Vincents hatten drei Söhne; der älteste, Paul, war schon zu alt, um mit mir zu spielen. Daniel war ein Jahr älter als ich und Michel im Alter meiner Schwester. Monsieur Vincent war nicht verwandt mit dem Lebensmittelladeninhaber. Nein, er war Maurermeister. Er hatte es sogar weit gebracht. Er war der einzige im Viertel, der ein Auto besaß. Es war für mich eine unglaubliche Erfahrung, als ich das erste Mal mitfahren durfte. Er besaß einen Renault; was für ein Modell, wie es hieß ... ich habe es vergessen. Das Auto wurde noch vor dem Zweiten Weltkrieg gebaut. Ein hohes Auto, hellblau, viertürig. Es hatte vorn noch zwei Motorhauben, die man links und rechts hochklappen konnte. Man saß in diesem Auto fast wie im Bus. Es fuhr sich sehr gut damit. Es kam den Hang gut herunter. Um hochzufahren, mußten wir einen Umweg machen, weil es zu steil war. Und es hörte sich wirklich wie ein Auto an. Wir besaßen kein Auto. Später, nach dem Sanatorium, kaufte sich mein Vater ein Fahrrad, aber viel später.

Die Treppen sind wieder in meinem damaligen Alltag in den Vordergrund gerückt. Es ist schon kurz bevor ich krank wurde. Es muß auch ein Sonntag gewesen sein. Francine wurde pompös ausgestattet mit einem neuen Kleid und mit aufwendigen *boucles anglaises* (englischen Locken). Wir waren fertig. Wir wollten irgend etwas unternehmen, deswegen waren wir alle schön angezogen. Mein Vater war nicht da. Meine Mutter sah schön aus, frisch und lächelnd. Gut gelaunt! Francine war schon unten und spielte zwischen Treppen und Haus. Meine Mutter wußte genau, wie schwach meine Blase war. Ich war auf dem Weg nach unten und wollte gerade die steilen Stufen heruntergehen, als sie rief: »Jean-Jacques, va au cabinet avant qu'on parte!« (»Jean-Jacques, geh aufs Klo, bevor wir weggehen!«) Es traf sich gut. Ich mußte auch. Ich weiß nicht, was in meinem Kopf stattfand, ob ich einen Blackout gehabt habe oder ob ich dieses mutwillig gemacht habe. Ich blieb oben auf der Treppe stehen, machte meinen Hosenschlitz auf und holte meinen *Zizi* (das französische Verniedlichungswort für Penis) heraus und fing an zu urinieren. Francine schrie auf. »Maman, Maman, un oiseau m'a pissé sur la tête!« (»Mama, Mama, ein Vogel hat auf meinen Kopf gepinkelt!«) – »Non, c'est pas un oiseau, c'est moi.« (»Nein, das ist kein Vogel, das bin ich.«) Blödes, ungeschicktes Kind: ich sagte auch noch, daß *ich* es war! Francine weinte laut und schrill wie immer. Die Locken hingen verdächtig schief und flach. Sie tropften auch. Volltreffer! Wollte ich wirklich meine Schwester mit meinem Urinstrahl treffen? Wollte ich wirklich so einen Kinderstreich machen? Wollte ich meine Mutter herausfordern? Wollte ich einfach böse sein? War ich böse? War ich ein schlechtes Kind? Wenn ich diese

Kinderstreiche beschreibe, muß ich anschließend auch kurz über die verhängten Strafen berichten. Es gab keinen Fauxpas ohne Nachwirkung. Die Nachwirkungen, die Strafen waren rohe Gewalt. Kopf und Gesäß waren immer betroffen. Ich wiederhole mich, weil die offene Frage »Warum?« nie beantwortet wurde. Es mußte sein. Es gehörte zur Kindererziehung. »Wir haben dasselbe erlebt«, sagten die Eltern. »Kinder müssen gehorchen. Du hast es überlebt, so schlimm war es nicht.« – »Was? Nein, ich kann mich nicht mehr daran erinnern, dich geschlagen zu haben.« Diese späteren Erklärungen, die gekommen sind, als ich diese Frage als Erwachsener gestellt habe, sind mehr als fragwürdig. Warum haben die Eltern nicht so geantwortet: »Wir wollten dich verletzen, um dir zu zeigen, wer die Macht hat. Wir wollten deinen Widerstand, deinen Willen brechen. Wir wollten dich demütigen. Wir waren die stärkeren, wir, die Eltern ...« Und was war mit der Liebe? Wo blieb der Schutz, den ich gebraucht habe, die Geborgenheit, die ich sehnsüchtig erwartete? Bis zu dieser Rippenfellentzündung habe ich nach Liebe gesucht, nach Zärtlichkeit, nach Zuwendung, nach Verständnis. Ein nettes Wort, ein Kompliment, ein Lächeln. Das alles kam tatsächlich nur, wenn ich im Bett lag. Bis zu dieser ersten ernsthaften Krankheit lag ich oft im Bett wegen Mittelohrentzündungen, Darmverstimmungen, Pocken, Röteln, Scharlach. Es war alles harmlos. Ja, ich war empfindlich. Ich bin, beziehungsweise mein Körper ist damit fertig geworden. Er hat sich gut zur Wehr gesetzt. Zu Hause zu sein, wenn auch kränklich, war das Wichtigste.

Als ich Anfang April 1956 zurückkam, hatte sich meine Kinderwelt grundsätzlich verändert. Ich war ein anderer geworden. Ich kam zehn Monate lang ohne jegliche familiäre Zuwendung aus. Ich habe es überlebt. Ich werde die nächsten Jahre auch ohne jegliche Zuwendung auskommen.

Mai 1956 – Oktober 1957

Die Schule fing wieder an.

Ich hatte die Schule gewechselt und ging jetzt in der Rue Thurin zur Schule: »École primaire de la rue Thurin«. Es war die Grundschule der so genannten Straße, etwa zwei Kilometer von der Baracke entfernt. Es war die Zeit des französischen Politikers Pierre Mendes-France. Er war kurze Zeit Ministerpräsident gewesen. Zwischen 1946 und 1959 wechselten die Minister und Ministerpräsidenten sowie die Staatspräsidenten in Frankreich sehr oft. Erst als Ende 1958 de Gaulle an die Macht kam, erlebte Frankreich eine gewisse politische Stabilität. Über Pierre Mendes-France weiß ich nichts zu berichten, aber sein Name ist für mich und für die Schüler meines Alters mit einer wunderbaren Schulzeit, die leider zu kurz war, verbunden. Pierre M.-F. hatte angeordnet, Milch während der Vormittagspause in der Schule zu verteilen, damit die Kinder jeden Tag ein Glas frische Milch zu sich nehmen konnten. Tatsächlich stand jeden Morgen auf einem Tisch in der Nähe des Ausgangs eine Kiste mit etwa zehn bis fünfzehn Glasflaschen mit frischer Vollmilch. Ich versuchte immer als erster, eine Flasche anzubrechen, weil ich dann die abgelagerte Sahne abkriegte. Mein Lehrer war ein Mann, Monsieur Mougeotte. Ein Bauer, der zufällig Lehrer wurde. Er lief wie ein Bauer, sprach wie der letzte Bauer der Gegend mit einem sehr starken Dialekt, lachte wie ein Bauer, roch wie ein Bauer, und schließlich lehrte er wie ein Bauer. Ich kam in seine Klasse nach meiner überstandenen Krankheit. Es war im Herbst 1956. Ich war achteinhalb Jahre alt und seit über anderthalb Jahren nicht mehr in der Schule gewesen. Erstaunlicherweise bekam ich keine Schwierigkeiten mit dem Stoff, ich lernte schnell und behielt das meiste. Ich war in der Klasse sehr still, sehr zurückgezogen, meldete mich nie. Wenn ich gefragt wurde, antwortete ich meistens richtig. Ich kann nicht sagen, daß die Schule zu dieser Zeit eine Belastung für mich war, aber ich war nicht gern in der Schule. Sie quälte mich aber nicht. Herr Mougeotte war sehr sympathisch, sehr nett und nicht so streng. Die meisten Lehrer und Lehrerinnen in Frankreich waren sehr streng. Der Lehrer war in der Dorf- und Kleinstadtgemeinschaft immer noch eine wichtige Respektsperson, genauso wie *le curé* (der Priester) und *le maire* (der Bürgermeister).

Die Schule war Pflicht. Ich nahm es hin. Diese Ruhe, die Stille war sicherlich in erster Linie mit meinem »neuen Zuhause« verbunden. Die Stimmung war anders! Ich war nicht mehr wichtig. Ich war zu lange weg gewesen. Ich reagierte zuerst mit einem ständigen, alltäglichen Bettnässen. Die »Bettnässerei« nahm zu. Ich machte sowieso jede Nacht ins Bett. Ich war schon achteinhalb Jahre alt. Meine Eltern nahmen an, daß ich krank wäre. Ich hätte etwas mit der Blase oder mit den Nieren oder ... Die Pelletier, immer noch sie, kam natürlich nach Hause. Sie wußte Bescheid. Sie wußte immer Bescheid. Was hatte sie sich ausgedacht dieses Mal: ich sollte plötzlich aufhören, ins Bett zu pinkeln. Ich bekam Medikamente und meine Mutter gute Ratschläge. »Madame Rolin, je crois que c'est nécessaire de langer votre fils pour la nuit.« (»Madame Rolin, ich glaube, sie müssen Ihrem Sohn Windeln für die Nacht anlegen.«) Was hatte sie gesagt, was sollte ich?

Gut. Ich beschreibe die fünfziger Jahre. Die Nachkriegszeit hatte sicherlich einen starken Einfluß auf unsere Entwicklung gehabt. Die Wirtschaft kam nur stockend in Schwung. Das Geld war sehr knapp. Alles war noch sehr rückständig. Ich dachte, die Ärzte wären schon viel weiter. Weit gefehlt! Die Pelletier nicht. Und sie hatte eine ernste Miene dabei. Der Mund war etwas schräg zur Seite geneigt, die Lippen hervortretend, der Kopf wurde beim Sprechen leicht hin und her bewegt. Der Ton war dramatisch. Der Vorschlag auch. Im stillen dachte ich:»Ich bitte Sie nicht, Madame Pelletier, diese Schande zu verhindern.« Ich hatte nichts dagegen zu haben!

Auf den freien Feldern vor dem »Paradis« entstand ein neues Viertel: *Les Castors* (Die Biber). Es wurden viele Häuser gebaut. Ein paar standen schon und waren bewohnt. In einem solchen neuen, schönen Haus aus Steinen wohnte die Familie Lamblé. Sie hatten sechs Kinder. Der jüngste, André, ein Junge, war fast ein Freund von mir. Die anderen Kinder waren alle Mädchen. Zwei davon, Josiane und Danièle, paßten ab und zu auf Francine und mich auf. Sie waren sonst auch oft bei uns. Sie müssen damals siebzehn und achtzehn Jahre alt gewesen sein und sahen schon wie richtige Frauen aus. Eines Abends, nach dem *souper du soir* (Abendessen), wie wir uns vornehm ausdrückten, wurde Francine ins Bett gebracht. Danièle und Josiane waren zu Besuch da: sie halfen meiner Mutter, Francine ins Bett zu bringen. Danach war ich dran. Ich wußte schon, was auf mich zukam. »Les langes!« (»Die Windeln!«) Die Küche war ein großer Raum, ein richtiges Viereck mit einem einzigen Fenster. Das Klo und der Flur waren mit in der Küche eingebaut, so daß die Küche eine kleine Bucht besaß, in der die Spüle eingebaut war. Wir hatten kaum Möbel. Ein Küchenschrank stand in der Küche, ein Tisch und vier oder fünf Stühle sowie ein Babystuhl. Die Küche spielte eine große Rolle in meiner Kindheit. Meine Mutter saß am Tisch, Josiane und Danièle auch. Sie rief mich: »Viens! Je vais te langer pour la nuit.« (»Komm, du kriegst die Windeln für die Nacht!«) Ob ich gewaschen oder im Pyjama war, ist mir nicht im Gedächtnis geblieben, aber das, was geschah, sogar sehr tief. Meine Mutter zog mich aus, alles herunter. Ich stand nackig da. Josiane und Danièle guckten sehr intensiv zu. Es gab damals noch keine Pampers. Ich bekam zuerst richtige Stoffwindeln, links und rechts mit Sicherheitsnadeln festgehalten. Meine Mutter ließ sich Zeit. Es dauerte. Ich glaube, sie genoß es, mich zur Schau zu stellen, nach dem Motto: »Ihr seht, was ich alles anstellen muß mit diesem Kind.« Sie war irgendwie widerwillig bei der Sache. Sie tat ihre Pflicht. Ich war sehr beschämt. Ich hätte am liebsten losgeheult. Ja, weinen, einfach weinen. Meine Mutter merkte es. »Arrête! Fais pas de manières. C'est qui, qui pisse au lit, toi ou moi?« (»Aufhören! Stell dich nicht so an! Wer pinkelt ins Bett, du oder ich?«) Warum sagte sie das? Es tat schon weh genug. Sie könnte dabei zumindest ruhig bleiben. Jetzt wäre ich gern weggelaufen. Sie hielt mich fest. »Arrête! Ta culotte en caoutchouc!« (»Stop! Deine Gummihose!«) O ja, diese häßliche, gelbliche, stinkende Gummihose! Sie war riesig. Sie reichte bis zur Taille. Sie wurde links und rechts mit mindestens zehn Druckknöpfen zugemacht. Meine Mutter hatte heute abend viel Zeit. Sie arbeitete sich hoch. Knopf für Knopf, Stück für Stück. Meine Mutter unterhielt sich dabei mit Josiane und Danièle, sie ließen mich nicht aus den Augen. Es war spannend, zuzusehen, wie ein achtjähriges Kind, wie ein achtjähriger »Bettnässer« für die Nacht abgedichtet wurde, Schicht für Schicht. Es war sicherlich einmalig im »Paradis«. Man mußte unbedingt darüber berichten, und deswegen waren sie da, Josiane und Danièle. Und wie sie berichtet haben! »Pisse-au-lit«, »pisse-au-lit«. Der, der ins Bett pinkelt. Nicht nur die Demütigung zu Hause. Der Hohn kam auch von außen. Die Kinder in der Nachbarschaft wußten Bescheid. Ich war eine Schande für die Familie Rolin. Ich fühlte mich sehr schlecht in meiner Haut, traurig, einsam, verlassen, elend und krank, da drinnen in der Brust, da, wo meine Lungen schon gestreikt hatten. Es tat einfach weh. Eine Schande für die Familie. Mein Vater war in Ordnung. Meine Mutter war in Ordnung. Francine sowieso. Nur Jean-Jacques nicht. Ich paßte einfach nicht in diese Familie. Ja! Die Krankheit war damals geplant. Ich weiß, die Pleuritis wurde mir mutwillig zugefügt. Sie wollten mich loswerden. Weit weg haben sie mich geschickt. Sie wollten mich da unten krepieren lassen. Es war sehr gut arrangiert, das Ganze. Es hätte beinahe geklappt. Damals wußte ich nicht, daß ich zäh war. Ich war zäh. Ich bin es noch. Aber wer hatte mir damals geholfen? Wer gab mir die Kraft? Nach der Aussage meines Vaters konnte es niemals der liebe Gott gewesen sein. Er kam mit Jesus Christus, um mich zu bestrafen. Mein Vater hat es so oft gesagt und gezeigt! Ich weiß jetzt, daß Gott mir doch geholfen hat. Er war meine einzige Hilfe, ohne ihn hätte ich es nicht geschafft, aus dieser Situation herauszukommen. Er war da. In welcher Form? Wie hat er es geschafft, die Kraft, überleben zu wollen, so tief in mir zu ankern? Ich habe ihn viel später entdeckt, wiederentdeckt. Er ist immer präsent. Gut, ich gehe oft mit ihm ins Gericht, ich schimpfe mit ihm in der Art, wie Don Camillo es getan hat. Aber wir versöhnen uns immer wieder. Die Nacht damals war die reinste Überschwemmung gewesen. Alles wurde richtig naß. Bettdecken, sogar die Matratze wurde auch betroffen, weil die Gummiunterlage verrutscht war. »Was soll aus dir werden?« Ja, die Frage stellte ich mir schon selbst. Das Verhalten meiner Mutter war die größte aller Strafen: Ihr Unverständnis! Ihre Einstellung! Ihre Lieblosigkeit! Ich fand sie in diesen Momenten sehr lieblos. Ich hätte gerade in diesen Zeiten Zuwendung und Liebe gebraucht. Ich frage mich jetzt, ob meine Mutter, die sehr religiös erzogen wurde, sich selbst bestraft fühlte. Es könnte sein, daß aus diesem vorehelichen Geschlechtsverkehr die Strafe Gottes entstand, ein schwieriges Kind, ein krankes Kind. Es könnte so sein. Ich habe nie ein Wort mit ihr darüber verloren. Ich kann mit meiner Mutter nicht über diese Themen sprechen. Mit meinem Vater noch weniger. Sie haben beide eine fatalistische Einstellung: Es ist so, wie es ist, und es ist gut so!

Das Holz, das wir ständig brauchten, um diese undichte, unbequeme Wohnung zu heizen, lag vor dem Haus gestapelt. Oft waren diese Stapel riesig groß, bis zu zwanzig Meter lang, anderthalb Meter hoch und die Holzstücke selbst ein Meter breit. Das Holz wurde im Winter hereingefahren und gestapelt, im Frühjahr gesägt und gespalten und im Keller gelagert. Es war immer ein schöner Aufwand. Das Sägen im Frühjahr, auch im Sommer ab und an, war ein schönes Fest. Mein Vater bestellte immer dieselbe Sägefirma, die das Holzsägen erledigte: *Les Humberts – les scieurs de bois*. Die Holzsäger waren zwei Brüder, die nur dieser Beschäftigung nachgingen. Sie besaßen einen Peugeot 203 camionette. Ein Lieferwagen, bei dem die Ladefläche hinten ganz umgebaut wurde. Eine Bandsäge, die sicherlich über zwei Meter hoch war, wurde darauf aufgebaut. Sie funktionierte mit Benzin. Ich weiß noch, daß die beiden unheimlich schnell arbeiteten. Sie blieben für zirka dreißig Kubikmeter nur einen Tag bei uns. Mein Vater mußte ständig die »Säger« mit Holz bedienen. Es war ein Spektakel. Es gab freiwillige Helfer, um diese Sisyphusarbeit an einem Tag zu schaffen. Meine Mutter versorgte die Männer mit *baguette, saucisson* und *fromage*. Die Kinder liefen mit. Als Achtjähriger mußte ich schon mithelfen. Ich durfte die Schubkarre mit dem frisch gesägten Holz beladen. Gefahren wurde sie von einem Helfer. Einer davon war Christian Louis. Ja, Christian Louis!

Die Louis wohnten zwei Baracken weiter, allein in einer Baracke. Man nannte sie alle: »les petits Louis« (»die kleinen Louis«). Sie waren alle klein, sogar sehr klein. Keiner war über 1,60 Meter groß. Es waren fünf Söhne, die alle mit meinen Eltern befreundet waren. Der älteste war Claude. Von ihm weiß ich nicht mehr viel. Den zweiten habe ich ganz vergessen. Dann kamen Daniel, Gilbert und der kleinste: Christian. Christian war 1956 etwa 17 Jahre alt. Gilbert zwei Jahre älter und schon Soldat. Frankreich war in den fünfziger Jahren ständig in einen Krieg verwickelt. Korea, Vietnam und dann 1956/57 der Anfang des schrecklichen Algerienkrieges. Daniel und Gilbert waren in Algerien 1957. Christian war noch zu jung und wurde später einberufen. Zu dieser Zeit mußten die Franzosen 27 Monate dienen (um genau zu sein: 27 Monate und 27 Tage). Christian Louis: ein Freund der Familie. Ein Helfer in der Not. Ein junger Mann, der oft bei uns war. Er half wirklich viel und paßte auf uns auf. Er hat aufgepaßt. Wir nicht. Ich sowieso nicht und Francine auch nicht. Jetzt, da ich kurz davor bin, darüber zu berichten, fühle ich mich unwohl. Etwas hindert mich, genau und klar zu sein. Es ist keine Hemmung. Es ist nicht das Gewissen, es ist etwas anderes, etwas, das ich nicht nennen kann. Merde! Jetzt hat es mich erwischt, ich zögere. Er hat nicht gezögert, Christian! Es muß Ende 1956 gewesen sein. Christian Louis hatte die Aufgabe, auf mich aufzupassen. Meine Mutter mußte einkaufen gehen. Zu Fuß mit Francine. An diesem Tag war ich mit Christian allein zu Hause. Meine Mutter hatte ihm ein paar Aufgaben gegeben, unter anderem Holz hochzutragen. Wir hatten in der Küche eine große Holzkiste, in der das Brennmaterial aufbewahrt wurde. Es war heute seine Aufgabe, die Kiste vollzukriegen. Ich half ihm. Die Aufgabe war schnell erledigt. Der Küchenofen war auch im Gange. Er brannte gut. Wir hatten Zeit. Er schlug mir ein Spiel vor. Wie es hieß, blieb ein Rätsel, das bis heute nicht gelöst wurde. Wir waren im Schlafzimmer der Eltern. Wie es dazu kam? Welche Überredungskünste hatte Christian dazu gebraucht? Ich weiß es nicht mehr. Ich mußte vor dem Bett niederknien, eine Stellung, die ich mit meinem Vater oft eingenommen hatte, mit meiner Mutter auch: die Stellung, um zu beten. Heute wurde nicht gebetet. Er zog mir meine Hose aus, drückte meinen Oberkörper nach vorn auf die Bettkante, zog auch meine Unterhose aus. Ich kniete vor dem Bett, lag eher halb auf dem Bett. Christian machte seinen Hosenschlitz auf und zog seinen Penis heraus. Er schob ihn zwischen meine Oberschenkel unterhalb meines Afters, er berührte sogar meinen eigenen Penis. Er ging hin und her zwischen meinen Schenkeln. Irgendwann lief etwas Warmes meine Schenkel herunter. Ich mußte mich selbst sauber machen. Vorbei war es.

Diese Szene ist bis 1985 in mir vergraben geblieben. Sie kam ganz zufällig hoch. Meine Eltern waren zu Besuch bei mir in Deutschland, meine Schwester war auch da mit ihrem behinderten Sohn Guillaume. Wir haben das Wiedersehen gefeiert. Wir saßen alle in der Küche, wo sonst? Wir waren nicht betrunken, im Gegenteil, ganz nüchtern. Wir sprachen über die Vergangenheit, über die Baracke und die Gebrüder Louis: Gilbert, den netten, der bei einem schrecklichen Arbeitsunfall starb und Christian. Mein Vater erzählte etwas über Christian, und Francine sagte, daß er zur Zeit im Gefängnis säße. Ich fragte: »Warum?« Sie antwortete: »Sexueller Mißbrauch der eigenen Tochter!« Ich sagte sofort: »Mich hat er auch mißbraucht«, und erzählte die Szene, die ich gerade beschrieben habe. Francine sagte dann: »Mich auch, auf dieselbe Art und Weise wie dich!« Wir saßen da, weinend, unfähig weiterzusprechen. Meine Mutter sagte kein Wort. Mein Vater fragte, mehr brüllend als sprechend, warum wir nie darüber gesprochen hätten. Er hatte gut reden, wie immer. Er war nicht da gewesen, nie! Wir beide, Francine und ich, wußten nicht mehr, was Christian gemacht hatte, wir hatten es vergessen, bis zu diesem Tag.

Ich kann nicht sagen, ob er mehrmals probiert hatte, sich bei mir auf diese Art zu befriedigen. Dieses Bild aber ist damals so plötzlich lebendig geworden. Es schoß einfach aus mir heraus! Und blieb bis heute. Ich habe oft darüber gegrübelt! Ja, gegrübelt! Warum? Habe ich Glück gehabt, daß er keinen Analverkehr mit mir gemacht hat? Hat Francine auch Glück gehabt? War das sexueller Mißbrauch? War das ein Kinderspiel? Ich habe mich im nachhinein geekelt, ich bin immer noch wütend auf diesen Kerl. Bis ich Saint Dié verließ, habe ich ihn noch sehr oft gesehen. Er war doch ein Freund der Familie! Nie kam etwas heraus. Was hätte ich gemacht, wenn es früher herausgekommen wäre? Irgendwann habe ich beschlossen, daß ich Glück im Unglück gehabt habe. Es war schlimm. Es hätte noch viel schlimmer sein können. Ich weiß nicht, wie ich heute diesem Typ begegnen würde. Ich möchte ihm nie wieder begegnen. Diese Handlung hat keine großen Spuren hinterlassen, aber schön war es nicht.

Holz spielte eine große Rolle im Leben der Leute in den Vogesen. Fast alle Leute im »Paradis« fällten selbst Holz im Wald für den eigenen Verbrauch. Im Sommer wurde im Wald gearbeitet, im Frühherbst oder Winter wurde das Holz hereingefahren und im folgenden Frühjahr gesägt und gehackt. Mein Vater schuftete ständig. Jedes Wochenende, in den Ferien, bei jeder freien Minute war er im Wald und machte für uns Holz. Er nahm mich ab und zu mit. Ich ging nicht gern mit ihm in den Wald. Der Wald war mir unheimlich, ich hatte Angst. Das wußte mein Vater genau. Ich mußte schon so jung helfen. Meine Aufgabe war einfach: Zweige abtragen und stapeln. Mein Vater sägte, hackte ab und stapelte die ein Meter großen Holzstücke und »spielte« mit mir. Ich paßte immer auf, in der Nähe meines Vaters zu bleiben. Ich entfernte mich nie von ihm. Er verpaßte nie eine Gelegenheit, mir Angst einzujagen. Mein Vater fand immer die Möglichkeit, sich zu verstecken. Er lief einfach weg, rannte, sprang einen Hang hinunter. Ich heulte sofort, schrie manchmal. Er kam nie sofort zurück, sondern wartete und genoß seine Überlegenheit und tauchte irgendwann strahlend, siegesbewußt, ja sogar stolz wieder auf. Es war mir egal, wie er im Moment aussah, was er sagte, ob er schimpfte oder lachte, ja sogar mich ohrfeigte, weil ich mich schon wieder so dumm angestellt hatte. Ja, ich war bereit alles zu akzeptieren, die größte Demütigung, die härtesten Schläge. Eine einzige Tatsache war für mich wichtig: er war da! Ich war nicht mehr allein! Ich wollte nicht allein sein an so einem Ort. Das Sanatorium war im Wald gewesen. Ich war auch damals allein gewesen und einsam. Nie wieder wollte ich in einem fremden Ort allein bleiben. Wir gingen irgendwann, nach so einem Tag im Wald, in der Abenddämmerung nach Hause. Es war schon recht dunkel. Der Ort, an dem wir gearbeitet hatten, war nicht weit weg von der Baracke entfernt, zwei Kilometer etwa. Der Weg ging steil herunter. Mein Vater ging voran, die Geräte auf der Schulter. Er ging immer schneller und schneller, beschleunigte ständig. Nach ein paar Minuten war ich allein auf dem Weg nach Hause. Ich schrie: »Papa, Papa, attends-moi!« (»Papa, Papa, warte auf mich!«) Keine Antwort, kein Geräusch mehr. Er lief sogar. Ich war schwach und langsam und verängstigt, aber nicht so schwach, daß ich mit ihm nicht hätte Schritt halten können. Er mußte gerannt sein, ich weinte, rannte. »Papa, j'ai peur, attends moi!« (»Vater, ich habe Angst, warte auf mich!«) Nichts, keine Regung. Ich rannte schreiend in Panik den Weg herunter. »Papa, Papa!« Er wartete kurz vor der Baracke auf mich. Ernst sagte er: »Maintenant ferme-la. Sois calme, sinon je vais te donner une gifle.« (»Halt die Klappe jetzt! Sei ruhig, sonst kriegst du eine gelangt.«) So war er! Er ließ keine Gelegenheit aus, mich zu demütigen. Eines Tages kam er in der Dunkelheit aus dem Wald zurück. Er trug damals immer eine Baskenmütze. Er kam nach Hause und trug in seiner Mütze eine Menge Eier, die relativ klein aussahen. »Regarde, Jean-Jacques. Je t'ai ramené des œufs de corbeau.« (»Guck mal, Jean-Jacques, ich habe dir Kolkrabeneier mitgebracht.«) Toll, es war nett. Mein Vater lächelte. Ich erzählte es am nächsten Tag allen, die zuhören wollten. »Ich habe Rabeneier geschenkt bekommen und gegessen.« Keiner wollte es glauben. Ich beschrieb die Farbe und die Größe, zwecklos! Mein Vater hatte mich reingelegt. Ich wurde ausgelacht, weil ich diese Geschichte geglaubt hatte. Es war ein Beispiel von vielen. Es gab sehr viele davon!

Ich bekam zwischen 1956 und 1957 mindestens drei dicke Mittelohrentzündungen. Sie waren sehr schmerzhaft. Meine Mutter versorgte mich jedesmal mit Wärmflaschen, die sie auf mein Ohr legte. Einerseits war es auch schön, wieder krank zu sein. Ich durfte tagsüber im Bett meiner Eltern liegen und mußte nicht in die Schule gehen. Docteur Beaudouin kam schon seit Jahren nicht mehr zu uns. Keiner hat mir jemals erklärt, warum es geschah. Ein neuer Hals-Nasen-Ohren-Arzt wurde bestellt: Docteur Fontaine, ein sehr sympathischer Arzt. Brillenträger, Kartoffelesser und selbst behindert. Als Kind hatte er Kinderlähmung gehabt, und das rechte Bein war etwas kürzer als das linke und zum Teil gelähmt. Er humpelte so elegant. Ich fand es faszinierend, ihn gehen zu sehen. Für mich war er nicht behindert, er ging nur anders als wir. Er war häßlich, sein Gesicht war viereckig und pickelig. Er trug eine riesige Hornbrille. Aber sein Lächeln, sein Lachen war einmalig. Ich habe ihn sehr, sehr gern gehabt. Seine Geräte nie! Er kam grundsätzlich beim Mittagessen, und es gab zufällig fast immer Bratkartoffeln. Beim ersten Mal war ich verblüfft! Sein Interesse galt nicht mir, sondern der Bratpfanne. »Vous permettez, Madame Rolin? Ça a l'air d'être bon!« – »Mais oui, allez-y!« (»Erlauben Sie, Madame Rolin? Es sieht so gut aus!« – »Aber ja, bedienen Sie sich!«) Er nahm keine Gabel. Er durfte das. Ich nicht. Er war schließlich der Docteur. Er aß zuerst gemütlich ein paar Kartoffeln, und dann erst kam er zu mir. Er setzte eine Art Gestell auf seinen Kopf, davor eine riesige Lampe mit zwei Löchern, durch die er gucken konnte. Er lachte immer dabei. Vor ihm habe ich nie Angst gehabt, obgleich die Ohrenschmerzen sehr schlimm waren. Es klopfte ständig in meinen Ohren, der Druck war nicht auszuhalten. Docteur Fontaine war ermutigend: »Sieht ziemlich schlimm aus, aber ein paar Zäpfchen – und in ein bis zwei Wochen bist du wieder fit. Vorher muß ich jedoch die Ohren spülen.« Diese Spülungen waren grauenhaft. Ich schrie vor Schmerzen, wie schon so oft in meinem Leben. Es kam eine gelbliche Flüssigkeit heraus. Auf jeden Fall war es jedesmal ein Entlastung. Die Zäpfchen von Dr. Fontaine waren sehr große, braune Apparate, die meine Mutter mit Butter einschmierte, bevor ich sie eingeführt bekam. Ich brauche nicht näher zu beschreiben, wie weh es tat. Ich habe oft diese Ohrenentzündungen gekriegt, auch später, als wir umgezogen waren. Immer kam Dr. Fontaine. Ich bekam immer diese Spülungen und immer diese riesigen Zäpfchen. Ich weiß nicht mehr, wie sie hießen, aber wirksam waren sie allemal.

In einem Liebesanfall seitens meiner Eltern bekam ich bei so einer Mittelohrentzündung ein Geschenk. Ein richtiges Geschenk. Ein Buch, einen Comic: »Oscar«. Oscar war eine Ente, nicht wie Donald Duck, nein, eine richtige gelbe Ente, die tausend Abenteuer erlebte und alles meisterhaft überstand. Ich habe »Oscar« sehr gern gelesen. Er war ein Freund, der mir half, diese langweilige Zeit im Bett zu überbrücken. Er verschwand plötzlich aus meinem Leben. Seitdem habe ich nie wieder irgendwo einen Band von »Oscar« gesehen. Die nachfolgend beschriebene Zeit nannte ich irgendwann später »Übergangszeit«.

Diese Zeit ist die Zeit zwischen meiner Rückkehr aus dem Sanatorium im April 1956 und der Geburt meines Bruders im Oktober 1957. Diese Zeit ist mit vielen Ängsten in mir haftengeblieben. Ich war sehr verunsichert, sehr empfindlich und hatte sehr nahe am Wasser gebaut. Es gibt trotzdem aus dieser Zeit ein paar Anekdoten, die zeigen, daß ich noch Spaß am Leben hatte und bis dahin noch ein Kind geblieben war. Ich spielte sehr gern draußen und besonders auf unserem riesigen Holzstapel, der vor unserer Tür stand. Ich kletterte hinauf, sprang herunter, wiederholte das Spiel immer wieder. Ich lief auf dem Stapel hin und her. Er war nicht zu hoch und nicht so gefährlich. Der Stapel, ein zwanzig Meter langer Holzhaufen, wurde vorn und hinten durch zwei senkrechte Pfähle festgehalten. Diese wurden wiederum verstärkt durch zwei schräge Pfähle, die die senkrechten unterstützten, damit das Holz liegenblieb. Da ich gern durch die Gegend fuhr, war dieser Holzstapel mein Lastwagen. Ich saß ganz vorn, einen Pfahl zwischen meinen Beinen. Das war mein Lenkrad! Und ich fuhr wie ein Weltmeister. Die Ladung war riesig. Dreißig Kubikmeter Holz auf einmal. Ich sang dabei. So machten es die richtigen LKW-Fahrer auch. Es gab kein Autoradio. Musik wurde noch selbst gemacht. Ich sang: »Au clair de la lune«, ein französisches Volkslied. Ich glaube, es war das einzige Lied, das ich bis zu dieser Zeit kannte. Und ich fuhr durch die ganze Welt, eher durch ganz Saint Dié. Die Welt war Cuers gewesen, und die wollte ich vergessen. Ich fuhr weiter. In meinem Eifer rüttelte ich ständig an diesem Pfahl. Es war sicher nicht die erste Fahrt dieser Woche. Das »Lenkrad« war schon ganz locker. Ich fuhr weiter, eine Kurve und noch eine Kurve. Und da passierte das Unglück! Der Pfahl löste sich. Das Holz rollte plötzlich unter mir, und ich rollte mit. Ich blieb oben und rollte wie ein Wellenreiter mit. Der Holzstapel verlängerte sich gut um die Hälfte. Ich blieb unverletzt, aber verdutzt. Eine reine Katastrophe. Die ganze Arbeit meines Vaters wurde innerhalb einer Minute zunichtegemacht. Was würde aus mir werden?

Ich habe während meiner ganzen Kindheit sehr oft solche Situationen erlebt, in denen aus einer Spiellaune, aus einer Kinderhandlung eine kleine Katastrophe entstand. Es war an und für sich nicht schlimm: Ich war nicht verletzt. Ich hatte Glück gehabt, das war mein Pech. Das Szenario ist bekannt und immer schmerzhaft gewesen. Meine Eltern waren wütend und nicht nur einen Tag, nein, Tage, Wochen! Ich weiß, die Arbeit wurde allein von meinem Vater geleistet. Ich half etwas mit, aber als Achtjähriger konnte ich nicht viel leisten. Ich konnte damals schon einsehen, es war nicht richtig gewesen. Ich hatte einen Fehler gemacht. Noch einen. Wieder einen mehr. Das »Bösesein« nahm zu. »Tu es un mauvais garçon!« (»Du bist ein schlechter Junge!«) – »Bête et méchant!« (»Dumm und böse!«) Es sind in dieser von mir genannten »Übergangszeit« viele solche Situationen entstanden, bei denen ich am Ende immer als »böser Bube« apostrophiert wurde. Die Eltern hatten keine Zeit für mich. Vater war nie oder nur selten da. Mutter arbeitete ständig. Wäsche waschen, Holz stapeln und Feuer machen, kochen, stricken für mich und meine Schwester, bügeln, stopfen. Eine dieser Handlungen, das Wäschewaschen, war die häufigste. Durch meine tägliche Bettnässerei entstand sehr viel Wäsche. Wir hatten keine Waschmaschine, aber eine »lessiveuse«: einen Waschkessel aus verzinktem Stahl. Dieser Kessel war bestimmt achtzig Zentimeter hoch und faßte zwanzig bis dreißig Liter Wasser. Am Boden dieses Kessels war ein Einsatz mit Löchern und darauf ein Kamin. Um den Kamin herum wurde die Wäsche minutiös angeordnet. Dieser Kessel war sehr schwer, wenn er voll war mit Wäsche und Wasser. Beim Kochen wurde das Wasser über dem Kamin von unten nach oben wieder auf die Wäsche transportiert. Der heiße Kessel wurde von Mutter herunter in die Waschküche getragen. Diese Art von Wäschewaschen war unheimlich anstrengend. Die Arbeit im Haus nahm ihre ganze Zeit in Anspruch. Sie hatte wenig Zeit für uns.

Der Schulweg war für mich oft mit Pannen versehen. Es passierte immer wieder etwas, was nicht vorherzusehen war. Ich ging meistens mit Claude Oudenot, Michel und Daniel Vincent zur Schule. Der Weg war sehr lang. Die drei liefen oft vor mir ... Wir gingen in der Rue Thurin an einem Haus vorbei, einem modernen Haus, das ich bis dahin noch nie bemerkt hatte. An der Haustür war eine Klingel. Meine drei Kameraden liefen, fast wie immer, vorneweg. Einer von ihnen drückte auf diese Klingel. Ich hatte natürlich nichts davon bemerkt. Ich kam zu diesem Haus und wollte ahnungslos vorbeigehen. Plötzlich ging die Tür auf, und der Bewohner gab mir eine riesige, wuchtige Ohrfeige. Ich konnte gar nicht verstehen, was geschehen war. Ich stand weinend da in meiner Pélerine; die ganze Welt war gegen mich gerichtet. Auf einmal fingen sogar Fremde an, mich zu schlagen. War ich wirklich so unerwünscht? So schlimm? In meiner kleinen Seele wußte ich nicht, was mir geschah. Es gab nirgendwo einen Halt. Es gab nirgendwo eine Hand, die mir half; die Hände, die ich sah, schlugen nur zu. Als ich in der Schule ein paar Minuten später ankam, lachten die drei mich aus. Claude erzählte mir, daß sie mit der Klingel gespielt hätten und weggerannt wären. Keine weitere Erklärung.

Eine andere Panne, die weitaus schlimmer war als die gerade beschriebene Szene, ist auch auf dem Hinweg in die Schule passiert. Ich trug eine hellgrüne Cordhose und meine Pélerine. Als es passierte, war ich sicherlich nicht länger als zehn Minuten gegangen. Meine drei Kameraden hatten mich schon abgehängt. Ich ging an diesem Morgen langsam, sehr langsam. Ich fühlte mich nicht wohl. Ich wußte nicht genau, was mit mir geschah. Mein Bauch tat weh, ich krümmte mich immer mehr und konnte kaum noch gehen. Ich beschloß, umzukehren. Ich drehte mich und entleerte meinen Darm in die Hose. Der Durchfall lief links und rechts herunter. Breitbeinig ging ich nach Hause. Es war nicht zu übersehen, daß mit mir etwas Unangenehmes passiert war. Es roch auch fürchterlich! Die Scham war so groß, daß ich glaubte, alle Nachbarn sähen genau, was los war. Und einige taten es auch, sie sahen zu. Mein Darm hatte oft Schwierigkeiten gemacht, aber so ein »Unfall« war zum ersten Mal passiert. Ein paar Tage später hatte ich einen neuen Spitznamen: »Rolinat, qui chie dans ses grands bas.« (»Rolinat, der in seine großen Strümpfe scheißt.«) Ich glaube, einer der Thuretsöhne hatte diesen Satz erfunden. Die Kinder des Viertels ließen nie einen Hohn, eine Beschimpfung aus: Zuerst »Bettpinkler«, und jetzt kam dieser Titel noch dazu. Ich spielte so wenig wie möglich nach diesem »Unfall« draußen. Es war zu schlimm. Ich konnte diese zusätzliche Belastung nicht aushalten. Es war schon schwer genug zu Hause.

Die Nachbarbaracken waren alle bewohnt. Ich weiß noch genau, wer wo gewohnt hat. Unsere Baracke war die letzte der Reihe, davor, etwas tiefer, lag die nächste. In der vorderen Wohnung wohnten die Seurats. »La mère Seurat« war die Klatschtante des »Paradis«. Sie war sehr klein, immer schwarz angezogen. Sie trug Tag für Tag einen Schal um den Kopf herum. Sie sprach nie, sie tönte durch die Gegend, durch die Wohnung. Es war sowieso sehr hellhörig. Bei den Seurats hörte man nur die »Mère Seurat« reden. Ihren Mann habe ich nie sprechen hören. Er hatte nicht viel zu bestellen. Ich weiß noch, daß er auch eine Baskenmütze trug, wie mein Vater. Er sah einfach nichtssagend aus! Sie hatten nur einen Sohn, René. Er sah genauso wie der Vater aus. Ich wurde oft verhöhnt, weil ich krank und schmutzig war, wie die Kinder selbst sagten. »Il est sale. Il pisse encore au lit.« (»Er ist schmutzig. Er macht noch ins Bett.«) Der Sohn der Seurats war sicherlich »zurückgeblieben«. Er verstand wenig und blieb oft, wenn Kinder sich unterhielten, mit offenem Mund stehen, als ob er die Wörter trinken wollte, um sie besser verstehen zu können.

Parallel zu unserer Reihe, auf derselben Höhe wohnten die Schichlers. Sie hatten acht oder neun Kinder, die alle älter waren als wir. Die zwei ältesten waren schon beide über zwanzig. Wie der ältere hieß, ist mir entfallen. Michel hieß der zweite. Die anderen Kinder waren Mädchen. Michel war sehr berühmt. Er war schon dreimal im Knast gewesen. Er klaute ständig und ließ sich dabei fast jedesmal erwischen. Vor Michel hatten wir alle großen Respekt. Er ging so stolz durch die Gegend. Er war eine der Berühmtheiten des Viertels.

Davor wohnten in einer anderen Baracke, in der Parallelreihe, die Thurets. Herr Thuret war Alkoholiker und Schläger. Er trank ständig oder war fast immer angetrunken. Seine Frau war noch häßlicher als Frau Seurat. Er schlug sie sehr oft. Wir hörten alles. Sie hatten sechs Kinder. Ein Sohn war in meinem Alter. Er erfand diesen berühmten Satz »Rolinat ...« Die Thuretkinder gingen nicht zur Schule. Die Familie lebte noch ärmer als wir. Arm waren alle im Viertel. Keiner besaß etwas Wertvolles. Die Wohnungen waren schlicht und einfach eingerichtet. Die Thurets waren die ärmsten. Ich habe nie gewußt, wovon sie lebten.

Vor dieser Baracke, also der dritten Baracke in dieser Parallelreihe, wohnten die Garcias. Es waren Emigranten aus Spanien. Herr Garcia wurde politisch verfolgt, weil er gegen Franco gekämpft hatte. Die Garcias hatten zwei wunderschöne Mädchen, richtig ausländisch aussehend, exotisch: Mercédes und Dolores. Beide waren schon 16 und 17 Jahre alt. Die Mutter der Mädchen war eine richtige Spanierin, dick, klein, rund und immer gut angezogen, eine Spange im Haar. Mit ihren kleinen Schritten ging sie wirklich vornehm. Die Garcias waren die Reichsten des Viertels. Man sah schon an ihrer Kleidung, daß sie mehr Geld besaßen als wir alle.

Dahinter begann eine dritte Reihe von Baracken. In der ersten wohnten die Riefels. Sie hatten auch sechs oder sieben Kinder. Alles Söhne bis auf das erste Kind, ein Mädchen, eine junge Frau, die schon außer Haus wohnte. Die Riefels waren »die Künstler« des Viertels. Die drei ältesten Söhne spielten in der »Harmonie municipale de Saint Dié«. Es war die Stadtkapelle. Zwei waren Trommler und der dritte Trompetenspieler. Aber der Star war diese junge Frau. Ihr Künstlername war Ginette Maya. Sie war Sängerin und damals ein paar Mal im Radio zu hören! Sie war mit dem Komikerstar, Christian Mery, einem Franzosen aus Korsika, verlobt. Beide waren einmal im »Paradis« gewesen. Bevor sie kamen, war das ganze Viertel in Aufruhr. Sie wurden Tage im voraus angesagt. Eine kleine Sensation auch für mich, obwohl ich damals von beiden noch nie etwas gehört hatte. Wir wußten, sie würden irgendwann aus Paris kommen, und zwar mit einem Auto! Und was für eines! Ich weiß nicht mehr, wie Christian Mery und diese berühmt gewordene Sängerin aussahen. Aber dieses Auto! Ein Cabriolet, soweit ich mich entsinnen kann, war es ein DS-19-Citroën: weinrot! Ein Auto, das in Frankreich nur reiche Leute besaßen. Später, als de Gaulle an die Macht kam, waren DS-19 und danach DS-20 offizielle Staatsautos! Und beide besaßen so eines, als Cabriolet sogar! Es gab doch Tage im »Paradis«, an denen es sich lohnte, dort zu wohnen und zu leben. Es gab ein paar schöne Tage. Tage, an denen ich auch träumen konnte, und ich nicht gehänselt wurde. Dieser Tag war einer davon.

Drei Baracken möchte ich noch beschreiben. In der einen davon, in der Nähe der Familie Seurat, wohnten die Oudenots. Es war eine ganze Sippe, bestehend aus einzelnen Mitgliedern. Die Großmutter wohnte allein in einem Teil der Baracke mit ihrer behinderten Tochter Gisèle. Alle diese Baracken waren ebenerdig, außer unserer im vorderen Teil. Am Ende der Baracke der Oudenots wohnte die Oma mit Gisèle. Gisèle war an Kinderlähmung erkrankt, war sehr dick, gelähmt und saß immer in einer Art Rollstuhl am Fenster. Sie guckte, egal ob Winter oder Sommer, immer aus dem Fenster. Ich habe sie nie draußen gesehen. Im Sommer war das Fenster offen, und man konnte sie besser sehen und mit ihr reden. In dem zweiten Teil der Baracke wohnten die anderen Oudenots. Zwei Söhne der Oma und der Enkelsohn Claude. Claude wohnte allein mit seinem Vater und seinem Onkel. Claudes Vater war geschieden. Die Oudenots besaßen vor der Scheidung einen Hund, er hieß Targa. Targa war ein riesiger Hund, der sehr, sehr lieb war. Man konnte mit Targa machen, was man wollte, er ließ es geschehen. Dieser Hund war, nach dem Tod von unserem Spitz Jahre zuvor, der einzige des Viertels. Targa ist eine tragische Figur in meiner Erinnerungskiste. Irgendwann vor der Scheidung waren Claudes Vater und sein Bruder betrunken. Sie hatten Targa auch Alkohol gegeben. Sie kamen irgendwann aus ihrer Baracke heraus und riefen laut, wir sollten zugucken. Targa kam torkelnd aus der Baracke. Man hatte ihm eine weiße Unterhose über das Maul bis zu den Ohren überzogen. Er versuchte, sich von diesem »Hut« zu befreien. Alle lachten. Die Mutter von Claude lachte am lautesten. Ich nicht. Das arme Tier! Der arme Hund! Nach der Scheidung wurde Targa in den Wald geführt. Claudes Vater hatte ein Seil und ein Gewehr. Er kam ohne Hund zurück. Das Tier habe ich nie vergessen. Die Menschen bei uns waren damals grausam. Okay, wir hatten alle wenig Geld, wenig zu essen, wenig Kleidung ... alles zu wenig. Aber der Hund konnte nichts dafür!

In der vorletzten Baracke wohnten noch zwei weitere Exoten. Marie und »pépère« Jacotet. Ja! Les Jacotets. Sie waren Schweizer. Wo die Schweiz war, wo Spanien war, wußte ich damals noch nicht. Ich hatte gehört: »Es ist sehr weit von uns entfernt.« Alles, was außerhalb von Saint Dié war, war sehr, sehr weit weg für mich. Der *pépère Jacotet:* Opa Jacotet. Er war ein uriger Mensch, ein Riese von Mann, und sah mit seinen achtzig Jahren noch sehr imposant aus. Die Marie war genauso groß wie er. Opa Jacotets Merkmal war seine Nase. Er hatte eine wahnsinnig große, breite, florierende Nase. Sie war die schönste Knolle, die ich jemals gesehen hatte. Opa Jacotet war seit über fünfzig Jahren in Frankreich und lebte allein mit seiner Tochter. Sie waren Freunde der Familie. Ich habe nur gute Bilder über die Jacotets behalten. Es waren zwei ruhige Menschen, die nie laut sprachen, aber dafür schön langsam, so daß ich beide sehr gut verstehen konnte. Die letzte Barakke im Viertel, die für mich wichtig war, wie schon erwähnt, die Barakke der »petits Louis«.

Eines Tages kam Monique zu uns. Sie ist die einzige Schwester meines Vaters. Monique ist die jüngste. Monique ist ein schwieriger Mensch gewesen. Sie war damals achtzehn Jahre alt. Sie kam unerwartet in unser Heim. Sie war sehr nett und zuvorkommend, half uns und kümmerte sich sehr um mich. Eine Zeitlang kam sie sehr oft, fast jeden Tag. Irgendwann fragte Monique meine Mutter, ob sie mit mir in die Stadt gehen könnte. Es war Samstag, und es gab in der Stadt einen *Bal champêtre.* Einen Tanznachmittag. Tante Monique nahm mich mit. Wir gingen in ein großes Zelt hinein. Wir saßen am Tisch. Es gab viele Leute. Ich war nicht das einzige Kind, aber bald war ich allein. Monique war verabredet mit einem Mann. Sie tanzte die ganze Zeit mit ihm. Ich saß am Tisch und war gut beschäftigt. Tante Monique hatte an alles gedacht. Ich hatte einen »Diabolo-menthe« als Getränk und einen Haufen Süßigkeiten. Es schmeckte mir. Wann hatte ich die Gelegenheit schon gehabt, so einen Tag zu verbringen. Es war einfach schön. Tante Monique kam ab und zu zum Tisch und fragte mich, ob ich etwas brauchte. Es war gut, so, wie es war.

Mein Vater arbeitete nicht mehr in Nancy, er hatte bei einem Beerdigungsinstitut einen Job gefunden, zwischendurch hatte er in einem Fahrradladen Fahrräder repariert. Die Arbeitslage war damals sehr prekär. Nirgendwo wurde eine feste Einstellung garantiert. Es wurde eingestellt, aber für wie lange, wußte keiner. Die Regierungen wechselten ständig, die Parteien waren zerstritten, instabil, das politische Klima trübsinnig und die Wirtschaft auch. Die Vogesen, die traditionell eine große Textilindustrie besaßen, waren nach dem Krieg wirtschaftlich am Ende. Der Krieg hatte viele Fabriken ruiniert und teilweise zerstört. Viele Wohnungen waren auch zerstört. Die Hauptstraße, la rue Thiers, zwischen dem Fluß la Meurthe und der Kathedrale de Saint Dié wurde neu aufgebaut. Diese Hauptstraße ist ein unnachahmliches Beispiel des schlechten Geschmacks. Es wurden eintönig links und rechts zwei sehr lange Blöcke aneinandergereiht, die zwar nur dreistöckig sind, aber häßlich. Als Baumaterial wurde der *Grès rose des Vosges,* der rosa Sandstein aus der Gegend benutzt. Es sah sehr trist aus. Erst jetzt in den neunziger Jahren fangen die Besitzer an, die Fassaden freundlich zu bemalen.

Aus der Zeit, wo mein Vater als »Beerdigungshelfer« gearbeitet hatte, weiß ich eine witzige Szene zu berichten. Er trug einen schwarzen Anzug und eine Mütze, auch schwarz, die für ihn viel zu groß war. Er war den ganzen Tag unterwegs gewesen und kam erst spät nach Hause. Wer wurde zur letzten Ruhe gebracht an diesem Tag? Keine Ahnung! Es mußte aber eine wichtige Person gewesen sein. Wie sie gefeiert haben! Mein Vater war vollkommen betrunken. Wie er den Weg bis zur Barakke geschafft hatte, wußte er selbst nicht mehr. Er war da unten zwischen dem Holzstapel und diesen unheimlichen Stufen. Er hat sie nicht mehr geschafft! Wir waren in der Küche, es war schon dunkel. Wir hatten das Abendessen schon gegessen und waren auf dem Weg ins Bett – für mich mit einem Umweg in die Gummihosen verbunden! Von draußen kam irgendwann, zuerst leise, dann lauter, eine verzweifelte, weinerlich klingende Stimme. Meine Mutter ging ihrer Beschäftigung noch weiter nach. Als sie aber deutlich verstand, was da gesagt oder auch geheult wurde, reagierte sie und ging nach draußen. Ich kam mit. Ich war noch nicht im Pyjama. Wir blieben auf der oberen Stufe dieser Außentreppe stehen. Das Spektakel war einmalig. Mein Vater stand käsebleich, die Mütze bis zu den Augen schief auf dem Kopf. Er sah fix und fertig aus und wiederholte ständig lallend: »Ma Louise, ma femme. Où est-ce qu'elle est, ma Louise? Ma femme. Louise. Où est-ce qu'elle est?" (»Meine Louise, meine Frau. Wo ist meine Louise? Meine Frau. Louise. Wo ist sie?«) Aber das witzigste war, als meine Mutter ihm half, diese gefährlichen Stufen ohne Geländer hochzugehen. Er wollte nicht. »Non, non. Arrête. Je veux ma femme. C'est ma femme, que je veux!« (»Nein, nein. Stop. Ich will meine Frau. Es ist meine Frau, die ich will!«) Er erkannte sie in seinem Suff nicht mehr. So hatte ich meinen Vater noch nicht gesehen. Er war immer streng gewesen. Ungeduldig und cholerisch. Daß er unfreiwillig so witzig sein konnte, überraschte mich unheimlich. Es war eine gelungene Kabarettnummer, und meine Mutter machte auch mit. Sie waren auf einmal anders. Sympathisch, menschlich, nicht mehr so groß, wie sie es gern sein wollten. Aber sie hatten auch etwas Fehlerhaftes an sich. Ich lasse gern diese Szene in mir wallen, bewegt fließen, in mir pilgern. Es war in dieser Zeit ein Ereignis, das mir noch Hoffnung gab. Die Eltern konnten anders sein. Warum zeigten sie es aber nie?

Vater wurde entlassen. Hatte er gekündigt? Ich wußte es nicht. Das Glück war auf einmal auf seiner Seite. Er fand eine neue Arbeit. Eine Arbeit, die er bis zur Pensionierung behalten würde. Die Banque de France von Saint Dié stellte meinen Vater als Hausmeister, Hausmädchen, Gärtner, Raumpfleger und so weiter ein. Er war der Mann für alles, was anfiel. Die Hauptbeschäftigung war, im Winter, die Zentralheizung in Gang zu bringen. Er stand deswegen immer sehr früh auf, um den Kessel in Gang zu bringen, wie er sagte. Diese neue Arbeit war für die Familie eine Segen. Nicht, daß mein Vater viel mehr Geld verdiente. Nein. Die Arbeit war sicher. Die Banque de France war dafür bekannt, ist sie auch heute noch, daß sie ihren Angestellten auch bis in die Privatsphäre hilft. Herr Forget, der Direktor, versprach meinem Vater bei der Einstellung, ihm eine neue Wohnung zu besorgen.

Es dauerte über drei Jahre, um dieses Versprechen einlösen zu können. Es war sehr schwer in dieser Nachkriegszeit, Wohnungen zu finden. Das Baugeschäft lief zögernd. Die meisten Leute bauten ihre Häuser selbst. Daran hätte mein Vater nie gedacht. Wir hatten, als ich vom Sanatorium zurückkam, ein neues Gerät zu Hause. Un poste de radio. T.S.F! Ein Radiogerät. Ich habe es bis jetzt nicht erwähnt, weil ich damit selten etwas hören konnte, bis zu diesem Tag. Es war der 13. oder 14. Januar 1957. Eine Ereignis in meinem Leben. Ich meine, eine Direktübertragung von Edith Piaf in der Carnegie Hall gehört zu haben. Ob es live war oder nicht, kann ich heute nicht mehr beschwören. Für mich war es live. Oh, Edith Piaf! Meine Mutter mochte sie gern. Ich auch. Es war sehr schön, kuschelig, es war Weihnachten, es war mein Geburtstag, ja, eine neue Geburt. Ich habe diesen Abend genossen. Wir saßen wie immer am Tisch, und ich durfte zuhören. Ja, ich durfte dabeisein. Ich war fast neun Jahre alt und durfte etwas länger aufbleiben. Durfte ich wirklich, oder wurde ich toleriert, vergessen, weil meine Mutter zuhören wollte und nicht allein bleiben wollte? Vater war abends nie da. Er kam zum Essen und verschwand fast immer. Ich wußte nie, wie er ins Bett kam, wann. Es war mir an diesem Abend egal. Ja, ich war da mit Mutter und Edith Piaf. Sie sang und sie sprach sogar englisch. Es machte nichts. Die meisten Lieder sang sie auf französisch. Wenn ich heute französische Lieder, Chansons höre, Piaf, Brel, Trenet und so weiter, kommen mir sehr oft die Tränen hoch. Sie berühren mich heute noch sehr. Die Verbindung mit diesem Abend ist sicherlich sehr groß. Ich war an diesem »Piaf-Abend« ein glückliches Kind. Einen Abend lang!

Die Baracke und das Radio! Zeitlich gesehen, kann ich die folgenden Sendungen und Hörspiele nicht mehr richtig einordnen. Auf jeden Fall ist eine wunderbare Sendung in meinem Herz haftengeblieben: *»Vous êtes formidables.«* (»Sie sind wunderbar.«) Die Sendung wurde immer mit dem vierten Satz aus der Symphonie Nr. 9, »Aus der Neuen Welt«, von Antonin Dvorák eingeleitet. Die ergreifende Stimme von Pierre Bellemare moderierte diese Sendung. Wöchentlich wurde über Katastrophen dieser Welt berichtet und gleichzeitig um Hilfe und Spenden gebeten. Zwei dieser Unglücke habe ich behalten, vielleicht waren es sogar die ersten Berichte die ich damals hörte. Die Katastrophe von

Marcinelle: ein Bergstollenunglück. Ein sogenannter *grisou* (Schlagwetterexplosion) war verantwortlich für diesen Unfall mit unzähligen Toten und Schwerverletzten sowie vielen eingeschlossenen Menschen. Wie viele Menschen ums Leben gekommen sind und wie viele Verletzte es gegeben hat? Ich weiß es nicht mehr! Die dramatischen Direktübertragungen vor Ort, die Stimme von Pierre Bellemare, die dunkle Stimmung im Radio und in der Baracke – diese ganze Dramaturgie ist atmosphärisch in mir fest geankert.

Das zweite Unglück: Vincendon und Henry, zwei Bergsteiger, vermutlich aus Frankreich, waren auf einer Alpenexpedition irgendwo verschollen oder sogar verunglückt. Es wurde über Such- und Hilfsaktionen berichtet, um diese zwei Männer zu retten: es wurde direkt vor Ort berichtet. Diese emotionale Dichte, diese tiefen Erwartungen zum Positiven hin und die grauenvolle Gewißheit, daß es viel Leid auf dieser Welt gibt, haben mich auf eindrucksvolle Weise für die Nöte meiner Mitmenschen sensibilisiert. Ich weiß noch, daß ich nach einer solchen Sendung, die um Weihnachten herum ausgestrahlt wurde, meiner Mutter bat, mir zu erlauben, ein Paket zu schicken: es wurde über hungernde Kinder aus Afrika berichtet. Mutter willigte ein. Ein Kilo Würfelzucker stellte sie zur Verfügung, und ich trennte mich von einem Buch, vielleicht von dem einzigen, daß ich besaß zu dieser Zeit. Es hieß: *»Bob chasseur d'éléphants«* (»Bob, der Elefantenjäger«). Ich packte die zwei kostbaren Gaben ein, und Mutter brachte das Paket zu einer Sammelstelle in der Stadt. Über den Titel und den Inhalt des Buches habe ich erst viel später nachgedacht, aber damals war es vollkommen unwichtig, es geschah spontan und kam von Herzen: das bißchen, was ich hatte, wollte ich einfach teilen. Vater durfte nichts darüber erfahren. Es gab noch zwei Hörspielserien, die ich noch erwähnen muß. *»Sur le banc«* (»Auf der Bank«) mit Jeanne Soursa et Raymond Souplex. Sie spielten zwei Clochards aus Paris, die irgendwo auf den Straßen der französischen Kapitale umherirrten und sich regelmäßig, eben auf dieser berühmten Bank, trafen. Sie unterhielten sich in ihrer saloppen, direkten und sarkastischen Art und Weise über den Alltag, über Politik, über Sport und über den Prominententratsch. Die tiefe, kratzige Stimme-

vom Hauptsprecher (Ähnlichkeiten mit Louis Armstrong waren unverkennbar), verlieh diesen skurrilen Geschichten eine besondere Würze. Und jeden Tag, am Ende der Sendung, fragte der Clochard seine Weggefährtin, die übrigens *la houlette* (Hirtenstand) hieß: »Qu'est-ce qu'on mange ce soir?« (»Was essen wir heute abend?«) – »Du foie gras!« (»Gänsestopfleber!«) antwortete »la houlette«. Er fragte weiter: »Et qu'est-ce qu'on boit?« (»Und was trinken wir?«) – »Du Beaujolais!« war die Antwort.

Meine Eltern und ich hatten bis zu dieser Zeit noch nicht diese umstrittene »Delikatesse« probiert, da sie noch als Luxusware galt. Und übrigens möchte ich mich nicht über Gänsestopfleber auslassen, wohl über den Beaujolais, aber später!

»La famille Duraton« war eine Sendung mit Jean-Jacques Vital. Es wurden einfache familiäre Alltagsprobleme auf witzige Weise dargestellt. Ich habe diese Radiohörspiele regelmäßig gehört, war sogar gierig danach. Ich nahm an den Leiden meiner Mitmenschen teil und erfuhr dadurch, daß andere Erwachsene und andere Kinder noch viel mehr litten als wir.

Ich hatte zunehmend Schwierigkeiten, einzuschlafen. Die Angst vor der Nacht, vor diesem Pinkeln, vor diesen »Überschwemmungen« war da tief in meiner Brust. Es gab keinen Morgen, an dem ich trocken blieb. Ich hatte nie das Glück, trocken aufzuwachen. Ich machte mir immer mehr Gedanken darüber und schlief irgendwann ein. »Dédé. Lève-toi! Il y a un nègre dans la maison.« (»Dédé, steh auf! Es ist einen Neger im Haus!«) Ich wachte auf. Es war die Stimme meiner Mutter. Zwischen Schlafzimmer und Kinderzimmer bestand die Wand aus einer einzigen Holzschicht. Es war sehr hellhörig. Keine Reaktion. »Il est dans les WC!« (»Er ist auf den Toiletten!«) Das Brummen, das Schimpfen sagte mir, daß mein Vater wach wurde. »Qu'est-ce que t'as?« (»Was hast du denn?«) – »Il est là. Je l'ai vu!« (»Er ist da, ich habe ihn gesehen!«) – »Qui?« (»Wen?«) – »Le nègre!« (»Den Neger!«) Ein Schwarzer im Haus. Mein Vater lachte. Ich hatte Angst. Ein dunkelhäutiger Mensch, das noch dazu. Schnell unter die Decke. Ich horchte weiter. Mein Vater stand auf. Er mußte aufstehen. Er mußte überall nachschauen. »Regarde dans les WC!« (»Guck im WC nach!«) Mein Vater ging und schaute nach. Es gab keinen Schwarzen. »Loulou, tu as rêvé. Il n'y a personne.« (»Loulou, du hast geträumt. Da ist niemand.«) – »Si, si, je l'ai vu. Regarde, la fenêtre est ouverte. Il vient de partir.« (»Doch, doch. Ich habe ihn gesehen. Das Klappfenster ist offen. Er ist gerade weggegangen.«) War er doch da? Ich kroch noch tiefer unter die Decke, hielt den Atem an und wartete sehr angespannt auf die nächsten entscheidenden Minuten. Aber mein Vater lachte jetzt. »Mon Dieu, que t'es con!« (»Mein Gott, bist du blöd!«) Das Fenster wurde geschlossen. Es wurde ab dieser Nacht jeden Abend zugemacht. Man konnte nicht wissen. Eine schreckliche Nacht! Es war doch sehr aufregend, so am Rande des Waldes zu wohnen. Es konnte jederzeit etwas passieren. Meine Mutter war genauso ängstlich wie ich. Ich erfuhr es nur mit der Zeit. Mit mir war sie sehr streng. Daß sie eine »Schißhäsin« war, bekam ich nur nach und nach mit.

Vater kümmerte sich weiter um Holz. Besonders am Wochenende. Ich war dieses Mal, Gott sei Dank, nicht dabei. Mutter hatte gekocht und versprochen, das Essen vorbeizubringen. Der Weg war nicht schwer, und es war nicht weit. Francine und ich durften mitgehen, nein, wir mußten mitkommen. Bis zu dieser Zeit wußte ich nicht, daß Mutter genausoviel Angst hatte, im Wald allein zu sein. Wir gingen den Weg hoch. Wir kamen nicht sehr weit. Mutter blieb stehen und horchte. Sie ging weiter, blieb aber, nach etwa zehn Metern noch einmal stehen, führte den rechten Zeigefinger zu ihrem Mund und fragte: »Les enfants, vous n'avez rien entendu?« (»Kinder, habt ihr nichts gehört?«) – »Nein, Mama. Gar nichts.« Wir hatten nichts gehört. Obwohl ich sehr aufmerksam war, konnte ich kein anormales Geräusch wahrnehmen. Ich blieb vorsichtshalber hinten. Der Rückzug war schon vorbereitet. »Ecoutez! Ne bougez plus!« (»Hört ihr! Nicht mehr bewegen!«) Wir hörten immer noch nichts. Wir gingen jetzt wesentlich langsamer. Wir waren immer noch am Rande des Waldes. Der gefährliche Wald von Ormont ... Mutter trug das Essen für meinen Vater im Korb und wechselte oft die Hand, um das Gewicht zu verteilen. Sie war sehr nervös. Francine bekam nicht viel mit bis zu diesem Satz: »Ecoutez. Ça grogne!«

(»Hört ihr, es grunzt!«) Oh, oh! Doch! Ich hörte genau hin. Francine auch. Meine Mutter war jetzt ganz sicher. Ich vernahm auch allmählich ein leichtes Geräusch. »Ça grogne plus fort. Des sangliers!« (»Es grunzt lauter. Wildschweine!«) sagte Mutter ganz deutlich. Ich las das Entsetzen in ihren Augen. Ja, ich hörte es auch. Deutlich. Francine fing an zu weinen. Die Abenteuer von Asterix waren noch nicht erfunden, sonst hätten wir uns sicherlich anders verhalten. Wir rannten weg. Mutter zuerst, und wie schnell sie war! Mann, hatte sie auf einmal Feuer unterm Hintern! Wir kamen nicht mit. Der Weg aus dem Wald war zum Glück sehr kurz. Sie wartete unten auf uns, atemlos: »Il est sûrement blessé. C'est très dangereux!« (»Es ist sicherlich verletzt und deswegen sehr gefährlich!«) Oh, ja schnell weiter! Erst in der Baracke waren wir endlich in Sicherheit. Vater wartete immer noch auf sein Sonntagsessen.

Aus diesem Ereignis ist ein anderes Bild meiner Mutter entstanden. Ihre Person, die bis jetzt sicher auf mich gewirkt hatte, zeigte, wenn auch sehr selten, Unsicherheiten, ja Schwächen. Sonst war sie immer sehr stark bis jetzt gewesen! Die Szene hatte leider keine Wirkung auf die Gummihose und Windeln, auf Ohrfeigen oder Klapse auf den Po. Lucien: Onkel Lucien – der älteste Bruder meines Vaters – ein gutmütiger, etwas dicklicher Mann, jovial, erdgebunden. Ein seltener Gast. Er war eine sonnige Erscheinung. Er kam irgendwann unangemeldet. Er ist mein Patenonkel. Er kam mich besuchen, und er hatte mir etwas mitgebracht. Das erste Geschenk von ihm. Was für ein Geschenk! Ein »Mécano«-Spiel. Es war der Vorläufer von dem Legostein-Spiel. Alle Elemente waren aus Eisen, rot und blau angemalt. Es gab Platten und Stangen mit vielen Löchern, Rädern, Schrauben und Muttern. Ich war reich. Ich konnte bauen, was ich wollte. Ich bin technisch überhaupt nicht begabt, aber ich war sehr geduldig mit diesem Spiel. Lucien baute das erste Fahrzeug mit mir. Es war das erste Mal, daß ein Erwachsener mit mir spielte. Er zeigte mir, wie es ging und wie man mit Muttern und Schrauben umging. Es war wirklich ein Geduldsspiel.

Francine wollte, wie immer, mitmachen. Sie wurde auf ihre Puppen und »dînette« zurückgewiesen. Es war mein Spiel für mich allein. Ich glaube, dadurch wurde ich sofort größer, älter. Ich war neun Jahre alt, verhielt mich aber nie wie ein selbstbewußter Neunjähriger. Weichei, Waschlappen, »Jean qui pleure« (»Johannes-der-Weinende«). Diesen Spitznamen hatte ich irgendwie verdient. Ich weinte von oben und von unten. Es würde sich jetzt ändern. Es hat sich wirklich sehr stark verändert, aber nicht mit dem Mecanospiel. Der liebe Gott, der kleine Jesus, der Storch und dieses Mal *le petit vin blanc* (der kleine Weißwein) sind dafür verantwortlich gewesen!

Irgendwann in diesem Winter wurden meine Eltern bei den Vincents nebenan eingeladen. Sie aßen zusammen. Wir waren schon im Bett. Ich konnte hören, wie es nebenan zuging. Es war lustig und laut. Ich hörte auch später, halb im Schlaf, wie die Eltern nach Hause kamen, wie laut sie waren. Lauter als sonst! Es war im Schlafzimmer auch unruhig diese Nacht. War das Essen schwer verdaulich? Warum mußten sie sich ständig wälzen. Irgendwann nahm das Ganze an Stärke und Intensität zu, und plötzlich war alles ruhig. Ich schlief ein.

Ich hätte diesen Abend glatt vergessen, wenn meine Eltern, meine Mutter nicht Wochen später darauf hingewiesen hätten. Es war an diesem Abend passiert. Der kleine Weißwein war daran schuld. *Le petit vin blanc est fautif!* Was sollte das alles! Ich begriff eine Zeitlang nicht, was im Hause anders war als sonst. Mutter wurde plötzlich anders. Müde, nervöser als sonst. Bis sie irgendwann das Wort »schwanger« fallen ließ.

Es waren Josiane und Danièle, die an diesem Tag zu Besuch waren. Sie unterhielten sich, und meine Mutter erzählte: »Ich habe erfahren, daß ich schwanger bin!« Das Wort hatte ich schon irgendwann gehört. Es war schon lange her. Als meine Mutter gefragt wurde, ob sie sich einen Jungen oder ein Mädchen wünschte, wußte ich schon, daß noch etwas Fürchterliches passieren würde. »Die Baracke ist viel zu klein für drei Kinder.« Es war Josiane, die ältere, die sprach.

Drei Kinder! Schwanger! Junge oder Mädchen? Lieber Gott! Was hast Du wieder angestellt? Wir bekommen noch ein Kind ins Haus. Ich hatte mich mit Francine gerade so geeinigt. Ich war nach dem Sanatorium eifersüchtig auf sie. Sie war für meinen Eltern das perfekte Kind.

Ich wußte schon immer, daß Francine viel stabiler, viel selbstbewußter war als ich.

Wir hatten selten Süßigkeiten. Meine Mutter bemühte sich, Bitterschokolade im Haus zu haben. Sie bewahrte diese Schokolade unten im Küchenschrank auf, da, wo die Lebensmittel waren. Wir hatten keinen Kühlschrank und auch selten Waren, die verderblich waren. Diese große Schokoladentafel verschwand allmählich. Mutter fragte uns, wer es war. »Qui a volé le chocolat?« (»Wer hat die Schokolade geklaut?«) Der Ton war immer sehr scharf und laut in diesem Fall. Ich war neun, Francine sechs. Ich war zwar älter, aber sie war mir schon überlegen. Wer war's? Francine antwortete sofort: »Jean-Jacques, ich habe ihn gesehen.« Nein, nicht ich. Ich war es sicherlich nicht. Ich habe viele Kinderdummheiten gemacht, aber bis zur Geburt von Marc habe ich nie bewußt meine Eltern geärgert oder provozieren wollen. Im Gegenteil, ich wollte lieb sein und geliebt werden. Die Natur hatte mich leider anders geschaffen. Mutter glaubte Francine, auch wenn ich behauptete, ich wäre es nicht gewesen. Nein, sie glaubte ihrer süßen Tochter. Sie war süß. Das kleine Biest schaffte es immer wieder, die Schuld auf mich zu lenken. Bis zu diesem Tag, als Mutter sie in flagranti erwischte. Sie war dabei, sorgfältig zwei bis drei Stückchen aus der Tafel zu brechen, als Mutter hochkam. Schnell drehte sich Francine um, die Hand noch im Schrank, um die Schokoladenstückchen zu halten. Die Tür hatte sie sofort angelehnt, die Hand noch im Türspalt. »Qu'est-ce que tu fais, Francine?« (»Was machst du, Francine?«) – »Rien, maman!« (»Nichts, Mama!«) – »Qu'est-ce que tu tiens dans la main?« (»Was hältst du in der Hand?«) – »Rien, maman!« (»Nichts, Mama!«) – »Montre!« (»Zeig!«) – »Non, je n'ai rien.« (»Nein, ich habe gar nichts.«) Meine Mutter ging zu ihr und nahm die Schokoladenstückchen aus ihrer Hand. Francine gab nicht auf. »Jean-Jacques m'a dit de le faire.« (»Jean-Jacques hat es mir befohlen.«) Sie hatte keine Hemmungen, die Tatsachen zu verdrehen. So einfach war es. Dieses Mal klappte es gerechterweise nicht. Francine bekam eine saftige Ohrfeige. Ich glaube, ich habe genauso gelitten wie sie. Später, viel später, hat sie nie wieder Schläge bekommen, ich habe mich immer dazwischengestellt.

Aber da nicht. Die Schokolade war nur ein Beispiel. Ich hatte Francine trotz allem sehr gern. Sie genügte mir. Ein Bruder oder noch eine Schwester wäre eine Katastrophe für mich gewesen.

Louise war wirklich schwanger. Diese Schwangerschaft, diese Geburt, dieser Familienzuwachs würde alles verändern. Eine tiefe Schneise würde entstehen, ein Spalt, der durch die Verschickung entstanden war, würde dadurch erweitert. Mit dem großen Unterschied, daß ich wuchs, manchmal zu schnell. Ich wuchs und verstand erstmalig, was geschah.

In diesem neuen Viertel, »Les Castors«, wohnte nicht nur die Familie Lamblé, sondern auch die Familie Pierrat, die acht Kinder hatte. Die ältesten waren Mädchen: Arlette und Gisèle. Arlette war ein oder zwei Jahre älter als ich, Gisèle gleichaltrig. Wir spielten des öfteren zusammen. Nicht zu oft, weil es die Zeit war, in der ich anfing, Mädchen zu meiden. Ganz unbewußt. Ich mied auch meine Spielkameraden. Ich wurde zu oft gehänselt. Die Pierrats waren auch mit meinen Eltern befreundet. Sie hatten ein großes Haus und boten sich sofort an, auf die Kinder aufzupassen, wenn es soweit wäre ... Was? Soweit! Wann? Ich hatte keine Ahnung, immer noch nicht. Ich bekam keine Erklärung. Ich fragte mich, wie es dieses Mal vor sich gehen würde. Ob ich mitkommen durfte, um auszusuchen. Das letzte Mal durfte ich nicht.

Ich merkte dieses Mal natürlich, daß meine Mutter sich verändert hatte. Sie wurde dicker, die Brust nahm zu. Es war die Schwangerschaft. Mehr hatte ich in fünf Monaten nicht gelernt. Sie wurde wirklich sehr dick und unbeweglich. Sie verrichtete aber alle Arbeiten. Mein Vater half nie im Haushalt. Es war nicht seine Aufgabe. Nein, es war die Aufgabe der Frau, Kinder zu kriegen, sie zu erziehen und sich um alles zu kümmern. Ein Pascha! Er ließ sich zu Hause bedienen, auch in dieser Zeit, die für Mutter schon sehr schwer war. Zu Hause gab es nur einen Chef. Dédé! Es ist heute, vierzig Jahre später, immer noch so. Wir waren Statisten, er die Hauptfigur. Mutter war auch eine Statistin.

Emil ist der jüngste Bruder meiner Mutter. Emil Perrin! Er war für mich wie eine außerirdische Erscheinung. Ich hatte noch nie etwas von ihm gehört, und auf einmal war er da. Groß, sehr mager, aber muskulös, mit sehr vielen Zahnlücken. Er kam irgendwann während der Schwangerschaft meiner Mutter. Ich glaube nicht mehr an den Zufall. Wir erliegen alle einer gewissen Bestimmung. Ich kann nicht behaupten, daß ich als Neunjähriger schon daran geglaubt hatte. Die Elemente sprachen eindeutig dafür. Die Schwangerschaft meiner Mutter, ihr zunehmend schlechter Gesundheitszustand, ein Vater, der unfähig war, uns zu unterstützen. Und jetzt ein junger Onkel, der kräftig genug und willig war, uns zu helfen. Onkel Emil blieb gut zwei Jahre bei uns.

Als meine Mutter anfing, Wehen zu bekommen, mußten wir, Francine und ich, wie abgesprochen, zur Familie Pierrat. Ich weiß noch, daß der Tag einigermaßen normal ablief. Ich kam nach der Schule gegen halb fünf nach Hause. Onkel Emil war da und bereitete mit Mutter das Abendbrot. Bei uns gab es abends immer ein warmes Essen. Oft Bratkartoffeln, Rühreier, Salat, eine Suppe. Etwas, was nicht zu schwer war. Fleisch gab es in der Barackenzeit während der Woche nie. Ab und zu sonntags. Oft dasselbe, Kaninchen oder Hähnchen. Ich weiß, daß wir auch manchmal Lamm und Ziegenfleisch aßen. Alles von Oma offeriert. Mutter sah müde und abgekämpft aus.

Nach dem Abendessen kam Vater nach Hause. Es wurde Mutter plötzlich schlecht, sie krümmte sich. Sie ging ins Schlafzimmer und legte sich hin. Onkel Emil wurde beauftragt, einen Wagen zu bestellen. Er fuhr mit seinem Fahrrad – er war der einzige, der ein Fahrrad hatte –, um Hilfe zu holen. Wir wurden für die Nacht fertig gemacht. Vater war kurz weggegangen und kam mit der Nachricht zurück, die Pierrats wüßten schon Bescheid und würden auf die Kinder warten. Es ging plötzlich sehr schnell. Wir liefen, schon im Pyjama, einfach herüber und wurden sofort ins Zimmer gebracht. Francine und ich sollten im selben Zimmer schlafen.

Wir kamen noch gerade richtig, um vom Fenster aus zu sehen, wie Mutter abgeholt wurde. Das Auto war da. Sie stieg ein. Wir beide schrien und winkten. Sie konnte uns nicht sehen. Sie fuhr fort. Wir blieben noch einen Moment am Fenster stehen. Und ich fragte mich: »Was geschieht jetzt?«

Oktober 1957 – September 1959

Als Mutter im Krankenhaus war, durften Francine und ich sie besuchen. Das »Hospital de Saint Dié«, ein altes Krankenhaus, aus dem später ein Altersheim entstand, war ein altes Gebäude. Es war zweistöckig und aus Sandsteinen gebaut. Die Räume und Flure waren riesig. Ich war, als meine Mutter hier noch gearbeitet hatte, oft mit in diesen Räumlichkeiten.

Meine Mutter lag mit mindestens fünfzehn anderen Frauen in einem Zimmer. Sie lagen alle in Stahlbetten, bestehend aus weißen Röhren. Die Betten, in denen die Säuglinge schliefen, sahen genauso aus, nur viel kleiner. Als wir kamen, sahen wir Mutter sofort. Sie lag links neben dem Eingang. Vater hatte uns begleitet. Wir durften hinein. Mutter sah jetzt etwas besser aus. Sie erzählte, sie hätte noch Schmerzen und könnte deswegen nicht so gut stillen. Die Brust tat seit der Geburt immer wieder weh. Deswegen mußte mein Bruder mit der Flasche ernährt werden. Ein Bruder: Marc. Er wurde schon in der Krankenhauskapelle getauft. Er sah so klein aus. »Ein ruhiges Kind«, sagte meine Mutter. »Ein häßliches Kind«, dachte ich. Francine sagte nichts.

Vater fragte, wann sie nach Hause käme. Typisch! Mutter sah noch blaß aus, etwas ausgeruhter als vor der Geburt, aber irgendwie nicht gesund. Ich weiß nicht mehr, was wir noch gemacht haben in diesem Zimmer, was noch gesagt wurde. Wahrscheinlich nicht viel. Die Atmosphäre war irgendwie unheimlich. So viele Mütter auf einmal. So viele Säuglinge auf einmal. Jeder Gesprächsversuch wurde immer wieder durch das Schreien eines Säuglings unterbrochen. Immer irgendein Säugling mußte trinken oder getröstet werden. Marc nicht. Er war irgendwie geschafft. »Er ist zu lange im Bauch der Mutter geblieben«, dachte ich. Soviel wußte ich schon. Wie kam er hinein, wie kam er heraus? Diese Fragen waren jetzt nicht wichtig. Das arme Kind war sicherlich geschockt, uns zu sehen: Vater, Mutter, Francine und mich und Onkel Emil, der jeden Tag kam. Er arbeitete übrigens auch im Krankenhaus. Er hatte ungefähr dieselbe Funktion wie mein Vater in der Banque de France, »das Mädchen für alles«. Er fuhr sogar mit einem Traktor, den das Krankenhaus gekauft hatte. Das Gebäude war riesig. Es gehörte Land dazu, das als großer Gemüsegarten bestellt wurde.

Marc war wirklich sehr ruhig. Ich wollte ihn nicht auf den Arm nehmen. Francine versuchte mit Mühe, das kleine Ding zu halten. Er war fest eingepackt und griffig. Er ließ sich alles gefallen und mußte sicherlich viel Schlaf nachholen. Wahrscheinlich fühlte er sich sehr wohl in diesem Krankenhaus. Ja, das war die Erklärung! Ich war sicher, daß er die dortige Wärme und die Atmosphäre genoß. Das sollte er auch. In der Baracke würde es ganz anders sein. Ich empfand es auch als eine Wohltat, in diesem Krankenhaus zu sein. Ich würde gern da wohnen. Nicht als krankes Kind, einfach richtig wohnen. Es war hell, warm, sogar sehr warm, nicht so luftig wie bei uns. Es war ein richtiges Gebäude. Die Sehnsucht nach einer anderen Wohnung, einem anderen Haus, einem Wechsel, nahm mit der Zeit zu, besonders seit meiner Rückkehr.

Es wurde beschlossen, daß Onkel Emil den Haushalt für uns mitführen würde. Bei dieser wichtigen Entscheidung ist mir entgangen, wer sie beschlossen hatte. Auf einmal lief es anders. Es war nicht das erste Mal und auch nicht das letzte. Ich erfuhr später, daß mein Vater immer alles im Alleingang beschloß. Wir taten einfach – wir frommen Lämmer – das, was das Leittier beschlossen hatte. Onkel Emil hatte sicherlich keinen Widerstand geleistet. Er war zu dieser Zeit ledig, jung und hatte keine Familie. Ich glaube, er war sogar froh, uns helfen zu können. Er hat mir vieles beigebracht.

Mutter kam nach Hause. Sie lag fast nur im Bett. Da Onkel Emil nicht den ganzen Tag über bleiben konnte, mußte ich zu Hause bleiben, um mitzuhelfen. Und wie schnell ich lernte! Besonders Windeln anlegen. Es war meine Spezialität. Schließlich wurde ich auch noch bis vor kurzem in Windeln eingepackt. Onkel Emil zeigte uns genau, was zu tun war. Mutter dirigierte im Hintergrund vom Bett aus, stand kurz auf, wenn es nötig war. Onkel Emil und ich schafften es schon allein. Die Ruhe von Marc war für uns eine Bestätigung für die gute Arbeit. Einem Säugling die Windeln zu wechseln, ganz allein ohne

Hilfe, war nicht schwer. Meinem Bruder den Po zu säubern, mit der anschließenden Talkumverabreichung, war das Unangenehmste. Ich mußte seinen Popo mit lauwarmem Wasser waschen und anschließend abtrocknen. Dann das Talkum. Es mußte überall weiß sein, besonders zwischen den Beinen. Meine Mutter fand, es reichte nie, was ich an Talkum benutzte. Ich mußte jedesmal niesen und dabei aufpassen. Das erste Mal wußte ich nicht, was entstehen würde, wenn ich beim »Talken« nieste. Ich erfuhr es schnell. Der Küchentisch um Marc herum war ziemlich weiß danach. Ich versuchte, das Talkum so schnell wie möglich zu verteilen, um anschließend alles mit erhöhter Geschwindigkeit zuzubinden. Es gelang mir ein paarmal, Marc zu windeln, ohne dabei zu niesen.

Mutter konnte nicht darüber lachen. Sie hatte Schmerzen. Die Brust war dick, rot und heiß. Gesehen habe ich sie sowieso nie, die Brust. Als Kind habe ich meine Eltern nie nackt gesehen. Das Instrument meines Vaters habe ich erst 1975 gesehen, als er nach einem Mopedunfall verletzt im Bett lag. Er hatte viele kleine Verletzungen und unter anderem einen riesigen Bluterguß im Genitalbereich. Es war an diesem Tag violett, blau und schwarz. Ich sah zum ersten Mal, was mich fast dreißig Jahre zuvor gezeugt hatte. Mutters Körperlichkeit blieb versteckt. Es blieb ein Geheimnis. Mutter war unfähig zu stillen. Ich mußte, ich weiß nicht wievielmal am Tag, einen *Biberon* für Marcs Flasche vorbereiten. *Le lait Guigoz*. Trockenmilchpulver aus dem Hause Guigoz. Es war in 500 Gramm großen Aluminiumdosen verpackt. Es ist merkwürdig, was diese Milch für eine Wirkung auf mich hatte. Sie war für Marc gedacht. Er hat sie bekommen, aber da ich »zuständig« war für das Zubereiten der Babyflasche, war ich auch für die Richtigkeit des Inhalts verantwortlich. Dafür mußte ich probieren. Das tat ich so gern und oft. Marc bekam viele Flaschen am Tag, und ich probierte sie alle. Ich weiß nicht, wie die Muttermilch schmeckte, ich habe keine Erinnerungen mehr daran. Sie hat sicherlich nie so geschmeckt wie diese Milch. Die war köstlich! Unvergeßlich. War das damals eine Entschädigung, ein Ersatz, den ich genoß. Ich durfte mit Marc nun hin und wieder »klein sein« und diese Privilegien genießen. Ich habe nie eine

Flasche ausgetrunken. Ich wäre nie auf diese Idee gekommen. Ich genoß einfach die Tatsache, mit dem Säugling zu teilen. Mehr nicht.

An meinen zehnten Geburtstag erinnere ich mich nicht mehr. Geburtstage wurden bei uns sowieso nie gefeiert. Es gab nie Anlaß dazu. Vater dachte nie daran, und Mutter wußte nicht mehr, wann wir geboren wurden. Sie vergaß die Daten. Es war ihre Argumentation, ihre Rechtfertigung. Mutter war immer vergeßlich gewesen. Jetzt, wo sie älter ist, weiß sie endlich, wann wir geboren sind.

Mutter mußte ins Krankenhaus. Marc war etwa sechs oder acht Wochen alt. Mutter hatte Probleme mit dieser Brust, die aus ihrer Kleidung herausquoll. Sie hatte große Schmerzen. Die Pelletier – sie lebte immer noch, diese Frau –, die Docteur Pelletier sagte meiner Mutter, daß sie einen Abszeß in der Brust hätte. Die Brust war stark entzündet. Die Milch war vorhanden, floß aber nicht. Ich verstand nichts, nur, daß Mutter Schwierigkeiten hatte mit der Milch, die sie produzierte, sie kam aus irgendeinem Grund nicht aus ihrer Brust heraus. Ich fing an, immer mehr zu begreifen, ohne die Zusammenhänge richtig zu verstehen. Die Frau Pelletier war mit Mutter viel netter als mit mir. Sie sprach ganz anders zu ihr. Ich hatte das Gefühl, sie verstand Mutter und kannte ihre Schmerzen. Mutter wurde von ihr gut behandelt. Es half nichts! Meine Mutter mußte ins Krankenhaus, sie wurde operiert. »Es ist nicht schlimm«, sagte die Ärztin, »aber ein paar Wochen wird es dauern.«

Onkel Emil blieb die ganze Zeit bei uns. Wie es im Detail lief? Wie es abgesprochen wurde? Wurde es abgesprochen? Es funktionierte auf jeden Fall hervorragend. Onkel Emil war ein richtiger Arbeiter. Er übernahm den ganzen Haushalt. Und ich half mit. Ich ging nicht mehr zur Schule. Meine Aufgabe war, Marc irgendwie zu versorgen. Onkel Emil half immer wieder mit, Windeln zu wechseln. Babyflaschen machen konnte ich schon sehr gut. Ich mußte aber mehr tun, als Marc versorgen.

Wir hatten schon Winter. Der Winter 1957 war sehr streng. Wir mußten viel heizen. Emil holte ständig Holz aus dem Keller, und ich kümmerte mich um die Heizung. Ich sehr war damit beschäftigt. Ich lernte auch »kochen«. Kartoffelschälen mußte ich schnell lernen. Gemüse putzen. Eier schlagen. Ich war stolz, in der Familie nicht mehr der »Gehänselte« zu sein. Ich wurde gebraucht. Mutter und Vater konnten richtig stolz auf mich sein. Ich wurde von Onkel Emil unterstützt, schließlich war ich das einzige Familienmitglied, das sich richtig um die anderen kümmerte. Ich lernte auch einkaufen. Es war nicht so schön. Wenn ich nur Brot, unsere berühmten Baguettes aus der Bäckerei Ulrich, unten in der »Vigne Henry«, kaufen sollte, war die Aufgabe nicht schwer. Ich bezahlte und kam mit ein oder zwei Baguettes nach Hause. Unterwegs konnte ich es mir oft nicht verkneifen – das Brot roch so frisch und so gut – das eine Ende anzuknabbern. Wenn ich nach Hause kam, fehlte das Endstück ganz. Mutter konnte nicht schimpfen, sie war nicht da. Vater arbeitete. Onkel Emil sagte nie etwas dazu. Um Lebensmittel zu kaufen, mußte ich unten im Tal zu den Vincents gehen. Das erste Mal, als ich geschickt wurde, bekam ich kein Geld mit. Ich bekam eine Liste, auf der alles ausführlich aufgeschrieben war. Herr Vincent oder Simone, seine Frau, wüßten Bescheid, hatte Vater gesagt. Ich bekam, nachdem ich die Liste sorgfältig abgegeben hatte, alles, was darauf stand. Es verlief wie geplant. Ich wußte nicht, daß Vater anschreiben ließ und erst am Ende des Monats zahlte. Er zahlte nur einen Teil davon, so daß der Rest immer größer wurde. Ich habe erst nach ein paar Einkäufen bei Herrn Vincent von diesem *Carnet* (Notizbuch) erfahren. Ein Büchlein, auf dem groß geschrieben stand: »Rolin«. Wir haben nie richtig erfahren, wie Vater zahlte. Als ich etwas älter war und immer wieder geschickt wurde, später auch Francine, sagte mir Monsieur Vincent des öfteren: »Dis à ton père, qu'il passe payer!« (»Sag deinem Vater, er soll vorbeikommen, um zu zahlen!«) Nur so habe ich es erfahren. Aber jetzt mit zehn Jahren konnte ich mit dieser Situation schon gut fertig werden. »Vater hat alles im Griff, wie immer«, dachte ich.

Mutter blieb wirklich lange weg. Ich vermißte sie nicht. Ich kriegte keine Windel mehr, und in dieser Zeit nahm meine Bettnässerei etwas ab, nicht in der Häufigkeit, aber in der Menge. Manchen Morgen wachte ich auf, und nur mein Pyjama war naß oder befleckt. Diese Zeit mit Emil als »Mutter« war sehr gut für mich. Francine und ich wurden als

»gleich« angesehen. Ich hatte nicht das Gefühl, daß Francine bevorzugt wurde. Onkel Emil schimpfte nie. Er hatte keinen Grund dazu. Er nahm uns ernst und gab uns keine Befehle. Er sagte nie: »Du mußt das oder das machen!«, er sagte einfach: »Wir machen das zusammen.« Er war sicherlich nicht intelligent und gebildet. Er, genauso wie Mutter und Vater, hatte die Schule nur vom Hören gekannt. Er konnte kaum schreiben und lesen. Mutter schrieb nie. Wenn, dann nur mit vielen grammatikalischen Fehlern. Vater konnte es etwas besser. Er war keine Leuchte, kein Genie in diesem Fach, aber es reichte, um mit Formularen umzugehen und im Alltag zurechtzukommen. Emil hatte einfach Zugang zu uns, besonders zu mir. Er hat jeden Morgen mein Bett saubergemacht und nie mit mir geschimpft.

Wir besuchten Mutter nur zweimal in der Zeit, als sie in der Klinik war. Sie lag dieses Mal nicht im Krankenhaus, sondern in einer Privatklinik, die relativ neu war. Sie war nicht so weit entfernt wie das Krankenhaus. Wir durften nicht hinein. Francine und ich blieben auf der Türschwelle stehen und warteten. Vater war drinnen und sprach mit Mutter. Mutter sagte nicht viel und zu uns nur das übliche: »Ça va? Ça marche bien avec tonton Emil?« (»Wie geht es euch? Klappt es gut mit Onkel Emil?«) Mehr wollte sie nicht wissen, mehr erfuhr sie auch nicht von mir. Ich stellte fest, daß ihre Krankheit mich nicht berührte. Sie war krank, und es war sogar eine Entlastung für mich. Ich genoß diese »kleine Freiheit«. Ich wünschte Mutter nichts Schlechtes. Nein. Sie war mir zu dieser Zeit gleichgültig. Meine Bindung zu ihr war anders. Eine Bindung, die keine war, die verfälscht war. Ich kriegte Zuwendung von einem Menschen, einem Mann, den ich erst vor einiger Zeit kennengelernt hatte, einem Mann, der nicht mein Vater war. Ich kriegte sogar Anerkennung von ihm. Alles, was ich zu dieser Zeit an Arbeiten verrichtete, war für meine Eltern entweder schlecht oder höchstens normal.

Es war ganz normal, mit zehn Jahren nicht in die Schule zu gehen, um der Familie zu helfen. Vater und Mutter hatten dasselbe erlebt. Ich war jetzt dran. Nur Onkel Emil war anders. Ich kriegte bewußt etwas, was ich vorher vermißt hatte. Es war nicht viel. Es reichte mir vollkommen zu dieser Zeit. Mutter erholte sich sehr schnell. Sie nahm alles wieder in die Hand. Onkel Emil kam regelmäßig und half seiner Schwester. Ich ging wieder zur Schule. Onkel Emil hatte ein rotes, großes Herrenrad mit einer Querstange, wie alle Herrenräder. Ich lernte heimlich, wenn ich Zeit hatte, Fahrrad fahren. Da ich zu klein war, um richtig darauf zu fahren, mußte ich so vorgehen: das Fahrrad rechts von mir schräg halten, das rechte Bein unterhalb der Querstange. Das Radfahren in dieser Form war ein reiner Balanceakt. Ich fuhr nicht weit, meist um das Haus herum. Mit der Zeit, als ich sicherer wurde, fuhr ich schon etwas weiter.

Zwischen der »Vigne Henry« und dem »Paradis« lag ein kleiner inoffizieller Müllabladeplatz, an dem ich vorbeifuhr. Onkel Emil wußte, daß ich sein Fahrrad benutzte. Er sagte nichts dazu, nur: »Fais attention. Te casse pas la gueule!« (»Paß auf! Fall nicht auf die Schnauze!«) Es war kurz, bündig und direkt. Meine Eltern hatten beschlossen, mich mit zehn Jahren impfen zu lassen. Gegen Pocken und noch etwas, das ich vergessen habe. Die Pockenimpfung kriegte ich in die laterale Muskelkette des linken Oberschenkels. Die danach entstandenen Bläschen waren klein und schmerzlos, bis zu diesem Tag, an dem ich unbedingt mit dem Fahrrad auf diesen Müllabladeplatz fahren mußte.

Ich war schon ein richtiger *Coureur cycliste* (Rennfahrer). Ich wollte mir sicherlich eine Geschicklichkeit beweisen, die ich nicht besaß, und fuhr auf diesen Müllhaufen. Ich fuhr sehr gut. Die Hindernisse waren zahlreich vorhanden. Es gab viele Konservendosen und andere verbrauchte, alte Gegenstände. Ich fuhr so lange gut, bis ich fiel. Ich war verletzt! Meine Beine waren zerschnitten! Tausend kleine Wunden. Der linke Oberschenkel und das rechte Knie waren schlimm betroffen. Die Hose bestand nur noch aus Lumpen, Fetzen, die durch dünne Fäden zusammengehalten wurden. Ich schob das Fahrrad nach Hause!

Mutter hatte nicht die Zeit, mit mir zu schimpfen. Der Arzt mußte sofort her. Onkel Emil fuhr schnell mit seinem Fahrrad, um Hilfe zu holen. Mutter fing an, die Wunden zu säubern. Wir hatten immer Äther zu Hause. Das Zeug stank wie die Pest und brannte fürchterlich. Ich wurde desinfiziert! Aus den Pockenimpfstellen wurden zwei riesige Wunden, und das rechte Knie war total zerschnitten.

Die Pelletier, das Monstrum vom Dienst, war wie ein Wachhund schon wieder für meine Gesundung zuständig. Die nächsten drei Wochen waren schlimm. Ich ging nicht zur Schule. Ich konnte nicht gehen. Ich mußte liegenbleiben. Die Wunden waren vollkommen infiziert. Ich weiß noch, daß Mutter die Aufgabe, den Befehl von der Ärztin bekommen hatte, die Wunden stündlich zu säubern. Als sich eine kleine Kruste auf der Wunde gebildet hatte, mußte Mutter diesen Schorf mit der Pinzette entfernen und darauf Penicillinpulver streuen. Aus den zwei Pockenimpfstellen entstanden zwei Löcher von etwa fünf Zentimeter Durchmesser.

Diese Brandzeichen werde ich mein Leben lang behalten, genauso wie die kleinen Narben um das rechte Kniegelenk. Die Wundpflege war sehr schmerzhaft. Mutter säuberte die Wunden sorgfältig mit Äther. Sie nahm ihre Aufgabe sehr ernst. Sie war nicht zart. Sie rieb die Wunden glatt, bis kein Eiter mehr zu sehen war, ja, sie drückte manchmal die Wundränder zusammen. Eine Tortur! »C'est bien fait! La prochaine fois, tu feras plus attention!« (»Du hast es verdient! Das nächste Mal wirst du aufpassen!«) Es war sehr tröstlich. Ich kannte das schon. Ich wurde wieder bestraft. Bestraft, weil ich ein Herrenfahrrad nicht richtig fahren konnte. Bestraft, weil ich Onkel Emils Rad weggenommen hatte. Bestraft, weil ich verletzt war und Mutter Zeit für mich opfern mußte. Zeit, die Marc fehlte. Er war noch so klein und brauchte Mutter mehr als ich.

Ich kriegte alles zu spüren. Deutlich sogar. Vater war zu dieser Zeit sehr aggressiv mir gegenüber. Ich war schon zu groß, um noch an diese Jesusgeschichte zu glauben, obwohl ich immer noch Angst vor dem Kruzifix hatte. Ich zeigte die Angst nicht mehr so deutlich, und zu dieser Zeit konnte ich sowieso nicht niederknien.

Er erfand etwas anderes. Er kam, seitdem er bei der Banque de France arbeitete, jeden Tag mittags nach Hause und aß mit uns das Mittagessen. Mutter wurde so »erzogen«, das Essen so zu verteilen, daß der

Mann die größere Portion zu bekommen hatte. Er mußte schließlich die Familie ernähren. Ich aß genauso gern wie Vater. Ich bekam aber nicht so viel. Manchmal, auch in diesem Alter, weinte ich, weil ich etwas mehr haben wollte. Vater reagierte darauf immer brutal. Er schrie. Er machte mich nach. Er äffte mich nach. Er machte sich über mich lustig, schlug mir ins Gesicht. Die Reihenfolge war nie vorgegeben, die änderte er immer nach Lust und Laune. »Il a tout mangé. Na, na, na.« – »Il n'y a plus rien pour moi. Na, na, na.« – »Il n'y a que les enfants sages qui reçoivent assez à manger.« (»Er hat alles aufgegessen.« – »Es gibt nichts mehr für mich.« – »Nur artige Kinder kriegen genug zu essen.«) Und so weiter. Alle diese Sätze sind noch schmerzhaft in mir verankert. Ich litt darunter. Ich bekam zu essen, aber nie das, was ich wollte.

Es gab sogar eine Steigerung: Erbsen und Möhren. Ich weiß nicht mehr, wie es dazu kam. Ich mochte nie Erbsen und Möhren! Ich fragte mich, wie man so ein Wurzelgemüse mögen kann. Ich kriegte kein Stück herunter. Als Baby wurde ich sehr oft mit Möhrenpüree und Möhrensaft, also »Möhren satt« gefüttert. Ich glaube, daß es damals zu viel war und daher die Abneigung kam. Mein Vater nahm es persönlich. Ich mochte keine Möhren. Ich wollte keine Möhren essen. Ich weigerte mich. Ich mußte essen, was auf den Tisch kam. Befehl ist Befehl, egal, ob es schmeckt oder nicht. Jean-Jacques wollte nicht essen, Befehlsverweigerung. Der Ton eskalierte jedesmal. Ich mußte essen.

Die Autorität meines Vaters stand auf dem Spiel. Ich aß. Ich übergab mich ab und an danach. Das war noch schlimmer, es war beleidigend! Ich kriegte eine gelangt. Was spielte sich da eigentlich ab? Warum durfte ich nicht einfach meinen Geschmack bestimmen? War das schon der Anfang eines Machtkrieges zwischen Vater und mir? Ich wußte es natürlich nicht. Ich fand es ungerecht. Gerade in der Zeit, als ich schon wieder kränkelte.

Marc wuchs. Er war ein rundliches kleines Kind geworden. Er war damals schon gemütlich und etwas apathisch. Er bewegte sich, als er anfing zu laufen, immer vorsichtig. Er lief am liebsten mit nacktem Po durch die Gegend. Als ich zu Hause war, hatte ich oft die Aufgabe, auf Marc aufzupassen.

Eines Tages, es muß im Winter 1958 gewesen sein, paßte ich gerade auf Marc auf. Ich war dabei, seine Gummihose zu wechseln. Diese Aufgabe mußte ich oft übernehmen oder einfach tun, wenn der Geruch von Marc zu verdächtig wurde. Ich hatte nicht die Zeit, Marc festzuhalten, er lief einfach weg. Er mochte zu gern nackig durch die Gegend laufen. Er lief in die falsche Richtung, dahin, wo die Katze zwischen Wand und Küchenherd ihren Futterplatz hatte. Marc wollte, genauso wie ich früher, der Katze beim Füttern helfen. Er kam mit seinem Hintern an die heiße hintere Wand des Küchenherdes. Er schrie lauthals. Ich half sofort. Ich konnte nicht vermeiden, daß die Haut seiner rechten Pobacke am Herd kleben blieb. Die Stelle hatte einen Durchschnitt von über fünf Zentimeter, sorgfältig geschält. Mein armer Bruder war vor Schmerzen außer sich. Mutter auch. Ich hatte nicht aufgepaßt, ich bekam die Schuld nach dem gewohnten Schema. Gut, ich habe nicht aufgepaßt. Mit zehn Jahren hätte ich nach der Aussage meiner Mutter wissen müssen, welche Gefahren einem kleinen Kind in einer solchen Küche begegnen können. Ich nahm es so hin. Ich nahm bewußt einiges hin: das und was noch dazukommen sollte.

Marcs Geschmack war merkwürdig. Er mochte alles essen. Alles, was eßbar war, aber auch einiges, was nicht so bekömmlich war – wie Nägel. Ich hatte an diesem Tag nicht die direkte Aufsicht für Marc. Wir waren alle in der Küche, so daß wir alle schuld daran hatten, als wir übersahen, daß sich Marc mit Hammer und Nägel an die Holzwand heranmachte, sicherlich um sie zu befestigen. »Marc, arrête, c'est interdit« (»Marc, hör auf, es ist verboten«), schrie Mutter. Er versuchte es noch ein paar Mal. Mutter sagte jedes Mal das gleiche. Ich konnte damals Marc gut verstehen. Er durfte die Nägel nicht in die Wand hauen, diese kleinen Nägel, die er sowieso nicht in die Wand gekriegt hätte. Also, wenn die nicht dafür gedacht waren, wofür dann! Er probierte einen. Es schien ihm zu schmecken. Er aß noch ein paar davon. Ich glaube, Francine hat als erste gesehen, daß Marc versuchte, eine Zwischenmahlzeit mit Nägeln ohne Baguette zu sich zu nehmen.

Mutter fuhr mit ihm ins Krankenhaus. Marc mußte eine große Menge Porree essen und dazu eine weiße, dicke Flüssigkeit. »So was wie Gips«, sagte uns Mutter ein paar Tage später. Marc überstand diese Nägelkur ohne Schaden. Er schied sie alle ohne Probleme aus. Ich war besorgt um ihn. Es mußte weh getan haben. Marc war nicht geheilt! Mit dem Ofen erwischte er irgendwann später die andere Pobacke, und er wiederholte auch später dieses Nägelessen. Es mußte ihm geschmeckt haben!

Zwei Schwestern meiner Mutter wohnten in »La Vigne Henry« am Fuß des Hanges. Madeleine, die ältere, und Jacqueline, die zwei Jahre jünger war als Mutter. Jacqueline hatte zu dieser Zeit schon fünf Kinder. Sie kam selten zu uns. Zwischen Mutter und Jacqueline herrschte keine tiefe Freundschaft, es gab keine besondere Affinität zwischen beiden Geschwistern. Wir besuchten sie nur ein paarmal in ihrer Baracke.

Ein einziger Besuch ist in mir noch lebendig in Erinnerung. Es ist der Tag, an dem ich zum ersten Mal in meinem Leben einen elektrischen Rasierapparat sah. Onkel Constant, der Mann von Tante Jacqueline, ein immer schlechtgelaunter Mensch, der Kinder nicht ausstehen konnte und sie stets als Störenfriede empfand, gerade dieser Mann zeigte mir einen langen schwarzen Stab mit einer Schnur. Er zeigte mir, wie es funktionierte. Ich war fasziniert! Vater besaß nur einen »Naßrasierer«.

Tante Jacqueline kam an einem Donnerstag nachmittag mit ihren Kindern zu uns. Donnerstag war damals der schulfreie Tag in Frankreich. Donnerstags gingen die meisten Schüler zum Katechismus- und Religionsunterricht, der nicht in der Schule stattfand, sondern direkt beim *curé* (Priester) in einem Raum der Kirchengemeinde. Meine Mutter gab uns nach der Schule, donnerstags auch gegen 16 Uhr, einen *Goûter,* so eine Art Imbiß. Er bestand oft aus einem Stück Baguette mit Marmelade, selbstgemachter Marmelade, darauf. Wir saßen, standen eher, weil wir nicht genug Stühle hatten, alle in der Küche. Wir kriegten pro Kind nur ein Stück Brot, mehr nicht. Die meisten verschwanden sofort danach wieder nach draußen. Ich blieb noch ein bißchen in der Küche mit Mutter und Jacqueline. Ich war schließlich das älteste von allen Kindern.

Es ist merkwürdig, bei allen diesen Kindheitsszenen fehlt mir oft der Beginn einer wichtigen Handlung. Genauso ist es auch jetzt. Irgendwann sprachen Jacqueline und Mutter über ihr Dasein als Mütter. Wie schwer es ist, Kinder zu erziehen. Mutter sagte: »C'est très dur. Surtout quand on a un grand gosse qui est toujours malade et qui pisse encore au lit.« (»Es ist sehr schwer. Besonders, wenn man ein Kind hat, das immer krank ist und das noch ins Bett pinkelt.«) Jacqueline antwortete mitleidend: »Oui. Tu es trop bonne avec tes gosses.« (»Ja. Du bist zu gut zu deinen Kindern.«) Es war zuviel. Mutter war ständig nörgelig und ungerecht zu mir, und meine Tante sagte, sie wäre zu gut zu mir. »Maman est méchante.« (»Mutter ist böse.«) Es rutschte mir heraus. Wie eine Furie stürzte Jacqueline sich auf mich. Sie ohrfeigte mich, kratzte mich, gab mir Fußtritte. Ein Donnerschlag kam auf mich nieder. Ich blutete. Sie hatte wirklich mein Gesicht zerkratzt. Eine etwa fünf Zentimeter lange Kratzwunde, knapp unterhalb des rechten Auges, entstand. Was für eine Familie! Meine Mutter schimpfte nicht mit ihrer Schwester. Sie sagte nur: »Tu es allée un peu loin.« (»Du bist ein bißchen zu weit gegangen.«) Wenn Jacqueline mich hätte umbringen wollen, hätte Mutter mich davor beschützt? Diese körperliche Gewalt spielte in meiner Jugend eine große Rolle. Sie war Bestandteil meiner Kindheit. Sie war nicht so extrem wie bei anderen Mitgliedern meiner Familie, wie bei einigen Cousins und Cousinen. Dieses Kapitel mit Jacqueline war schnell vergessen. Die Narbe blieb sehr lange zu sehen. Sie war die einzige Erinnerung an diesen schrecklichen Nachmittag. Danach haben wir kaum mehr Kontakt zu ihr gehabt. Und das war gut so.

Meine Familie war sehr eng befreundet mit der Familie Benoît. André und Andrée, genannt Dédé und Dédée. Andrée war die Kusine meines Vaters. Sie und ihr Mann waren zwei Jahre älter als mein Vater. Sie hatten früh geheiratet und hatten acht Kinder. André, der Mann, war Konditor, der beste von Saint Dié. Er arbeitete in der besten Konditorei der Stadt, Pâtisserie – Confiserie Bouvet. André war damals schon sehr kurzsichtig. Er trug eine dicke Hornbrille mit noch dickeren Gläsern. André war ein passionierter Angler und Mäusezüchter. Wir waren donnerstags oft bei den Benoîts. Sie wohnten hinter dem Bahnhof von Saint Dié am Fuß einer Bahnbrücke, die über den genannten Bahnhof ging. Im Krieg wurde diese Brücke zerbombt: Es blieb von der »Passerelle« nur das Anfangsstück – eine Rampe von etwa dreißig bis vierzig Metern. Die Rampe war nicht gesichert. Am Ende hatte sie eine Höhe von etwa zehn Metern. Ich habe oft mit den Benoîtkindern darauf gespielt. Es war sehr spannend auf dieser »Passerelle« zu spielen! Ich bin nie ganz am Ende dieser Teilbrücke gewesen. Bis zur Mitte war ich sicherlich hochgelaufen, aber weiter nie. So mutig war ich nie. Der Kontakt mit der Erde war mir sehr wichtig.

Die Familie Benoît ist immer sehr nett zu uns gewesen. Ich fand merkwürdig, daß Andrée, die Kusine meines Vaters, und mein Vater sehr eng befreundet waren. Sie sagten, sie seien wie Bruder und Schwester. Diese Freundschaft hält auch heute noch. Auch zu mir. André Benoît, dieser wuchtige, kraftvolle Mann, war sehr streng, aber sehr korrekt. Ich hatte sehr viel Respekt vor ihm. Gleichzeitig zog er mich auch an. Ich hätte ihn gern als Vater gehabt. Er kam immer um 14 Uhr nach Hause. Diese Zeremonie werde ich nie vergessen. Es war immer das gleiche. Als wir bei denen zu Hause waren, haben wir genauso reagiert wie die ganze Familie Benoît. Er kam in die Küche, wo wir alle saßen. Er kam immer kurz nachdem wir angekommen waren, nach dem Mittagessen. Er kam wie ein Cowboy in einen Saloon, küßte seine Frau und fragte jedesmal das gleiche: »Femme, quels gosses t'ont fait des misères ce matin?« (»Frau, welche Kinder waren heute früh nicht artig?«) Er setzte sich gleichzeitig in eine Ecke auf seinen Stuhl. Über dem Stuhl hingen ein *martinet* und ein *nerf de bœuf*. Ein *nerf de bœuf* ist ein Folterinstrument, das einst benutzt wurde, um auf einer Galeere die Ruderer zu martern. Dieser Stock wurde aus der getrockneten Beinsehne des Stieres geflochten, deswegen diese Bezeichnung: Ochsennerv.

Jedesmal, wenn wir da waren, waren immer Kinder dran, die von ihm gepeitscht werden mußten. Die betroffenen Kinder waren fast immer dieselben, Jean-Marie, der älteste, Daniel, Claude; alle Jungs kamen der Reihe nach zum Vater. Er sagte nichts. Das Kind, das an der Reihe war, zog sich selbst die Hose aus. In dem Raum war immer Totenstille. Keiner sagte etwas, niemand atmete. »Femme, c'était grave?« (»Frau, war das schlimm?«) Die Antwort seiner Frau war entscheidend für die Anzahl der Schläge. André war trotzdem korrekt. Die Kinderärsche, die ich nach diesen Schlägen sah, waren nie blutig, aber stark gerötet. Er lobte auch seine Kinder. Für diejenigen, die »artig« gewesen waren, brachte er Kekse, die er selbst gebacken hatte, mit. Es herrschte bei den Benoîts eine Disziplin wie bei der Legion. Hart, aber gerecht. Die Benoîtkinder haben sich nie beschwert. André wußte von meinen Schwierigkeiten, besonders von meiner Bettnässerei. Meine Eltern sagten überall, was mit mir los war. Die Benoîts wußten Bescheid. André hat mich nie gehänselt, hat nie eine Anspielung gemacht, hat nie gesagt, daß ich deswegen schlechter wäre als andere Kinder. Im Gegenteil, er war sehr nett zu mir. Er hat mich oft mit in seinen Schuppen genommen, um mir seine weißen Mäuse zu zeigen. Ich wußte damals nicht, daß er damit Geld verdiente. Er verkaufte sie an Versuchsanstalten für medizinische Zwecke. So konnte er etwas dazuverdienen. Seine Mäuse waren sehr witzig. Sie knabberten an einem herum, liefen in die Taschen, in die Haare. Sie waren quicklebendig und alles andere als ekelerregend. Ich fand sie sehr niedlich. Ich kam gern hierher, auch wenn ich gleichzeitig Angst vor André Benoît hatte.

Seit ich nach der Geburt meiner Schwester, eine Zeitlang bei meinen Großeltern gelebt hatte, sah ich sie nur sehr selten. Vater wollte nicht. Es gab keine Erklärung. Wir durften nicht hin. Ich sah trotzdem meine Großeltern, getrennt, nie zusammen. Der Auftritt von Opa. Diese Auftritte! Unvergeßlich. Opa Rolin: eine außerirdische Erscheinung. Ich habe von Opa nicht berichtet, als ich bei meinen Großeltern während der Geburt meiner Schwester wohnte. Die Bilder, die ich von Opa habe, gehören zu einer späteren Periode, zu dieser. Opa war ein Mensch, der immer rätselhaft bleiben wird. Ein Mensch, der wenig sprach, und wenn er sprach, hat er nur Unanständiges erzählt. Er sprach ein komisches Zeug. So salopp ich darüber erzähle, so vulgär ich sein möchte, nie werde ich die Intensität der obszön beleidigenden Sprache meines Opas erreichen.

Wenn ich Opa in seinem Hause traf, mußte ich ihn, wie es bei uns üblich war, küssen. Es war eine Mutprobe für mich. Opa drehte seine Zigaretten selbst. Nach dem Krieg waren Gauloises und Gitanes zu teuer. Es war für die meisten Leute billiger, selbst zu drehen. Vater rauchte auch sehr viel, so wie die ganze Familie. Es gab in Frankreich in dieser Zeit nur zwei Sorten von Drehtabak, *le bleu et le gris* (der blaue und der graue Tabak). Beide Tabaksorten waren schwarz und sehr stark, nur die Verpackungen waren unterschiedlich, blau und grau. Der Graue war etwas stärker, weil etwas grober geschnitten. Opa drehte selbst. Die selbstgedrehten Zigaretten brannten nicht so gut wie die gekauften fertigen. Opa Rolin rauchte die Zigaretten grundsätzlich nur bis zur Hälfte. Er ließ die halbgerauchte Zigarette abkühlen, und mit einem Zungenschlag brachte er den Zigarettenstumpf in seinen Mund und kaute den Rest. Oft lief der braune Speichel an den Mundwinkeln herunter. Und er war meistens unrasiert. Ich mußte ihn küssen! Ich machte folgendes: ich küßte Opa von schräg hinten links und von schräg hinten rechts. Er nahm diese Begrüßungszeremonie einfach ohne sichtbare Beteiligung hin. Ich habe mich geekelt, ihn zu küssen. Ich habe Opa nie richtig gekannt, der Kontakt zu ihm war schwierig. »Pépère est fou!« (»Opa ist verrückt!«) »Ganz richtig im Kopf ist er nicht«, dachte ich schon als Zehnjähriger, oder war ich von Vater beeinflußt, der oft diesen Satz wiederholte? Opa bewies hin und wieder, warum man ihn nicht so richtig begreifen konnte. Seine Besuche waren immer ein Ereignis. Das ganze Viertel war eingeladen. Opa kam immer unerwartet. Er konnte in seinem Alter noch sehr gut Fahrrad fahren und fuhr gern durch die Gegend. Opa hatte immer das gleiche an: so eine Art Anzug, grob kariert, in der Art wie Sherlock Holmes. Die Hosen wurden unten mit Fahrradklammern hochgehalten, so daß es aussah, als ob Opa Pumphosen anhätte. Die Mütze war viel zu groß für ihn.

Opa kam, wie gesagt, unerwartet. Man sah ihn nicht. Dafür hörten wir ihn! Er blieb grundsätzlich vor dem Küchenfenster stehen und kam nie hinein, obwohl Mutter ihn die ersten Male eingeladen hatte. Er blieb an seinem Fahrrad angelehnt stehen und begann zu schimpfen. Laut. Opa war sehr laut. Die Monologe, die er an diesen Tagen rezitierte, waren sicherlich nie einstudiert. Er sprach drauflos. Eine einzige Verwirrung aus Wörtern, Sätzen und lautem Gelächter. Es ist schwierig, diese unheimlichen Impressionen getreu wiederzugeben, zumal ich den wirren Inhalt nur halb verstand. Er attackierte meine Mutter verbal. Er schimpfte mit ihr, warum sie gerade seinen Sohn geheiratet hätte. Sie wäre boshaft. Er wüßte alles. So ginge es nicht weiter. Wir sollten ihn in Ruhe lassen. Ich ging immer an unser Küchenfenster und hörte zu, Francine machte dasselbe. Falls ich vor diesem Auftritt draußen spielte, ging ich schnell wieder hoch, wenn ich Opa ankommen sah. Von oben konnte ich dieses Schauspiel besser genießen.

Es stimmt mich sehr traurig, diese Szenen zu beschreiben. Er wollte uns sicherlich etwas mit seinem Vokabular und in seiner rauhen Art und Weise sagen. Keiner hörte richtig zu. Mutter verschwand in der Küche oder in der Waschküche oder kümmerte sich um Marc. Ich hörte schon sehr intensiv zu. Deswegen sind die Bilder von Opa noch so lebendig in mir. Ich hatte dabei Mitleid mit ihm. Ich habe mich in meiner Kindheit sehr oft für meine Eltern geschämt, aber für Opa nicht. Irgendwie war da etwas, eine Mitteilung, eine hilflose Annäherung, etwas, das uns erreichen sollte, etwas, das keiner von uns jemals empfangen hat. Opa ist deswegen heute noch ein Rätsel für mich.

Nachdem die Wunden meiner unteren Extremitäten geheilt waren, mußte ich etwas für meine Arme unternehmen. Ich war ungeschickt und fiel oft hin. Ich war mit zehn Jahren alles andere als sportlich und athletisch. Ich sah eher wie eine nicht wohlgeformte Bohnenstange aus, die sich ständig im Wind dreht, weil so wenig Widerstandskraft vorhanden ist. Die Zerbrechlichkeit sollte noch bedrohlich zunehmen. Ich versuchte trotzdem, mit dem Fahrrad meines Onkels, meinen Fahrstil weiter zu verbessern. Ich versuchte »richtig« darauf zu fahren, also über die Querstange einsteigen, ein Bein links, ein Bein rechts und los. Dafür mußte ich auf irgendein kleines improvisiertes Podest steigen. Es war knapp, sehr knapp. Meine Genitalien wurden ganz schön zusammengedrückt und geschüttelt. Es war schon eine kleine Quälerei, so zu fahren. Ich nahm es einfach hin und fuhr trotzdem weiter. Das Einsteigen war schon schwierig, das Absteigen kaum möglich. Das Fallen war vorprogrammiert. Und es passierte auch. Das erste Mal bin ich auf den Kopf gefallen und habe nur eine Beule gehabt, so daß meine Eltern nichts davon erfahren haben. Ich wollte sie nicht überstrapazieren mit meinem Verhalten. Sie hatten im Alltag schon so genug an mir herumzumeckern.

Das zweite Mal war ich so unglücklich gefallen, daß ich mir das rechte Handgelenk lädiert hatte. Der Einfall meines Vaters war einmalig, ich meine im positiven Sinn. Madame Pelletier wurde dieses Mal nicht bestellt. Vater sagte nämlich: »On va chez le rebouteur!« Ich kann dieses Wort nicht genau genug übersetzen. Viel später habe ich in einem französischen Lexikon nachgeschlagen. Was ist ein *rebouteur?* Es klang unheimlich. Die Definition des Wörterbuches besagt, daß ein Rebouteur eine Person ist, die ohne theoretische Vorkenntnisse und Ausbildung medizinisch empirisch arbeitet, in dem sie ihre Erfahrungen benutzt und lädierte, ausgerenkte und gebrochene Glieder wiederherstellt. Die Übersetzung vom Langenscheidt, »Heilkundiger der Glieder einrenkt«, ist, meiner Ansicht nach, unzureichend! Wir sagen in Frankreich sogar *renouer* dazu. Wortwörtlich: der die Knochen wieder zusammenbindet. Aber damals war der *rebouteur* eine unheimliche Person, eine Ausnahmeerscheinung in meiner Welt voller Krankheiten und Unfälle. Er wohnte – ich weiß nicht mehr, wie er hieß – auf der anderen Seite des Flusses, also in dem Teil der Stadt, der vom Krieg unversehrt geblieben war. Sein kleines Haus war gut versteckt, in der Nähe vom Bahnhof, sogar nicht weit von den Benoîts entfernt. Mein Handgelenk sah rot und blau aus und war stark geschwollen.

Vater war dieses Mal nett, nicht unbedingt freundlich, aber er schimpfte nicht. Er sagte nur: »Je te préviens, ça fait mal!« (»Ich warne dich, es tut weh!«) Also doch! Gab es einen Haken dabei? Es gab keinen! Es tat sehr weh. Ich war aber fasziniert von der Fingerfertigkeit dieses Mannes! Ich schaute zu, wie er mein Handgelenk mit so einer merkwürdig riechenden Flüssigkeit einschmierte und anfing, mein Handgelenk zu massieren, zu traktieren, einzurenken. Ich sah, daß mein

Handgelenk innerhalb von ein paar Minuten wieder Form bekam und zum Schluß wieder funktionsfähig wurde. Es war wie ein Wunder für mich. Alle meine gesundheitlichen Schäden waren bis jetzt für mich langwierig und zäh gewesen, die Heilung schleppend und fraglich. Der Rebouteur machte seine Arbeit so geschickt und so schnell! Ich konnte schon nach ein paar Tagen wieder schreiben. Die Schule hatte ich dieses Mal nicht lange versäumt. Ich ging noch einmal zu ihm, ein paar Tage später, und dann war meine Hand wieder in Ordnung. Im Unterbewußtsein muß mich dieser Besuch so beeindruckt haben, daß ich mir einige Wochen später auch das linke Handgelenk lädiert habe. Wiederum war das rote Fahrrad daran schuld gewesen. Ich fand es nicht so schlimm. Es gab einen Rebouteur in Saint Dié. Und den kannten wir. Wir gingen noch einmal zu ihm, und o Wunder! Es klappte auch mit dem linken Handgelenk. Und noch besser: ich brauchte nur einmal hinzugehen. Phantastisch! Dazu muß ich sagen, daß seitdem meine Handgelenke, also die Verbindung zwischen Mittelhandknochen und Unterarmknochen, leicht deformiert sind. Die Funktionen sind vollkommen erhalten, es sieht nur etwas deformiert aus. Es mindert aber nicht seine wunderbare Arbeit.

Die Pelletier konnte jetzt zu Hause bleiben. Ich würde sie nicht mehr brauchen. Ich brauchte sie in der Tat nicht mehr.

Meine Eltern hatten zwei wichtige Dinge beschlossen. Wir würden umziehen, irgendwann, und meine Bettnässerei mußte aufhören. Das mit dem Umzug dauerte noch fast ein Jahr. Die Bettnässerei war wichtiger. Es gab in Saint Dié, wie überall in Frankreich, eine Dispensairebetreuung. Es war eine Wohltätigkeitsorganisation, wo Pflege und Medikamente kostenlos vergeben wurden. Diese Institution für arme Leute hatte einen sehr guten Ruf. Man darf nicht vergessen, daß die Franzosen Arztbesuche und Medikamente immer sofort und zuerst selbst bezahlen müssen. Erst später, es vergehen manchmal Wochen, bekommt man das Geld von der Krankenkasse zurück. Spezialisten gab es damals schon, aber sie waren sehr teuer, und arme Menschen wie wir konnten sich solche Spezialisten nicht leisten. In diese Dispensairebetreuung kamen solche Spezialisten und sogar sehr gute. Angeblich.

Docteur Poirot, eine schillernde Figur der dortigen Mediziner, war ein Psychiater und Neurologe, der einmal wöchentlich an einem Nachmittag in dieser Dispensairebetreuung Sprechstunde hielt.

Meine Mutter hatte gehört, daß meine »unheilbare Krankheit« eine Nervensache und daß der Docteur Poirot eine »Kapazität« auf diesem Gebiet wäre. Ob er eine Kapazität war oder nicht, seine Präsenz war in aller Hinsicht nicht zu leugnen. Er war ein kleiner, breitschultriger, massiver Mann. Ich kenne Dr. Freud nicht, aber so muß er ausgesehen haben. Er hatte weiße Haare, trug eine kleine Brille, die er immer wieder abnahm, und einen schön zurechtgeschnittenen Bart, der den Mund und das Kinn umrandete. Er war eine strahlende Persönlichkeit, die ich gern positiv in meiner Erinnerung behalten hätte, wenn ...

Meine Mutter, natürlich mit Francine und Marc in der *poussette,* der Kinderkarre, kam mit mir und erzählte Herrn Poirot meine »Krankheit«. Er hörte sehr aufmerksam zu. Im Rückblick auf die Vergangenheit kommen mir alle Szenen, in denen Ärzte vorkommen, sehr gespielt vor. Es sah immer gut inszeniert aus. Ich denke, Herr Poirot spielte seine Rolle hervorragend. Er würde sich mit der Zeit steigern. Er sprach nicht mit mir. Ich bekam Medikamente. Mutter hörte aufmerksam zu. Ich verstand kein Wort. Die ersten Besuche bei ihm sind mir rätselhaft im Gedächtnis geblieben. Es passierte nichts. Ich kriegte Medikamente, und damit sollte ich gesund werden. Die »Krankheit« sollte aufhören.

Ich wußte damals nicht, daß ich schon »kleine« Dosen von Psychopharmaka bekam. Ich habe es drei Jahre später erfahren. Es fing gut an. Die Steigerung war unaufhaltsam. Ich empfand diese Besuche als lächerlich. Der lange Weg für ein paar Medikamente. Er untersuchte mich auch nicht wie die anderen. Nicht einmal ausziehen mußte ich mich, er klopfte mich auch nicht ab. Diese Pillen mußte ich jeden Tag bei dem »Goûter«, dem Nachmittagsimbiß, in Marmelade zerdrückt, einnehmen. Es schmeckte abscheulich. Ich erkannte den Zweck dieser Mischung nicht. Es schmeckte mit der Marmelade nicht besser. Diese Prozedur sollte noch lange bestehen.

Ab und zu ging ich doch zur Schule. Das letzte Schuljahr 1958/59, als ich noch in der Baracke wohnte, ist mir entgangen, weil ich so wenig da war. Weihnachten 1958 ist noch präsent. Nicht, daß wir groß gefeiert hätten, nein, gefeiert wurde in der Baracke sonst nie, aber diesmal ja. Es war der erste Weihnachtsbaum, an den ich mich erinnere, ich war zehn Jahre alt. Vorher gab es wahrscheinlich keinen. Die Bäume selbst waren nicht schwer zu besorgen. Mein Vater hatte sie immer, ohne Erlaubnis vom Förster, aus dem Wald geholt. Der Weihnachtsbaumschmuck fehlte. Der Baum war ziemlich groß, er stand auf dem Fußboden. Wir hatten einen einzigen gekauften, vergoldeten Tannenzapfen. Die Kugeln fertigte meine Mutter aus Kiefernzapfen und silbrigem Schokoladenpapier. Es gab zu dieser Zeit keine Alufolie. Falls es sie schon gab, kam sie für uns nie in Frage. Das Geld reichte knapp fürs Essen und für die Bekleidung.

Dieses Jahr hatte Vater für Weihnachten etwas Besonderes gekauft – Material für eine Krippe, bestehend aus dem »papier de roche« und ein paar Tonfiguren: Jesus, Maria, Josef, ein Esel, eine Kuh und eine Strohmatte. Das Papier sah wirklich wie Felsen aus. Daraus machte meine Mutter die Grotte mit der Krippe, einfach aus diesem Papier geformt. Bis heute noch macht Mutter die Krippe jedes Mal so. Die ersten Figuren und das Papier existieren noch und sind genauso schön wie damals. Es war schön. So sah Weihnachten aus. Ich weiß, daß wir auch eine richtige Weihnachtsfeier hatten und zwar in der Banque de France. O Mann, war das aufregend! Ich besitze noch ein Bild davon, wie ich natürlich auf Marc aufpasse. Ich glaube, ich hatte eigens dafür einen Anzug bekommen, in dem Alter schon. Francine trug ihre üblichen englischen Locken und Marc das, was ich auch als kleines Kind getragen hatte, diese berühmten, selbstgemachten Pumphosen.

Monsieur Forget hatte das schönste Fest organisiert, das ich bis dahin kannte. Alle Bankangestellten mit ihrer Familie waren da. Wir gehörten dazu. Schon dafür hatte es sich gelohnt, daß Vater hier arbeiten durfte. Wir feierten Weihnachten in der großen Schalterhalle. Der Raum war wie ein Festsaal, sehr groß, mit sehr hohen Wänden und mit Parkettfußboden, den mein Vater die Tage zuvor gründlich sauber gemacht, poliert und gewachst hatte. Er war stolz auf seine Arbeit. In der Mitte dieses Raumes war ein großer Tisch aufgestellt, an dem wir Kinder Platz nahmen. Es gab Kakao und Süßigkeiten, *du nougat de Montélimar.* Das Wort *nougat* bezeichnet eine süße Masse mit Mandeln und Nüssen, so eine Art türkischer Honig. Diese Masse ist wohlriechend und wohlschmeckend. Weihnachten ohne Nougat war kein Weihnachten. Und seit 1958, durch die Arbeitsstelle meines Vaters, kamen wir dazu, regelmäßig Weihnachten zu feiern.

Marc bekam als Weihnachtsgeschenk ein grünes, häßliches Pferd aus Kunststoff, montiert auf vier Rädern, so daß er das Pferd hinter sich herziehen konnte. Das Pferd wurde das Lieblingsspielzeug von Marc und von uns allen. Wir spielten zu dritt mit diesem Pferd. Mein Geschenk und das Geschenk von Francine sind mir nicht mehr bekannt. Die Süßigkeiten ja! Die Erwachsenen standen etwas abseits von uns mit dem Weihnachtsmann. Er trank auch Champagner mit. Ich sage Champagner, ohne zu wissen, ob es wirklich Champagner war oder Schaumwein, aber bei der Banque de France war auch 1958 schon alles möglich. Meine Eltern – Mutter trug eine *jupe plissée,* einen Rock mit vielen, sauber gebügelten Falten, die sie am Nachmittag beim Bügeln viele Mühe gekostet hatten – Vater war im sauberen, grauen Anzug mit Krawatte – sahen wirklich glücklich aus. Ich glaube, sie waren stolz auf uns. Wir benahmen uns anständig. Marc saß zwischen Francine und mir, und ich paßte ständig auf den kleinen Knirps auf, damit er nichts anstellen konnte. Als der Weihnachtsbaum, der ohne elektrische Lichterkette beschmückt war, mit Kerzen und Wunderkerzen beleuchtet wurde, war es zum ersten Mal endlich richtig Weihnachten. Es wurde gesungen: Weihnachtslieder, die ich noch nicht kannte, aber schnell lernte und nie vergaß.

Anfang 1959 kam Vater nach Hause mit einer wichtigen Nachricht: »On va certainement déménager cette année.« (»Wir werden wahrscheinlich dieses Jahr umziehen.«) Eine Wohnung an der Grenze von Saint Dié, Richtung Sainte-Marguerite, würde wahrscheinlich im Sommer, spätestens im September, frei. Er sagte es ein Mal beim Abendessen, und es wurde nicht mehr erwähnt.

Onkel Emil kam immer noch zu uns während seiner Freizeit. Er hatte sich eine Mobylette von Peugeot gekauft. Sie sah fast wie ein Frauenfahrrad aus und besaß unten, wo die Pedale waren, einen kleinen Motor. Die Farbe war beige-braun.

Ein paar Wochen nach dem Kauf, es mögen auch zwei bis drei Monate gewesen sein, war er sein Moped los. Vater hatte es sich angeeignet. Onkel Emil sagte nichts dazu. »Vater hat es wahrscheinlich gekauft«, dachte ich. Solche Sachen sickerten nie durch. Emil fuhr dann mit seinem alten Fahrrad weiter. Am Ende des Winters bekam ich wieder eine sehr schmerzhafte Mittelohrentzündung, diesmal mit einer starken Angina gekoppelt. Ich durfte das Bett wieder hüten und mich langsam auf den Frühling vorbereiten. Ich wurde langsam etwas lebendiger. Ich fing an, wenn auch nur zögernd – weil die Autorität meiner Eltern noch zu groß war – etwas zu rebellieren. Ich sagte schon ein paar konträre Worte. Die meisten behielt ich zwar noch für mich, aber einige kamen doch heraus! Es war nicht erwünscht. Wir hatten nicht viel Geld, und die Kinder, wie ich jetzt mit elf, hatten noch nie Taschengeld gehabt. Onkel Emil gab uns irgendwann hundert alte Francs (damals das Äquivalent von achtzig Pfennig). Für hundert alte Francs konnte man schon eine Schachtel Gauloises kaufen oder anderthalb Baguettes. Es gab auch die P4, so hieß eine kleine Packung Zigaretten, ungefähr so stark wie die Gauloises. In dieser Packung waren vier Zigaretten, sie kosteten zwanzig alte Francs. Die Vincent-Kinder und ich kauften uns so eine P4-Zigarettenpackung auf dem Heimweg nach der Schule. Wir versteckten die Packung irgendwo, und am Donnerstag nachmittag gingen wir zu dritt hinter den Baracken auf die Felder zwischen dem »Paradis« und dem Wald. Francine kam mit, sie war nicht eingeladen, war aber auch nicht zu überzeugen, daheim zu bleiben. Sie kam hinter uns her und beobachtete unsere ersten Rauchversuche. Wir versteckten uns hinter einer Hecke, um nicht gesehen zu werden. Die Gegend hier war immer menschenleer. Wir saßen im Gebüsch, Daniel, Michel und ich. Francine saß ein bißchen abseits auf der Lauer. Sie guckte etwas beleidigt. Ich weiß nicht, ob sie auch probieren wollte. Wir haben sie nicht gefragt.

Ich wußte nicht, was auf mich zukam. Meine Eltern rauchten beide,

Onkel Emil auch. Alle, die zu uns kamen, rauchten. Opa rauchte auch. Oma Rolin war die einzige, die nie geraucht hatte. Und mit elf Jahren war ich jetzt daran, in den Kreis der Raucher beziehungsweise Kettenraucher einzutreten. Daniel, der ältere, hatte angeblich oft geraucht. Michel durfte noch nicht. Ich machte einfach mit. Ich war wie immer ein Mitläufer. Natürlich wollte ich zeigen, daß ich kein Schwächling war, sondern daß ich auch mit Gleichaltrigen mithalten konnte!

Daniel übernahm alles. Er zeigte mir, wie ein erfahrener Raucher eine Zigarette anzündet. Er brauchte nur fünf bis zehn Streichhölzer, um die erste Zigarette anzuzünden. Ich durfte als zweiter mitpaffen. Es schmeckte wirklich schrecklich. Es kratzte am Hals. Der Husten kam sofort nach jedem Zug. Ich hatte nicht länger Gelegenheit, weiter zu probieren. Francine kam zu mir. »Je vais tout dire à maman!« (»Ich werde Mutter alles erzählen!«) Das war Francine. Meine kleine, liebe, hinterlistige Schwester. Was wollte sie jetzt von mir? Im Grunde genommen gar nichts! Sie sagte das noch ein paar Mal, und wir einigten uns auf folgendes: wir sollten für Francine einfach ein paar Süßkirschen vom Baum herunterpflücken. Ich weiß nicht mehr, wovor ich mehr Angst hatte: auf den Baum zu klettern oder von meiner Schwester an die Eltern verraten zu werden. Die Eltern waren zeitweise schrecklicher als der Baum. Ich pflückte Kirschen. Um sie heil nach unten zu bringen, zog ich mein Unterhemd aus und packte die Kirschen hinein. Meine Schwester freute sich über diesen zusätzlichen Nachtisch. Nach dem Verzehr zog ich mein Unterhemd wieder an und mein Hemd darüber. Abends zu Hause, vor dem Zubettgehen, zog ich mich aus. Mutter bemerkte mein Hemd. »Qu'est-ce que tu as fais avec ta chemise?« (»Was hast du mit deinem Hemd gemacht?«) – »Il a été à la marotte aux cerises.« (»Er hat Kirschen geklaut.«) Das war Francine, wie immer direkt und etwas link. Ich war wieder dran. Doppelt und dreifach. Im nachhinein frage ich mich, ob ich weniger abgekriegt hätte, wenn sie mich mit dem Rauchen verpetzt hätte.

Es war eines der letzten Abenteuer in dieser Baracke. Ich mußte sie bald verlassen. Wir hatten schon Sommer, und im September 1959 mußten wir ausziehen. Es war aufregend. Ein Umzug! Wir mußten mit dem ganzen Haushalt ausziehen. Es ging sehr schnell. Innerhalb eines Wochenendes waren wir umgezogen. Ich verließ das »Paradis«. Einen Teil meiner Kinderillusionen ließ ich für immer dort. Den unbeschwerten Teil von mir, den Ursprung meiner Persönlichkeit ließ ich auch da, in der Dunkelheit. Ich grab sie nun zögernd wieder aus. Die dunklen Teile sind hochgekommen, nicht nur diese. Es ist ein schöner Teil meiner Kindheit, trotz allem. Ich möchte ihn nicht missen.

September 1959 – September 1962

Der Umzug verlief ohne Zwischenfälle. Wir wohnten jetzt auf der anderen Seite der Stadt, schon im nächsten Dorf, fünfhundert Meter entfernt von der Stadtgrenze: »Le Faing de Sainte-Marguerite« hieß diese Siedlung! Die Häuser, etwa zwanzig Häuser, in denen jeweils zwei Familien wohnten, wurden nach dem Ersten Weltkrieg gebaut. Damals hieß die Siedlung »Cité Lager«. Die Largers hatten eine kleine Fabrik etwa dreihundert Meter von da entfernt und diese Häuser für ihre Mitarbeiter bauen lassen. Diese Siedlung wurde danach vom Staat gekauft für Bahnangestellte und für andere Staatsangestellte.

Die Häuser waren aus Stein, nicht gut isoliert und sahen sehr grau und dreckig aus. Wir hatten drei Zimmer, eine Küche, ein Klo, kein Badezimmer, einen Keller und eine Waschküche, einen riesigen Schuppen und einen Garten, der sehr groß war. Er wurde später vollkommen mit Gemüse bestellt. Im Vergleich zur Baracke war dieses Haus sehr komfortabel. Francine und ich bekamen die Zimmer oben. Mein Zimmer, das ich für mich hatte, war im ersten Stock über der Küche. Das Fenster war auf der Straßenseite. In meinem Zimmer standen nur ein Federbett und eine kleine Kommode. Natürlich war ein Nachttopf vorhanden, der unter dem Bett stand. Es gab auch hier überall Parkettfußböden. Das Parkett war hier ein richtiges Parkett ohne Spalten und ohne Lücken. Es war ein Luxus.

Wir hatten fließendes Wasser und eine Steinspüle, sowie einen Herd in der Küche. Feuer machten wir immer noch mit Holz. Der Vater hatte vorher schon das Holz hierhertransportiert. Es lag vor dem Zaun schon richtig gestapelt. In der Baracke hatten wir keinen Zaun gehabt, aber hier ja. Es war wirklich ein unglaublicher Luxus auf einmal.

Das Viertel war ruhig. Es gab hinter der ersten Hausreihe eine Bahn, wo der Express Saint Dié-Epinal durchraste. Auf der anderen Seite der Bahn waren zwei Bauernhöfe. Der Hof von Madame Maire und von den Kleins. Ich weiß noch, daß Vater nach dem Umzug Weingläser bei Madame Hocquel, unserer Nachbarin, geholt hatte, und er und die Helfer *rouge 12%* oder *du douze* tranken. Es gab damals für meine Eltern nur drei Möglichkeiten, Wein zu trinken, elf Prozent, zwölf Prozent oder dreizehn Prozent. Ich mußte beim Einkaufen den Alkoholgehalt angeben. Ich bestellte keinen Bordeaux, keinen Burgund, sondern eine Literflasche elfprozentigen. Es war immer ein Verschnitt aus französischen und algerischen Weinen mit weit über dreizehn Prozent Alkoholgehalt.

Sie tranken gemütlich ihren Wein, und ich durfte sofort am ersten Tag Madame Hocquel und ihren Mann kennenlernen. Beide waren um die fünfzig, er etwas älter als sie. Er war Bahnbeamter gewesen, sie Hausfrau. Ihre Kinder Maurice und Renée waren schon verheiratet. Monsieur Hocquel stammte aus dem deutschsprachigen Teil der *Moselle* (Mosel), aus einem Dorf nördlich von Metz. Da dieser Teil der Mosel und das Elsaß zum Zeitpunkt seiner Geburt deutsch war – bis zum Jahre 1918 –, sprach er sehr gut Deutsch. Sie kamen zu uns, nachdem wir fertig waren und tranken mit. Sie hatten bei dem Umzug auf uns aufgepaßt.

Die ersten Tage waren belanglos. Ich mußte in die Schule gehen. Eine neue Schule. Mädchen- und Knabenschule waren zusammen, nur räumlich in der Mitte getrennt. Fünf Klassen für die Mädchen und fünf Klassen für die Jungen. Auch der Hof war in der Mitte durch einen Zaun geteilt. Der Knabenhof war größer als der Mädchenhof. Wir durften nicht am Zaun bleiben. Der Abstand mußte mindestens zwei Meter sein. Die Schule »École primaire de Foucharupt« war eine Grundschule. Mein Lehrer war Monsieur Hofteter: ein widerlicher, kleiner, dikker Choleriker, der laut sprach und Galle spuckte. Ich blieb ganz kurz bei ihm, Gott sei gelobt! Ich wurde nämlich nach dem Umzug wieder krank.

Die Pelletier war wieder da. Ich wuchs zu dieser Zeit sehr schnell, fiel ständig, hatte überall Schmerzen und schlief zunehmend schlechter. Ich war oft bis nach Mitternacht wach und fand keine Ruhe. Vor der Nacht hatte ich, obgleich ich die Medikamente von Docteur Poirot regelmäßig nahm, immer Angst. Mutter war da unnachgiebig. Es mußte immer geschluckt werden.

In diesem Winter 1959 bahnte sich etwas an, eine Krankheit, die ich noch nicht hatte. Die Pelletier ahnte das. Sie nahm mir Blut ab. Mensch, das tat fürchterlich weh! Ich hatte bei ihr immer das Gefühl, das Objekt ihrer Aggressionen zu sein. Sie war so lieb und freundlich zu Mutter und so knallhart zu mir. Sie nahm aus ihrer Stahldose eine Spritze aus Glas. Eine riesige Spritze sowie eine Nadel, die auch sehr groß war. Ich konnte mich bis dahin nicht an eine einzige Blutabnahme erinnern. Diese werde ich nicht vergessen. Ich lag im Bett meiner Eltern, es war so üblich bei uns. Kranke Kinder mußten tagsüber im Bett der Eltern sein. Es war sehr nahe an der Küche, und von da konnte Mutter uns besser beobachten. Die Frau Docteur Pelletier setzte sich auf die Bettkante. Sie sprach die ganze Zeit mit Mutter. Sie war meinetwegen da, aber nein – Mutter war wichtiger! Ich war der Kranke, aber nein – Mutter mußte alles wissen! Sie behandelte mich nebenbei. Sie band meinen Arm ab, holte ihren Äther, desinfizierte die Ellenbogenbeuge und klopfte sie ab, tupfte mich noch einmal mit Äther ab, sprach mit Mutter und stach zu. Mein Gott! Ich hatte das Gefühl, abgestochen zu werden. Ich war sehr empfindlich, wohl bemerkt. Aber diese Art von Spritzen war nicht kindgemäß. Sie zapfte einfach ab. Es schien mir viel zu viel zu sein. Und fertig war die Blutabnahme. Ein paar Tage später kam sie wieder. Ich lag im Bett: *Crise d'albumine* (Albuminurie). Sie sprach von vier Gramm oder drei Gramm. Sie sprach von *régime* (Diät). Sie sprach von Wachstumsstörung, vom Psychiater Poirot. Ich war betroffen, krank und begriff nicht, was ich hatte. Ich weiß nur sicher, daß ich in diesem Winter kaum in der Schule war. Diese Krankheit war merkwürdig für mich. Die Schmerzen waren anders als sonst. Es tat alles weh, besonders Knochen und Muskeln. Das Gehen war schmerzhaft, das Sitzen, das Liegen auch, aber weniger. Es war in diesem Winter die salzlose Zeit. Ich mußte alles ohne Salz, ohne Butter, ohne Fett essen. Ich aß sehr gern und fast alles. Ich aß gern Käse, Baguette, Saucisson und so weiter, die Liste ist sehr lang. Aber ohne Salz? Ein französisches Baguette ohne Salz zu genießen, ist eine Strafe Gottes. Es schmeckt nach nichts, überhaupt nichts. Es war so fad auf der Zunge, so geschmacklos, unbeschreiblich abschreckend. Und Kartoffeln ohne Salz und Butter. Und die Möhren kamen wieder auf das Menü, ohne Salz. Mit Salz waren mir die Möhren schon ungenießbar, aber ohne ...? Es ist schwer zu beschreiben, wie das Essen, egal, was auf den Tisch kam, mich in dieser »salzlosen« Zeit angeekelt hatte. Meine Eltern zwangen mich, diese »Köstlichkeiten« aufzuessen. Das Essen war nicht das einzige, was mich bei dieser Krankheit störte.

Ich ging wieder in die Schule, als es mir Anfang 1960 besser ging. Ich war schon in der letzten Klasse dieser Hauptschule. Das Schulsystem in Frankreich sah nach dem Zweiten Weltkrieg folgendermaßen aus: Die Schule war bis zum 14. Lebensjahr Pflicht. Die Grundschule besaß sechs Klassen. Wir mußten aber acht Jahre in der Grundschule bleiben. Die Schüler, die später auf ein *collège* oder sogar zum Gymnasium gehen wollten, mußten es nach der fünften Klasse tun, um die sieben Jahre Gymnasium oder vier Jahre »collège« machen zu können. Die anderen blieben, wenn sie bis dahin nicht vorher irgendwo sitzengeblieben waren, drei Jahre in der letzten Klasse, die man *classe du certificat d'études* nannte, also die Abschlußklasse. Ich war in der fünften Klasse kaum anwesend. Der Umzug und die Krankheit hatten es verhindert. Während des Schuljahrs 1959/60 ging ich in diese letzte Klasse der Volksschule Foucharupt. Der Lehrer dieser Klasse war automatisch der Schuldirektor. Mein Lehrer wurde der »Père Bernard« genannt. Ein typischer Lehrer aus den Vogesen. Der Père Bernard war schon um die fünfzig, klein und glatzköpfig. Er sah wie ein Mönch aus, weil er nur noch weiße Haare am Hinterkopf besaß, deswegen trug er eine Baskenmütze, die so groß war, daß sie die ganze Glatze versteckte. Père Bernard war ein sehr autoritärer Lehrer. Er war auch ein Mensch, von dem ich viel gelernt habe.

In diesem Schuljahr 1959/60 war ich selten bei Père Bernard und daher die mangelhaften Erinnerungen aus dieser Zeit, aus dem ersten Jahr in seiner Klasse. Es herrschte in dieser Klasse eine große Hierarchie. Wir waren im Grunde genommen drei Klassen in einer. Die Cracks, die Ältesten, die sowieso viel besser waren als die Anfänger, machten uns das Leben schwer. Ich verhielt mich immer ruhig bis zu diesem Tag, an dem ich meinen »ungewollten« großen Auftritt hatte.

Ende 1958 kam Général de Gaulle an die Macht. Eine seiner ersten richtig wichtigen Handlungen war die Aufwertung des *francs,* die am 1. Januar 1960 stattfand. Was vorher ein *franc* war, war jetzt ein *centime,* und man sprach von *ancien franc* und *nouveau franc.* Hundert alte Francs = ein neuer Franc. Es war einfach und trotzdem so kompliziert, daß noch viele Leute im heutigen Frankreich, besonders in der Provinz, immer noch mit alten Francs rechnen. Vater arbeitete in der Banque de France und hatte sofort Zugang zu diesem neuen Franc. Es war schwierig, diese neuen Münzen zu bekommen. Und es ging, wie alles bei uns, nur sehr schleppend voran. Vater gab mir nun ab und an Geld, um etwas zu kaufen. Ich bat ihn, mir eine Münze zu geben, um sie Herrn Bernard zu zeigen, wie sie aussah. So hatte ich mindestens argumentiert. Ich bekam die Münze.

Als ich wieder in die Klasse kam, sprachen viele Schüler und der Lehrer über diese neue Münze, den neuen Franc. Keiner hatte sie gesehen. Ich hatte eine in der Tasche und zeigte sie. O, wie die alle geguckt haben! Es war mein erster richtiger Auftritt als Angeber. Gut, ich selbst gab nicht so bewußt an; ich sagte, Vater wäre Buchhalter und Kassierer bei der Banque de France, was gelogen war: Er arbeitete zwar da, aber als Hausmeister, und konnte deswegen sofort diese neuen Münzen bekommen, was wiederum wahr war. Auf dem Schulhof war ich an diesem Tag der Größte. Alle wollten die Münze sehen. Die älteren baten sogar darum, die Münze halten oder anfassen zu können. Der Schulhof war in zwei Teile getrennt. Mädchen und Jungen hatten ihren eigenen Hof. Es war verboten, sich dem Zaun zu nähern. Aber die Cracks, die älteren Jungen, machten es immer wieder, um die älteren Mädchen zu sprechen oder einfach so, um zu imponieren. Einer davon, der große Simon, nahm meine Münze und ging zum Zaun, um sie zu zeigen. Er hatte Erfolg damit, sie kamen fast alle, um die Münze und ihn zu bewundern. Es war *meine* Münze. Ich sagte nichts. Ich erinnere mich in diesem Zusammenhang, daß ich in dem Moment dachte, nach Urin zu riechen. Dieser Geruch, egal, ob ich mich zehn- oder hundertmal gewaschen hatte, dieser Geruch trat immer auf, wenn ich in die Nähe von »Mädchen« kam. Es blieb mir nichts anderes übrig, als zu warten. Ich bekam die Münze zurück, und Herr Bernard sowie auch die anderen Lehrer, bekamen sie zu sehen. Sogar im Unterricht wurde damit gearbeitet, er baute eine kleine Stunde *calcul mental* (Kopfrechnen) ein. Wir sollten in alte beziehungsweise neue Francs umrechnen. Obwohl ich einer der jüngsten in der Klasse war, war ich der beste. Ich konnte Kopfrechnen sehr gut. Ich meldete mich nicht, aber ab und zu, besonders wenn es sehr schwierig wurde, rutschte mir die richtige Antwort heraus. Die Älteren waren erstaunt. Ich auch. Ich traute mich zu wenig in diesem ersten Jahr bei dem Père Bernard. Als ich nach Hause kam, kriegte Vater das Geld zurück, und ich sagte, es wäre toll gewesen in der Schule. Es war wirklich ein schöner Tag gewesen.

Die Tage danach waren wieder getrübt durch meine ewige Bettnässerei. Es war in keiner Hinsicht besser geworden. Mutter war verzweifelt und zeigte mir ihr Unbehagen mit Aggressivität und Härte. Sonst, wenn ich krank war, wurde ich immer etwas besser behandelt. Ich wurde dann mit mehr Zuwendung bedacht, und Nähe kam hin und wieder durch. Dieses Mal nicht. Im Gegenteil! Eine Szene, die sich oft wiederholte zu dieser Zeit! Eine Szene, die Francine heute noch mit Entsetzen wiedergibt: Mutter packte mich nach einer erneuten, sehr feuchten Nacht am Kragen, schloß sich mit mir in dem zu meinem Zimmer gehörenden Alkoven ein, und schlug mich mit einem Ledergürtel grün und blau!!! Der Alkoven existiert heute noch, und Mutter bewahrt darin viele Erinnerungen, darunter alte Schulbücher, Kladden und Zeichnungen von mir, ein wenig, als ob ein Teil von mir, als ob ein Teil meiner Seele und gleichzeitig meine ganzen Schmerzen da verewigt werden sollten!

Mutter machte, wie es üblich bei uns war, das Obst – wenn wir welches bekamen – in Flaschen ein. Mirabellen, das Obst Lothringens, wurden wie Kirschen in Flaschen gefüllt. Es war gar nicht so einfach, das Obst wieder aus der Flasche herauszukriegen. Dazu benutzten wir ein *tire-fruits* (Obstherauszieher). Es war ein Stiel aus Eisen, an dem eine kleine, flexible Spirale befestigt war. Damit wurde das Obst von unten eingehakt und aus der Flasche herausgezogen. Einmal ging Mutter aufs Klo und blieb ziemlich lange da. Ich war gerade in der Küche. Irgendwann hörte ich sie stöhnen. Ich fragte sie durch die Tür, was sie hätte. Das Stöhnen machte mich unruhig. Mutter schrie: »Je suis constipée!« (»Ich habe eine Verstopfung!«) – »Puis-je t'aider?« (»Kann ich dir helfen?«) – »Oui. Va chercher le tire-fruits!« (»Ja, hol bitte den Obstherauszieher!«)

Ich mußte dieses Gerät holen, das wir für unsere in Flaschen eingemachten Kirschen und Mirabellen benutzten. Ich holte es, ohne nachzudenken. Ich klopfte an der Klotür und sagte Mutter: »Ouvre la porte, s'il te plaît! J'ai le tire-fruits!« (»Mach auf, ich habe das Gerät geholt!«) Mutter lachte mich so sehr aus, daß ich sauer wurde. Sie hatte mich hereingelegt. Ich hatte mir nichts dabei gedacht. In dieser Familie war alles möglich. Mutter erzählte später gern diese Geschichte und lachte dann aus vollem Herzen wie am Tag des Geschehens. Ich fand diese Geschichte nicht so lustig. Meine Naivität war mir doch manches Mal peinlich.

Mutter hatte sehr viel zu tun. Marc war noch klein, zweieinhalb Jahre alt, Francine achteinhalb Jahre. Onkel Emil kam noch helfen. Ich half seit dem Umzug nicht mehr. Es war zu viel für Mutter. Sie zeigte es mir deutlich. Ich wurde gepflegt, mehr nicht. Mutter brachte mich auf den Rat von Dr. Pelletier wieder zu Dr. Poirot, um mich von dieser »unanständigen« Krankheit, die man Bettnässerei nannte, zu heilen. Docteur Poirot verschrieb *une cure de repos,* eine Art Schlafkur, voll mit unterstützenden Medikamenten! Ich dachte, ich höre nicht richtig.

Noch eine Verschickung! Wo sollte diesmal die Reise hingehen und wie lange?

Ich sollte nicht so weit verschickt werden und nicht so lange. »Madame Rolin. C'est un établissement extraordinaire, qui est convoité par les frères de l'institution de Sainte-Camille!« (»Madame Rolin. Dieses Haus ist wunderbar. Es wird von den Brüdern des Glaubensordens Sainte-Camille geführt!«) Ich sagte gar nichts. Ich war niedergeschlagen. »Was machen sie mit mir? Sie kriegen mich hier nicht gesund!« Ich war wiederum nicht so geworden, wie man mich gern gehabt hätte. Ich mußte wieder fort. Der Boden verschwand langsam unter meinen Füßen. Ich sank sanft in die Tiefe. Ich wollte wirklich verschwinden. Die Ohnmacht Erwachsenen gegenüber war mir sehr deutlich geworden. Ich konnte machen, was ich wollte, es war sowieso verkehrt: dafür brauchte ich viel Kraft, die ich sowieso kaum besaß. Und als diese nun auch noch nachließ, wurde ich bröckelig, anfällig und krank. Dieser Teufelskreis lief damals schon so perfekt! Ich kam nicht heraus. Es sollte so sein. Aber als Zwölfjähriger dachte ich ganz anders. Ich fand mich wieder ganz allein, einsam, isoliert, außerhalb der Familie. Die anderen waren immer zusammengeblieben. Ich gehörte nicht dazu, sonst hätte man mich, nach dieser ersten Verschickung, nicht noch einmal in ein Sanatorium geschickt.

Dieser Gedankenwirrwarr, diese Gedankenspiele, sind noch heute nach so vielen Jahren da. Ich fragte damals nicht, warum. Ich mußte diese Prüfung bestehen. Damals wußte ich aber nicht, was auf mich zukommen würde, was es für eine Prüfung wäre.

Im April oder Mai 1960 sollte ich für drei Monate nach Niederviller gehen. Es wurde aber erst August! Natürlich war Niederviller sehr, sehr weit für mich. Ich sollte dort, so die Ärzte, Ruhe finden. Ja, Ruhe. Die habe ich dort nicht gefunden, im Gegenteil! Aber der Reihe nach. Wo liegt Niederviller? Wer sind die Brüder von Sainte-Camille? Ich hatte nicht gewußt, was die Brüder dieser Institution für eine religiöse Funktion hatten. Ich habe sie einmal in meinem Leben in Niederviller getroffen und dann nie wieder. Ich habe nie versucht, danach zu forschen, um etwas Näheres über sie zu erfahren! Niederviller liegt etwa hundert Kilometer von Saint Dié im nördlichen Teil der Vogesen. Erst im August 1960 brachte mich mein Vater in dieses *Aerium (station climatique)*, in einen Luftkurort. Es lag in einem Wald, etwa zwei Kilometer vom Dorf entfernt. Das Hauptgebäude war ein Schloß mit zwei Türmen. Das Gebäude war riesig und besaß verteilt verschiedene andere Gebäude, die ich später kennenlernen sollte. Es sah ganz anders aus als das Sanatorium von Cuers, in meinen Augen anders als ein Sanatorium in einem Luftkurort! Ein kleines Schloß mit vielen Dependenzen! Es hätte auf mich sehr beruhigend gewirkt, wenn nicht so viel Wald rundherum gewesen wäre!!!

Vater und ich waren allein mit dem Zug gefahren. Vom Dorfbahnhof wurden wir mit einem Lieferwagen der Institution abgeholt. *Le père supérieur,* der Abt, wartete draußen im Hof vor dem Schloß auf uns. »Alors, tu es Jean-Jacques.« (»Du bist Jean-Jacques.«) – »Oui, Monsieur.« (»Ja, mein Herr.«) Der erste Patzer beim ersten Satz. Es fing schon gut an. »On dit ›mon père‹, non pas ›monsieur‹« (»Man sagt ›mein Vater‹, nicht ›mein Herr‹«), sagte mein Vater. Also, ich sollte diesen ganz in schwarz gekleideten Priester nennen wie meinen Vater. Es würde hier lustig werden! Dieser »Vater«, dessen Name ich vergessen habe, war ein älterer Herr in schwarzer Soutane; auf der Brust dieser Soutane war ein großes rotes Kreuz. Es war das Zeichen, das Symbol der Institution Sainte-Camille. »Ce n'est pas grave, Monsieur Rolin. Jean-Jacques apprendra vite le respect qui est dû aux frères et pères de l'institution!« (»Es ist nicht schlimm, Herr Rolin, Jean-Jacques wird schnell lernen, unsere Brüder und Väter der Institution zu respektieren!«) – »Mon père, il faut que vous sachiez que Jean-Jacques fait très souvent au lit.« (»Vater, Sie müssen wissen, daß Jean-Jacques sehr oft ins Bett macht.«) Ja. Der Satz wurde schneller losgelassen, als ich es mir hätte träumen lassen. Sicherlich war diese Auskunft berechtigt. Es war ein Faktum. Ich war »Bettnässer«. Ich hätte mir gewünscht, daß diese Auskunft etwas sanfter und vor allem taktvoller vorgetragen worden wäre. So aber war Vater nie. Auch jetzt nicht. Der Obervater blieb stumm, drehte sich um und zeigte uns die Räumlichkeiten. Wir gingen tatsächlich in dieses Schloß hinein. Da waren die Schlafräume und

»Ruheräume«, wo wir jeden Tag unsere Siesta, unseren Mittagsschlaf, wahrnehmen mußten. Mein Schlafzimmer war kein Einzelzimmer wie in meinem neuen Zuhause in Saint Dié. Nein, wir waren mindestens zehn in diesem Zimmer. Ich habe nie gewußt, wieviele wir in Cuers in unserem Schlafzimmer gewesen sind. Ich habe diese wichtigen Details verdrängt.

Vater legte meinen Koffer auf das von dem Obervater zugewiesene Bett. Ich mußte meinen Koffer sofort auspacken. Ich werde nie vergessen, daß Mutter vor meiner Abfahrt jedes Kleidungsstück mit meinem Namen J.J. Rolin gekennzeichnet hatte. Sie hatte vorher irgendwo ein Baumwollband bestellt, auf dem alle fünf Zentimeter mein Name rot auf dem weißen Stoff auftauchte. Als ich meinen Koffer sorgfältig ausräumte, kam plötzlich Bruder Jakob durch die Tür. Es ist kein Witz. Der junge Bruder, der gerade lautlos durch die Tür kam, hieß »frère Jacques«. Er war für mich zuständig. Ich sollte in seine Gruppe kommen. Er war sehr jung, fast kahlköpfig, sehr hochgeschossen und sehr dünn. Sein Gesicht war sehr spitz und knochig, er trug eine feine Brille. Ich fand, er sah sehr intelligent aus. Er *war* auch sehr intelligent und sehr religiös. Ich habe ihn sofort gemocht. Er war nett zu mir, ohne jemals eine richtige Zuwendung zu zeigen. Er war einfach zu allen nett und höflich. Ich denke, Gott war ihm wichtiger als wir.

Frère Jacques ist mir als angenehme, außergewöhnliche, sogar anziehende Erscheinung im Gedächtnis geblieben. Er ist der einzige Mensch aus dieser Institution, dem ich gern noch einmal begegnen würde. Der Aufenthalt in Niederviller war nicht so schön, weil ich nicht mehr zu Hause war und mich wieder abgeschoben fühlte. Aber so schlimm, wie ich es befürchtet hatte, ist es nicht gewesen. Ich habe in diesen zwölf Wochen einige angenehme Ereignisse erlebt. Eins davon war die Schule. Ich kam am Ende des Sommers in diese Institution. Als die Schule überall in Frankreich wieder anfing, wurden auch wir hier in die »Schule« geschickt. Es war keine richtige Schule. Wir hatten eine einzige Schulklasse, aber einen richtigen Lehrer, in zivil. Ein junger Herr, der sein Fach verstand. Es machte sogar zum ersten Mal Spaß, in der Schule zu sein, hier in dieser. Wir hatten richtige

Schulfächer wie Rechnen, Französisch, ein bißchen Geographie und hatten auch Zeit, Lieder und Gedichte zu lernen. Ich habe während meines Aufenthaltes zwei Lieder (zwei Schlager) gelernt, die ich noch bis heute behalten habe. Das erste Lied war »*Les enfants du Pyrée*« (»Die Kinder aus Piräus«). Das Lied von Melina Mercouri wurde in Frankreich von Dalida gesungen. Bis dahin hatte ich noch nie etwas von Dalida gehört. Ich hörte vor dieser Verschickung selten Radio. Radio wurde fast nur von Vater gehört. Es wurde von ihm monopolisiert. Wir hatten nichts zu bestimmen, und deswegen wurde es mir nicht oft erlaubt, Radio mitzuhören.

Auf einmal war ich mit dem Lernen eifrig dabei. Ich empfand viel Freude, einen Text mit Musik zu verbinden. Vorher hatte ich in keiner Form Musik- oder Gesangsunterricht gehabt. Musik war mir fremd. Gesang war mir fast fremd. Mutter sang ab und zu, aber lehrte uns nie ein Lied. Ich lernte dann ein zweites Lied auswendig, Pepito, sowie ein oft von einem aus Italien stammenden jungen Franzosen gesungenes italienisches, traditionelles Lied: Marina. Ich war stolz. Ich wurde nicht gehänselt, wenn ich ziemlich falsch und sehr leise sang. Dem Lehrer war es recht, wer was sang und wie und den anderen Kindern war es egal. Jeder sang und lernte für sich. Es war ein ganz neues Gefühl. Ich war nicht gezwungen, etwas zu können, etwas zu müssen, mindestens nicht in der Schule.

Es gab in Niederviller aber auch Zwänge. Ich mußte nach wie vor Medikamente schlucken, bekam aber keine Spritzen mehr. Ich weiß, daß ich auch dort regelmäßig ins Bett gemacht habe. Aber ich wurde deswegen nicht beschimpft, man machte sich nicht über mich lustig. Es war eine andere, neue Erfahrung. Ich war nicht weit von zu Hause weg und bekam keinen Besuch, weil meine Eltern zu wenig Geld hatten, um sich einen Besuch erlauben zu können. Allein war ich, von zu Hause weg, aber nicht einsam. Ich erlitt nicht dieselbe seelische Qual wie vor fünf Jahren. Gut, ich war jetzt zwölf Jahre, immer noch kränkelnd und empfindlich. Ich merkte aber diese Veränderung doch sehr stark. Etwas wuchs in mir und gab mir die Kraft, später alles durchzustehen. Niederviller gab mir Kraft. Die Kraft kam sicherlich durch diese tiefe, religiöse Umgebung. Gott, Jesus und seine irdischen Vertreter waren ständig präsent, aber nicht prägend. Die selbstverständliche und von allen respektierte Ruhe, die jederzeit von jedem ausgestrahlt wurde, war maßgebend daran beteiligt, meine neue wackelige Sicherheit geboren zu haben. Niederviller gab mir etwas Neues. Etwas, das ich dringend gebraucht hatte. Ich brauchte aber noch viel mehr: Zuwendung, Geborgenheit, Zärtlichkeit und Liebe. Vielleicht bekam ich es in Niederviller? Hier wurde ich als krankes Kind einfach akzeptiert. Vater und Mutter schämten sich deswegen.

Ich erlebte in Niederviller meine erste Theateraufführung. »Ce weekend nous aurons la chance de vous présenter un numéro d'illusion.« (»Wir werden euch am kommenden Wochenende eine Magienummer präsentieren können.«) Ein Zauberer kam an irgendeinem Wochenende zu uns. Ich hatte so etwas noch nie gesehen. Es war keine Weltnummer. Er war sicherlich ein Provinzkünstler oder ein Anfänger. Für mich war er der Größte. Er konnte Karten verschwinden lassen, überall tauchten sie auf, sogar bei mir. Ich war hingerissen. Zeitungspapier, Kerzen und andere Gegenstände verschwanden, gingen kaputt, tauchten wieder auf. Ich war fasziniert. Die Welt der Magie. Eine Offenbarung! Es war doch möglich, Dinge verschwinden zu lassen. Es war doch möglich, die Welt zu verändern. Ich war sicher, eine gekonnte Manipulation könnte doch einiges an meiner Situation ändern.

Hier in diesem Heim hatte ich ein bestimmtes Gefühl zum ersten Mal erfahren: ich, so wie ich war, konnte bestehen ohne das Gefühl, ganz anders zu sein als die anderen. Es war beruhigend, es zu erfahren! Ich schrieb ein paar Karten. Eine davon an Francine, kurz nachdem die Schule wieder angefangen hatte. Hier die Karte, die ich dreißig Jahre später wieder entdeckt habe, wortgetreu nachgeschrieben mit sämtlichen Grammatikfehlern.

Cher Francine,
Je t'envoie cette carte pour toi, car Marc en auras une autre pour son anniversaire avec quelque dedans je pense que la rentrée des classes t'as fait en grand plaisir. Je termine ce petit mot en te disant d'être très

sage avec maman et papa. Jean-Jacques qui embrasse sa petite soeur de tout son cœur.

(Liebe Francine,
Ich schicke Dir diese Karte für Dich, weil Marc eine andere zum Geburtstag kriegen wird mit (etwas) darin. Ich denke, der Schulanfang hat Dir große Freude gemacht. Ich beende diese Karte hiermit in der Hoffnung, Du bist mit Papa und Mama sehr artig. Jean-Jacques, der seine kleine Schwester ganz herzlich küßt.)

Obwohl ich damals selten in der Schule war, war diese Karte außer zwei Konjugationsfehlern und einem fehlenden Wort nicht so schlecht ausgefallen.

Francine ging, genauso wie ich, nicht so gern in die Schule. Sie sollte aber artig zu meinen Eltern sein. Ich hatte die Lektion gut gelernt. Der große Bruder paßte aus der Ferne immer noch mit auf. Ja, ich machte mir auch Sorgen über den Werdegang der Familie während meiner Abwesenheit. Ich verbrachte meine Zeit in diesem Aerium zwischen Schule, Gottesdienst, Spaziergängen und Schlaf. Die zwölf Wochen waren nicht so langweilig und verliefen ziemlich schnell.

Vater holte mich ab. Er sagte nicht viel zu mir. Während der Fahrt war er mürrisch. Der Obervater hatte ihm erzählt, daß ich mich gut benommen hatte und daß alles bestens mit mir verlaufen wäre. Das Hauptproblem wäre nach wie vor diese Bettnässerei, und meine Unruhe wäre damit zu erklären. »Also alles umsonst gewesen«, dachte mein Vater sicherlich und zeigte mir mit seinem Verhalten, daß er auf mich doch irgendwie sauer war. Mein Vater ahnte damals während der Zugfahrt nicht, daß ich mich innerlich verändert hatte. Kurze Zeit später mußte er mit meinem neugewonnenen Selbstbewußtsein konfrontiert werden.

Nach der Rückkehr von Niederviller ging ich wieder in die Schule und wieder in die Klasse von Herrn Bernard. Es war schon das zweite Jahr. Ich fing an, besser zu werden. Wir gingen donnerstags nie in die Schule. Donnerstag war immer ein besonderer Tag in vielen Haushalten. Jeden Donnerstag zwischen acht und zwölf Uhr war es die Zeit des Katechismus in der Kirche von »La Vaxionaire«. »La Vaxionaire« war, wie das »Paradis«, ein nach dem Krieg aufgebautes Barackenviertel.

Es sah jedoch ganz anders aus. Die Baracken waren alle Einfamilienhäuser, die auf einem ehemaligen Kasernengebäude schön angeordnet aufgebaut waren. In der Mitte stand die kleine Holzkirche mit zwei dazugehörenden großen, einstöckigen Baracken, wo der Abt und der Priester wohnten und wo wir Unterricht bekamen. Der Unterricht, der vom Priester selbst gegeben wurde, war mit viel Arbeit verbunden. Es war genauso wie in der Schule. Ich hatte ein Heft, in dem ich alles, was ich lernte, aufschrieb. Ich denke mit Vorliebe an die Karten, die ich von der Schwarztafel in mein Heft abmalte. Israel, Palästina, den Jordanfluß, Ägypten. Als ich anfing, das Leben Jesu Christi zu lernen, mußte ich jede Station auch geographisch festhalten. Texte, Karten, Pläne und Gebete schmückten mein Heft. Ich beteiligte mich gern an diesem Unterricht und hatte dabei keine Schwierigkeiten, Gebete und Bibelpassagen auswendig zu lernen. Da ich sehr oft gefehlt hatte, wurde ich ziemlich schnell mit meiner ersten Kommunion konfrontiert. Ich kam Ende Oktober oder Anfang November 1960 aus Niederviller zurück und sollte schon im Mai 1961 meine *grande communion* (Erste heilige Kommunion) feiern. Ich wurde ein Jahr vor Niederviller noch am 30. Mai 1960 konfirmiert. Unsere Firmung ist die Bestätigung der ersten heiligen Kommunion.

Von da an hatte ich mich, so verlief es bei uns, verpflichtet, regelmäßig in die Kirche zu gehen. Ich gehörte zu den Großen, die das Vorrecht hatten, vorne in den ersten Reihen sitzen zu dürfen. Ich besaß *un carnet de messe* (Messeheft), ein Büchlein, das jeden Sonntag kontrolliert und gestempelt wurde. Nicht irgendwann durfte ich in die Kirche gehen, nein, *la grande messe* (die große Messe) um zehn Uhr mußte ich besuchen. Es war alles vorgegeben. Nicht nur das. Ich mußte auch regelmäßig kommunizieren, die Kommunion empfangen, an dem Altarsakrament teilnehmen. Es war der Teil, der mich am meisten schockiert hat. Zwänge waren nichts Neues für mich, es gehörte zu meinem

Kindsein einfach dazu, zu tun was die Erwachsenen von mir erwarteten.

Der Priester erwartete, daß ich am Samstagabend, am Tag vor der Hauptmesse, zur Kirche ging, um zu beichten. Der Beichtvorgang war mit Dramatik verbunden. Es waren um diese Zeit nur Kinder in der Kirche. Ich glaube, unsere Beichtzeit war zwischen 16 und 17 Uhr, es war Pflicht und wurde nachkontrolliert. An der Tür wurde ich von einem Diener, so eine Art Küster, empfangen. Ich bekam mein Formular und einen Bleistift. Mit diesem Formular ging ich in die Kirche hinein und suchte einen Platz, wo ich niederkniend anfangen konnte, mich mit meinen Sünden auseinanderzusetzen. Diese Sündenliste war riesig, zwei DIN-A4 Seiten voll mit kleinen Sätzen. Ich mußte ankreuzen, was zutraf mit Ja oder Nein.

»As-tu eu des pensées impurs?« (»Hast du schmutzige Gedanken gehabt?«) – »As-tu fait des gestes impures – tout seul, avec d'autres?« (»Hast du unreine, schmutzige Tätigkeiten ausgeübt – allein oder mit anderen?«) – »As-tu eu respect de tes parents?« (»Hast du deine Eltern respektiert?«) – »As-tu pensé à Dieu tous les jours et à Jesus Christ?« (»Hast du jeden Tag an Gott gedacht und an Jesus Christus?«) – »As-tu respecté Dieu?« (»Hast du Gott respektiert?«)

Das Beichtblatt fing immer so an. Unreine, schmutzige Gedanken waren eben Sünden. Und erst an zweiter Stelle kamen: Gott, Jesus Christus, die Eltern respektieren und lieben, jeden Tag an sie denken. Nein!!! Die Sündenliste wurde allmählich länger. Ich dachte nicht nach, ich kreuzte an, was ich für richtig hielt, wohlwissend, viele Wörter nicht verstanden zu haben. Das Ankreuzen selbst war die kleinste Demütigung, die größere kam erst, als ich an der Reihe war, in diesen gefürchteten Beichtstuhl einzutreten. Der Priester war nie zu sehen. Er saß in der Mitte und ich links von ihm, rechts kniete schon ein anderes Kind. Ich kniete immer links. Die Bilder sind immer klar in mir geblieben. Ich wartete, bis ich dran war und hörte gar nicht, was der Priester zu meinem »Mitsünder«, von dem ich durch eine Schiebetüre getrennt war, sagte. Als er die Klappe aufmachte, konnte ich den Priester nicht sehen, es war sehr dunkel bei ihm im Stuhl. Ich weiß, daß der Priester immer derselbe war. Ein junger, stotternder Mann, verklemmt und irgendwie pervers. Als die Klappe aufging, rezitierte ich den auswendig gelernten Satz herunter:

»Mon père, pardonnez-moi parceque j'ai péché.« (»Vater, verzeih mir, ich habe gesündigt.«) – »Dieu te pardonnera mon fils. Quels sont tes péchés?« (»Gott wird dir vergeben, mein Sohn. Welche Sünden hast du begangen?«)

Ich fing an, vorzulesen. Er fragte nach. Besonders die ersten Sünden fanden starkes Interesse. Er hakte nach.

»Hast du dich berührt?« – »Ja, Vater.« Wo? – fragte er nicht. »Hast du andere unsittlich angefaßt?« – »Ja, Vater.« Was ist unsittlich? Ich durfte nicht nachfragen. Ich hätte die Frage sowieso nicht gestellt. Ob ich auch verbotene Spiele gespielt hätte, so wie »Maman-Papa« oder »Docteur«? Ja, sicherlich irgendwann, also: »Ja, Vater.« – »Mit wem?« Ich dachte wirklich: »Der liebe Gott will alles wissen.« Meine Eltern hatten mir erzählt: »Gott weiß und sieht alles.« Warum mußte der Priester alles noch genauer wissen? Er fragte sehr leise. Ich spürte, wie sich sein Mundgeruch sehr intensiv um mich verteilte. Er ging um mich herum und fesselte mich irgendwie; der Priester mit seiner flüsternden Stimme und seinem Mundgeruch zogen mich in seinen Bann. Oder war der liebe Gott mit von der Partie? Es war gespenstisch. Es war gruselig.

Diese *Confession,* dieses Beichten hat mich von meiner Religion entfernt. Es ist seitdem ein Gefühl der Hilflosigkeit, der Auslieferung der Kirche gegenüber in mir geblieben. Ich fühlte mich manipuliert und durfte keine Gegenwehr zeigen. Das Vergeben war gesichert. Am Ende bekam ich meine Absolution. Diese Absolution war mit einer Strafe verbunden. Ich sollte durchschnittlich vier- bis fünfmal mal *»Paternoster«* und vier- bis fünfmal *»Je vous salue, Marie«* (»Gegrüßet seist Du, Maria«), rezitieren und bis zur Messe nicht mehr sündigen.

Die Kommunion war nicht mehr weit, etwa zwei Monate noch. Es war kurz nach meinem dreizehnten Geburtstag. Dreizehn Jahre, und ich war schon 1,80 Meter groß und noch »Bettnässer«.

Nach meiner Rückkehr wurde ich Docteur Poirot ein paarmal vorgestellt. Er war nicht zufrieden. Meine Blasenschwäche schien ihn zusätzliche graue Haare gekostet zu haben. Er sprach mit Mutter von einer »mechanischen Hilfe«, die seit kurzem zu kaufen war und seiner Meinung nach eine sehr gute Hilfe für mich sein würde. Ich wußte bis dahin nicht, was er meinte. Er gab meiner Mutter einen Zettel mit einem Plan für eine gewisse Konstruktion. Er erklärte ihr sein Vorhaben, und ich verstand sofort. »Es gibt eine Möglichkeit, Jean-Jacques zu helfen. Er kriegt nach wie vor Tranquilizer und wird ruhiggestellt. Er ist nicht in der Lage, seine Blasenschwäche nachts unter Kontrolle zu bekommen. Wir können ihm ein Wecksystem bauen lassen. Es besteht aus zwei Kupfermatten, die durch ein Bettlaken getrennt sind. Durch Kabel sind diese zwei Matten mit einer Glocke, die am Kopfende des Bettes ist, verbunden. Sobald Jean-Jacques anfängt, ins Bett zu machen, läutet die Glocke, und er hört auf. Irgendwann wird er sich daran gewöhnen, nachts aufzustehen, um zu urinieren, anstatt ins Bett zu machen!« – »Wunderbar!« Ich war hellauf begeistert.

Wer hatte sich diese Schweinerei ausgedacht? Und es war eine dicke Schweinerei! Onkel Dédé Benoît, in Wirklichkeit ein Cousin meines Vaters, hatte sich bereiterklärt, so etwas zu bauen. Es ging ziemlich schnell. Ich weiß noch, ich hatte einen kleinen Kasten neben meinem Kopf am Stuhl befestigt. Darauf eine Glocke mit einem Durchmesser von mindestens fünfzehn Zentimeter, darunter in einem Behälter eine riesige Batterie. Solch eine große Batterie gibt es heute nicht mehr. Wie es im Detail funktionierte, habe ich vergessen. Es funktionierte sehr gut. Nach dem Einbauen probierte Dédé das System, indem er ein bißchen Wasser auf mein Bettlaken fallen ließ. Es klingelte so laut, daß Francine im Nebenzimmer wach werden mußte. Am selben Abend wurde das System angeschlossen. Es war sowieso funktionsfähig und wartete nur auf meinen Urin. Und der war reichlich vorhanden! Ich erschrak so, daß ich erst *nach* dem Klingeln das Bett vollnäßte, weil ich noch im Halbschlaf war. Ich glaube, ich machte mit diesem »kinderfreundlichen« System quantitativ mehr ins Bett als sonst.

Nach der ersten Woche wurde Docteur Poirot benachrichtigt: »Es klappt irgendwie nicht so richtig mit diesem System.« Er bat um Geduld und ums Weitermachen. Es hat nie geklappt, im Gegenteil! Die Eltern haben rechtzeitig vor meiner ersten heiligen Kommunion aufgehört und mich von diesem Instrument befreit. Vor dieser Kommunion traten zwei Probleme auf. Das eine waren meine schon bekannten und oft zitierten nächtlichen Überschwemmungen und das andere meine Größe. Wir trugen bei diesem größten religiösen Ereignis im Leben eines katholischen Kindes eine weiße Robe. Alle Standardroben waren zu klein für mich. Ein Priester lieh mir seine Untersoutane oder eine richtige Priesterrobe. So wurde das zweite Problem schnell gelöst, das erste nicht. Es war üblich bei uns in der katholischen Kirche, sich vor der Kommunion zurückzuziehen, und zwar drei Tage lang abseits des Alltags mit dem Priester zusammen.

Wir sollten nach La Bresse, einem kleinen Gebirgsmassiv, etwa fünfzig Kilometer von Saint Dié entfernt. Alle Kinder, die mit mir Kommunion haben sollten, kamen mit sowie zwei Priester. Mein zuständiger Priester wurde über meine Krankheit informiert. Ich war glücklich zu hören, daß der Priester sagte, Jean-Jacques wäre nicht der einzige, er hätte diesmal noch so ein Kind. Die drei Tage hießen: *La retraite* (der Rückzug oder das Rentnerdasein). Das Wort hat diese zwei Bedeutungen. Unser Zurückziehen, fünfzig Kilometer von Saint Dié entfernt, diente dem Gebet, dem Gesang und der Vorbereitung auf dieses Ereignis. Es verlief ohne Zwischenfälle. Mehr weiß ich nicht mehr davon. Wir kamen Freitag zurück, zwei Tage vor dem Fest. Samstag nachmittag mußten wir zum letzten Mal alles beichten. Es ist wirklich das letzte Mal gewesen, und darüber bin ich froh.

Und dann kam der Tag der Kommunion, der 28. Mai 1961. Wir hatten viele Leute eingeladen. Vater hatte beschlossen, daß wir im Restaurant essen, weil wir so viele waren. Meine Großeltern waren da, mein Onkel Raymond und Lucien, meine Patentante mit Jean-Claude, ihrem Sohn, Martine und Régine mit Eric, ihrem vierten Kind. Ich glaube nicht, daß wir viel mehr waren. Die Kommunion fing bei uns mit einer Prozession an. Von draußen gingen wir in unseren weißen Roben, eine Lebenskerze in einer Hand, ein Religionsbuch in der anderen Hand, in die Kirche hinein. Wir wurden mit Musik empfangen. Die Kirche war voll. Es herrschte Hochbetrieb. Die Messe dauerte an diesem Tag über anderthalb Stunden. Ich war froh, als es vorbei war. Das Schönste kam noch. Wir gingen danach zum Fotografen, um ein Foto für die Nachwelt zu machen. Ich weiß noch, daß ich eine moderne Bürstenhaarschnitt-Frisur trug, an den Seiten und hinten glatt rasiert und oben gerade hoch, zwei bis drei Zentimeter. Es sah sehr lustig aus. Vater wollte es so, und ich gehorchte noch. Danach gingen wir zusammen zum »Café Restaurant de l'Hôtel de l'Est«.

Es war mein erstes Essen in einem Restaurant. Das Essen war mehr als durchschnittlich, nur der Nachtisch ist mir ans Herz gewachsen. Es war eine Pyramide aus kleinen Windbeuteln, zusammengehalten mit einem Karamelguß und dazwischen kleine Dragées. Obendrauf war ein kleiner »Kommunikant« aus Plastik. Es war mein Kommunionkuchen. Meine Großeltern waren dabei. Oma ganz in schwarz mit einem kleinen Hut. Oma war ganz außer sich vor Freude. Ich empfand es so. Sie war äußerlich gefaßt und ruhig, aber ihre Augen strahlten und ihr Gesicht auch. Ihre Freude kam wirklich heraus, als sie aufstand, um zu singen. Oma sang »*La valse brune*« (»Der braune Walzer«), ein altes französisches Lied. Oma sang begeistert mit ihrer schon brüchigen Stimme und ihre Begeisterung sprang auf uns über. Ich kannte diese Seite von ihr nicht. Sie war mir von diesem Tag an wichtiger geworden.

Mein Vater hatte nach wie vor mir, und uns allen verboten, zu Oma und Opa zu gehen. Und allein diese acht Kilometer mit elf bis dreizehn Jahren durch Waldstraßen, über Berg und Tal zu gehen, war einfach unmöglich. Ich traf Oma vielleicht ein- oder zweimal im Jahr und jetzt zum ersten Mal bei so einer Feier. Ich beschloß, sie öfter zu sehen. Meine Tante Madeleine und Mutter sangen auch an diesem Tag mehrere Lieder, und die Stimmung ließ mich wirklich glauben, das Leben sei doch schön als Kind. Ich bekam an diesem Tag einige Geschenke, unter anderem eine Uhr und Geld. Mit diesem Geld ging ich noch an diesem Tag einen Fotoapparat kaufen: er kostete sechzig Francs!

Diese Periode Mai-Juli 1961 war voller Ereignisse. Der Donnerstag ist ein wichtiger Tag gewesen. Im Grunde genommen oft der schönste Tag der Woche. Der Religionsunterricht vormittags war sehr gut. Ich mochte hingehen, und es machte Spaß, das Leben von Jesus und seinen Jüngern kennenzulernen. Der Nachmittag war auch sehr spannend und reich an Aktion. Mein Lehrer, der Père Bernard, war ein aktiver Mensch. Er hatte drei Hobbys, die er sehr gut mit der Schule in Einklang bringen konnte. Er war ein Kinofan, ein Folklorefanatiker und Imker. Mit der Folklore verband er die Vogesen. Seine Heimat war ihm sehr wichtig. Er hatte eine folkloristische Tanzgruppe ins Leben gerufen: »La Soyotte«. Es ist ein Wort aus dem Dialekt von Saint Dié und bedeutet mir viel, obgleich ich gar nicht genau weiß, was »Soyotte« heißt. Für mich ist »Soyotte« Saint Dié, die Vogesen, meine Kindheit und der Père Bernard. Mit dieser Folklore verband er auch die Arbeit im heimatlichen Wald. Er wohnte am Eingang der Schule mit seiner Familie. Hinter der Schule hatte er seine »Pépinière«, seine eigene Baumschule für Koniferen, die er mit seinen Schülern betrieb. In dieser Baumschule hatte er noch seine letzte Leidenschaft, die Imkerei, verwirklichen können. Er hatte hinter der Schule auf diesem Gelände etwa zehn Bienenkörbe, es können auch mehr gewesen sein. Im Frühjahr, Sommer und Herbst war Monsieur Bernard sehr beschäftigt und brauchte viel Hilfe. Er hatte eine Gruppe aus freiwilligen Helfern seiner Klasse gebildet, um diese mit der Baumschule verbundene Waldarbeit zu erledigen. Ich hatte mich dazu gemeldet. Wir arbeiteten nicht jeden Donnerstag nachmittag, nur in der Saison. Wir fingen im Herbst an. Im Herbst wurden die Tannenzapfen im Wald gesammelt. Es dauerte nur einen Nachmittag. In dieser Woche mußten wir die Samen der Tannenzapfen sorgfältig auf einem riesigen Brett herausklopfen.

Der Père Bernard war in der Freizeit ganz anders. Er war streng, genau und sehr für Disziplin und Ordnung, auch außerhalb der Schule. Aber als wir zusammen die Arbeiten machten, war er unheimlich lebendig und fröhlich. Ich glaube, er hatte schon die Nase voll von der

Schule und hätte am liebsten nur das gemacht, worüber ich jetzt schreibe. Als wir fertig waren, wurden die Samen von Herrn Bernard selbst in die Erde gepflanzt. Die einjährigen »Bäumchen«, die nur ein paar Zentimeter hoch waren, wurden wiederum von uns pikiert. Ich pflanzte – es war dann im Frühjahr – die kleinen Tannenbäume in eine Reihe, die Herr Bernard vorher gezogen hatte. Nach fünf Jahren wurden diese Tannenbäumchen wieder in den Wald gepflanzt. Die Schule war in einem Winkel von neunzig Grad gebaut, einstöckig und daher sehr lang. Hinter der Schule entstand mit der Zeit eine große Baumschule, die ein Modell der Ordnung war. Jede Parzelle wurde genau gekennzeichnet. Sämlinge, einjährig, zweijährig und so weiter. Es gab auch ein paar größere Tannenbäume dabei und die Bienenstöcke. Herr Bernard hatte alles im Griff. Er war politisch nicht engagiert, aber in Saint Dié und Umgebung war er Garant für das Erhalten des kulturellen Guts der Vogesen, verbunden mit dem Land- und Waldleben. Daher hatte er immer die Möglichkeiten, Waldstücke nach der Rodung zu bepflanzen. Inzwischen ist es bei uns anders geworden. Nach der Rodung wird automatisch das Stück Wald wieder bepflanzt. Damals nicht. Wir verrichteten diese Arbeit mit unserem Lehrer. Dafür bekam er Geld, wir auch, aber nicht direkt. Mit dem Honig hatten wir wenig zu tun. Wir arbeiteten nur einen Nachmittag mit dem Honig.

Unser Klassenraum war ein großer Raum, in zwei Teile getrennt durch eine alte, faltbare Trennwand. Beim Unterricht war die Wand immer zugezogen. In diesem geteilten Raum, in dem wir keinen Unterricht hatten, arbeiteten wir donnerstags. In diesem Raum durfte ich mit einem Teil der Klasse den Honig schleudern. Wir schleuderten die Honigwaben in einer handgetriebenen Zentrifuge. Die Kurbel drehten wir immer zu zweit, weil diese Maschine sehr groß war. Der Honig lief vom Boden aus in große Eimer. Später wurde er in Kilogläser umgefüllt und verkauft. Wir durften nur drehen. Herr Bernard erklärte uns alle Handlungen. Er nahm die Wabenkörbe einzeln und schabte eine Seite mit einem langen breiten Messer ab, um die einzelnen Löcher freizukriegen. Er legte sofort die Wabenstöcke in die Zentrifuge, und der Honig fing schon an zu laufen. *Mein* Honig! Schwarz wie die Nacht, dickflüssig und strahlend. Ich habe nie wieder einen Tannenhonig gesehen, der so wie dieser an ein Kunstwerk erinnert. Er nahm im Glas verschiedene Gestalten an. Er war nie homogen, mal dicker, mal flüssiger und ab und an waren Bläschen zu sehen. Ich liebte diesen Honig. Wir kauften regelmäßig etwas davon, bekamen ihn aber nicht billiger. Mit dem Geld organisierte Herr Bernard Klassenreisen. Drei davon habe ich mitgemacht. Die erste Reise war Anfang 1960. Ich weiß nur noch, daß wir früh mit dem Bus nach Basel, etwa hundert Kilometer von Saint Dié entfernt, zum Zoo gefahren sind. Meine eigenen Bilder reichen nicht mehr aus, um etwas darüber zu schreiben. Ein Geschenk, das ich meinen Eltern aus der Schweiz mitbrachte, ist die einzige Erinnerung an diesen Ausflug.

Die zweite Reise ist noch gut in meiner Erinnerung geblieben, nicht mehr vollständig, aber ausreichend. Wir fuhren 1961 mit der Klasse nach Paris, und – Ironie des Schicksals – gerade zur selben Zeit kam Général de Gaulle nach Saint Dié im Rahmen einer Lothringenreise, so daß ich unseren Präsidenten nicht sehen konnte. Meine Familie war zum Rathausplatz gegangen, um seiner kurzen Rede zuzuhören. Ich war in der Zeit in Paris. Die Reise wurde auf vier Tage geplant mit drei Übernachtungen in Paris. Natürlich kam immer die Bremse seitens meiner Eltern, wobei mein Vater, wie immer, derjenige war, der alles mit dem Lehrer besprach und regelte. »Können wir so einen ›Dauerpinkler‹ mitfahren lassen?« Herr Bernard verhielt sich klug und fair mir gegenüber. Er versprach mir, falls es passieren sollte, so zu handeln, daß die anderen Mitschüler nicht viel mitkriegen würden, und wenn es ging, würde er versuchen, diese Situation zu vertuschen. Meine Eltern waren etwas beruhigt.

Und so geschah es, daß ich im Juni 1961 mit meiner Klasse und Herrn Bernard und seiner Frau nach Paris fuhr: in die Hauptstadt Frankreichs, die Stadt, über die wir vorher im Unterricht einiges erfahren hatten, nur das Wichtigste nicht. Wir übernachteten nicht im Hotel, sondern im Charenton. Charenton ist in Frankreich sehr berühmt. Dort befand sich die größte psychiatrische Einrichtung Frankreichs. Wir durften in einer Dependance übernachten. Ich bekam nichts von der Atmosphäre dieses Ortes mit, trotzdem war mir unbehaglich, da zu schlafen. Wir erledigten alle Ausflüge mit dem Bus. Herr Bernard und seine Frau kannten sich in Paris schon sehr gut aus, dachte ich. Ich wußte nicht, daß jeder weiß, wo die größten Sehenswürdigkeiten von Paris liegen: Montmartre mit Sacré-Cœur, der Eifelturm und das berühmte Schloß von Versailles sowie Notre-Dame. Die Notre-Dame auf der Île de la Cité hat mich sehr beeindruckt, ich fand diese Kathedrale aber sehr düster. Die Kathedrale de Saint Dié, die nach dem Krieg nur noch eine halbe Ruine war, ist viel luftiger und heller. Notre-Dame ähnelte einem Keller, es roch auch muffig darin. Ich fand sie nicht schön. »Admirez cette parfaite construction gothique«, sagte le Père Bernard. Wir sollten diese perfekte gotische Konstruktion bewundern. Ich war mehr mit der mystischen Ausstrahlung des Ortes beschäftigt. Ich bin danach noch ein paar Mal in der Notre-Dame gewesen. Ich bin dieser mystischen, mysteriösen Atmosphäre nie wieder begegnet. Es war eine schöne Reise, und ich war stolz, sie mitverdient zu haben.

Monsieur Bernard hatte einen richtigen Filmprojektor, und der Donnerstagnachmittag war der Kinotag in der Schule. Alle drei, fünf oder sechs Wochen, gab es je nach Filmlieferungen, richtiges Kino in der Schule. Unsere Schulklasse wurde ein bißchen umgeräumt. Die faltbare Trennwand wurde geöffnet. Der Schreibtisch des Lehrers und die zwei Kreidetafeln wurden zur Seite geschoben, um eine Leinwand in der Mitte hinstellen zu können. Die Tische und Bänke blieben an ihrer Stelle für die kleinen Zuschauer. Wir hatten damals die alten Schultische, bei denen die Stühle und der Tisch als Einheit zusammengebaut waren. Die Ablage vorn war schräg, oben am Ende war sie gerade und besaß eine Mulde, wo man seine Schreibsachen hinlegen konnte. Neben der Mulde war ein weißes Tintenfaß eingelassen. Die Tinte wurde jeden Abend nachgefüllt. Ich ging selten zu diesem Kinonachmittag. Ich durfte nie allein gehen, ich mußte immer Marc und Francine mitschleppen.

Eines Tages spielte Herr Bernard Filme von Laurel und Hardy (Dick und Doof) vor sowie vorher einen kleinen Film über Furie (Fury), den schwarzen Hengst. Ich wollte hingehen und fragte meinen Vater. Er gab mir das Geld, es war sehr billig, und wir durften alle drei hingehen. Es war kurz vor den Sommerferien 1961. Marc war noch nicht vier Jahre alt, er mußte aber mit. Unser Kinosaal in der Schule war fast immer voll. Keiner konnte sich eine richtige Kinokarte leisten. Es war zu teuer, und ich war noch zu jung, um allein in ein großes Kino zu gehen. Wir saßen zusammen auf einer Schulbank. Marc in der Mitte. Den Vorfilm fand er noch gut. Er lachte, ich weiß nicht warum, aber es schien ihm zu gefallen. Nach der kleinen Pause kam der Hauptfilm mit Dick und Doof. Es war sehr lustig und infolgedessen sehr laut in diesem Raum. Als der Film zu Ende war, sah ich sofort, daß Marc keinen Gefallen an diesem Film gehabt hatte. Er hatte lieber mit dem Tintenfaß gespielt. Es sah schön aus. Tische und Schulbänke waren schön angemalt. Marc hatte sich nicht vergessen, er hatte sich auch sehr schön bemalt. Auf dem Rückweg hatten wir Schwierigkeiten. Wir gingen zu Fuß und mußten Marc ab und zu tragen. In der Schule war es uns unmöglich gewesen, ihn von der Tinte zu befreien, ohne Seife und Handtücher. Wir paßten auf, uns nicht zu beschmieren. Mutter empfing uns herzlos. Der arme Marc! Es war nur möglich gewesen, weil ich nicht aufgepaßt hatte. Ich habe eine meiner letzten Ohrfeigen abgekriegt.

Kurz danach fingen die Sommerferien an. Diese Sommerferien 1961 wären im Grunde genommen langweilig gewesen, wenn nicht zwei Anekdoten diese trübsinnige Zeit durchbrochen hätten. Die »Tour de France« führte in diesem Jahr durch Saint Dié und zwar durch die Hauptstraße, die rue Thiers. Ich besaß jetzt einen Fotoapparat und postierte mich an der größten Kurve, wo die Fahrer automatisch etwas langsamer fahren mußten. Ich wartete sehr lange: mein Warten lohnte sich! Als der »peloton« kam, nahm ich drei Bilder auf. Und so nahm ich Rudi Altig, damals »Träger des grünen Trikots«, auf!

In diesem Sommer gedeihte der Garten prächtig. Ich mußte helfen, Unkraut zu zupfen, zu ernten und zu gießen, Abfälle zu verbrennen und viele kleine Arbeiten verrichten. Ich übernahm im Haushalt auch eine ganze Menge. An einem schönen Nachmittag fing ich an, Gartenabfälle wie Gras, altes Holz und so weiter auf einen Haufen zu stapeln und daraus ein Feuer zu machen. Es war sehr heiß. Ich bekam Durst.

Meine Mutter hatte im Keller zwei Schränke, in denen sie selbstgemachte Konserven und selbstgemachte Liköre bewahrte. Ich ging in den Keller und nahm aus einem Schrank eine Flasche heraus und roch daran, um herauszufinden, was es für eine Flüssigkeit war. Es stand natürlich etwas auf dem Etikett, aber ich wußte nichts damit anzufangen: Pernod. Es roch toll. Ich trank aus der Flasche. Es war scharf, es brannte richtig, es schmeckte auch. Viele kleine Schlückchen trank ich, und irgendwann nahm ich einen richtigen Schluck. Ich bin immer ein »Spätzünder« gewesen und wußte in diesem Alter nicht, was ich trank. Anschließend ging ich nach draußen in die Sonne, um weiterzuarbeiten. Kurz danach bekam ich ein komisches Gefühl in den Beinen, der Kopf tat weh, der Boden fing an zu beben. Ich ging in mein Zimmer und legte mich hin. Francine und Mutter müssen mich irgendwann gesucht haben. Sie fanden mich, alarmiert von dem Gestank. Das ganze Haus stank nach Pernod. Ich war mehr als voll und lag in meinem Erbrochenen. Mutter und Francine versuchten, mich wachzukriegen. Es war unmöglich. Sie haben mich zu zweit hochgehalten, ausgezogen und gewaschen. Sie haben das Bettzeug gewechselt und mich frisch und sauber hineingebracht. Von alledem bekam ich nichts mit.

Am nächsten Tag war das Aufstehen eine richtige Qual. Mein Kopf fühlte sich an, als ob mich jemand verprügelt hätte. Ich hatte unbeschreibliche Kopfschmerzen. Der ganze Tag verlief im Zeitlupentempo. Jede Tätigkeit, jede Bewegung war zu viel. Ich war den ganzen Tag zu nichts fähig. Meine Eltern waren stinksauer und auch verzweifelt. Eine Woche lang hörte ich nur Vorwürfe, bekam nur aggressive Antworten und ununterbrochen scharfe Befehle.

Um mich zu erholen, brauchte ich eine Woche. Es gab zu Hause dicke Luft. Ich verschwand und ging spazieren, die Gegend untersuchen, da ich bis jetzt nicht so viele Gelegenheiten hatte. Bei einem solchen Erkundungsspaziergang entdeckte ich etwas, das meiner Kindheit eine positive Veränderung gab. Zwei Straßen von uns entfernt, auf der anderen Seite der Bahn, wohnte die Familie Loederlé. Sie wohnten in ihrem eigenen kleinen Haus. Das Haus wurde von einer Schäferhündin bewacht, die gerade Welpen zur Welt gebracht hatte. Ich blieb stehen und schaute zu. Von nun an ging ich jeden Tag dorthin und blieb lange davor stehen. Ich nahm auch Francine und Marc mit. Wir waren alle drei begeistert. Madame Loederlé bemerkte uns sofort, aber hielt sich eine lange Zeit zurück. Erst zwei oder drei Wochen später, als sie merkte, daß unser Interesse nicht nachließ, sprach sie mich direkt an und fragte mich, ob wir einen Hund kaufen wollten. Zwei davon seien zu verkaufen. Wir schleppten Mutter bei einem Spaziergang mit. Es war aber eigentlich kein Spaziergang. Für so etwas hatten wir keine Zeit. Madame Loederlé war direkt: »Fünfzig Francs, und der Hund gehört euch!«

Es war eine lange Periode der Unsicherheit angebrochen. Mutter hatte Angst, es Vater zu sagen. Ich wollte es ihm sagen, ich durfte es nicht. Ich tat es trotzdem. »Papa, je veux un chien. Un berger allemand.« (»Vater, ich möchte einen Hund, einen deutschen Schäferhund.«) – »Pas d'argent!« (»Kein Geld!«) Kurz und bündig. Ich wußte es. Wir hatten nie Geld. Ich fing zu der Zeit schon deutlich an, meinen Vater zu durchschauen. Wir hatten im Hause nie Geld. Ganz selten ließ er Mutter etwas Bargeld zu Hause. Das meiste trug er, wenn er etwas hatte, in seiner Brieftasche. Er kaufte alles oder schickte uns, um Lebensmittel zu kaufen.

Nach dem Umzug Ende 1959 kam Vincent, der Lebensmittelhändler aus dem »Paradis«, uns wöchentlich beliefern. Er hatte einen uralten Renault-Lieferwagen und brachte uns damit Proviant für eine Woche. Nach etwa einem Jahr wechselte Vater den Händler, und wir kauften bei Jacques Bocquel, rue d'Alsace ein, natürlich auf Kredit. Vater hatte alles in der Hand. Wie er das hingekriegt hatte!

Ich muß hinzufügen, daß wir nicht die einzigen waren, die so einkauften. Besonders während der Barackenzeit war es üblich, ein Teil des Einkaufens so zu machen, sonst hätten die Händler kaum etwas verkaufen können, mindestens in unserem Viertel. Die Leute hatten kein Geld. In dem neuen Viertel war es schon anders. Die meisten hatten Arbeit oder waren Pensionäre. Aber wir mußten so einkaufen. Vater war – und ist noch jetzt in seinem Alter – ein Spieler. Ein krankhafter Spieler. Ich wußte mit dreizehn Jahren, daß Vater, wenn er abends losging, in die Kneipe ging und Karten spielte oder kegelte. Immer um Geld. Er gewann ab und zu, aber sehr selten. Er verspielte sein Geld, unser Geld. Gut, ich muß gerecht bleiben, er war immer motiviert, er spielte für uns, ja, für seine Familie. Es war sein Spieltrieb, aber wir hatten die Schuld. Die Familie war da, sie mußte ernährt werden. Sein Gehalt reichte nicht aus, um uns zu ernähren. Seine Nebentätigkeiten auch nicht mehr. Also mußte er spielen, und er spielte nicht wenig.

Wir hatten nach zwei Jahren das Heizen geändert. Vater wollte kein Holz mehr machen. Er kaufte einen Ölküchenherd für unten und einen Ölofen für oben. Da er nicht mehr seine Freizeit im Wald verbrachte, um Holz zu machen, hatte Vater mehr Zeit, seinem Hobby nachzugehen. Das Geld und Vaters Verhalten in dieser Hinsicht waren ein wunder Punkt meiner Kindheit, wobei es zu dramatischen Eskalationen kam.

Als besessener Kartenspieler spielte er gern *tarot* und *belotte* sowie Kegeln und natürlich die Volkskrankheit der Franzosen: *le tiercé,* so etwas wie Pferdelotto. Ich weiß, damals spielte er den *tiercé* nur zum Wochenende. Wir wußten genau, wenn Vater gewann, gab es Fleisch an dem Tag. Oder es wurde etwas Neues gekauft. Meist verspielte er die kleinen Summen, die er hatte oder gerade gewonnen hatte, in der Hoffnung, eine größere zu gewinnen. Er war von innen angetrieben. Er war überzeugt, irgendwann die große Summe zu gewinnen. Aber Geld für einen Hund? Nein. Es war erstens nicht seine Idee, und zweitens sollte man für Tiere kein Geld ausgeben. Mutter verhielt sich dieses Mal sehr klug. Sie sagte nicht, daß wir dafür zahlen müßten. Nachdem ich meinen Vater gefragt hatte, fragte sie ihn nur, ob ich einen Hund halten dürfte, der zusätzlich das Haus bewachen würde. Wie Mutter meinen Vater herumgekriegt hat, weiß ich leider nicht. Zu uns sagte sie nur, wir sollten nie erwähnen, daß sie fünfzig Francs für einen Welpen zahlen mußte. Fünfzig Francs, eine horrende Summe für uns.

Mutter hat ein Jahr gebraucht, um das Geld zu zahlen. Ich bin ihr jetzt noch dankbar, daß sie sich damals so für mich eingesetzt hat. Es war eine so außergewöhnliche Tat, daß ich diese Aktion meiner Mutter in einer Schatztruhe in meinem Herzen trage. Diese Entscheidung war die erste, die Mutter mit mir gegen meinen Vater unternahm. Es war der Anfang einer anderen Zeit. Im Rückblick der Zeit sehe ich das ehemalige Dasein meiner Mutter unter der Rubrik »Lebend begraben«. Wie sie gelitten haben muß, innerlich gespalten zwischen der in Frage zu stellenden Liebe zu ihren Kinder und ihrem Dasein als Ehefrau in der extrem harten Hand meines Vaters. Sie hatte gelernt zu gehorchen, so wie ich es später auch lernte. Sie hatte nie gelernt, so zu sein, wie sie wirklich war. Aber dieser Lichtblick gab mir viel Auftrieb. Die gewonnene Selbstsicherheit steigerte sich prompt in mir. Ich bekam eine Hündin. Diane wurde sie von mir genannt. Über sie werde ich noch einiges zu berichten haben. Ich war überglücklich. Gut, es war mein Hund, aber außer Vater war die ganze Familie, besonders Marc, verrückt nach dieser Hündin. Sie war die Königin des Viertels. Ich aber hatte dafür gesorgt.

SEPTEMBER 1962 – ANFANG 1963

Wir gingen wieder zur Schule.

Meine Schwester ging in ein von Nonnen geführtes Internat. Externat: La Providence. Ich ging in dieselbe Schule und besuchte dieselbe Klasse schon im dritten Jahr. Die Schule wurde auf einmal wichtig. Meine Eltern kamen schon mit Zukunftsplänen. Mit vierzehn Jahren – ich wurde vierzehn am Ende des Schuljahres – durfte man eine Lehre anfangen. Ich hatte keine Lust, eine Lehre anzufangen. Vater wollte, daß ich etwas Anständiges lerne, einen guten Beruf. Ich hatte keine Lust. Ich ging erst im zweiten Jahr ohne Unterbrechung zur Schule. Ich war bemüht, ein guter Schüler werden, wurde aber ein unbequemer. Ich war schon sehr groß; unreif, aber lebendig. Ich merkte, daß ich zu Hause, von meiner Mutter unterstützt, immer mehr das Sagen hatte. Ich wurde allmählich als Vaterersatz angesehen. Ich wuchs ganz langsam in diese Rolle, schön vorgeschoben von Mutter. Gut, ich machte nebenbei noch viele Hausarbeiten sowie Gartenarbeiten und Hilfsarbeiten für die Nachbarn.

Ich half jetzt Madame Hocquel, die in der anderen Hälfte des Hauses wohnte, weil sie seit diesem Sommer allein lebte. Ihr Mann war während ihres Urlaubs in der Vendée, St. Jacut de la mer, plötzlich verstorben. Der Schwiegersohn von Madame Hocquel stand an einem Nachmittag auf der andern Seite des Zauns. Francine, Marc und ich spielten draußen. Mutter war, wie fast immer, in der Waschküche. Er rief meine Mutter und sagte unverblümt: »Mon beau-père vient de mourir. Il s'est baigné hier matin, comme tous les jours. À peine dans l'eau, il a été électrocuté tout de suite.« (»Mein Schwiegervater ist gestorben. Er ist gestern früh, wie jeden Morgen, baden gegangen. Kaum war er im Wasser, wurde er sofort, wie durch einen elektrischen Schlag, getötet.«) Ich vermute, daß er entweder einen massiven Hirnschlag oder Herzinfarkt bekam. Wir gingen zur Trauerfeier in die Église St. Martin. Ich wollte nicht mitgehen. Ich mußte. Es war meine erste Beerdigung. Sie waren alle traurig, Madame Hocquel, ihre Kinder Maurice und Renée sowie die Enkelkinder und viele Leute, die ich nicht kannte. Wir waren nur beim Gottesdienst anwesend. Die restliche Feier fand ohne uns statt.

Madame Hocquel brauchte Hilfe. Ihre Kinder waren weggezogen und lebten in der Stadt mit den eigenen Familien. Seit dem Tod ihres Mannes war sie sehr nett zu mir geworden. Sie sagte immer: »C'est mon grand!« (»Das ist mein Großer!«) Großer was? Ich half ihr sehr gern, weil sie Hilfe brauchte. Ihre Enkelkinder waren viel zu faul und einfältig, um diese »Landarbeiten« zu erledigen. Ich mußte ran. Sie zeigte mir, wie man mit den Gänsen umgeht, wie man Heu machte, Kaninchen sowie Hühner schlachtete.

In der Schule gehörte ich jetzt zu den Ältesten und auch zu den Besten. In den Augen der besseren Schüler sah es so aus, als ob ich um die Position des Klassenbesten ringen würde; da ich aber nie lernte und zu Hause keine Zeit dazu hatte, war es für mich kein Wettbewerb. Ich behielt einfach, was Père Bernard drei Jahre lang erzählte. Es war immer derselbe Stoff, und ich kannte den fast genauso gut wie er selbst, ohne es zu wollen. Mein Konkurrent, er hieß Kupper, saß genau vorne, wo er die Worte vom Lehrer besser »trinken« konnte, bevor die anderen, besonders ich, etwas mitkriegten. Ich saß ganz hinten, ganz desinteressiert. Neben mir Alain Coréani und auf der anderen Seite Mervelet, ein Junge, der gern angab.

Mit dreizehneinhalb Jahren hatte ich noch kein Anzeichen einer pubertären Veränderung. Mir wuchsen nirgendwo Haare, und mein Glied war immer noch klein, wahrscheinlich durch das alltägliche, nächtliche Urinieren. Männlichkeit und Männlichkeitszeichen waren in aller Munde. Mit vierzehn Jahren, am Ende des Schuljahres mußte man eigentlich schon soweit sein. Viele meiner Kameraden schlossen sich während der Schulpause zu zweit oder dritt in einem Klo ein – ein vierter hatte immer Wache –, um sich gegenseitig die männlichen Zeichen zu zeigen, Längen zu messen und auf Haarwuchs zu achten. Ich kriegte es mit. Es ging mich alles nichts an. Ich wollte an mein Glied gar nicht denken. Es war mir noch zu suspekt.

Wir hatten jeden Morgen um zehn Uhr eine lange Pause, etwa zwanzig Minuten. Wir mußten alle hinausgehen. Die Lehrer kamen alle mit und unterhielten sich im Stehen draußen auf dem Hof. Eines Tages nach dieser Pause war Alain Coréani sehr aufgeregt, er gestikulierte auf der Bank hin und her. Der Père Bernard schrieb gerade etwas an die Tafel. Alain Coréani kam ganz nah und flüsterte: »Est-ce que t'as des poils sur la queue?« – »Non!« (»Hast du schon Haare auf dem Schwanz?« – »Nein.«) Ich wußte von den Spielen draußen auf dem Hof oder auf den Toiletten, aber hier im Klassenzimmer? ... Alain ließ nicht locker. »Montre. Allez montre ta queue!« (»Zeig, zeig mir deinen Schwanz!«) Er machte sich gleichzeitig an meinen Hosenschlitz heran. »Pourquoi?« (»Warum?«) fragte ich. »Parce que Mervelet m'a montré la sienne à la récréation, il en a déjà deux!« (»Mervelet hat mir seinen Schwanz während der Pause gezeigt, und er hat schon zwei Haare darauf!«) Ich hatte gar keine und wollte auch nicht meinen Penis zeigen. »Laisse-moi tranquille!« (»Laß mich in Ruhe!«) Alain rutschte von der Bank und ging zu Mervelet. »Allez montre, il ne me croit pas!« (»Zeig es mir, er will mir nicht glauben!«) – und bevor Mervelet reagieren konnte, hatte Coréani seinen Hosenschlitz aufgemacht und seinen Penis herausgeholt. Er war wirklich größer als meiner und schon etwas behaart da unten am Hodenansatz. Ich guckte schnell wieder hoch. Der Père Bernard hatte nichts bemerkt. Coréani fing an, laut zu kichern. Mervelet hatte noch gerade Zeit, alles richtig einzupacken. Der Père Bernard war dann schon bei uns. Ich muß hinzufügen, daß der Lehrer sehr autoritär war. Er half seiner Autorität oft mit Gewalt nach. Er hatte mehrere sadistische Einlagen, die er alle bei mir schon probiert hatte. Wenn ein Schüler in seinen Augen unartig war, sagte er folgendes: »Bring alle Fingerkuppen zusammen und zeig sie mir!« Wir hielten die Fingerkuppen zusammen, und er schlug mit einem Lineal darauf. Falls wir die Finger aufmachten, hielt er sie selbst zusammen. Es war die erste körperliche Strafe, die er im Vorbeigehen ohne großen Aufwand oft anwandte. Wir kannten die Strafen alle, durften sie aber nie aussuchen.

Die zweite war die mit dem Schwamm. Er wusch seine Tafel mit einem großen Schwamm, und wenn er dabei gestört wurde, dann wußten wir, daß das betroffene Gesicht auch mitgewaschen wurde. Es war eklig. Der Schwamm war vollgesogen, und beim Gesichtwaschen lief die gefärbte Brühe das Gesicht herunter. Es passierte nicht so oft, daß er so etwas machte. Die häufigste Strafe war, einfach die Haare an den Schläfen zu ziehen, so daß man dabei aufstehen mußte. Wenn die Schläfen haarfrei waren, so wurden die Haare am Hinterkopf auf dieselbe Weise gezogen. Ich haßte diese Strafe, weil es sehr weh tat. Ich war zwar nicht oft von ihm so mißhandelt worden, aber schon zu viel. Die vorletzte Möglichkeit von Père Bernard, Schüler zu züchtigen, war das künstliche Lachen, wie er es selbst nannte. Er packte einen Schüler links und rechts an den Wangen, rubbelte sie zwischen seinen Fingern und zog so, daß der Mund immer breiter wurde, dann ließ die Wangen auf einmal los und gab dabei zwei richtige Ohrfeigen. Es war die Strafe, bei der die meisten weinen mußten. So war es. Er war der Lehrer und durfte es. Ab und an brachte er einen Schüler vor die Tür, wenn er zu sehr störte. Er packte uns am Hosenboden und hinten am Kragen und hob uns richtig hoch dabei, so daß die Füße kaum noch den Fußboden berühren konnten. Bei der Tür angekommen, kriegten wir einen Fußtritt dazu.

Als Monsieur Bernard an diesem berühmten Vormittag zu uns nach hinten kam, dachte ich, Alain Coréani würde eine saftige Strafe kriegen. Der Lehrer war außer sich und kam direkt zu mir. Er packte mich mit Wucht an den Haaren und zog mich hoch. »Je n'ai rien fait!« (»Ich habe gar nichts gemacht!«) – »Ferme-la. Dehors!« (»Halt den Mund. Raus!«) Er war zu stark. Er schob mich durch den Gang. Ich war auch sauer und versuchte, ihm zu erklären, daß ich unschuldig war, ohne Alain zu nennen. Er schob, ich bremste. Ich war schon zwanzig Zentimeter größer als Herr Bernard und trotz körperlicher Schwäche schon stark genug, um ihm das Leben schwerzumachen. Er stöhnte und schob weiter und gab mir zusätzlich Schläge auf den Hinterkopf. Es war zuviel für mich. Ich nahm Schwung, drehte mich plötzlich und schlug ihm mit voller Wucht ins Gesicht. Er fiel auf den Boden. Er hatte es verdient. Mein Gott, war er wütend! Ich glaube nicht, daß er schon die Ehre gehabt hatte, von einem Schüler k.o. geschlagen zu werden. Er stand auf und ging auf mich los. »Fous le camp, Rolin. Tu es mis à la porte de l'école!« (»Hau ab, Rolin. Du bist aus der Schule entlassen.«) Er wollte mich noch schlagen. Ich rannte durch die Gänge, nahm meine Sachen und haute ab. Die Klasse brüllte vor Lachen. Ich war gar nicht glücklich über diese Situation. So etwas hatte ich noch nie gemacht. Es kam einfach so über mich. Ich fühlte mich nicht schlecht, ich hatte nur Angst, meinem Vater diese Geschichte zu erzählen. Er würde mir nicht glauben.

Ich kam früher als gedacht nach Hause. Als kurze Zeit später mein Vater nach Hause kam, erzählte ich die Geschichte. Mein Vater hörte nicht bis zum Schluß zu. Er nahm sein Moped und fuhr schnell in die Schule. Es war wie in einem schlechten Film mit sehr schlechten Schauspielern, die ihre Rollen nicht beherrschten. Vater kam zurück. »Tu retournes à l'école à deux heures. Je viens avec toi et tu vas demander tes excuses à Monsieur Bernard devant toute la classe.« Das war der Gipfel. Ich sollte mich um zwei Uhr nachmittags vor der ganzen Klasse formell entschuldigen. Ich war sprachlos. Vater hatte gar nicht zugehört und mir die Schuld zugeschoben. »Kinder haben sowieso nichts zu sagen«, dachte ich. Der Lehrer hatte immer recht. Ich mußte mich beugen. Ich habe es auch getan. Mit meinem Vater ging ich in die Schule, und er wartete im Flur. Es geschah sehr schnell. Ich habe mich ohne sichtbare Emotion entschuldigt, sogar mit einem Lächeln. Es war rein formell. Er hatte auch seine Demütigung erlitten, der Herr Bernard. Vielleicht hat er auch gedacht, daß er sich doch etwas danebenbenommen hatte. Auf jeden Fall war das das letzte Mal, daß Herr Bernard mich schlug, und es war auch das letzte Mal, daß Vater siegte. Ich wußte es im Moment nicht, aber sein Verhalten war für mich so niederschmetternd, daß mir nur Wut im Bauch blieb. »Ich bin einfach bestraft, so einen Vater zu haben«, dachte ich.

An einem Donnerstagnachmittag, nach einem schweren Arbeitstag in der Baumschule, ging ich mit drei Schulkameraden nach Hause und machte eine Zwischenstation in »la grotte«. Es war eine kleine Erhebung am Fuß des Friedhofes von Foucharupt. In der Mitte, rings umgeben von alten Eichen, befand sich diese kleine Grotte. Ich weiß nicht, ob dieser Felsen künstlich ausgehöhlt wurde oder nicht! Der Eingang wurde von zwei kleinen Gittern geschützt. Die Tür war ständig offen. Ein Altar aus Stein beherbergte eine Madonna, ebenfalls aus Stein. Es lagen ab und zu Blumen am Fuß des Altars. Ich habe nie die Bedeutung dieser Grotte erfahren!

Die Grotte und der kleine Park davor bildeten einen idealen Spielplatz für Kinder und Jugendliche! Meine Schulkameraden und ich nahmen am Eingang der Grotte Platz. Wir setzten uns an den Fuß einer dieser riesigen Eichen. Greber, Franoux und Amboise hießen meine Kameraden. Wir waren zu dieser Zeit des öfteren zusammen. Diese Vierergruppe war wiederum zur Hälfte geteilt: Franoux und Greber, die schon fast erwachsen waren, und Amboise und ich, die »naiven« Kinder der Gruppe! Amboise war der kleinste unserer Schulklasse: er sah wie zusammengeschrumpft aus und besaß außerdem die Intelligenz eines Schwachsinnigen. Er kämpfte arg um den Schulabschluß. Franoux war ein Athlet, rothaarig mit vielen Sommersprossen und einer Neigung zur Schwachsinnigkeit, aber nicht so ausgeprägt wie bei

Amboise! Gerber hatte alles: er war gut gebaut, intelligent, schlitzohrig und der Antreiber dieser Gruppe. Und ich. Ich war einfach dabei, so gerade hineingerutscht! Franoux und Gerber waren schon zu dieser Zeit im Besitz eines kleinen Schnurrbartes, Zeichen der heranwachsenden Männlichkeit. Wir saßen da, und ich schlug sofort vor, etwas zu spielen: »Tarzan im Dschungel«. Franoux sagte trocken: »Ce sont des jeux de gosses! Allez, venez, on va se taper une queue!« (Ich kann diesen Satz nicht wortwörtlich übersetzen, nur sinngemäß: »Kommt, wir wollen keine Kinderspiele mehr veranstalten, wir wollen jetzt onanieren!«) O Gott! Da draußen, neben der heiligen Maria!! Ich hatte, dachte ich, vor kurzem mit der Kirche abgerechnet und glaubte sowieso nicht mehr an den »lieben Gott« und Jesus Christus. Aber einen gewissen Respekt hatte ich noch vor ihm, und Blasphemie lag mir ganz fern! Franoux und Gerber gingen zu einem Gebüsch in der Nähe, Amboise und ich folgten! Sie setzten sich hin und zogen im Gleichklang ihre Hosen aus, behielten ihre Unterhosen an, zogen aber ihren Penis heraus ... und es ging los ... immer noch im gleichen Rhythmus ... in kräftigen, harmonischen Bewegungen wurden aus den schlappen »Würstchen« richtig steife Glieder hervorgezaubert ... Es sah alles so synchron und studiert aus ... und es ging schnell ... die Ejakulationen kamen auch gleichzeitig ... sowie das »Einpacken der Instrumente«. Amboise und ich hatten stumm die Demonstration verfolgt! Franoux sagte noch lapidar: »Mon frère qui a dix-huit ans peut remplir un grand verre rien qu'avec ses spermes!« (»Mein 18jähriger Bruder kann ein Glas allein mit seine Spermien füllen!«) Ich war schwer beeindruckt! Wir trennten uns und gingen nach Hause.

Die Wochen danach beobachtete ich meinen Vater genau und ließ keine Gelegenheit aus, ihm verbal Kontra zu geben ohne große Provokation. Seit Jahren aß er sein Frühstück folgendermaßen: Er nahm einen *bol* mit schwarzem Kaffee. Dieser *bol* ist bei uns eine riesige Tasse ohne Henkel, die man beidhändig an den Mund führen muß. In diesen Kaffee schnitt er seine Baguette in Stückchen hinein, und dazu kam noch ein bißchen Butter. Ich konnte nicht zuschauen, wie er das labberige, unförmige Zeug herunterschlürfte. Einmal, bei einem solchen

Frühstück, sagte ich nebenbei zu Francine: »Tu vois ce que papa mange, les cochons de madame Klein mangent la même chose.« (»Siehst du, was Vater jetzt ißt, essen die Schweine von Madame Klein auch.«) Er stand auf und wollte mir eine Ohrfeige geben. Ich stand auch auf, ich war ein Kopf größer als er und sagte, er solle gar nicht versuchen, es wäre mit dem Schlagen jetzt endlich vorbei, sonst würde ich zurückschlagen. Er blieb stehen. »Tu frapperais ton père?« (»Würdest du deinen Vater schlagen?«) – »Oui!« (»Ja!«) Ich war soweit, ich würde mich verteidigen, ich werde mich verteidigen. »Maman, tu entends, il frapperait son père!« (»Mutter, hörst du, er würde seinen Vater schlagen.«) Ja, ich war fest entschlossen; das kleine ängstliche Kind Jean-Jacques war gestorben, ich wurde körperlich groß und kräftiger. Es war aber keine wirkliche Stärke, das habe ich damals ein paar Mal schmerzlich erfahren. Mutter verhielt sich Vater gegenüber auch anders. Sie fühlte sich etwas sicherer und ließ sich nicht mehr alles bieten.

Inzwischen war Diane schon groß geworden und fast ein Jahr alt. Es war ein sehr bewegungsfreudiger Hund, den ich oft ausführen mußte. Der Hund hatte sich schon an die Leine gewöhnt und war leider die meiste Zeit an einer langen Kette draußen festgebunden. Als ich nach der Schule nach Hause kam, saß die Hündin schon an der Ecke, den Kopf zur Seite gedreht und wartete auf mich. Es war jeden Tag das gleiche Spiel. Ich durfte nicht die Treppen hoch, sonst hätte sie so lange gebellt, bis ich zu ihr gekommen wäre. Ich ließ, wenn das Wetter schön war, meinen Ränzel an der Außentreppe stehen und ging zu ihr. Das Schmusen war immer stürmisch. Diane war ein »menschliches« Tier für mich. Es war etwas zwischen uns. Die Hündin machte alles, was ich wollte. Ich tat auch alles für sie. Kein Spiel war zu gefährlich, zu lang für uns beide. Wenn ich zu Hause war, war Diane sehr oft bei uns und blieb immer in meiner Nähe. Sie mochte alle Familienmitglieder, außer meinen Vater. Irgendwie spürte Diane die Spannung, die es zwischen uns gab. Sie hatte grundsätzlich nichts gegen meinen Vater. Er konnte sie anfassen, ausführen und so weiter, aber wenn wir und die Hündin zusammen waren und uns zufällig zankten, knurrte Diane sofort meinen Vater an. Mich hat sie nie angebellt, im Gegenteil. Sie himmelte mich an. Ich werde nie wieder so einen Hund wie Diane wiederfinden. Sie war Anfang 1962 noch sehr jung und schon so faszinierend. Ich brauchte nicht viel zu sagen, es klappte einfach. Sie war mehr als ein Tier, sie war ein Wesen, das mich verstand, ohne meine Sprache zu beherrschen. Ich schreibe jetzt über sie, und mir kommen einfach die Tränen. Ich weine meiner Hündin nach, über dreißig Jahre sind seitdem vergangen, und ihre Wichtigkeit ist noch in mir lebendig. Es ist merkwürdig, bis jetzt hatte ich nicht so viele emotionale Ausbrüche beim Niederschreiben wie in diesem Moment. Es ist wirklich merkwürdig. Ein Tier weckt meine aufgestauten Gefühle auf.

Meine Eltern wollten nichts davon wissen: meine Mutter nicht, und mein Vater, der Ignorant, wußte auch nichts davon! Jetzt bin ich wieder vierzehn Jahre alt. Diane und ich hatten eine Spezialität: die Hühner von Madame Maire. Rechts von unserm Haus, hinter der Bahn, stand der Bauernhof von Madame Maire, »la mère Maire«, wie wir sie alle nannten. Ihr Bauernhof und sie selbst waren schlechthin die lebendige Darstellung des Bauernlebens in den Vogesen. Madame Maire war ziemlich groß, stämmig gebaut, buckelig und kräftig. Sie war immer, wie meine Oma, in schwarz oder schwarzgrau gekleidet. Sie bewegte sich langsam und schleichend, als ob sie, wie Maigret, auf einer Spur war. Ihre Stimme war gewaltig und tief. Madame Maire war seit Jahren Witwe und bestellte ihren Hof allein. Sie besaß noch eine einzige Kuh und einen riesigen Garten. Sie melkte allein und ließ die Kuh hinter dem Haus weiden. Im Winter holte sie Heu vom Nachbarhof, von den Kleins. Die hatten noch eine prächtig laufende Bauernwirtschaft.

Das Haus von Madame Maire ist das Modell für alle Bauernhäuser der Vogesen. Es war ein langes Gebäude, zwei- bis dreistöckig gebaut, wenn man den Boden mit einbezieht. Das Dach war sehr hoch und ziemlich steif. Von vorne sah das Haus aus wie aus zwei Teilen gebaut. Links die Wohneinheiten des Bauern und rechts die Tiere. In der Mitte war eine große Tür, die so hoch war, daß man mit einem Heuwagen hereinfahren konnte. Der Torbogen war ein halber Kreis. Rechts davon zwei ebensolche Tore, in kleinerer Ausführung für die Tiere. Heute ist das Haus von Madame Maire mit sämtlichen Einrichtungen das erste und einzige Museum dieser Art in den Vogesen und heißt: »Mayo de Soyotte«. Vor diesem Hof standen zwei Steinbänke. Alles natürlich in rosa Sandstein aus den Vogesen. Die Hühner von Madame Maire liefen immer frei um das Haus herum. Ich mußte immer an ihrem Haus vorbeigehen. Die kleine Straße trennte den Hof. Eines Tages gingen wir an dem Hof vorbei. Diane war an der Leine. Oft war Madame Maire in ihrem Garten auf der anderen Seite der Straße. Das Szenario war immer so: bevor wir durch ihren Hof durchgekommen waren, fing Madame Maire an, mit mir zu schimpfen. »Attache ton chien!« (»Laß deinen Hund an der Leine!«) Es war jedesmal das gleiche. Ich gab Gas. Diane und ich rannten durch die Hühner. Das Gegacker nahm plötzlich zu, Diane versuchte, ein paar zu kriegen. Die Hühner rannten um ihr Leben. Das Geschrei wurde dann jedes Mal unheimlich. Als wir durch waren, kam Madame Maire zu uns herüber. Es war immer zu spät. Wir waren zu schnell für sie. Das Spiel war vorbei. Meine Hündin mochte das, ich auch. Es war nicht böse gemeint. Wir haben nie ein Huhn erwischt, ich wollte nur mit meinem Hund spielen und Madame Maire ärgern. Meine Mutter war oft am Fenster und guckte nach draußen, um sich eine Pause zu gönnen. Sie sah die Szenen von weitem und lachte ganz herzlich dabei. Sie war nicht sauer auf mich. Im Gegenteil, sie fand diese Spielchen sehr lustig.

Ich wuchs und wuchs. Mein Leiden – mein Dauerleiden – blieb. Die Bettnässerei war auch im vierzehnten Lebensjahr immer noch vorhanden. Ich war fast jede Nacht naß. Es wurde mir immer bewußter. Ich entwickelte mit der Zeit eine Taktik, die mich davor bewahrte, ins Bett zu machen. Mit vierzehn Jahren war diese Taktik noch sehr unbewußt und unreif. Ich versuchte einfach, wach zu bleiben, spät ins Bett zu gehen und schnell aufs Klo, um noch etwas schlafen zu können. Dafür mußte ich abends verschiedene Beschäftigungen haben. Ich fing an, mich fürs Kochen zu interessieren. Ich hatte schon seit vier Jahren Onkel Emil und Mutter immer wieder beim Kochen geholfen. Ich wollte es aber selbst lernen und meine eigenen Speisen vorbereiten. Abends, wenn meine Eltern schliefen, schlich ich ab und an in die Küche und fing an zu »basteln«. Ich versuchte, Kuchen zu backen. Jeder Anfang ist schwer. Ich hatte keine Ahnung, und Mutter besaß kein *livre de cuisine* (Kochbuch) mit vielen Backrezepten, in dem ich nachschlagen konnte. Viele Sachen waren ungenießbar und verbrannt. Ich kochte oder backte am Anfang nur selten, nicht jeden Abend, weil alles mißlang. Ich hatte aber am Kochen Spaß und war ab dieser Zeit des öfteren dabei, wenn Mutter kochte oder backte. Nicht nur das Kochen und Backen weckte neues Interesse in mir; die Musik fing an, in meinem Leben Platz zu nehmen. Es war Anfang 1962 und schon seit zwei Jahren die »Yé-yé-Zeit«, wie wir sie bei uns nannten. Die Zeit, als die Franzosen Rock'n Roll entdeckten, die Zeit, in der französische Chansonsänger sich etablierten und die Zeit der Chansons mit Texten. »*Salut les copains*« war die Sendung der sechziger Jahre. Frank Tenot und Daniel Fillipachi, zwei Musikkennergiganten in Frankreich, moderierten diese Sendung zusammen oder abwechselnd. Die Sendung fand jeden Tag zwischen 17 und 18 Uhr statt. O ja! Es war die Zeit des Johny Halliday, der mit neunzehn Jahren zu einem großen Star avancierte. Sein Lied »*Souvenirs, Souvenirs*« (»Erinnerungen, Erinnerungen«), das schon etwa ein Jahr alt war, hatte ihn groß herausgebracht. »*Les chats sauvages*« (»Die wilden Katzen«) mit Eddy Mitchell sowie »*Les chaussettes noires*« (»Die Schwarzen Socken«) mit Dick Divers waren zwei Gruppen, die 1961/62 für Furore sorgten. Françoise Hardy, Richard Anthony und so weiter. Die Liste ist lang und wahrscheinlich nur dem französischen Publikum noch bekannt. Ich entdeckte sie jeden Tag. Die Sendung ging über Jahre mit genauso viel Anklang wie am Anfang. Ich hörte auch andere Lieder, die von Leuten wie Yves Montand, Georges Brassens, Edith Piaf, Maurice Chevalier und so weiter, also unseren »Klassikern«, gesungen wurden. Ich entdeckte vieles tagsüber, und abends hörte ich in meinem Zimmer weiter Musik und zwar sehr leise. Das erste Radiogerät hatte ich jetzt in meinem Zimmer, ein anderes Gerät, welches mein Vater gewonnen hatte, stand in der Küche. Dieses Radiogerät in meinem Zimmer hat mich später nächtelang begleitet. Die Beschäftigung mit mir selbst und meiner neuentdeckten Umwelt zeigte auch in der Schule seine Früchte. Ich war der Klassenbeste, und Herr Bernard hatte Respekt vor mir. Er war sogar so sehr von mir überzeugt, daß er im Frühjahr 1962 meinen Vater bestellte. »Rolin! Dis à ton père de passer me voir rapidement, c'est très important.« (»Rolin, sag deinem Vater, er soll schnell vorbeikommen, es ist sehr wichtig.«) Diesmal hatte ich keine Angst. Vater kam vorbei, und ich durfte dabeisein. Herr Bernard unterhielt sich während der Pause mit uns. »Monsieur Rolin, Jean-Jacques est doué. Il faut absolument qu'il aille au lycée ou au collège!« (»Herr Rolin, Jean-Jacques ist begabt! Er muß unbedingt ein Gymnasium besuchen!«) Der Schlag kam ganz unerwartet. Der Père Bernard, der mich vor nicht so langer Zeit am liebsten umgebracht hätte, machte sich auf einmal für mich stark. Ich sollte aufs Gymnasium oder auf die Realschule gehen. Der Zug war normalerweise schon abgefahren. Die Schüler in meinem Alter hatten schon zwei Jahre Gymnasium hinter sich. Herr Bernard sagte, es gäbe eine Möglichkeit, in die Realschule hineinzukommen: la cinquième spéciale. Es war eine Sonderklasse in der Realschule, wo man in einem Jahr den Stoff von zwei Jahren lernen konnte und dann in drei Jahren, statt in vier, die Mittlere Reifeprüfung machen konnte. Herr Bernard sagte, ich sollte dafür in den Sommerferien Deutsch lernen bei einer seiner Bekannten, einer pensionierten Deutschlehrerin. Sie würde wenig Geld dafür verlangen. Vater war genauso verblüfft wie ich. Sein Sohn, der »Bettnässer«, war der einzige Schüler, der von Herrn Bernard persönlich für das Gymnasium beziehungsweise die Realschule vorgeschlagen wurde. Er war stolz. Einen Tag lang höchstens, dann hatte ich wieder zu gehorchen.

Herr Bernard hatte seine Klasse für die jährlich stattfindenden Schulfeste in Saint Dié angemeldet. Die Mädchenklasse derselben Schule war auch angemeldet. Mädchen und Jungen sollten die Schule repräsentieren. Wir mußten nicht viel machen. Ein Umzug war organisiert, und wir mußten einfach Parade gehen. Der Haken war, daß wir gemischt waren, und da ich der Größte und Längste war, mußte ich vorne mit einem anderen Jungen und zwei Mädchen gehen. Wer der Junge war, war mir egal. Wie das zweite Mädchen hieß, habe ich auch vergessen, aber das Mädchen links von mir nicht: Flora Trocmé. Flora, fleur, die Blume. Sie war in meinen Augen eine exotische Blume. Ich habe sie nie vergessen. Sie war fast genauso groß wie ich, hatte pechschwarze Haare und braune Augen. Ich stand bei unseren Wiederholungen immer neben ihr, sprach jedoch kaum mit ihr. Unfähig, etwas zusagen, schaute ich sie nur an. Ich konnte so etwas nicht. Ein Mädchen zog mich an: Flora Trocmé war als Schönheit bekannt. Ich kannte sie schon vorher und sah sie bis zu diesem Zeitpunkt immer von weitem. Und jetzt, zum ersten Mal, sah ich sie in nächster Nähe. Ihre Schönheit und Ausstrahlung waren für mich eine Offenbarung und ich war wie gelähmt, wenn sie ganz nah herankam und mir die Hand gab. Mein neues Selbstbewußtsein erlitt einen starken Rückschlag. Ich hatte noch nie an Mädchen gedacht, ich nahm sie alle nie wahr. Sie existierten, aber mehr nicht. Für mich waren sie nicht geschaffen. Bis Flora kam. Diese erste platonische Anziehung war furchtbar. Sie hatte einen Freund. Es war mir egal. Ich wäre nie auf die Idee gekommen, etwas mit ihr anzufangen, ins Kino oder spazieren zu gehen. Nein, ich nahm sie tief in mir wahr und wünschte gleichzeitig, es sei bald vorbei. Vielleicht würde ich wieder krank! Gott sei Dank, dieses Schulfest ging bald vorbei, und unsere Wege trennten sich für immer. Ich sah sie noch jeden Tag, blieb aber auf Distanz, ich wollte ihr nie zu nahe kommen. Einmal hatte schon gereicht. Diese erste Wahrnehmung des anderen Geschlechts war mit tiefer Panik verbunden. Ich war nervös und beunruhigt, schon bei dem Gedanken, gleichaltrigen Mädchen zu begegnen. Francine war drei Jahre jünger, war meine Schwester und war in Ordnung. Andere Mädchen bedeuteten Gefahr. Ja, instinktiv befand ich mich in einer Abwehrhaltung bei jeglicher weiblicher Begegnung.

Ich hatte andere Sorgen. Die Abschlußprüfung kam immer näher. Da sie nicht in der Schule stattfinden durfte, fand sie im Gymnasium statt. Alle Schüler von Saint Dié und Umkreis mußten an diesem Tag gleichzeitig an einem neutralen Ort diese Prüfung absolvieren. Es waren viele Schüler dabei. Viel zu viele, dachte ich, als ich den Hof betrat. Es war alles organisiert. Ich kam in dieses Zahnradverfahren hinein, paßte mich an und saß irgendwann in einem Klassenzimmer, wo mein Platz schon feststand. Es ging alles sehr schnell. Diktate, Rechenaufgaben, etwas Geographie und Geschichte und das Ding war gelaufen. Diese Prüfung war sicherlich eine französische Spezialität, eine Volksverarschung für 14jährige. Diese Prüfung mußte einen offiziellen Charakter haben und sie bekam diesen auch. Nun, wir, die Betroffenen, nur wir allein, verstanden nicht, was sich da vor unseren Augen abspielte. Diese Maskerade war in Saint Dié sicherlich sehr willkommen. Wir, die Schüler dieser Stadt, waren Garant einer tiefen, stadtgebundenen Schultradition.

Ein Sohn der Stadt, ein großer Politiker des vorigen Jahrhunderts, Jules Ferry, war der Begründer der Schulpflicht in Frankreich. Jules Ferry hätte diese Prüfung in unserer Stadt sicherlich nicht so pompös gestaltet. Ich weiß nicht, ob überall in Frankreich dieses »Certificat d'études primaires« so abgehalten wurde. Die Prüfung war fraglich, und das Ergebnis für mich eine riesige Überraschung, die ich nie vergessen habe. Die Prüfung beendete das Schuljahr 1961/62. Nach dieser Prüfung wurde sofort die Abschlußfeier organisiert. In dem *préau* (überdachten Schulhof), der für die Schüler gedacht war, wurde diese Abschlußfeier abgehalten. Jedes Jahr wurden die Klassenbesten geehrt und die Schüler der jeweiligen Abschlußklasse hatten eine Sonderstellung und genossen alle Aufmerksamkeit. Als Geschenk bekamen die Absolventen der Prüfung ein Wörterbuch oder ein Kochbuch. Das Kochbuch, der berühmte, immer mehr in Frankreich verkaufte Kochbuchschlager »Pellaprat, la cuisine familiale et pratique« wurde selten als Preis angenommen. Ich wählte das Kochbuch. Wir bekamen den Preis nur bei Erfolg. Es gab andere Preise, die genau definiert waren: *le prix d'excellence, le prix d'honneur, le premier prix* und so weiter. Der Preis für den Allerbesten, »exzellent«, dann der Sonderpreis, »ausgezeichnet« und der erste Preis jeweils für die Klassenbesten. Zusätzlich gab es Sonderpreise, von denen ich bis dahin noch nicht gehört hatte.

Meine Eltern waren da mit Francine und Marc. Wir fingen die »Bescherung« immer mit der kleinsten Klasse an und beendeten die Veranstaltung mit der Klasse von Herrn Bernard. Ich wartete nicht auf diese Bescherung, sondern saß da gespannt, zu erfahren, ob ich bestanden hatte oder nicht. Herr Bernard fing die Verleihung mit dem Ergebnis der Klasse mit dem unteren Klassement an. Ich bekam den *prix d'excellence*. Es war ein rotes Buch mit Märchen von Charles Perrault. Charles Perrault, der zweihundert Jahre vor den Gebrüdern Grimm Märchen gesammelt hatte, die man jetzt als »Grimms Märchen« in Deutschland kennt. Mein Konkurrent bekam den zweiten Preis, den *prix d'honneur*. Es ging weiter. Ich bekam als erster den Preis für die bestandene Prüfung, mein Kochbuch. Wir hatten alle die Abschlußprüfung bestanden. Herr Bernard war sehr stolz und sagte, wir wären die beste Klasse, die er jemals gehabt hätte. Ich dachte: »Er sagt wahrscheinlich jedes Jahr das gleiche.« Um zu beweisen, wie gut die Klasse war, sagte er noch folgendes dazu: »Et pour la première fois, il y a même un élève de cette école, qui a été classé dixième du canton. Dixième sur 350 élèves. Les dix premiers reçoivent un prix spécial décerné par la ville de Saint Dié.« (»Und zum ersten Mal hat ein Schüler dieser Schule das Kunststück vollbracht, unter den ersten zehn Besten des Landkreises zu sein. Er ist zehnter von 350 Schülern geworden. Die ersten zehn bekommen von der Stadt Saint Dié ein kleines Geschenk spendiert.«) Das war etwas Neues. Ich hatte drei Abschlußfeiern miterlebt und noch nie so etwas Ähnliches gehört. Für diese kleine Schule war es wirklich lobenswert, solche Schüler unter ihren Reihen zu haben. »Et maintenant, le nom de cet excellent élève est: Jean-Jacques Rolin!« (»Und nun, der Name von diesem ausgezeichneten Schüler ist: Jean-Jacques Rolin!«) Ich bekam »Les histoires fantastiques d' Edgar Alan Poe« in einer roten Luxusausführung! Ich war überrascht. Was sollte der Quatsch? Ich wußte nicht, daß man daraus einen Wettbewerb veranstaltet hatte. Die Aufgaben waren einfach, sonst hätten ein paar unserer Schüler diese Aufgaben nicht geschafft. Ich mußte sowieso in die Realschule gehen, mit oder ohne Auszeichnung. Es kam in mir keine Freude auf in diesem Moment. Ich war froh, daß alles vorbei war. Die Schule durfte ich endlich verlassen, meine Eltern waren stolz und Vater konnte endlich etwas Positives über seinen so oft geschmähten Sohn erzählen. Mein Vater wurde immer sonderbarer und seltsamer! Seine Aggressivität Mutter gegenüber nahm zu. Nie war er in der Lage gewesen, Kritik zu akzeptieren und zu ertragen. Wir durften am Tisch nichts sagen. Ich fing an, Vater zu widersprechen, was ihn viel Mühe kostete, nicht mit einer Ohrfeige zu antworten. Oft stand er käseweiß auf, knallte die Tür und kam nach ein paar Minuten schreiend und drohend zurück.

Eines Tages wollte ich unbedingt meiner Hündin einen Gefallen tun und nebenbei Vater ärgern. Ich hatte Schulferien und Zeit, mir solche Späßchen auszudenken. Als Vater an diesem besagten Tag nach Hause kam, um sein Mittagessen mit uns einzunehmen, saßen wir schon alle am Tisch, der Hund neben mir auf einem Stuhl, auf der anderen Seite Francine. Ich hatte meiner Hündin eine Serviette um den Hals gebunden. Sie saß friedlich da und wartete. Da es so gut roch, schnüffelte sie am Tisch und leckte den Teller ab. Mein Vater war außer sich, er fing an zu schreien. Der Hund fing an, meinen Vater böse anzubellen und die fürchterlichen Zähne zu zeigen. Ich sagte meinem Vater, er solle sich hinsetzen, damit wir endlich anfangen könnten zu essen, Diane hätte Hunger. »Ta gueule. Fous le cabot dehors!« (»Halt die Schnauze. Schmeiß den Köter raus!«) Diane sprang vom Stuhl herunter und ging auf meinen Vater los. Ich hielt sie noch rechtzeitig davon ab, ihn zu beißen. Vater kam mit dem Schrecken davon. Er war so außer sich, daß er auf seinem Stuhl Platz nehmen mußte, um richtig atmen zu können. Die Stimmung war sehr bedrückend. Mutter sagte gar nichts, sie war blaß und sichtlich geängstigt. Francine und Marc hielten den Mund. Ich jetzt auch, und die Hündin hatte Platz genommen neben mir. Vater sagte nichts mehr. Wir fingen an zu essen.

Es war eine richtige Komiksituation. Jedesmal, wenn mein Vater den Mund aufmachte, bellte der Hund oder knurrte sehr laut. Ich ließ ihn ein paar Mal knurren. Mein Vater schien den kürzeren gezogen zu haben. Dann brachte ich die Hündin nach draußen. Sie bekam etwas Besonderes von mir: ein Stück Zucker. Als ich zurückkam, sprang mein Vater sofort auf und ging auf mich los, um mich zu schlagen. Er schäumte vor Wut. Ich hielt seine Arme fest, damit er nicht zum Zuge kam. Mehr tat ich nicht. Ich sagte ihm, sollte er wagen, mich zu schlagen, dann würde ich, ohne zu zögern, die Hündin auf ihn hetzen. Er drohte, mich hinauszuwerfen aus unserem Haus, mich anzuzeigen. »Un enfant ne doit jamais frapper son père.« (»Ein Kind darf nie seinen Vater schlagen.«) – »Et toi, qu'est-ce que tu fais? Tu me caresses ou quoi?« (»Und du, was machst du? Streichelst du mich?") Ja, *er* durfte mich blutig schlagen, das Recht hatte er. »J'ai le droit de faire ce que je veux avec toi! T'es mon fils et je suis ton père!« (»Ich kann machen, was ich will mit dir, du bist mein Sohn, und ich bin dein Vater!«) – »Non, Dédé, tu ne me frapperas plus jamais, car à partir de maintenant je vais me défendre!« (»Nein, Vater, nicht mehr. Ich werde mich wehren, so gut ich kann. Du schlägst mich nie mehr.«) Er versuchte es noch, aber ich war zu groß für ihn und hielt seine Arme geschickt fest. Mutter kam und sagte nebenbei: »Das Essen wird kalt!« Typisch Mutter. Eigentlich war sie froh, daß ich mich erfolgreich gewehrt hatte. Vater erzählte noch einiges über seine Rechte in der Familie. Keiner hörte zu.

Wir aßen weiter. Ich war gar nicht ruhig geblieben bei dieser Auseinandersetzung, weil ich immer noch Angst vor ihm hatte. Dieser Mann hatte mich schließlich fast vierzehn Jahre lang geschlagen, tyrannisiert, mir befohlen, mich gescheucht, zu Tode erschreckt, erpreßt ... Jetzt, gerade eben, hatte ich ihm zum ersten Mal gezeigt, daß ich körperlich schon stärker war, als er gedacht hätte. Ich war lange danach, lange nachdem Vater zur Arbeit gefahren war, noch zittrig. Ich bebte innerlich. Es war etwas geschehen, was ich noch nie gemacht hatte. Ich hatte diese *autorité* (Autorität plus Gewalt) in Frage gestellt und mich gewehrt, ich hatte sogar gedroht.

Neue Möglichkeiten des Widerstandes hatten sich gerade für mich offenbart. Tagelang blieb die Familienatmosphäre getrübt, die Luft dick und stickig. Eine stille Vereinbarung schien getroffen zu sein. Keiner versuchte, den anderen zu ärgern. Vater war aggressiv wie immer, aber vermied es, mich direkt anzupöbeln. Er hielt sich bewußt zurück. Dieser Vorfall war der Anfang eines neuen Umgangs mit meiner Familie.

Ich mußte während dieser Schulferien 1962 Privatunterricht nehmen, da ich Deutsch lernen mußte. Zweimal wöchentlich ging ich zu einer alten Dame, die halb taub war. Ich fand diesen Unterricht abscheulich, und was für eine Sprache! Alles ganz anders als bei uns. Worauf hatte ich mich eingelassen! Die alte Dame (Madame Marchal), eine ehemalige Gymnasiallehrerin, weit über siebzig, war immer in dunkelgrüner Kleidung anzutreffen. Sie trug ein Hörgerät und eine Brille. Ich fand, daß es bei ihr immer sehr merkwürdig roch. Wir saßen oft in der Küche, wo wir versuchten, diese schwierigen Deklinationen, die ich bis heute immer noch nicht richtig beherrsche, auswendig zu lernen: Nominativ, Genitiv, Dativ, Akkusativ. »So viele haben wir in der französischen Sprache nicht, und sie funktioniert genauso gut!«, dachte ich. Diese Sprache schien sehr kompliziert zu sein. Der, dem, des, den. »Wiederhole, Jean-Jacques«, sagte meine Gelegenheitslehrerin. Ich wiederholte. Ich konnte es. Sie war raffiniert, diese alte Dame. Akkusativ, Genitiv, Dativ, Nominativ. Ich sollte jetzt versuchen, die Deklination von »der« noch einmal zu sagen. Natürlich wiederholte ich: der, dem, des, den. Ich war stolz. Falsch!! Die alte Hinterlistige hatte die Reihenfolge ausgetauscht. Ich hatte es nicht bemerkt, konnte und wollte es nicht merken. Es war schon kompliziert genug. Also, ich behielt die Reihenfolge, wie ich sie einmal richtig gelernt hatte, und so kenne ich sie heute noch. Ich wollte nicht flexibel sein, denn ich mußte eine Sprache lernen, die in unserer Gegend nur zwiespältig, noch dazu in dieser Epoche, toleriert wurde.

Die Elsässer, unsere Nachbarn und Feinde: von uns »Alsacots« genannt, waren seit 1918 wieder Franzosen. Sie sprachen diese Sprache von Geburt an. Wir nicht. Das nächste elsässische Dorf war nur zwanzig Kilometer von Saint Dié entfernt: Saales, am Gipfel eines Passes, etwa 550 Meter hoch. Sie konnten dort oben elsässisch, also deutsch, sprechen und schreiben. Wir nicht. Meine Eltern hatten sich sogar geschämt, als ich als Kind mit einem elsässischen Akzent sprach, und jetzt mußte ich auf einmal diese Sprache lernen! Und was mußte ich lernen? »Comment est ton thé?« (»Wie schmeckt dein Tee?«) Die deutsche Antwort war für mich eine logische Überraschung: »Der Tee ist gut, aber meine Tasse ist zu klein.« Ich verstand den zweiten Teil nach dem Komma nie! So einen Mist mußte ich mir in diesen Schulferien 1962 anhören. Diese alte, muffelige Dame ließ nie locker. »Être ou avoir« (»Sein oder haben«): Ich sollte im Präsens und im Perfekt konjugieren. Ich gab nicht mein Bestes, im Gegenteil, ich ließ sie schmoren, erzählte, was ich gelernt hatte und ließ meine Logik einfach mitspielen. Die dritte Person er, sie, es mußte ich nachsagen in der Reihenfolge: er – maskulin, sie – feminin und es – neutrum. Ich vergaß grundsätzlich das Neutrum. Da es in der französischen Sprache keins gibt, wurde es einfach von mir vergessen. Sie war sauer, meine heimliche Feindin, nicht nur deswegen. Ich gestaltete die deutsche Sprache nach meiner Empfindung und nach Laune. Zum Beispiel: »la fenêtre – die Fenster« – nicht: »das Fenster«. Es war schrecklich für mich zu sehen, wie die Wörter verändert wurden: »la lune – der Mond«. Der Mond ist fast in allen Ländern weiblich: »la Luna – la lune«. Der Mond ist nur in der deutschen Sprache männlich, und »le soleil – der Sonne« wird weiblich: »die Sonne«. Dieser Wirrwarr verfolgt mich heute noch in bestimmten Situationen. Meine Lehrerin war im ganzen überhaupt nicht zufrieden mit meiner Leistung während eines Sommers. Ich hatte wenig gelernt, das war das Fazit meines Versuchs, in die germanischen Idiome, Vokabular sowie Grammatik und Konjugationen einzudringen. Nur vier Wochen war ich bei ihr. Vater war das Geld los und seine geringe Geduld auch. Er entschied sich, mich arbeiten zu lassen.

Vater Rolin verspielte fast sein ganzes Geld in der Hoffnung, irgendwann das große Los zu kriegen, was nie geschah. Er ging im Sommer gern zum Kegeln. »Le jeu de quilles« (Das französische Wort *quille* [›Kegel‹] kommt tatsächlich aus dem althochdeutschem Wort ›kegil‹!) Das Kegeln war damals noch sehr rustikal bei uns. Die Spieler benutzten ungeschliffene Holzkugeln und Holzkegel. Die Bahn selbst war teilweise aus Holz. Der Anlauf war eine kleine Holzbahn, und der Rest der Piste war aus Sand, die Kegel wiederum standen auf gut eingelassenen, markierten Holzscheiben und wurden aus einer an der Seite stehenden, halboffenen Kabine wieder aufgestellt. Der *requilleur,* der Junge, der die Kegel wieder aufstellte, war gleichzeitig so etwas wie ein Schiedsrichter, also eine wichtige Person. Diese Arbeit sollte ich etwa vier Wochen lang machen, um das Geld, das Vater für mich für diesen sinnlosen Deutschunterricht ausgegeben hatte, wiederzukriegen.

Es war stinklangweilig, im Sommer von etwa 16 bis 21 Uhr da draußen zu stehen, um diese blöden, immer fallenden Kegel wieder aufzustellen. Vater spielte fast immer mit. Oft war ich aber allein dort, fast täglich, insbesondere an Samstagen und Sonntagen. Ich konnte umsonst etwas trinken und entdeckte unsere *diabolos* (Teufelsgetränke), bestehend aus Zitronenlimonade und *sirop*. *Diabolo-menthe* war mit Minzensirup gemischt. Es gab auch welche aus Zitronen, Himbeeren oder Erdbeeren. Ich trank nur *diabolo-menthe,* weil es wirklich den Durst löschte.

Der Cafébesitzer Monsieur Barnat schickte mich eines Nachmittags Einkaufen und gab mir hundert Francs. Soviel Geld hatte ich noch nie in der Hand gehabt. Ich sollte zu Fuß Zigarettenstangen, Gauloises und Gitanes einkaufen gehen. Es war nicht weit, etwa hundert Meter von der Kneipe entfernt. Aber ich kam nicht so schnell wieder. Kurz vor dem Laden verlor ich das Geld und geriet in Panik. Ich kannte die Leute nicht, sie würden mir nicht glauben, wenn ich erzählen würde, ich hätte die hundert Francs verloren. Unauffällig ging ich zur Kneipe zurück, paßte auf, daß mich keiner sah, nahm mein Fahrrad und fuhr schnell nach Hause. Vater war schon da. Ich erzählte ihm die Geschichte und bat ihn, mir zu helfen. Er schimpfte natürlich mit mir, war aber gleichzeitig froh, zu sehen, daß sein »starker« Sohn doch wieder Hilfe brauchte. Ich erzählte ihm aber geschickt, wovor ich wirklich Angst hatte: Daß man mich für einen Dieb halten würde, wenn ich die Geschichte so Herrn Barnat erzählen würde. Vater kam mit und guckte mit mir vor dem Laden nach, ob das Geld doch noch da lag. Es lag noch da. Ich hatte den Schein nicht entdeckt, aber Vater. Ich war überglücklich. Monsieur Barnat war nett. Er schimpfte gar nicht mit mir und sagte tröstend, so etwas könnte wirklich jedem passieren, und er hätte nie gedacht, daß ich das Geld geklaut haben könnte. Ich durfte weiter bei ihm arbeiten, was ich noch etwa zwei Wochen gemacht habe.

Wenn ich abends nach Hause kam, ging ich nicht sofort ins Bett, sondern half etwas im Haushalt mit, kümmerte mich um Marc und machte auch, wenn es noch hell war, Gartenarbeiten. Ich fing an, abends Sendungen im Radio zu hören, die Erwachsenengebiet waren. Ich hörte anfangs unregelmäßig, dann doch später täglich eine Jazzsendung: *»Pour ceux qui aiment le jazz«* (»Für Jazzfreunde gedacht«). So hieß die Sendung: Sie wurde, wie *»Salut les copains«*, von Frank Tenot und Daniel Fillipachi präsentiert. Diese Sendung wurde um 23 Uhr jeden Abend gesendet. Ich entdeckte eine für mich ganz neue Musik, eine ganz wichtige Musik, die in Frankreich der fünfziger und sechziger Jahre sehr große Jazzer hervorgebracht hatte. Ich entdeckte Django Reinhard, Stephan Grappeli, Boris Vian als *trompetiner* sowie Duke Ellington, Oscar Peterson, Billie Holliday, Sarah Vaugahn, Ella Fitgerald und so weiter. Es war am Anfang ein Zeitvertreib, um nicht einzuschlafen, später wurde es zu einer kleinen Leidenschaft. Nach der Sendung war ich oft noch so wach, daß ich noch etwas unternehmen mußte. Ich ging in die Küche. Mein neues Kochbuch war eine Entdeckung, Kochen nach Rezepten! Mutter hatte es nie gemacht. Sie kochte impulsiv, wie ich es immer genannt habe. Sie kochte nach ihren eigenen Impulsen: waren die Impulse positiv, kochte Mutter sehr gut. Waren die Impulse negativ, schmeckte es unmöglich! Ich wollte es richtig lernen und fing mit dem Backen an. Mit einem Teig, der mir kreativ erschien, fing ich an. Es war ein Teig, der gebrannt wurde, Brandteig, auf französisch *»pâte à choux«*, wiederum übersetzt »Kohlenteig«; wenn man aber *»à la crème«* dazuschreibt, kommt die richtige Übersetzung »Windbeutel« heraus. Diese deutsch-französische Wortspielerei hat mich oft Nerven gekostet. Es ist alles oft unlogisch und doch berechtigt. Windbeutel: *choux à la crème*. Dafür mußte ich einen Brandteig herstellen. Oh! Der erste Teig war sofort gelungen. Das Wasser, mit Butter und etwas Salz, wurde zum Kochen gebracht, und dann wurde außerhalb der Wärmequelle das Mehl auf einmal beigemischt, wieder auf die Wärmequelle gebracht und so lange erhitzt, bis der Teig etwas fettklebrig wurde. Die Eier kamen ohne Hitzezufuhr zum Schluß noch dazu, vier bis sechs Eier je nach Größe und Teigbeschaffenheit. Es gelang mir, diesen Teig sofort gut hinzukriegen. Ich verteilte den Teig in kleinen Häufchen auf einem Backblech und schob es in den Backofen. Nach der angegebenen Backzeit waren die Windbeutel wirklich aufgegangen. Ich war stolz und nahm sie heraus, sie sahen unheimlich schön geschwollen und gleichmäßig aus. Die Freude dauerte nur eine sehr kurze Zeit. Nachdem ich das Blech herausgeholt hatte, fielen die Windbeutel alle fast gleichzeitig zusammen. Ich war enttäuscht. Später habe ich den »Trick« doch verstanden, die Windbeutel so hinzukriegen, daß sie wirklich voll und ganz geblieben sind. Die Füllung mit der *crème pâtissière,* so eine Art Pudding, war gar nicht so schwer zu realisieren. In diesen Nächten verbrachte ich manchmal drei bis vier Stunden hintereinander in der Küche, um dieses Kunstwerk zu schaffen. Zum Frühstück bekam meine Familie dann Windbeutel. Ich habe nicht nur Windbeutel gebacken. Sie sind aber das erste, das mir so gut gelang.

Der Sommer 1962 war fast vorbei. Bald würde ich in die Realschule gehen. Ja, sehr bald. Madame Pierre war die Direktorin der Realschule von Saint Dié, die an das Gymnasium angegliedert war. Sie war eine blonde, ältere Frau um die fünfzig und trug im Sommer wie im Winter dieselben dunkelgrauen oder dunkelgrünen Kostüme. Sie war eine undurchschaubare Natur, die immer blaß und traurig aussah. Ich habe sie nie lachen sehen. Ihr Gesicht war wie in Stein gehauen, mit scharfen Zügen, eckig und unbeweglich. Sie war für uns alle eine Respektsperson und war, wie nicht anders zu erwarten, sehr, sehr streng. Ihre Omnipräsenz ging mir auf den Geist. Immer und überall war sie anzutreffen. Ich hatte das Gefühl, sie würde in der Schule übernachten.

Vater war kurz vor Schulanfang mit mir zu Madame Pierre gegangen, um mich vorzustellen. Er erzählte von meinen Schwierigkeiten, Deutsch zu lernen und von meinem Desinteresse daran, mich mit der Sprache beschäftigen zu wollen. Sie schaute mich streng an und sagte mir, ich sollte diese Sprache unbedingt ernst nehmen, weil in der nächsten Klasse eine zweite Fremdsprache dazukommen würde, und ich das Defizit nie würde wegarbeiten können. Disziplin, sowie Pünktlichkeit und Sauberkeit wurden im Collège groß geschrieben. Die Schüler wurden jedes Trimester geprüft und zwar in jedem Fach, und sie zählte die Fächer auf: Mathematik, Biologie, Geschichte, Erdkunde, Diktate und Aufsatz, Deutsch, Gedichteerzählen, Malen (Zeichnung), Sport und Singen. Nächstes Jahr würden noch drei bis fünf Fächer dazukommen. Der Schock war perfekt. Zwei Wochen vor Beginn hatte ich schon keine Lust mehr. Ich wollte sowieso nicht weiter in die Schule gehen. Jedoch wurde ich nicht gefragt. Ich mußte einfach weiter, abgesehen davon hätte ich nicht gewußt, was für eine Lehre ich hätte anfangen können. Also machte ich *une bonne mine à mauvais jeu* (eine gute Miene zum bösen Spiel). Und das Spiel wurde wirklich böse, als sie uns sagte: »Vous savez, Monsieur Rolin que nous sommes un collège mixte.« (»Sie wissen, Herr Rolin, daß in diesem Collège Mädchen und Jungen gemeinsam in einer Klasse sitzen und trotzdem strenge Sitten herrschen.«) O ja. Dieses Vorstellungsgespräch verlief sehr einseitig. Sie wollte gar nichts von mir wissen. Herr Bernard hatte mich gelobt, es reichte. Jetzt war sie die Herrin im Hause und führte ein hartes Regiment. Sie ließ mich sofort spüren, wie ich mich zu benehmen hätte. Ich war sehr beeindruckt, glaube aber nicht, daß ich in diesem Moment Angst gehabt hatte, nein, ich war eher wütend. Ich dachte, die harte Schule mit autoritären Lehrern endlich hinter mir gelassen zu haben, aber es schien hier schlimmer zu sein als in Foucharupt. Ich schaltete innerlich schon auf Angriff. »Sie werden den neuen Jean-Jacques kennenlernen«, dachte ich. »Sie kriegen mich nicht mehr klein. Die Zeit ist vorbei.« Madame Pierre könnte sagen, was sie wollte, ich hatte schon einen Entschluß gefaßt. Ich würde nicht der brave Realschüler sein, den sie gern sehen würde. Vater äußerte sich positiv über Madame Pierre. »Eine tolle Person mit dem richtigen Ton am richtigen Platz.« Meine Antwort: »Oui, dans cette caserne, elle se prend pour le général de Gaulle. Je suis même sûr qu'elle a dans la cave une prison pour les mauvais élèves!« (»Ja, in dieser Kaserne fühlt sie sich wie der General de Gaulle. Ich glaube sogar, daß sie im Keller ein Gefängnis für schlechte Schüler hat!«) Vater verstand zum Glück nicht, was ich meinte. Er sagte: »Ja, glaubst du wirklich?« Es wäre möglich gewesen. Schließlich war das alte Gebäude, das jetzt als Realschule fungierte, eine ehemalige Kaserne. Ihr Büro war sicherlich das Büro eines Offiziers gewesen. Unsere Schulklassen waren ehemalige Schlafunterkünfte für Soldaten im Zweiten Weltkrieg. Das Gebäude war alt und häßlich, es lag auf dem Hof des Gymnasiums Jules Ferry. Ich fand, Madame Pierre paßte genau in dieses häßliche Tableau. In dem neuen Teil des Gymnasiums wäre sie sicherlich fehl am Platz gewesen. Mein erster Eindruck sollte sich als richtig herausstellen.

Bevor ich eingeschult wurde, wollte meine Mutter noch einmal mit mir zu Docteur Poirot gehen. Ich war seit einiger Zeit etwas stabiler geworden und durfte sogar später im Gymnasium Sport treiben, was ich bis jetzt noch nicht durfte. Nur meine Bettnässerei hatte sich nicht wesentlich geändert. Manche Nächte kam ich jetzt trocken durch, indem ich sehr wenig schlief. Wir hatten noch Ferien und es war nicht so dramatisch, aber jetzt, als die Schule anfing, brauchte ich mehr Schlaf. So argumentierten meine Eltern. Docteur Poirot war natürlich der Meinung meiner Mutter und ließ sich nicht davon abbringen, ein Barbiturat in drei verschiedenen Formen zu verschreiben. Damals wußte ich nicht, was Barbiturate waren, woher sie kamen, warum man sie so nannte.

Jetzt, nachdem ich alles erfahren habe, weiß ich, wo die Perversität dieses Medikaments liegt: der Chemiker Adolf von Bayer, der als erster die Barbitursäure hergestellt hat und sie nach dem weiblichen Namen Barbara nannte, was in meinen Augen vielsagend ist, wenn man die Wirkung dieser Medikamente kennt, mußte auch ein Ausmaß an Perversität besessen haben. Docteur Poirot, der nicht zögerte, solche Medikamente wie *Belladenal* – wahrscheinlich aus der Belladonna (Tollkirsche; wörtl. schöne Frau) gewonnen –, *Gardenal, Melleril,* hochdosierte Schlaf- und Beruhigungsmittel an einen 14jährigen, noch labilen Knaben zu verabreichen, war sicherlich mehr als pervers. Es war schlicht und einfach unverantwortlich und gemein. Ich hatte sowieso das Gefühl, daß Kinder ihm lästig waren. Er, genauso wie die Pelletier, sprach nie mit mir. Mutter war immer die Gesprächspartnerin. Auch mit vierzehn Jahren war ich noch nicht interessant genug, um mit ihm reden zu dürfen.

Ich bekam jetzt diese drei Medikamente jeden Abend und mußte bis zu sechs Pillen schlucken. Ich wußte, ich sollte damit besser und länger schlafen. Es klappte auch. Ich schlief früher ein, schlief länger als vorher und machte wieder mehr und regelmäßiger ins Bett. Und das im fünfzehnten Lebensjahr! Es war ein Alptraum, besonders in die ersten Wochen der Realschule, zu wissen: ich kann nichts dagegen tun! Ich war nicht in der Lage, diese Blase zu regulieren. Ich war davon überzeugt, krank zu sein und dachte, einen organischen Fehler zu haben. An seelische Qualen hätte ich nie gedacht, wobei mir bewußt war, zu Hause eine Sonderstellung zu haben und nicht so glücklich zu sein. Mutter änderte sich zunehmend. Sie war körperlich nicht so stark, wie ich sie sah. Sie war oft müde und gereizt.

Es gab mehrere Situationen am Ende dieses Sommers 1962, die mir als Meilensteine der Veränderung im Kopf und im Herz geblieben sind. Vater war immer noch zuständig für Einkäufe. Er brachte mittags immer Baguettes und andere Lebensmittel mit, wenn es notwendig war. Eines Mittags, kurz vor dem Essen, kam Vater nach Hause. Mutter stand vor der Spüle und trocknete gerade eine Glasform aus Pyrex, die sie zum Kochen benutzt hatte. »T'as ramené deux baguettes?« (»Hast du zwei Baguettes mitgebracht?«) Es war der Begrüßungssatz. Vater guckte etwas verdutzt und ging ahnungslos zu Mutter, um ihr die obligatorischen, flüchtigen Küßchen zu geben. Er hätte an diesem Tag Mutter lieber richtig anschauen sollen. Ich stand nicht weit von beiden entfernt und beobachtete die Szene. Mutter wurde sofort wütend. »Non!« Er hatte sie vergessen. »Vas-y retourne les chercher!« (»Fahr zurück, hol sie!«) – »Non. J'ai faim, je mange avant.« (»Nein. Ich habe Hunger, ich esse vorher.«) – »Fous-le-camp!« (»Hau ab!«) und gleichzeitig hob Mutter beidhändig diese dicke Glasform, und mit Wucht wollte sie sie Vater auf den Kopf hauen. Ich sprang dazwischen und hielt meinen rechten Arm so geschickt, daß die Form auf meiner Elle in tausende Stücke zersprang. Ich schrie, es tat weh! Vater haute ab, um das Brot zu holen. Er hatte verstanden. Mutter schrie mich an, ich hätte es nicht tun sollen. Sie hatte recht. *Er* war gemeint. Ich habe die Schläge abgekriegt. War ich blöd oder einfach heldenhaft genug, um schlichten zu wollen? Ich reagierte impulsiv, warum weiß ich nicht. Doch, ich hatte Angst, daß Vater, wenn er etwas abgekriegt hätte, versucht hätte, Mutter zu schlagen, was er schon oft gemacht hatte. Zu dieser Zeit wußte ich noch nicht, daß dieser Impuls goldrichtig gewesen war. Ich hatte mich zwischen beide gestellt, was mir heute noch vorgeworfen wird. Dieses »Sich-dazwischen-Stellen« blieb nicht ohne Folgen. Kurze Zeit später entstand wieder in der Küche und zur gleichen Zeit eine analoge Situation. Vater kam nach Hause und hatte dieses Mal Öl und Essig vergessen. Mutter stand in der Küche und war dabei, Eier zu schlagen, um ein Omelette zu machen. Ich war dabei und half wie immer etwas mit. Vater wollte auch dieses Mal nicht zurückfahren, um das Vergessene zu holen und blieb an der Küchentür stehen. Mutter fragte mindestens zweimal, ob er zurückfahren würde. Vater, selbstsicher wie immer und etwas sauer, sagte zweimal: »Non«. Er kam näher, und anstatt einen Kuß von Mutter zu kriegen, bekam er aus zwei Metern Entfernung ein Ei auf das linke Ohr. Volltreffer! Mutter und ich lachten aus voller Brust. Es sah wirklich witzig aus, wie mein Vater sprachlos dastand und sich das Ohr hielt. Er hatte nicht sofort verstanden, was passiert war. Erst als er sich anfaßte und das glitschige, fließende Ei fühlte, machte er seinen Mund zu, und nach einem schnellen Saubermachen sprang er brüllend meine Mutter an, hob die Hand und wollte zuschlagen. Zu spät, ich war schon wieder dazwischen gegangen. Dieses Mal griff mein Vater mich an. Ich schob ihn zurück, etwas kräftiger als sonst. Bis dato hatte ich meinen Vater noch nicht geschlagen, spürte aber die Bereitschaft, es zu tun. Er wich zurück, griff wieder an. Ich schob Vater noch einmal zurück. Er gab nach. Die Handlung mit Diane war noch nicht so lange her. Er muß sich daran erinnert haben. Darüber war ich froh. Ich sagte, er solle Mutter nicht in meiner Gegenwart schlagen, sonst würde ich rot sehen. Er schrie noch etwas und beruhigte sich schließlich. Die Kinder Marc und Francine wurden gerufen, und wir aßen.

Eine wunderschöne Erinnerung kommt immer wieder hoch, wenn ich an bestimmte Sonntage denke, die ich als 14jähriger und auch später noch verbrachte, weil es eine Angewohnheit wurde. Ich stand sehr früh auf, um vier oder fünf Uhr. Ich konnte das, es war nicht schwierig. Um auf die Walze zu gehen mit Diane, wäre ich noch früher aufgestanden. Ich nahm die Hündin bis zum Waldrand an die Leine und ließ sie dort los. Wir gingen auf Entdeckung des Massivs du Kemberg. Das ist ein Bergkamm, der sich zwischen Saulcy-sur-Meurthe und Saint Dié-West erstreckt über eine Länge von etwa zehn Kilometer. Die höchste Erhebung ist La roche de l'Anozel, etwa 850 Meter hoch, was ich damals noch nicht wußte. Ich entdeckte den Wald. Das erste Mal, allein mit Diane, dauerte unser Spaziergang nicht sehr lange. Ich traute mich schon bis zum Fuß des Berges, blieb aber mit der Hündin unten. Mit Vater war ich öfter im Wald gewesen und hatte jedesmal Angst gekriegt. In den letzten Jahren bin ich nicht mehr mit ihm unterwegs gewesen. Wald bedeutete immer noch Gefahr, Angst und Einsamkeit. Mit Diane überwand ich diese Hindernisse nach und nach. Und bald wurden diese Spaziergänge im Sommer ein wahrer Genuß für die Sinne. Ich war dort im Wald der Glücklichste.

Unsere Nachbarn im »neuen« Viertel waren alle mehr oder weniger Unikate und jeder für sich ein Unikum. Ich habe sie alle noch schön vor mir in verschiedenen Situationen, die nicht immer mit einem bestimmten Zeitabschnitt meines Lebens verbunden sind. Die Zeit als Maßstab ist bei diesen Bildern verschwunden, die Menschen selbst nicht. Sie leben in mir als Zeugen einer Vergangenheit, die in mir, so wie sie selbst, noch lebendig ist. Ich habe schon Madame Hocquel beschrieben, unsere wahre Nachbarin, weil sie das Haus mit uns teilte. Madame Hocquel hat mich geliebt und ich sie irgendwie auch. Sie erkannte mich als guten Jungen und zeigte es mir. Sie unterstützte mich auch gegen meinen Vater. Vater war in vieler Hinsicht ein »kleines Kind« geblieben. Er hat zum Beispiel Madame Hocquel, nach dem Vorfall der zwei zuvor beschriebenen Szenen, gefragt, wie sie es finden würde, wenn ein Sohn sich gegen seinen Vater stellte. Sie antwortete: »Comme je vous connais, Monsieur Rolin, je suis sûr que vous l'avez merité.« (»Wie ich Sie kenne, Herr Rolin, bin ich sicher, Sie haben es verdient.«) – »Oh, vous êtes vache, Madame Hocquel.« (»Sie sind aber hart, Madame Hocquel.«) Ich verlor über solche Unterhaltungen kein Wort. Sie lobte mich, indem sie zusätzlich sagte, ich sei sehr tüchtig und helfe nicht nur der Familie, auch den Nachbarn. Wir wohnten in einem Viertel, das aussah wie ein Hufeisen. Links und rechts davon sowie in der Mitte waren fast parallel vier Häuserreihen. Wir wohnten auf der Innenseite dieses Gebildes. Unsere Gärten waren aneinandergereiht, so daß man sich im Sommer mit fast allen Nachbarn der zweiten und dritten Reihe – es waren genau 16 Ehepaare, meistens mit Kindern – von Zaun zu Zaun unterhalten konnte. In unserer Reihe wohnten im ersten Haus le père Odile mit seiner Frau und Monsieur und Madame Del Monaco. Mit Herrn Odile hatten wir wenig zu tun. Wir sahen ihn nur während der schönen Jahreszeit im Garten. Herr Odile war damals schon weit über siebzig, alt und klapperig. Er verbrachte viele Stunden in seinem Garten. Er ist als »Gartenscheißer« vom Viertel bekannt gewesen. Herr Odile hatte die Angewohnheit, im Sommer seine Bedürfnisse klein und groß unter einem Obstbaum auf dem kleinen Komposthaufen am Ende des Gartens zu machen. Das erste Mal war es für mich und meine Geschwister eine Sensation. Aber mit der Zeit gehörte es einfach zum Alltag im Viertel. Im Winter waren Herr und Frau Odile nie zu sehen.

Im selben Haus daneben wohnte Herr Del Monaco mit Familie. Herr Del Monaco war der einzige Reiche des Viertels, so dachte ich damals. Er war Italiener und Bauunternehmer. Er besaß zwei alte Lastwagen und hatte einen einzigen Mitarbeiter. Sie arbeiteten beide und bauten richtige Häuser. Ich war ein guter Freund von Herrn Del Monaco, den ich nicht sehr lange gekannt habe, weil er mit sechzig an einem Herzversagen starb. Er war zu fett! Er war wirklich monströs dick, sehr klein, immer gleich angezogen in einer Kordhose mit Hosenträgern, einem karierten Hemd und trug ständig eine Mütze. Von hinten wie von vorn sah man nur seinen Bauch. Er ging sehr langsam, immer nach hinten geneigt, um das Gleichgewicht zu halten und sprach mit einem starken Akzent und sehr langsam. Ah, der gute Herr Del Monaco, er hatte ein gutes Herz: »Il a un cœur en or« (»Er hat ein Herz aus Gold«), wie meine Landsleute sagen. Er hatte die Marie-Louise geheiratet, geschieden mit zwei Kindern. Ein Sohn, der älteste, war schon um die zwanzig, aber der zweite, André, war ein Jahr älter als ich. Herr Del Monaco hat alles gemacht für die Familie. André hat er ein Musikstudium ermöglicht, indem er testamentarisch alles festgelegt hatte. Nicht nur durch seine adipöse Unbeweglichkeit war er der Ruhepol im

Viertel, nein, er war ein Gemütsmensch. Er starb für uns alle zu früh. Ich erinnere mich leider nicht mehr an sein Begräbnis. Wir nahmen sowieso nicht daran teil. Ich weiß nur: da stand plötzlich ein schwarzes Auto mit einem silbernen Kreuz vor der Tür von Herrn Del Monaco. Das ganze Viertel war traurig. Ich habe diese Traurigkeit schön verdrängt und behalte Herrn Del Monaco als liebenswerten Menschen in mir, wie er wirklich zu uns war.

Auf der anderen Seite wohnten im ersten Haus die Collés, Monsieur und Madame Collé mit ihrem Sohn Pierre. Herr Collé war Bahnbeamter gewesen, schon pensioniert und krank. Er hatte die Parkinsonsche Krankheit. Er ging ab und zu noch spazieren, und zwar fast nur mit Mutter. Bei gutem Wetter ging Mutter am späten Nachmittag zu ihm, packte ihn unter dem Arm und lief mit ihm schnellen Schrittes einmal um den Block. Er lachte immer merkwürdig dabei und sabberte auch ständig beim Gehen. Es machte Mutter nichts aus. Mir schon. Ich ging nie mit spazieren. Francine hakte Herrn Collé oft auf der anderen Seite ein. Es war sehr lustig, dieses Trio gehen zu sehen. Herr Collé und seine Trippelschritte! Trotz seiner schweren Krankheit war er immer lustig. Monsieur und Madame Collé waren schon verwandt. Bevor sie heirateten waren sie Cousin und Cousine, so ist es mir von meinen Eltern berichtet worden. Aus der Ehe entstand Pierre, ein damals noch junger Mann, etwa zehn Jahre älter als ich. Pierre galt als der Idiot des Viertels. Er war sicherlich zurückgeblieben, retardiert und dadurch nur bedingt lernfähig. Er arbeitete in einem Sägewerk und trank damals schon sehr viel, was seinen Zustand nie verbessern konnte. Pierre war in unserem Viertel die Person, vor der wir alle etwas Respekt hatten. Wir haben nie gewußt, was in seinem Kopf vorging. Er war mir gegenüber immer höflich und freundlich gesonnen. Er ging, wie man es in Französisch beschreibt, in zwei Teilen: »La tête à Paris, le cul à Berlin« (»Der Kopf in Paris, der Arsch in Berlin«). Er ging nach vorn gebeugt, besonders wenn er schnell und mit riesigen Schritten ging, so daß wir ihm immer freiwillig den Weg frei machten. Pierre hatte eine besondere Liebe für Frauen, er wollte sie alle küssen, was die meisten im Viertel nicht wollten und widerlich fanden. Besonders mochte er Mutter. Ich muß hinzufügen, daß er nicht in der Lage war, unsittlich zu werden. Ich hätte meine Hand ins Feuer legen können, er hätte nie ein Mädchen oder eine Frau sexuell belästigt. Jedoch kursierten im Faing de St. Marguerite Gerüchte. Aber Mutter und Madame Hocquel sorgten dafür, daß diese Gerüchte bald verstummten. Er war oft bei uns, weil Mutter sich um Pierres Vater kümmerte, als dieser noch lebte. Pierre konnte mit elektrischen Geräten sehr gut umgehen, er reparierte alles, was mit Strom funktionierte, besonders alte Radiogeräte. Unseres reparierte er des öfteren. Er konnte stundenlang am Tisch sitzen und »fummelte« sich alles minutiös zurecht. Ich staunte, daß ein Mensch, der kaum lesen und schreiben konnte, solche Begabung besaß. Er konnte etwas, was er nie gelernt hatte. Nie hat er ein Gerät aus Versehen demoliert oder kaputtgemacht. Neben den Collés wohnten die Hirts, ja, ein deutscher Name wie Hocquel (Hockel). Die Hirts waren für mich und meine Familie vollkommen uninteressant. Ich habe nie Kontakt zu ihnen gehabt. Ich weiß nur noch, daß die älteste Tochter eine gute Sportlerin war. Sie fuhr die sogenannten »Gymkana«-Rennen. Sie war Vespa-Fahrerin und fuhr als Halbprofi in der Gegend und sogar in ganz Frankreich kleine Rennen, die mit Kunststücken verbunden waren. Oft fuhr sie mit ihrer Vespa durch die Gegend und zeigte gern, was sie konnte.

Uns gegenüber wohnten wiederum zwei Familien, die Hienlis und die Rivas. Die Familie Hienlis hatte vier Mädchen: Anne Marie, Francine, die ältesten, und zwei jüngere, deren Vornamen ich vergessen habe. Anne-Marie und Francine waren in meinem Alter beziehungsweise ein Jahr älter. Ihre Mutter, Madame Hienli, war eine schreckliche Frau, die ständig meckerte, wenn ich mit meiner Hündin durch die Gegend lief. Sie hatte Angst vor Diane und wollte, daß ich sie an der Leine halte, was ich so gut wie nie tat, wenn wir nach Hause kamen. Ich ließ sie kurz vor dem Haus immer los, und so rannte sie weg, um als erste da zu sein.

Eines Tages, als ich mit Diane unterwegs war und zurückkam, ließ ich sie kurz vor dem Haus wieder los. Madame Hienli stand wie sehr oft am Fenster und sagte, ich solle den Hund an der Leine halten. Ich ging an ihrem Haus vorbei und als ich zu Hause war, drehte ich mich um und sagte zu ihr: »Ta gueule.« (»Halt die Schnauze!«) Es hat gewirkt, danach hat sie nie wieder etwas gesagt. Der Lustigste von allen war le père Mangin. Er war schon um die siebzig und in zweiter Ehe mit einer dicken Frau verheiratet, die er ständig ärgerte. Herr Mangin trank gern etwas über den Durst. Wenn er angetrunken war, kam er oft an den Zaun und rief meine Mutter. »Louise, viens, il faut que je te raconte quelque chose.« (»Komm, Louise, ich muß dir etwas erzählen.«) Es waren meistens schmutzige Witze, die er meiner Mutter erzählte. Mutter reagierte oft mit Ekel, Grimassen oder ging schnell weg, lachte dann trotzdem darüber. Herr Mangin lachte dann sehr laut und war froh, meine Mutter hereingelegt zu haben oder sie doch zum Lachen gebracht zu haben. Sie ging aber immer wieder zu ihm, wenn er sie rief. Es war schon ein perfektes Spiel zwischen beiden geworden. Herr Mangin war wirklich ein lustiger Mensch. Er erzählte mir auch Schweinereien, die ich noch nicht so gut verstand. Mutter sagte, ich wäre noch ein Kind, und er sollte mir nicht so etwas erzählen. Père Mangin antwortete immer: »Louise, tu devrais me remercier de lui apprendre tout ça. Si tu en aurais su autant à son âge, tu ne te serais jamais mariée!« (»Sei froh, Louise, daß ich ihm so etwas beibringe. Wenn du das vorher gewußt hättest, hättest du sicherlich nicht geheiratet.«) Womit er wiederum recht hatte. Am schönsten war es, wenn er seine eigene Frau ärgerte. Er hänselte sie oft vom Garten aus, wenn sie herauskam. Zwei seiner Lieblingswitze, die er seiner Frau gegenüber als Provokation losließ, weiß ich noch zu erzählen. Mangin's Humor! Wenn er gut drauf war und seine Frau in seiner Nähe war, sagte er: »Louise, weißt du, warum ich nicht mehr auf meine Alte steige?« Mutter und ich kannten nach ein paar Malen die Antwort. »Die ist so dick, daß ich Angst habe, herunterzufallen.« Oder die zweite Frage: »Louise, weißt du, warum ich nicht mehr mit der Alten schlafe?« und die Antwort darauf: »Die ist so dick, daß ich Angst habe, eine Bauchfalte zu erwischen.« Ich finde es merkwürdig, daß Mutter damals (und heute noch) lauthals über solche Witze lachen konnte!

Die Ferien 1962 gingen zu Ende. Zu dieser Zeit dauerten die Sommerferien in Frankreich zehn Wochen. Mitte September mußte ich mich meinem Schicksal ergeben. Ich ging in das Collège, wie es beschlossen war. Ich weiß nicht mehr, mit welchen Professoren wir am ersten Tag oder während der ersten Woche Unterricht hatten. Ich weiß aber von meiner ersten Begegnung mit meiner Musiklehrerin: La Marranche. Madame Marranche war kein schlechter Mensch, vielleicht sogar eine sehr nette Person, aber sie hatte einen Fehler: sie liebte Musik über alles, besonders Gesang, und sie wollte mir das Singen beibringen. Schon ganz am Anfang hatte sie bemerkt, wie ungeschult meine Stimme war und wie ich beim Singen reagierte. Trotzdem verfolgte sie mich mit ihrer Erwartungshaltung drei Jahre lang. Ich hatte, Gott sei Dank, noch andere Professoren, die mir wesentlich sympathischer waren als die Marranche. Die zweite Dame, die etwas aus mir machen wollte, war meine Deutschprofessorin, Madame Hans. Sie war nicht unsympathisch, aber zielstrebig und unnachgiebig. Das sind erstmal die zwei Professorinnen, (bei uns sagen wir Professor zum Fachlehrer der Realschule und des Gymnasiums), die mir in der ersten Woche sofort aufgefallen waren. Meine Schulkameraden waren aber interessanter zu dieser Zeit.

Jungen und Mädchen wurden in der Klasse zusammen unterrichtet, waren aber räumlich durch einen Gang getrennt. Die Mädchen saßen links und die Jungen rechts oder umgekehrt. Es war für mich schon gut. Ich brauchte Zeit, um mit dieser Situation fertigzuwerden. Ich merkte schon, daß es schön war, in einer solchen Klasse zu sein, es war eine ganz andere Atmosphäre als in der Volksschule, wo wir nur unter Jungen waren. Ich hielt mich die ersten Wochen und Monate sehr zurück und beobachtete meine neuen Schulkameraden sehr genau und wartete. Ich ging nicht auf sie zu. Da ich groß war, saß ich fast immer hinten, da, wo man meistens vergessen wird.

Das erste Semester war wirklich mit vielen Beobachtungen verbunden. Ich saß in meiner Ecke und ließ mich oft durch Träume und andere Themen ablenken, weil viele Fächer langweilig waren, außer zweien, die ich sofort sehr gut fand. Zwei Fächer, die auf den ersten Blick gar nichts miteinander zu tun haben, Geographie und Rezitation. Erdkunde war ein Fach, in dem ich einfach meine Phantasie, meine Vorstellungskraft laufen lassen konnte. Ich kannte bisher nur die Vogesen. Die zwei Klassenreisen und die zwei Sanatoriumsaufenthalte waren nie mit Entdeckungen anderer Landschaften verbunden. Bis zu diesem Zeitpunkt hatte ich von Frankreich gar keine Ahnung. Ich lernte mein Land durch diesen Unterricht kennen. Der Anfang war sehr schwer, weil diese Träume bei Klausuren nicht galten. Es wurden oft Zahlen verlangt, Namen und Ordnung. Es war viel auswendig zu lernen, und deswegen war ich im ersten Trimester nicht so gut. Hinzu kam, daß ich bei diesem Fach sehr abgelenkt war. Die Fachlehrerin, Madame Noel, war eine junge kleine, sehr hübsche Lehrerin. Sie war sehr ruhig und hielt mich mit ihrer Ausstrahlung davon ab, im Unterricht aufmerksam zu sein. Es war gewöhnungsbedürftig. Zum ersten Mal hatte ich eine hübsche Lehrerin, die jung und attraktiv war. Gut, ich entdeckte diese Eigenschaften nur zögernd und noch mit Mißtrauen, aber es wirkte schon. Meine anderen Kameraden waren viel freier. In den Pausen waren Jungen und Mädchen oft zusammen und sprachen viel über Musik, neue Lieder und neue Sänger. Ich blieb in diesem ersten Trimester sehr weit weg von diesen »Versammlungen«. Im Hof vor der »Kaserne« unter Maronenbäumen versammelten wir uns oft in kleinen Gruppen, um miteinander zu plaudern. Ich blieb immer zwischen diesen Gruppen, ich konnte aus physischen Gründen nicht zu nah an meine Kameraden herangehen, besonders nicht an unsere Schülerinnen. Es gab in dieser Klasse genauso viele Mädchen wie Jungen. Wir waren 33: siebzehn Mädchen und sechszehn Jungen. Ich saß nicht weit von Marie-Claude Solga, nur durch einen Gang getrennt. Marie-Claude war ein blondes Mädchen mit langem Haar, nicht besonders hübsch, aber sehr sympathisch und irgendwie attraktiv. Sie zeigte mir keine besondere Zuneigung. Keine Anziehungskraft schien uns verbinden zu wollen. Sie traf sich oft in einer kleinen Gruppe mit Bernard Ferry, der später mein bester Freund wurde, Yannick Jost und Danièle Radway, und andere Jungen, die aber nicht ständig in dieser Gruppe zu finden waren. Ich wollte ihnen sicherlich auch irgendwann näherkommen und mich an diesen Gesprächen beteiligen, aber Marie-Claude verhinderte es jedesmal. Natürlich hatte sie nie gewußt, was in mir ablief, wenn ich mich annähern wollte. Ich stank plötzlich nach Urin. Die plötzliche Nähe von ihr da draußen auf dem Hof – so nah war ich bis zu diesem Zeitpunkt nie an sie herangetreten – ließ mich meinen Urin riechen. In der Schulklasse, wo sie näher war, kam es nie vor. Draußen fast immer. Ich wäre am liebsten heulend nach Hause gefahren. Ich ahnte nicht, daß die »Halluzinationen« die ersten Wahrnehmungen meiner Sexualität, meiner Männlichkeit waren. Ich war aber noch nicht soweit. Mein Penis, mein Geschlecht reagierte, wenn er von außen im weiten Sinne angesprochen wurde, mit dieser Sinnestäuschung. Mein Penis war zu dieser Zeit noch zu sehr mit nächtlichem Urinieren beschäftigt. Noch nie war der Gestank in meiner Nase so stark wie dort. Sicherlich war Marie-Claude nicht persönlich mit meiner Reaktion gemeint, sie war da und löste mit meinen ersten pubertären Veränderungen gleichzeitig diese panische Reaktion meines Körpers aus. Diese Reaktionen haben lange angehalten und bauten erst mit fünfzehn oder sechszehn vollkommen ab. Ich weiß den Zeitpunkt nicht mehr. Irgendwann würde alles vorbei sein. Aber damals Ende 1962 war ich noch nicht soweit.

Das Trimester neigte sich im November dem Ende zu und es wurde in der Klasse richtig gearbeitet. Wir schrieben unsere sogenannten *compositions trimestrielles* (Klausuren) in allen Fächern. Wir erhielten die Klausuren einzeln zurück mit einer Tabelle. Alle Lehrer hatten die gleiche Methode: bei der Rückgabe einer Klausur wurden die Schüler namentlich gerufen und offen beurteilt. Der erste, der gerufen wurde, war natürlich in der Tabelle im Klassement der letzte. In diesem Trimester erlebte ich ein Wechselbad der Gefühle. Die erste Klausur bekam ich in Biologie zurück. Wir waren 33 in der Klasse, ich habe nicht lange warten müssen. Ich hatte 4 Punkte, das war Platz 23. Die höchste Bewertung waren 20 Punkte, entsprechend einer Eins und die schlechteste 0 Punkte, einer Sechs entsprechend.

Es fing gut an. Die Geschichtsklausur gab es bald danach zurück. Ich wartete etwas länger, bekam 4 Punkte und war Fünfzehnter. Die Lehrerin tobte trotzdem, ich hatte das falsche Thema behandelt. Wie die 4 Punkte zustandekam, hat sie mir nicht erzählt. In meinem

Lieblingsfach Rezitation, Gedichte und Prosaerzählen, bekam ich 14,5 Punkte und war aber nur Achter. Der Lehrer sagte einfach »gut«. Ich hatte eine Fabel von La Fontaine auswendig gelernt und rezitiert. Alles konnte ich ohne Fehler herunterrattern, es reichte nicht, ich hatte zu leise und zu schnell, ohne Ausdruck rezitiert. Als ich die Geographieklausur zurückbekam, gab es für mich eine große Enttäuschung. Ich war mit 8,5 Punkten nur Vierzehnter, obwohl ich mir viel Mühe gegeben hatte. Ich wollte Madame Noel einen Gefallen tun und richtig zu den Besten gehören. Sie merkte es, denn sie sagte bei der Rückgabe, ich könnte viel besser sein. Es war die Motivation, die mir fehlte. Zwei Überraschungen in positiver Hinsicht erlebte ich mit der Mathematikklausur, bei der ich Fünfter war aber mit nur 9 Punkten, und in Deutsch Dritter mit 12,5 Punkten. Es waren sicherlich zwei Ausrutscher. Ich hatte zur Algebra überhaupt keine Beziehung, ich fand es blöde, mit Zahlen und Buchstaben umzugehen. Es war vorbei mit dem Kopfrechnen.

Meine Eltern bekamen eine Woche vor Weihnachten meine Zensuren schriftlich per Post persönlich adressiert. Diese *bulletins trimestriels* waren detailliert. Wir bekamen nicht nur Zensuren für die Arbeit, die wir absolviert hatten, nein, es kam noch eine Zensur für die *conduite*, also für die Disziplin und eine für unseren Eifer, *application*, und dies fächerweise, sowie pro Fach einen schriftlichen Kommentar. Dieses Bulletin war ein richtiges Erpressungsangebot an die Eltern. Vater erkannte dieses sofort. Das gesamte Urteil über mich lautete: »Des efforts, mais les notes sont faibles.« (»Hat sich Mühe gegeben, aber schwache Zensuren erreicht.«) Unterschrieben von Madame Pierre.

Vater Rolin tobte. Ich sollte dankbar sein, daß er mich in diese Realschule geschickt hatte, daß er sich für mich, für uns opferte, daß ich dank seiner Hilfe keine schwere Lehre anfangen mußte und so weiter. Die Liste reichte von der »Selbstaufgabe« meines Vaters für mich, bis zu autoritären Drohungen. Er ließ keinen Satz weg, der mir weh tat. Ich wäre immer ein undankbares Kind gewesen. Er hätte schon so viel gearbeitet, um meine Krankheiten zu »zahlen«. Daß Vater einen Teil davon zurückkriegte, erwähnte er nicht. Nach einem Trimester sollte ich mir Gedanken über meine Zukunft machen, so lautete das Schlußwort meines Vaters.

So schlecht waren meine Zensuren nicht für jemanden, der keine Lust hatte zu lernen, außer in zwei Fächern. Diese Auseinandersetzungen fanden grundsätzlich mittags vor, während oder nach dem Mittagessen statt, oft auch zwischen Tür und Angel. Es gab nie die Möglichkeit einer vernünftigen Auseinandersetzung. Abends war Vater nie da. Wenn er nachts zurückkam und ich zufällig wach war, hatte er auch keine Zeit. Er warf seine Argumente messerscharf in den Raum hinein. Seine Argumente waren einfach Befehle. Er sagte autoritär etwas, was keine Kritik vertrug. Er war der Chef, der Pascha und ich mußte gehorchen. Seit Generationen war es sicherlich immer so gewesen bei den Rolins. Der Mann im Hause war der Boß. Jeder Versuch von mir, eine Situation mit einem Gespräch zu reinigen, endete immer so: »Ta gueule. T'as rien à dire ici.« (»Halt die Gosche! Du hast hier nichts zu sagen!«) Damit war das Gespräch beendet. Ich war jetzt soweit, unterstützt von Mutter, daß ich Vater gut widerstehen konnte. Ich griff ihn sogar an.

An diesem Mittag, als die Beurteilung meines ersten Trimesters zur Debatte stand, reagierte ich sehr aggressiv. Ich hörte die Vorwürfe meines Vaters während des Essens an. Er spuckte Gift und Galle und hörte nicht auf. Mutter erzählte mir später, daß ich während des ganzen Essens ein blasses, käsiges Gesicht hatte. Francine und Marc waren wie immer ruhig bei solchen jetzt häufigen Auseinandersetzungen. Vater sagte zum Schluß noch einen Satz, der alles auslöste: »Du solltest jetzt daran denken, die Familie finanziell zu unterstützen. Geh einfach arbeiten, wenn du in der Schule faulenzt.« Ich stand auf, packte Vater am Kragen und knallte ihn an die Wand. Es kam so überraschend, daß der Stuhl umfiel und Marc laut aufschrie. Vater zitterte am ganzen Leib, ich auch, weil meine Wucht mich selbst überraschte. Was nun? Ich hatte einen plötzlichen, aggressiven Angriff gestartet. Ich schubste Vater weiter bis in den Flur. Ich war noch nicht ganz fünfzehn, einen Kopf größer als mein Vater. Vater war mir damals kräftemäßig nicht überlegen. Ich wartete nicht mehr und schubste ihn zu Boden. Als er fiel, ohne sich weh getan zu haben, schrie er ganz laut: »Je te jure, un jour j'aurai ta peau!« (»Ich schwöre dir, eines Tages werde ich dich umbringen!«) Er war blind vor Wut, schäumte richtig, zitterte noch mehr als vorher. Mutter hielt sich zurück. Um Vater endlich zu besiegen, sagte ich: »Wenn du jetzt nicht aufhörst, hole ich Diane« und ging nach draußen, holte die Hündin, band sie aber am Fuß der Küchentreppe fest und ging wieder hinein. Wie ich es mir gedacht hatte, war Vater dabei, Mutter anzugreifen und sie für seine Niederlage verantwortlich zu machen. Ich schmiß Vater heraus, hielt ihn dabei aber noch am Kragen fest und sagte ihm, er solle sich beruhigen, er hätte schließlich angefangen. Die Tür war offen und Diane war auf der Mitte der Treppe und bellte Vater fürchterlich an. Er gab auf. Ich war fix und fertig. Ich zeigte es Vater nicht und wartete, bis er endlich zur Arbeit wegfuhr. Ich hätte nach seinem Abgang am liebsten losgeheult, losgeschrien, losgebrüllt, geweint, geschlafen. Ich blieb äußerlich etwas nervös, kontrollierte aber alles. Mutter war ruhig. Sie nahm dieses Mal nicht Partei. Sie sagte sogar, ich wäre zu weit gegangen. »Man schlägt seinen Vater nicht!« Ich hatte Vater nicht geschlagen, ich hatte ihm aber körperlich seine Grenzen gezeigt. Ich hoffte damals, es gäbe nie wieder eine solche Situation. Ja!

Das zweite Semester in der Realschule verlief ruhig und erfolgreich für mich. In zwei Fachgebieten wurde ich erster: Geographie und Biologie und in Deutsch sogar zweiter. Ich hatte eine einzige Zensur unter 10: 9 in Sport. Ich wunderte mich sowieso, daß ich in Sport im guten Durchschnitt lag. Ich war der Größte, der Längste und nicht mehr der Schwächste. Es war bezeichnend dafür, ich wurde langsam gesund.

Bernard Ferry saß in der Schule neben mir. Er war schon zu dieser Zeit mein bester Freund. Bernard rauchte schon sehr viel. Ich hatte auch schon angefangen und rauchte noch mäßig. Mit den blonden Zigaretten fing ich an: »Marigny« hieß diese Sorte, die es schon lange nicht mehr gibt. Wir durften im ganzen Gymnasium nicht rauchen, auch nicht während der Pause.

Bernard war der typische Hektiker, klein, mit spitzen Gesichtszügen und sehr mager. Er brauchte schon sein alltägliches Nikotinquantum; es war nur möglich während der Mittagspause, wo wir alle nach Hause zum Essen gingen oder abends nach der Schule. Dann konnten wir am besten und am meisten rauchen.

Bernard brachte mir vieles bei. Er wußte von meinen Schwierigkeiten zu Hause, außer daß ich noch »Bettnässer« war. Er erfuhr das meiste, besonders über unsere nach wie vor prekäre finanzielle Situation. Er verstand mich zu gut. Seine Familie war nicht reicher als meine. Bernard und ich beschlossen, in diesem zweiten Trimester während unserer Sommerferien zu arbeiten. Wir würden schon etwas finden.

Mutter war jetzt freundlich zu mir. Sie stellte sich kaum noch quer, wenn ich etwas wollte. Schließlich konnte sie voll auf mich zählen. Sie war bereit, ein bißchen mehr für ihre Kinder zu tun. Oh, es war nicht viel, aber immerhin, es tauchte manchmal doch ein Hauch von Familienleben auf.

ANFANG 1963 – JUNI 1965

In diesem Winter und Frühjahr 1963 spielten wir selten, aber immerhin doch »Mensch ärgere dich nicht«, übersetzt »Dadaspiel« oder »Les petits chevaux« (»Die Pferdchen«). Marc war dabei, Francine und ich. Wir spielten zusammen, es war gemütlich. Vater war in der Kneipe und spielte entweder Belotte oder Tarot, natürlich um Geld. Wir hatten es besser, wir spielten nur so zum Spaß. Mutter lebte an diesen Abenden wirklich auf. Zuerst ärgerte sie sich, falls sie herausgeschmissen wurde oder verlor, dann, wenn Marc im Bett war – er war noch klein – fing Mutter an, von sich zu erzählen, von ihrer Kindheit, von ihrer Mutter, ihrem Vater. Es waren rührende Momente. Manchmal sang sie auch dabei: Lieder, die ihre Mutter gesungen hatte. Es waren Stunden, die ich mir schon viel früher gewünscht hätte. Aber nun waren sie da, und dafür war ich Gott dankbar. Ein Stück von meiner schon verlorengeglaubten Frühkindheit kam hoch.

Mutter erzählte gern – oft auf meine Fragen, weil ich es wissen wollte – von Oma Perrin. Mutter ist eine geborene Perrin. Oma und Opa Perrin habe ich nie gekannt. Mutter war eines der vielen Kinder, die aus dieser Ehe entstanden (neun insgesamt!). Marcel, der erste Sohn, wurde 1912, noch vor der Heirat, geboren und später »legitimiert«. Oma Perrin verlor ein Mädchen namens Marie-Louise kurz nach der Geburt, am Anfang des ersten Weltkrieges 1914. Dann kam der Krieg, und das Kinderzeugen wurde dadurch unterbrochen!

Opa Perrin, Mutters Vater, verlor 1916 seinen linken Arm in Verdun, während dieses mörderischen *Guerre des tranchées* (Schützengrabenkrieg) um Douaumont. Mutter hat noch die drei Medaillen von Opa eingerahmt in ihrem Schlafzimmer. Sie war stolz auf ihren strengen Vater! Dann gebar Oma Perrin zwei Söhne, Raymond 1918, Denis 1921, und dann kamen Madeleine 1924, meine Patentante, Mutter 1926, Jacqueline 1929 und Julia und Emil, die Zwillinge 1931. Mutter war acht Jahre alt, als Opa 1934 starb. Er ließ Oma Perrin allein mit fünf kleinen Kindern und drei halberwachsenen Söhnen, die auch im Haushalt halfen. Ihre Mutter hatte sich zu Tode gearbeitet, erzählte Louise oft mit Tränen und mit einer gebrochenen Stimme. Ihre Mutter, meine Großmutter, starb 1938 im Alter von 46 Jahren! Louise war zu diesem Zeitpunkt zwölf Jahre alt! Mutter war bei dieser Erzählung 37 Jahre alt und trauerte ihrer Kindheit nach, sehnsüchtig suchend nach etwas, was sie nicht gekannt hatte. Ich konnte es Mutters Gefühle sehr gut nachempfinden und frage mich an dieser Stelle, warum sie es nicht besser geschafft hat, uns, mir die Kindheit zu geben, die ich gebraucht hätte. Sie kannte dieses Manko, sie war Halbwaise. Warum hat sie es nicht gepackt? Ich fragte meine Mutter nie nach diesem »Warum« in dem Glauben, sie wüßte es selbst nicht. Sie sang auch, sicherlich nicht an denselben Abenden, die ich gerade beschrieben habe. Sie sang nicht besonders gut, was ich auch geerbt habe, dafür sang sie laut und deutlich. Ihr Lieblingslied heißt „*Les roses blanches*". Es ist ein typisches Straßenlied aus dem Paris zwischen beiden Kriegen, sogar noch von der Belle Époque. Wann das Lied geschrieben wurde, ist nie wichtig gewesen, aber der Text! Es handelte von einem Jungen, der allein mit seiner jungen, kranken Mutter lebte. Sie waren arm, und wenn er konnte, klaute er weiße Rosen für sie, um seiner Mutter eine Freude zu machen. Sie liebte weiße Rosen. Sie kam ins Krankenhaus, wurde schwerkrank. Er stahl noch ein paar weiße Rosen, wurde erwischt, erzählte die Geschichte mit der kranken Mutter, bekam die Rosen geschenkt, rannte ins Krankenhaus, zu spät, seine Mutter war gerade gestorben. Der kleine Junge blieb am Sterbebett stehen und sang:

> *C'est aujourd'hui dimanche.*
> *Tiens, ma jolie maman,*
> *Voici des roses blanches,*
> *Toi qui les aimes tant.*
> *Et quand tu t'en iras,*
> *Au grand jardin là-bas,*
> *Ces belles roses blanches,*
> *Tu les emporteras!*
>
> *(Es ist heute Sonntag.*
> *Hier, meine schöne Mutter,*
> *Sind die weißen Rosen,*
> *Die du so sehr liebtest.*
> *Und, wenn du für immer fortgehst,*
> *In diesen weitläufigen Garten, da oben,*
> *Diese schönen weißen Rosen*
> *Wirst du mitnehmen!)*

Mutter weinte beim Singen, und ich tue es jetzt auch beim Niederschreiben dieses Liedes. Ein rührendes Lied, das immer noch das Herz aufreißt. Sie sang auch andere Lieder, auch lustige. Mutter war an diesen Abenden manchmal so selig, daß sie gern den Clown spielte. Sie erzählte die für uns berühmte Geschichte von Gustav und mimte dabei Gorillas und Orang-Utans mit dem entsprechenden Gesicht. Es war sehr lustig, besser als Fernsehen, was wir nie besessen haben. Mutter lachte zu dieser Zeit doch ganz gern. Ich glaube, allein die Mutterrolle bekam ihr gut. Die Ehefrau war sicherlich schon lange auf der Strecke geblieben, zu diesem Zeitpunkt stimmte es auf jeden Fall. Wir vier waren alle einigermaßen einig, und Vater stand allein da. Ich wuchs allmählich in die Vaterrolle hinein.

Wir bekamen ab und zu Besuch. Relativ selten, aber es gab ein paar Gäste, die gern zu uns kamen. Einer davon war Gilbert Louis, den wir aus der Zeit des »Paradis« kannten. Gilbert war der beste Freund meiner Mutter. Beide verstanden sich wie Schwester und Bruder. Sie waren ähnlich veranlagt: einfach, direkt, lebenslustig und gleichzeitig schwermütig, melancholisch, traurig. Als Gilbert zu uns ins Haus kam, spürte ich von dieser Melancholie nie etwas. Beide saßen da am Tisch, die Kinder waren oft dabei, um nichts zu versäumen, und erzählten sich Geschichten. Gilbert war ein armes Schwein. Er hatte gerade geheiratet. Seine Frau war schwanger: Simone Lamblé. Sie war eine Schwester von Josiane und Danièle, die damals oft zu uns in die Baracke kamen. Simone hatte einen Freund und den Ehemann Gilbert. Gilbert hat nie gewußt, ob er der Vater des Kindes war. Simone war sehr frei und schmiß Gilbert hinaus, wenn sie die galanten Besuche ihres Freundes bekam. Dann kam er zu uns und erzählte Mutter sein Leid. Er kriegte ein Glas oder zwei, manchmal auch mehr Gläser Rotwein, und nach einem kurzen traurigen Anfang wurden Witze erzählt. Ich habe noch gut die Mimen Gilbert und Louise an diesen Tagen der Gelassenheit in Erinnerung. Der kleine Gilbert lachte immer, indem er die Schulter hochnahm und mit dem Kopf hin- und herwackelte. Es sah so schon lustig aus, daß ich mitlachen mußte, oft ohne den Witz verstanden zu haben. Die Witze waren im allgemeinen pornographischer, »schmutziger« Herkunft. Wenn Gilbert beim Erzählen eines Witzes das Wort »Fellatio«, das bei uns »69« oder »pompier« (»Feuerwehr«) in einfacher Mundart genannt wird, reagierte Mutter immer gleich. Sie zog eine Grimasse, als ob sie gerade Essig getrunken hätte, nahm ihre Hand vor den Mund und sagte: »Oh, les salauds! C'est pas vrai ça!« (»Oh, diese Schweine. Es kann doch nicht wahr sein!«) Wenn Gilbert aber bestätigte, daß so etwas im Leben einfach geschieht und sogar Spaß macht, stand Mutter auf und ging auf ihn los, beide Fäuste geballt und sagte dabei: »Du willst mich einfach verarschen!« Es war eingespielt. Die Reaktionen sicherlich nicht. Mutter mochte nicht so gern so etwas hören. Sie hätte selbst solche Witze nie erzählt. Aber der gute Gilbert, der ungefähr das gleiche Gemüt wie Onkel Emil hatte, durfte es. Er arbeitete in einer »Pépinière« seit zwei Jahren. Diese Baumschule kümmerte sich um Tannenbäume, genau das, was ich bei Herrn Bernard in der Grundschule gelernt hatte. Ich fragte, ob ich in den Sommerferien dort arbeiten könnte, aber nur mit meinem Freund. Gilbert sagte zu, ohne daß er etwas zu sagen hatte; es würde klappen, weil im Sommer sehr viele Waldstückchen mit noch jungen fünf- bis zehnjährigen Tannenbäumen saubergemacht werden mußten, sonst würden sie ersticken. Ich fand die Perspektive schön, einfach täglich im Wald zu sein und zu arbeiten, und das mit Gilbert und noch neun anderen Waldarbeitern. Vater mußte sich einmischen. Er ging zum Besitzer, um alles zu besprechen und natürlich um zu erfahren, wieviel Geld ich verdienen würde. Er sagte nur: »Es ist möglich im Juli und August.« Bernard und ich durften arbeiten. Also waren die Sommerferien 1963 schon gesichert. Ich war ganz glücklich darüber.

In diesem Frühjahr 1963 hatte ich im Viertel Freundschaft mit einem gleichaltrigen Jungen geschlossen; er hieß auch Bernard wie mein Schulfreund. Bernard Bechtel. Wir spielten ab und an zusammen. Ich mochte gern abhauen, spazierengehen, auf Bäume klettern und so weiter. Dieser Art von Spielen gingen wir gemeinsam nach. Unser Lieblingsspielplatz war ein hinter dem Viertel gelegener alter Steinbruch. Es war ein riesiges, am Hang einer kleinen Waldung entstandenes Loch. Wir spielten darin und darauf, kletterten an diesen instabilen Sandstein-Erdwänden hoch, und, oben angekommen, kletterten wir auf Bäume. So auch an diesem Nachmittag. Bernard und ich waren unterwegs, um uns etwas auszutoben. Diesmal wollten wir versuchen, auf Bäume zu klettern, die unten wenig Zweige hatten. Bernard stieg als erster auf einen nicht so hohen Baum und rutschte ab. Er fiel ungünstig und blieb mit dem rechten Unterschenkel an einem kleinen Ast hängen. Sofort schrie er los. Ich kam, so schnell ich konnte, und guckte nach. Ein zehn Zentimeter langes Holzstück ragte aus dem rechten Unterschenkel neben dem Schienbein hervor. Ich überlegte nicht und nahm sofort das Stück heraus. Es war Gott sei Dank nicht so tief eingedrungen, aber die Fleischwunde sah trotzdem böse aus. Ich drückte, bis es anfing zu bluten, richtig zu spritzen, presste schnell mein Taschentuch darauf und trug Bernard auf meinem Rücken zu ihm nach Hause. Es waren mindestens 500 Meter, die ich zurückzulegen hatte. Ich schaffte es. Madame Bechtel war außer sich. Wie konnte so etwas geschehen! »Solche großen Jungen dürfen nicht mehr auf Bäume klettern!« und so weiter. Kein Dank für die gute Pflege. Ich war sehr bemüht gewesen, schnell und richtig zu handeln. Natürlich wurde der Schuldige schnell gefunden. Als ich am nächsten Tag zu Bernard ging, um zu fragen, wie es ihm ging, wurde ich von seinem Vater regelrecht ausgeschimpft und hinausgeworfen mit der wunderbaren Erklärung, ich sollte nicht mehr wagen, das Haus zu betreten. Ich erzählte Mutter den Vorfall. Sie und Vater unternahmen nichts. Ich war wieder ganz allein. Ich hatte nach meinem Gewissen gehandelt und stieß wieder auf ein stures Unverständnis seitens der Erwachsenen.

In der Realschule hatte ich Fuß gefaßt. Ich war nicht der Klassenbeste, das war mir sowieso nicht so wichtig. Zu Hause lernte ich nie, dazu hatte ich keine Zeit. Ich ließ mich einfach treiben, denn ich hatte herausgefunden, daß ich beim einfachen richtigen Zuhören schon bis zur Hälfte des Stoffes behalten konnte, vorausgesetzt, ich verstand, worum es ging. Es gab deswegen keinen Anlaß für mich, noch nebenbei etwas zu lernen. Meine Resultate waren sicherlich schwankend, aber befriedigend. Meine Eltern bekamen Ende Juni 1963 das Ergebnis des dritten Trimesters mit der Bemerkung: »Admis en 4ème«, unterschrieben von Madame Pierre. Sie waren glücklich und stolz darüber, daß ich ohne Probleme in die nächste Klasse aufsteigen konnte. Ich war erst das zweite Kind im ganzen Viertel, das ins Gymnasium gehen durfte. Alle anderen Kinder in meinem Alter mußten schon arbeiten gehen in Fabriken oder durften, wenn sie Glück hatten, in die Lehre gehen. Die Mädchen Hienli, Francine und Anne-Marie gingen in eine Druckerei und arbeiteten an einer Maschine. Ob es eine Lehre war, habe ich nie erfahren.

Ich hatte eine privilegierte Stellung, ich durfte »studieren«, wie mein

Vater es ständig hervorhob. In diesem Sommer durfte ich zum ersten Mal in meinem Leben richtig arbeiten. Ich hatte die Zusage, Mitte Juli in dieser *pépinière* arbeiten zu dürfen, aber bis dahin wollte ich nicht warten. Deshalb fragte ich den jungen Bauer Bernard noch einmal, ob ich auf dem Bauernhof der Familie Klein helfen könnte. Ich durfte.

Es war Frühsommer, Ende Juni, Anfang Juli, die Heuzeit. Eine wunderschöne Zeit. Ich durfte von sechs Uhr früh bis nachmittag um vier oder fünf Uhr dabeisein, bekam Frühstück und Mittagessen umsonst und ab und zu Eier, Quark, Milch und Speck für zu Hause, und mal eine Münze: fünf Francs, sonst keinen Lohn. Schließlich half ich freiwillig. Diese knappen drei Wochen waren für mich wie Urlaub. Bernard war etwa zehn Jahre älter als ich, noch ledig und ein richtiger Kumpel. Ich war fast immer bei ihm, bekam aber richtige Aufgaben zugeteilt. Es gab schon einen Traktor auf dem Hof, eine kleine Mähmaschine und einen Heuwender. Das meiste wurde aber noch mit der Hand erledigt, zum Beispiel die Stallungen ausmisten. Es war meine Aufgabe, ganz früh nach dem Melken den Mist aufzusammeln, auf die Handkarre zu laden und draußen auf dem Misthaufen zu stapeln. Es war sehr schwer und ich durfte die Karre nicht zu voll laden. Ich arbeitete tüchtig und guckte ab und an zu, wie die Bäuerin Madame Klein die Kühe mit der Maschine melkte. Ich durfte auch die Euter mit lauwarmem Wasser säubern, aber das Anlegen der Melkmaschine machte Madame Klein allein. Eines Morgens beim Melken schrie der alte Herr Klein: »Eine Kuh kalbt!« Wir gingen alle hin, und ich schaute, was vor sich ging. Die ganze Familie war bei der Arbeit. Madame Klein holte Weizenkleie und zwei Strohballen, Herr Klein hielt die Kuh vorne am Hals fest, und Bernard holte ein Seil. Ich war wirklich von der Geburt eines Kalbes fasziniert. Der Kopf und die vorderen Beine waren schon zu sehen. Madame Klein breitete eine ziemlich dicke Lage Stroh unter dem Hinterteil der Kuh aus und auch vorne, wo zur Zeit Herr Klein war. Bernard band beide vorderen Beine mit einem Seil fest. Ich durfte jetzt auch den Geburtshelfer spielen. Wir zogen ganz vorsichtig. Bernard gab das Kommando, und irgendwann kam das ganze Kalb auf einmal. Wir ließen sofort los, und es fiel sanft auf das Stroh. Sofort nahm Bernard das Kalb, weil die Kuh unruhig wurde, und brachte es ihr. Herr Klein streute Weizenkleie auf das schmierige Kalb, und die Kuh fing an zu lecken.

Abends zu Hause erzählte ich beim Essen von dieser Geburt. Marc war fasziniert, Francine weniger. Er wollte genau wissen, wie groß das Kalb war, ob es schon gehen konnte und so weiter. Ich erzählte bis ins Detail, was ich erlebt hatte. Ich durfte auch mit Moumousse ausgehen. Moumousse war das letzte Arbeitspferd der Familie Klein. Es war schon alt, aber riesig. Es war ein Zugpferd mit einem breiten Kreuz. Tagsüber durfte ich ganz allein Moumousse nach gegenüber auf die Weide bringen. Beim ersten Mal hatte ich eine leicht feuchte Hose. Es ging aber ohne Problem, das Pferd kannte den Weg auswendig. Nach dem Melken wurden die Kühe gemeinsam auf die Weide gebracht. Die ganze Familie und ich halfen. Es gab immer eine Kuh, die abhauen wollte, und die ich mit dem Stock holen durfte. Sie wurden alle mit Namen angesprochen. Madame Klein suchte die Namen aus und wußte ganz genau, wie die Kühe alle hießen. Sie verwechselte keine. Sie wählte oft lateinisch klingende Namen wie Rosa, Flora, Mira und Brunetta. Nachmittags durfte ich auf die Felder, es war toll. Wir fuhren mit dem Trecker und dem Heuwagen durch die Gegend. Die Kleins und ich saßen auf dem Wagen, und Bernard fuhr. Der alte Herr Klein konnte keinen Trecker fahren; er hatte bis vor kurzem nur mit dem Pferd gearbeitet. Erst seitdem Bernard mitarbeitete, hatten sie sich einen Traktor geleistet. Der Alte hätte lieber weiter mit dem Pferd gearbeitet. Er tat es ab und an, wenn wir kurz vor dem Regen zwei Wagen auf einmal hereinfahren mußten. Ich durfte die viereckigen Heuballen auf dem Wagen stapeln bis zu einer Höhe von drei bis dreieinhalb Meter. Es machte viel Spaß, in der Sonne wie ein richtiger Bauer sinnvolle Arbeiten zu verrichten. Wenn der Wagen hoch genug beladen war, wurde alles festgebunden und in die Scheune gefahren. Ich durfte oben auf dem Heu, mich schön festhaltend, sitzen bleiben und diese ländliche Atmosphäre genießen. An diesem Tag war die Welt schön, und merkwürdigerweise machte ich diese drei Wochen lang nachts kaum ins Bett. Es wurde langsam besser. Meine Mutter merkte diese starken

Veränderungen auch. Ich kam abends total müde nach Hause, erschöpft von der ungewohnten Arbeit und ging zu dieser Zeit, für mich ungewöhnlich, früh ins Bett. In der Scheune hatte ich die schwere Aufgabe, das Heu auf dem Boden zu stapeln. Es war sehr heiß und stickig direkt unter dem Dach. Es war die schlimmste Arbeit auf dem Hof für mich. Ich mußte nach jeder Reihe Salz streuen, um zu vermeiden, daß sich das Heu erhitzte, meinte Bernard. Ich war ein guter Helfer und tat alles, was man mir sagte, und die Kleins waren dankbar und lobten mich. Sie verstanden nicht, warum die Nachbarin, die alte Bäuerin Madame Maire, mich nicht mochte. Ich wußte schon warum, sagte aber nichts darüber.

Die alte Madame Klein kochte sehr einfache Gerichte aus den Vogesen. Ich aß, was auf den Tisch kam, und das war oft sehr gut. Am liebsten aß ich *Du hot blanc avec du chique*. Es sind zwei Wörter aus unserem leider fast verlorengegangenen Dialekt. *Le hot blanc* oder *noir* sind entweder Pellkartoffeln, die man also »schwarz« nennt oder geschälte Kartoffeln, die man »weiß« nennt. Dazu ißt man *chique* oder *ronsin* (Quark). Der Quark aus den Vogesen wird wiederum auf zwei verschiedene Arten zubereitet, dick oder dünnflüssig, aber immer sehr säuerlich. Dazu einen Schluck Rotwein und Baguette und Salat. Ich genoß dieses einfache Essen, es war köstlich! Ich durfte sogar Wein trinken, was ich zu Hause nur mit Wasser verdünnt durfte. Ich wurde als Mann, als richtiger Arbeiter angesehen. Und das auch noch als ein guter. Die drei Wochen waren für mich sehr wichtig. Ich verließ einen Teil von mir, einen Teil, der mich lange Jahre gehemmt hatte. Ich verließ meine Unsicherheit, meine Ängste. Ein Mann war ich noch nicht, nein, aber auf dem Weg dahin entwickelte sich merklich spürbar eine gewisse Festigkeit in mir. Ich ahnte nicht, daß dies leider eine nur vorübergehende Angelegenheit war.

Ich war zu Hause der Boß, war jetzt der erste Mann in der Familie. Es tut weh zu beschreiben, wie es war. Mutter hob mich in diese Rolle, Francine und Marc fanden Schutz hinter mir. Ich hatte in diesen drei Wochen bewiesen, daß ich arbeiten konnte und war froh, jemand zu werden, ein heranwachsender Mann zu sein, der seine Schwächen fast alle überwunden hatte. Es bedeutete auch Krieg. Vater »lebte noch«. Wir hatten es nicht vergessen. Er machte sich bemerkbar und kämpfte jetzt sehr hart für seine Rechte. Mutter und ich hatten einen besseren Durchblick hinsichtlich der Finanzen des Hauses, Vater hielt alles in der Hand, und zwar wortwörtlich. Er verdiente das Geld für die Familie und war dadurch der designierte Finanzminister. Mutter mußte nach wie vor betteln, um ein paar Pfennige zu bekommen. Alle ihre Bedürfnisse mußten angemeldet sein: ob sie zum Friseur mußte oder Schuhe brauchte, Kleidung, Küchengeräte und so weiter, Vater wurde immer gefragt. Er entschied immer. Ja oder nein. Hatte er während der Woche viel Geld verspielt, so wurde die Antwort mit »Nein« besiegelt. Und das war sehr oft der Fall. Am Anfang des Monats war es im allgemeinen ziemlich ruhig. Das Geld war vorhanden. Nie lange. Eine oder zwei Wochen, dann ... wurden wir geschickt.

Madame Hocquel half Vater oft mit Geld. Einhundert bis zweihundert Francs bekam er, wenn er sie brauchte. Wir mußten nach wie vor zum Lebensmittelgeschäft Bocquel auf Kredit kaufen gehen. Nur mit dem Unterschied, daß wir jetzt wußten, wie alles zustande kam, und ich nahm es nicht mehr hin, ohne etwas zu sagen. Ich schämte mich für Vater. Er war in seiner Sturheit ganz allein. Mit seiner Verantwortung uns gegenüber wurde er nie fertig. Er versuchte wie ein einsamer Wolf, allein auf seine Art, eine Lösung zu finden. Es war wie in einem Rausch. Er wurde getrieben, das Geld »wachsen« zu lassen, indem er mit Glücksspielen versuchte, es zu vermehren. Daß wir darunter litten, hat er vollkommen ignoriert. Ganz selten, wenn er einen kleinen Gewinn erzielt hatte, kam er strahlend an und brachte etwas Besonderes mit. Dann gab es Fleisch, Steaks oder frische Bratwürste, die Mutter mit frischem Kartoffelpüree vorbereitete. Sehr selten kam das vor. Er dachte schon an uns, aber er saß ganz vorn allein in der ersten Reihe, wir waren ganz weit hinten und bekamen nicht viel mit.

Meine Arbeit in den nächsten sechs Wochen bestand tatsächlich nur aus Räumung und Säuberung der jungen Tannenbäume im nördlichen Teil der Vogesen. Wir fuhren bis dreißig Kilometer von Saint Dié entfernt, um Hänge und Parzellen zu säubern. Bernard, Gilbert, zwei andere Mitarbeiter, einer davon der Meister, und ich bildeten eine Mannschaft, die an manchen Tagen riesige Hänge säuberte. Am ersten Tag arbeiteten wir in der Nähe von St. Michel, wo Oma Rolin wohnte. Es regnete an diesem Tag. Wir sollten einen kleinen Hang säubern, wo etwa sechzig Zentimeter hohe Tannenbäume waren. Mit der Sichel gingen wir im Gleichschritt die Reihen entlang. Wir arbeiteten etwas versetzt, um uns nicht zu verletzen. Hauptsächlich schnitten wir Farne und wilde Brombeersträucher, die die Tannenbäume zu ersticken drohten. Ich hätte nie gedacht, daß man so schnell arbeiten könnte. Bernard und ich hingen an diesem Tag ganz schön hinten dran. Wir beherrschten die Technik überhaupt noch nicht. Nach jeder langen Reihe mußten wir unsere Sichel säubern und schleifen. An diesem ersten Tag mußten wir ständig die Sichel säubern, weil Farn und Gräser haftenblieben. Alle zwei Stunden machten wir eine größere Pause. Die erste Pause war das *casse-croûte* (das zweite Frühstück) um neun Uhr etwa.

Am ersten Tag hatten Bernard und ich ein bißchen zum Essen und Trinken mit. Unsere Arbeiter hatten mehr zum Trinken als zum Essen mit. Einen davon kannte ich noch aus der Baracke. Er war bekannt als »sehr guter Trinker«, um nicht »Säufer« zu sagen. Er aß sein Stück Brot mit *saucisson*. Er schnitt, wie es bei uns üblich war, Brotstücke mit dem Messer aus dem ganzen Baguette, auf die gleiche Art die Wurst. Und er trank bei jedem Biß einen Schluck Rotwein, *du 12*, aus der Flasche. Nach einer halben Stunde war das Frühstück fertig und seine Flasche halb leer. Ich trank Sirup, genauso wie Bernard. Wir probierten ab und an, Wein zu trinken, aber nie zum Frühstück. Nounous, so war der Spitzname unseres »Freundes«, trank um zwölf Uhr die Flasche leer, und nachmittags schaffte er es irgendwie, die zweite anzubrechen, und abends war diese auch leer. Gilbert und der Meister tranken nur die Hälfte und waren abends noch sehr gut dabei. Natürlich wurden wir auch nach Hause gefahren in einer 2-CV-Camionette, einem 2-CV-Lieferwagen.

Die Arbeit da draußen im Wald war ganz anders als auf dem Bauernhof. Es gefiel mir nicht so gut. Es war zu einseitig und ging ganz schön aufs Kreuz. Ich brauchte etwa zwei Wochen, um einigermaßen

Schritt halten zu können bei der Arbeit, um nicht immer der letzte zu sein. Nach diesen zwei Wochen Eingewöhnungsphase fuhren wir nach Lièpvre in der Nähe von St. Marie-aux-Mines, zwei Dörfer, die schon zum Elsaß gehörten. Wir mußten in Lièpvre den Grand Rombach säubern, einen unheimlich steilen Hang. Das Wetter war heiß und trocken und die Arbeit sehr mühsam; wir kamen nur sehr langsam voran. Die Beine taten mehr weh als die Arme.

Wir waren ungefähr auf der Hälfte des Hanges, als ich mit meiner Sichel in ein riesiges Wespennest stach. Erst, als ich ins rechte Auge gestochen wurde, reagierte ich. Ich rannte den Hang so schnell ich konnte hinunter und warnte die anderen. Als ich unten ankam, war das Auge zu. Der Meister fuhr mich nach Saint Dié zurück. Es gab damals in der Gegend keinen Augenarzt. In Saint Dié angekommen, war ich deformiert. Die rechte Gesichtshälfte war von der Nase bis zum Ohr so dick, daß mein Gesicht aussah wie eine Kugel. Das Auge war nicht mehr zu sehen. Die Farbe meiner betroffenen Gesichtshälfte war ein glänzendes Rot. Der Augenarzt gab mir eine Spritze, hielt mit zwei Zangen das Auge offen und holte den Stachel heraus. Er meinte, es sei keine Wespe gewesen, sondern ein *bourdon* (eine Drohne). Auf jeden Fall hatte ich sehr allergisch auf dieses Gift reagiert. Ich wurde nach Hause gefahren und ging die nächsten zwei Tage nicht arbeiten. Vater tröstete mich auf seine Art: »Das nächste Mal paß bitte besser auf!«

Vater hatte von meiner Arbeit in dieser »Baumschule« viel mehr gehabt als ich. Ich bekam kein Geld. Vater kassierte es für mich beim Besitzer der Baumschule. Ich erfuhr es am Ende meiner Aushilfszeit. Und war sehr sauer auf meinen Vater. Er ließ keine Gelegenheit aus, mich seine noch formell vorhandene Macht mit solchen Tricks spüren zu lassen. Die Eskalation der Familiensituation in Richtung Alarmzustand nahm ihren Verlauf. Ich kam nach Hause und wollte das Geld von ihm. Die Antwort war logisch: »Tu n'es pas encore majeur! Tout ce que tu gagnes m'appartient! Tu dois enfin comprendre qui est le patron ici, chez moi! Moi et seulement moi!« (»Du bist noch nicht volljährig und alles, was du verdienst, gehört mir. Du sollst endlich mal begreifen, daß ich der Herr im Hause bin!«) Meine Antwort war genauso logisch: »Alors, si tu es le patron, fais en sorte qu'on aie à bouffer et ne dépense plus ton argent aux cartes!« (»Wenn du der Herr im Hause bist, sorg bitte dafür, daß wir kriegen, was wir brauchen, um zu essen, und verspiel das Geld, das uns gehört, nicht ständig!«) Die Ohrfeige wehrte ich ab, und er kriegte meine Faust ins Gesicht. Mein Gott, hätte ich eine Nonne während des Gottesdienstes geschlagen, wäre es sicherlich nicht schlimmer gewesen. Die Szene war filmreif. Wenn es nicht so ernst gewesen wäre, hätte man über die folgende lächerliche, groteske Reaktion meines Vaters lachen können, denn er lief laut schreiend heraus: »Regardez, regardez! Mon fils m'a battu!« (»Schauen Sie, schauen Sie! Mein Sohn hat mich geschlagen!«) Alarmiert von der Lautstärke, schauten die Leute nach draußen und folgten dann der Lautstärke. Aber als sie sahen, daß es nur mein Vater war, gingen sie, ohne etwas zu sagen, wieder ins Haus. Für mich war das eine stumme Einwilligung. Keiner hatte Mitleid mit ihm, so dachte ich. Gut, keiner in unserem Viertel hätte so etwas gewagt, aber ich glaube auch, daß keiner einen solchen Vater hatte. Er fuhr weg und wollte mich anklagen. Ich erfuhr später, daß er bei der Polizei ausgelacht wurde, weil keiner ihm glauben wollte. Es war nichts zu sehen. Ich hatte meine Sache gut gemacht, denn ich weiß ganz genau, daß ich mit keinem Argument meinen Vater, auch vor dem Schlag, hätte zur Vernunft bringen können. Es ist so, wie es ist. Er hat sich nie geändert. Im Gegenteil. Mutter sagte nicht viel und fragte mich, ob ich es nicht anders hätte regeln können. »Nein, Mutter, er hat es verdient«, sagte ich. Das Geld bekam ich etwas später, hundert Francs für knapp fünf Wochen. Ich fragte nicht, ob er mehr bekommen hatte. Es war schon viel Geld.

Kurz danach bekam ich eine Mittelohrentzündung, die mich zwei Wochen ans Bett fesselte. Docteur Fontaine kam wieder zu uns. Mutter machte Bratkartoffeln. Er aß nebenbei ein paar, wie immer. Er war schon lustig, der Herr Fontaine. Weil die Schmerzen nicht weggehen wollten, bekam ich diesmal eine Spritze. Dafür wurde eine selbständige Krankenschwester bestellt. Madame Grandidier. Sie war seit Jahren selbständig und war angeblich gut. Sicherlich war sie gut, wenn sie nüchtern war. Aber sie trank gern über den Durst. Mutter versuchte, sie immer vormittags zu bestellen. Das war am sichersten, weil sie noch nüchtern war. Sie kannte kein Erbarmen, diese Madame Grandidier, sie stach, stach und stach. Ihre Spritzen taten immer sehr weh. Da die Spritzen aber wirkten, mußte ich es einfach ertragen. Solange es ging, habe ich beides ertragen, Madame Grandidier und die Spritzen, bis zu dem Tag, an dem ich etwas dagegen hatte. Sie hatte mir am Vortag eine Spritze gegeben, die 24 Stunden später noch weh tat, so daß ich kaum liegen, sitzen oder gehen konnte. Sie kam an diesem Tag etwas später als gedacht, am Nachmittag. Sie stank nach Wein und lachte dämlich. An der Türschwelle zwischen Küche und Schlafzimmer meiner Eltern stand sie und zog auf dem Küchentisch die Spritze auf und lachte noch dämlicher als vorher. Sie sieht wie ein Boxer aus, dachte ich. Ihre roten Wangen verrieten den schweren Arbeitstag. Bei vielen ihre Stationen ließ sie sich gern mit einem »Roten« bezahlen. Sie sagte nie »Nein«. Ich schaute sie genau an. Die Spritze in der Hand, kam sie zu mir. Ich stand auf dem Bett mit dem Kopfkissen in der Hand und sagte: »Encore un pas et je vous frappe avec cet oreiller!« (»Noch einen Schritt, und sie kriegen es auf den Kopf!«) Sie blieb stehen und sagte, der Arzt hätte es befohlen und sie müßte ihre Pflicht erfüllen. »Oui, mais pas saoule!« (»Ja, aber nicht besoffen!«) sagte ich. Sie wurde sauer und kam zu mir. Ich wollte sie hauen und ging auf sie zu. Mutter stellte sich dazwischen und versuchte, mich zu beruhigen. Ich sagte: »Cette femme est complètement cinglée. Je veux de nouveau une bonne-sœur! Elles savent mieux faire les piqûres que ce nain laid et affreux!« (»Diese Frau ist nicht ganz dicht, und ich möchte wieder eine Nonne haben, sie kann viel besser spritzen als dieser häßliche Zwerg!«) Madame Grandidier wurde noch »roter« als vorher und versuchte, mir klarzumachen, daß sie diplomiert wäre und eine Fachfrau erster Güte. Ich sagte: »Ta gueule. Fous-le-camp!« (»Schnauze, hau ab!«) Ich war so aufgeregt, daß ich versuchte, sie trotz der Schmerzen zu schlagen. Sie gab nach und kam nicht mehr zu mir. Ich hatte das Monstrum weggejagt. Ich wurde rechtzeitig gesund und konnte in die vierte Klasse der Realschule gehen.

Madame Pierre empfing uns und sagte mit einer klaren, strengen Stimme: »Dieses Jahr wird für uns alle schwer sein, weil wir vier Fächer mehr haben, die alle Pflicht sind: Englisch, Physik, Chemie und Holzarbeit.« Sie sagte auch, daß wir neue Fachlehrer haben werden, nannte ihre Namen und kündigte an, wir würden sie später kennenlernen.

Herr Boss, ein kleiner, dunkelhaariger Mann aus dem Süden Frankreichs, war ein ehemaliger Oberst der französischen Armee. Er war noch jung und konnte infolge einer schweren Verletzung nicht mehr bei der Armee bleiben. Irgendwo im Krieg (Korea, Vietnam oder Algerien) hatte er ein Bein verloren und trug nun ein Holzbein. Er humpelte stark und war nicht so gut zu Fuß. Er lachte nie, war sehr autoritär und schimpfte fast immer vor sich hin, so leise, daß wir nichts verstehen konnten.

Der zweite neue Lehrer, mein Englischlehrer, war der Herr van Tsigem, ein gebürtiger Holländer. Ein großer, schlanker Mann mit Brille und sehr gut aussehend. Er war nervös, der gute Herr van Tsigem, und etwas zerstreut. Er war auch ein Künstler, spielte Klavier und gab ab und an Konzerte. Von Anfang an war die Englischstunde bei ihm für mich eine Qual. Ich gab mir keine Mühe und versuchte auch nicht, ruhig zu sein, sondern versuchte, mich zu beschäftigen. Herr van Tsigem fand meine Art, mich zu beschäftigen, höchst merkwürdig. Ich nahm meine Kladden als Bastelmaterial und fing an, *des cocottes en papier* zu machen, Hühnchen und Enten aus Faltpapier. Diese so angefertigten Papiertiere stellte ich ganz ruhig auf meinen Schreibtisch und sammelte sie innerhalb einer Englischstunde. Ich schaffte fünf bis sechs in dieser Zeit. Herr van Tsigem sah sie nicht immer. Als er meine Kunststücke entdeckte, zerstörte er sie sofort und drohte, mich hinauszuschmeißen. Es ging ein paar Stunden so. Irgendwann fand ich es langweilig, nur Faltpapiertiere zu basteln. Ich überlegte, wie ich mir die Zeit vertreiben könnte. Die Lösung war einfach, das Resultat ziemlich laut. Ich spielte mit meinem »Geflügelhof«. Ich numerierte zwei Hähne und fing an, einen Hahnenkampf zu veranstalten, natürlich mit Geräuschen. Mein erster Kampf war der beste von allen. Herr van Tsigem war dabei, ein Gedicht zu erklären: »Apple, apple down, down from the tree and ...« In diesem Moment stürzte sich der Hahn Nr. 1 auf den Hahn Nr. 2 mit einer Salve von »Kikeriki, kikeriki«, daß der Lehrer auf der Stelle verstummte und die Klasse laut lachen mußte. Der Kampf war schon zu Ende, und ich durfte nach draußen gehen, um mich zu beruhigen. Es war der Startschuß zu einer kleinen Karriere als Clown der Klasse, zuerst nur in dieser ungeliebten Stunde.

Ich saß in der Klasse fast immer hinten, weil ich einer der längsten war, und zwar an der Seite des Ganges. Auf der anderen Seite saß Nicole, ein kleines Mädchen, zu dem ich kein besonderes Verhältnis hatte, das mich aber immer nett anschaute und ansprach. Nicole kam aus der *campagne,* vom Lande. Sie war immer höflich und gut gelaunt. Es ist sehr schwer, mich an Nicole zu erinnern. Ich war nicht in sie verliebt, diesen Zustand kannte ich Anfang 1964 noch nicht. Nein. Ich habe sie gemocht, aber nie einen richtigen Kontakt zu ihr gehabt, außer schulischen. Aus diesem Kommunikationsmangel entstand eine starke Sehnsucht nach ihr. Warum? Nicole war beliebt wegen ihrer nüchternen Frechheit, ihrer naiven Lebenskunst. Sie war einfach natürlich, ohne Hemmungen, nicht so verklemmt wie ich. Sie saß seit dem Trimesteranfang auf der anderen Seite des Ganges, nie weit weg von mir, und ich konnte sie gut beobachten. Hübsch war sie nicht. Sie trug eine Nachttopffrisur, wie es in den sechziger Jahren üblich war: schwarze, kurze, gut um den Kopf geordnete Haare.

In diesem Zusammenhang fällt mir folgende Szene ein. Wir hatten einen neuen Französischlehrer, der uns auch Rezitationsunterricht gab. Er gab uns viele Anregungen, um uns für die französische Literatur zu begeistern. Er lehrte mich, Zola zu lesen sowie große Lyriker zu entdecken wie Baudelaire und Verlaine, die ich zuerst viel las, außer Baudelaire. Er nannte sie nur und erzählte, daß sie gut wären, ohne es zu begründen. Ich kaufte *»Les Fleurs du Mal«* (»Die Blumen des Bösen«) von Baudelaire, und las gern diese lyrisch-poetischen und oft tief ergreifenden Gedichte. Sie sprachen mich an, ohne daß ich behaupten kann, ich hätte sie damals verstanden. Bei einer Rezitationsklausur durften wir uns selbst ein Gedicht aussuchen. Nicole brachte mich durch ihre Naivität auf ein Baudelaire-Gedicht: *»Sonnet à Hélène«*, die ich auswendig lernte und genau so innig rezitierte. Der Lehrer war gar nicht begeistert über meine Wiedergabe, er tobte. Wie konnte ich in meinem Alter, ich war immerhin schon sechszehn, ein Gedicht von Baudelaire so herunterlallen, ohne zu verstehen, was dieses Gedicht für eine Aussage hat. Er hatte recht, ich verstand sowieso nicht, was Baudelaire meinte. Ich weiß nur, daß in diesen vierzehn Zeilen drei sehr wichtige Sätze waren. Sätze, die mich an Nicole erinnerten: »Sois belle et tais-toi ...« (»Sei schön und still ...«). »Ils me disent tes yeux clairs comme le cristal ...« (»Deine kristallklaren Augen sagen mir ...«) und »Je hais la passion et l'esprit me fait mal« (»Ich hasse die Leidenschaft, und der Geist tut mir weh«). Ich hatte das Gedicht für sie erzählt, hatte unbewußt an sie gedacht. Das Gedicht war ein bißchen für sie geschrieben, wobei die Liebe und der Tod, die auch in diesem Gedicht auftauchten, damals für mich noch keine Bedeutung hatten. Ein Stück Nicole war aber darin versteckt.

Wie das Schicksal es will, entstand eines Morgens, kurze Zeit später ein dramatischer Auftritt unseres Herrn van Tsigem. Ich weiß nicht mehr, welches Fach wir an diesem Morgen hatten. Ich war eine Zeitlang überzeugt, wir hätten Naturwissenschaft mit Frau Marranche, darüber bin ich mir jetzt nicht mehr so sicher. Ich weiß aber, daß Nicole nicht da war; ihr Platz neben mir war leer. Van Tsigem stürmte in das Klassenzimmer, tuschelte kurz und leise mit Frau Marranche, ging in die Mitte und blieb stehen, die Hände im Schoß gefaltet. Madame Marranche stand auf und blieb leicht hinter ihm stehen, die Hände gefaltet wie er. Beide waren sehr ernst und betroffen. »Mes chers élèves, levez-vous, s'il vous plaît.« (»Meine lieben Schüler, ich bitte Sie, aufzustehen.«) Wir standen auf und warteten. »Est-ce qu'il y a quelqu'un d'entre vous qui ait lu, par hasard, le journal ce matin?« Ob jemand die Zeitung gelesen hätte heute früh. Die meisten von uns, wenn wir überhaupt Zeitungen lasen, kriegten die Zeitung erst mittags, wenn der Vater sie mit nach Hause brachte. An diesem Morgen wußte niemand, was unser Herr van Tsigem von uns wollte. Die ernstzunehmende Situation ängstigte mich sehr. »Nicole et son frère ont été tués cette nuit, pendant qu'ils dormaient! Leur mère a commis ce meurtre avec une hache!« (»Nicole und ihr kleiner Bruder wurden heute nacht von ihrer Mutter mit einer Axt umgebracht.«) Ich kann nicht sagen, ob es taktlos war, was daran brutal war, was mich schockte. Ich setzte mich sofort wieder und nahm nichts mehr um mich herum wahr. Es war auf einmal nebelig um mich. Ich hatte Scheißeltern, dachte ich mir. Mein Vater war besonders schlimm. Aber von da bis zum Mord ... Nein, es war kein Vergleich! Nicole wurde von ihrer Mutter umgebracht. Warum? Sie lachte gestern noch mit uns. Sie war Bestandteil der Klasse, sogar ein wichtiger. Sie war tot. Nein! Nein! Nein! Ich weinte nicht. Seit acht Jahren genau hatte ich nicht mehr geweint. Ich hatte Schmerzen in der Brust, war ganz blaß, zitterig, schwach. Ich war noch nie so direkt mit dem Tod konfrontiert. Nicole war gestern da, lächelnd neben mir. Heute war sie tot. Herr van Tsigem weinte. Ja, er weinte. Ihm liefen die Tränen sanft über die Wangen. Die Marranche blieb trocken. »Je jouerai au nom de la classe de l'orgue lors de son enterrement, pour elle seule. J'aimerais bien que deux élèves des cette classe m'accompagnent!« (»Ich werde im Namen der Klasse auf ihrer Beerdigung Orgel spielen, für sie ganz allein. Ich möchte gern zwei Schüler als Begleitung haben!«) Marie-Claude meldete sich. Ich glaube ein anderes Mädchen auch. Die Jungen blieben, so wie ich, stumm. Die Betroffenheit war zu spüren. Keine, keiner war in der Lage, anschließend während der Hofpause etwas zu sagen.

Als ich mittags nach Hause kam, war Vater nicht da. Als er kam, wollte ich sofort die Zeitung sehen. Er stand unter der Rubrik: Saint Dié/Ban-de-Sapt (wo sie wohnte). Ein großes Foto von ihr mit dem Titel oberhalb des Bildes: »Verrückte Mutter bringt in ihrem Wahn ihre zwei Kinder mit der Axt um.« Der Vater hatte die Leichen entdeckt und die Polizei benachrichtigt. Die Frau war schon in psychiatrischen Anstalten gewesen. Sie war sehr depressiv gewesen ... Ich schaltete ab. Es war doch wahr! Vater wollte wissen, ob ich sie kenne. Ich sagte nichts und haute einfach ab. Dann kam ich wieder zurück, aß nicht, nahm meinen Ränzel und ging nach draußen. Ich ging nicht in die Schule, sondern blieb hinter dem Haus auf dem kleinen Holzhaufen sitzen.

Ich weiß nicht, wie lange ich dort blieb. Vater war wieder bei der Arbeit, Francine in der Schule, Marc noch zu Hause. Mutter fand mich irgendwann später. Sie sagte gar nichts, brachte mich in die Küche und wartete. Wie lange wartete ich?

Ich habe die nächsten drei Tage von diesem Moment an vergessen. In die Realschule ging ich erst wieder nach der Beerdigung. Nach der zweiten Stunde kam Herr van Tsigem zu uns in den Hof. Er sah sehr traurig aus, bewegt fragte er uns, wie wir uns fühlten, eine Frage, die er bisher nie gestellt hatte. Er wartete nicht auf die Antwort und ging weiter. In unserer kleinen Gruppe war Marie-Claude Solga, die bei der Beerdigung anwesend gewesen war. Sie berichtete, wie van Tsigem Orgel gespielt hatte und wie er anschließend weinend versucht hatte, Nicole als Schülerin zu würdigen und unsere Trauer über ihren Verlust vermitteln wollte. Marie-Claude sagte, er hätte gar nichts zu sagen brauchen, man sah es ihm an. Es ist wahr, van Tsigem war als Englischlehrer ein unangenehmer, schrecklicher Mensch gewesen, ein Mensch, vor dem ich keinen Respekt hatte. Ich habe versucht, ihn immer wieder zu demütigen. In dieser traurigen Situation erschien mir Van Tsigem wie verwandelt. Er sah wie ein gebrochener Mensch aus, wie ein Mann, der den Kopf hängenläßt und in ein tiefes Loch fällt. Ein Mann, der anders war als mein Vater. Ein Mann mit Gefühlen, die er nicht versteckte. Ein Mann, vor dem ich auf einmal Respekt hatte. Wir waren alle sehr froh, daß er uns bei der Beerdigung vertreten hatte. Denn er konnte unsere Betroffenheit besser zeigen als wir alle. Was mich betraf: ich zog mich zurück wie immer, wenn es um etwas ging, was ich nicht fassen und aussprechen konnte. Lange Zeit danach war ich sehr unruhig und konnte trotz Schlaftabletten nicht schlafen. Ich entdeckte dabei meine Berufung: ich wollte Koch, Sommelier oder Gastronom werden und verbrachte viele Nächte mit Kochen oder Backen. Ich versuchte mit Hilfe meines Kochbuchs verschiedene Rezepte. Am besten gelangen mir jetzt meine *choux à la crème,* Windbeutel mit so einer Art selbstgemachter Puddingcreme gefüllt. Biskuitteige gelangen mir inzwischen auch ganz gut, sowie Crêpes und andere Kuchen. Ich versuchte auch richtig zu kochen, probierte Gratins, Aufläufe und bereitete sie vor. Mutter war froh, mich so in der Küche arbeiten zu sehen. Sie unterstützte mich, so gut sie konnte.

Mutter wurde in diesem Frühjahr 1964 krank. Es ging ihr auf einmal sehr schlecht. Sie konnte nicht mehr essen und erbrach ständig das bißchen, was sie zu sich nahm. Die Pelletier lebte noch und machte etwas für Mutter. Sie sollte dringend ins Krankenhaus. Mutter ging in die Privatklinik von Dr. Bernard, dahin, wo sie vor Jahren kurz gearbeitet hatte. Sie wurde gründlich untersucht, und es wurde festgestellt, daß sie Gallensteine hatte. Die Galle bestand hauptsächlich nur noch aus Steinen. Sie mußte dringend operiert werden. Marc ging in die Vorschule. Francine und ich in die Schule. Vater ging arbeiten. Es wurde beschlossen, daß wir sechs Wochen lang eine »assistante familiale« bekamen, die acht Stunden am Tag bei uns blieb, und zwar sechs Tage in der Woche. Diese Haushaltshilfe blieb ganze sechs Wochen: drei Wochen, in denen Mutter im Krankenhaus lag, und drei Wochen während der Zeit, in der Mutter zu Hause noch zu schwach war, um zu arbeiten. Mutter zeigte uns, als wir sie im Krankenhaus besuchten, ihre »Steine«. 148 hatte sie gezählt. Die meisten waren sehr klein, aber einige davon doch beträchtlich groß. Mutter sah sehr krank und sehr blaß aus. Irgendwann bei so einem Besuch zeigte sie uns auch ihre Narbe. Unterhalb des rechten Rippenbogens hatte sie eine dreißig Zentimeter lange Narbe, die schrecklich aussah. Mutter hatte ständig Schmerzen und konnte kaum gehen. Vater machte sich große Sorgen um sie und dachte an die Zeit danach, wo er allein mit drei Kindern hätte bleiben müssen. Er zeigte zum ersten Mal, daß er Mutter brauchte, um die Kinder zu erziehen. Er sprach sehr deutlich seine Ängste aus. Was werde ich allein machen, wenn sie sehr krank bleibt? Unsere Haushaltshilfe hieß Dédée und war klein, dick und schlampig. Ich bedauerte schon am ersten Tag, daß Onkel Emil nicht mehr bei uns war. Seit gut drei Jahren war er nicht mehr bei uns gewesen. Er hatte geheiratet und war sehr unglücklich. Er hatte zwei Kinder und wußte nicht, ob er der Vater war. Seine Frau war eine etwas zurückgebliebene Person, die voller Tricks und Boshaftigkeiten war. Sie hatte sich der Gutmütigkeit meines Onkels bedient, um ihr Leben zu gestalten. Onkel

Emil war zu gut für sie. Ich kannte sie kaum, die neue Tante. Er hatte sie ein- oder zweimal mitgebracht, um sie vorzustellen. Begeistert waren wir nicht von ihr, aber Onkel Emil schien sie zu mögen, das war das Wichtigste. Ich hätte ihm Glück gewünscht. Er hat es von allen am meisten verdient.

Jetzt, da Mutter krank war und wir eine starke zuverlässige Hand brauchten, dachte ich sofort an Emil und seine Art. Nun, wo ich viel älter war, würde ich ihm gut zur Seite stehen und ihn unterstützen. Vater wollte nicht, daß wir in der Schule fehlten, und deshalb nahmen wir diese Haushaltshilfe in Anspruch. Dédée war, Gott sei Dank, etwas flexibel und ermöglichte mir, den Haushalt zu gestalten. Wir halfen und befahlen ihr, ohne daß es sechs Wochen lang Probleme gab. Mutter stand im Vordergrund und wurde von uns allen gepflegt. Sogar Vater war öfter da als sonst. Er brachte ihr Ananas. Ja, die Ananas, die Mutter essen wollte. Zu dieser Zeit waren frische Ananas ziemlich schwer zu bekommen. Wir hatten gerade unsere ehemalige afrikanische Kolonie verloren, und es mangelte an exotischem Obst. Die einzigen, die wir kriegten, kamen aus Martinique oder Guadeloupe und waren sehr teuer. Vater gab sich alle Mühe, welche zu bestellen und zu organisieren. Ich mußte die Ananas schälen, nein, ich durfte. Mutter war, als sie wieder zu Hause war, sehr geschwächt und durfte nicht viel und nur bestimmte Sachen essen. Sie hatte sowieso keinen Hunger, und dieser Wunsch, Ananas zu essen, war der einzige, den sie äußerte. Keiner von uns durfte davon etwas probieren. Diese Frucht wurde besser als Trüffel oder Kaviar behandelt. Es war zu der Zeit das Kostbarste, das die Erde für Mutter hervorbrachte. Damit wurde Mutter gesund und fit gemacht. Dédée lehrte mich, gesund zu kochen. Mutter durfte nicht mehr fett essen. Tierische Fette durften wir nicht mehr verwenden. Die Umstellung war groß. Es schmeckte uns nicht mehr. Mutter fand das Essen eklig. Als Dédeé das Haus verließ, stellten wir das Essen schnell wieder um. Die gute Butter wurde wieder benutzt. Mutter wollte es auch. Sie paßte ein bißchen auf, aber aß fast normal.

Mutter erholte sich nur ganz langsam von dieser Operation. Sie blieb lange noch im Bett. Sie kochte das Essen, versorgte uns, aber legte sich doch schnell wieder hin. Die Abende zu dieser Zeit verbrachten Francine und ich am Bett meiner Mutter. Marc war im Bett, Vater fast immer unterwegs. Mutter lehrte uns das Stricken. Es war ihre große Leidenschaft. Sie konnte gut und schnell stricken und brachte es fertig, wenn sie gut war, einen Pulli für mich in einer Woche nebenbei zu stricken. Ich wollte es auch lernen, und so strickten wir abends zu dritt. Natürlich war es am Anfang für mich eine Qual. Ich lernte das Stricken aber ziemlich schnell, und nach einer kurzen Zeit strickten Francine und ich einen kleinen Pulli für ihre Puppe und später einen Pulli für Marc. Francine strickte die vordere Seite und ich die hintere, weil man dabei nicht soviel mit dem Kragen zu tun hatte und nicht soviel zählen mußte. Die Ärmel wurden von Mutter gestrickt. Eine einmalige Produktion entstand, und Marc war stolz, so einen Pulli zu tragen, der von der ganzen Familie gestrickt worden war. Diese Abende wurden ab und an unterbrochen durch kleine Gesten seitens meiner Mutter. Sie hatte die Angewohnheit, beim Stricken kleine Pausen zu machen und sich dabei mit einer langen Stricknadel den Rücken zu kratzen. Sie fand diese Handlung sehr schön und beruhigend und bekam dabei immer eine Gänsehaut. Wir fragten Mutter, ob sie das gleiche auch bei uns machen möchte. Und so wurden diese Strickabende durch »Stricknadel-Rückenstreicheln« unterbrochen. Francine achtete darauf, daß Mutter ihren Rücken so lange kraulte wie meinen und umgekehrt auch. Überhaupt war es zu dieser Zeit sehr wichtig für mich, diese kleinen körperlichen Zuwendungen auch mittels einer Stricknadel zu kriegen. Francine und ich hatten aus diesem Grund ein Spiel entdeckt, daß wir sehr oft in der Küche spielten. Wir saßen abwechselnd auf einem Küchenstuhl, machten den Rücken frei und kraulten uns gegenseitig den Rücken. Wir paßten genau auf, daß jeder von uns auf seine Kosten kam. Mutter war immer anwesend und lachte dabei. Sie wäre nie auf die Idee gekommen, einen von uns zu streicheln. Wir waren schon zu groß. Aber warum machten wir so etwas? Warum suchten wir diese körperliche Zuwendung innerhalb der Familie? Ich weiß nicht, ob wir dieses Spiel erst in diesem Jahr, 1964, entdeckten. Ich glaube, wir fingen schon etwas früher damit an; der Zeitpunkt ist mir entfallen. Geblieben ist mir aber dieser Genuß, Gänsehaut zu bekommen und gestreichelt zu werden. Es war eine in der Tat beruhigende Zuwendung gerade in dieser Periode, in der ich anfing, mit Vater zu kämpfen.

Die Schule ging ohne große Probleme weiter. Ich hatte mich etwas beruhigt. Nach dem Tod unserer Schulkameradin war die Atmosphäre in der Klasse sehr ruhig und sogar bedächtig. Sie war noch lange bei uns, unsere Nicole. Wir erwähnten sie nicht mehr. Keiner durfte an ihrem Platz sitzen. Der Platz neben mir auf der anderen Seite des Ganges blieb für den Rest des Schuljahres leer. Das wurde nicht abgesprochen; keiner wäre auf die Idee gekommen, sich auf ihren leeren Stuhl zu setzen, da der Geist von Nicole so noch lange präsent blieb. Ich bin heute sicher, daß wir uns alle in der Klasse gewünscht haben, sie solle bald wiederkommen. Wir warteten auf sie. Es machte sich auch auf die Disziplin der Klasse bemerkbar. Ich wurde in Englisch diszipliniert und lernte in diesem Schuljahr sogar etwas, um mich zu »beschäftigen« und um Herrn van Tsigem nicht zu ärgern. Ich hatte eine gewisse Beziehung zu ihm gewonnen. Ich mochte sein Fach nach wie vor nicht, aber er als Person wurde mir zunehmend sympathischer. Dieses ruhige letzte Trimester ermöglichte mir den Sprung in die nächsthöhere Klasse, ohne Auflage.

In dieser ruhigen Zeit, Ende Mai bis Anfang Juni, kam etwas Aufregung ins Haus. Francine durfte ihre erste heilige Kommunion feiern. Sie hatte die Ehre, die Kommunion in einer richtigen Kirche zu absolvieren: L'église St.-Martin, die zu ihrer Schule gehörte. Francine ging nämlich in eine Schule, die zur Kirche gehörte und von Nonnen geführt wurde. Sie ging sehr gern in diese Schule und hatte auch keine Schwierigkeiten, den Stoff zu lernen, den sie brauchte, um weiterzukommen. Die Kommunion mußte unbedingt in dieser Kirche stattfinden. Vater hatte beschlossen, das Essen in einem Restaurant seiner Wahl zu nehmen. Ein Restaurant, das wir noch nicht kannten und das angeblich zu den besten der Stadt gehörte. Vater hatte die Angewohnheit, mit einer seitlich gerichteten Bewegung des Kopfes zu betonen, wie gut es war, was er entschied. Zu diesem Lokal »Nater« in der rue d'Alsace, sagte er: »Oh! C'est bon là! On bouffe bien!« (»Es ist gut da, man kann gut futtern!«) Es war eine eindeutige, präzise Erklärung, zumal Vater nie außerhalb aß und aus diesem Grund noch nie bei »Nater« gegessen hatte.

Die Gesellschaft, die an Francines Kommunion teilnahm, war klein. Die Kentzingers, Tante Madeleine, ihr Mann und die vier Kinder waren dabei, ferner Onkel Raymond, der Patenonkel von Francine, und seine Frau. Beide hatten ein Jahr vorher geheiratet. Opa und Oma Rolin und Madame Hocquel waren auch eingeladen. Tante Monique, die jüngere Schwester von Vater, war als einzige nicht dabei, sie war die Patentante von Francine. Tante Monique hatte 1959 geheiratet, und zwar einen Mann aus Paris, den sie per Brief kennengelernt hatte. Sie wollte unbedingt diesen reichen Mann. Wir waren zur Hochzeit nicht eingeladen worden. Nur Onkel Raymond und mein Patenonkel Lucien waren von unserer Familie anwesend sowie meine Großeltern. Monique gebar ein Jahr später ein Kind und verlor das Mädchen vier Jahre später bei einem Autounfall. Monique war immer ein labiles Wesen gewesen. Sie konnte nicht zur Kommunion kommen, weil sie seit dem Tod ihrer Tochter in einer psychiatrischen Anstalt war. Oma war nie gut auf Monique zu sprechen. Es steckte sehr viel Haß in Omas Augen, wenn sie von ihr sprach. Sie vermied immer geschickt, auf dieses Thema zu kommen, besonders wenn Vater dabei war. Er mochte seine Schwester auch nicht besonders gern. Dieses Verhältnis in der Familie Rolin war immer mit Geheimnissen verbunden. Vater hat immer behauptet, seine Mutter mag ihn nicht, weil er wahrscheinlich ein Jugendfehler ist. An diese Geschichte habe ich nie geglaubt, gestern wie heute nicht. Ich habe aber nie gewußt, was hinter diesem Haß steckte.

Meine Großeltern waren glücklich, dabeizusein. Sie kannten Madame Hocquel seit langem, noch vor dem Zweiten Weltkrieg wohnten beide im selben Dorf. Sie redeten über die alten Zeiten, und Oma war dabei sehr lustig und gelassen. Opa sagte kaum etwas. Er benahm sich in Gesellschaft tadellos. Oma sang ein paar Lieder, die »*Valse brune*« sowieso und andere, die ich vergessen habe. Tante Madeleine und Mutter sangen auch Volkslieder, die wir mit der Zeit auch lernten. Dieses Fest paßte zu der ruhigen Zeit. Es verlief für unsere Verhältnisse friedlich und relativ harmonisch. Francine freute sich den ganzen Tag und Marc auch.

Die Sommerferien kamen sehr plötzlich. Ich wollte wieder arbeiten und wußte diesmal genau, in welcher Branche. Ich hatte mich entschieden, in eine Fachschule zu gehen: die Hôtel- und Gastronomiefachschule von Grenoble, eine der besten zu dieser Zeit in Frankreich. Meine Eltern wußten nichts davon. Ich wollte von zu Hause weggehen und gleichzeitig versuchen, einen Beruf zu erlernen. Bedingung für den Besuch der Schule war damals eine kleine Erfahrung als Gehilfe in einem Hotel oder Restaurant. Ich sprach offen mit meinen Eltern und sagte: »Ich möchte unbedingt in eine gute Küche in ein Restaurant von Saint Dié.« Wider Erwarten kam die Zusage meines Vaters, er würde mir bei der Suche helfen. Zwei Tage später durfte ich in einem Restaurant anfangen.

Das Hôtel des Vosges war ein Hotel gegenüber dem Bahnhof von Saint Dié. Es war ein altes Gebäude aus rotem Sandstein der Vogesen mit einem riesigen Speisesaal, das gut zum Bahnhof paßte. Die Familie Grell kümmerte sich um das Hotel und das Restaurant. Herr Grell war Chefkoch und hatte seit Jahren in dem Restaurant Regie geführt. Er hatte noch einen Koch: einen Lehrling, der zwei Jahre älter war als ich. Herr Grell war ein kleiner gebückter Mensch, der nie lachte. Er trug eine riesige Kochmütze, und trotz der Mütze blieb er kleiner als ich. Er war nicht unsympathisch, sagte nicht viel, und wenn er schimpfte, war es meist mit seiner Frau. Es war kein großes Restaurant, das Frankreich gastronomisch hätte vertreten können! Nein! Es war ein kleines Provinzrestaurant. Ich wußte es damals nicht. Für mich war es ein gutes Restaurant, wo man richtig essen konnte. Herr Grell zeigte mir nicht viel. Die kleinen Arbeiten wurden immer vom Lehrling und von mir gemacht. In den ersten Tagen durfte ich nur schneiden. Der Lehrling zeigte mir, wie man es macht. Zwiebeln und Schalotten schneiden, und zwar reichlich. Nach einem bestimmten Muster mußte es geschehen. Es war ziemlich leicht. Schwieriger wurde es, als ich Gemüse Julienne schneiden mußte. Also Porree und Möhren in kleine, dünne, fünf Zentimeter lange Stücke schneiden. Mit dem Porree wurde ich gut fertig.

Die Möhren zeigten einen großen Widerstand, so daß ich richtig kämpfen mußte. Trotz mehrmaliger Anweisungen klappte es nicht richtig. Sie rollten immer vom Brett weg. Irgendwann passierte, was passieren mußte. Ich rutschte ab und schnitt mir die Kuppe des linken Ringfingers bis zum Knochen an. Seitdem kann ich Möhren Julienne schneiden. Dieses Mißgeschick hielt mich nicht davon ab, weiterzumachen. Mit dem dick verbundenen Finger lernte ich weiter, wie man Gemüse putzt, Salat wäscht, Champignons kratzt und so weiter. Es machte mir wirklich Spaß. Ich wurde angeleitet und machte meine Sache nicht so schlecht. Zwei Wochen lang war ich damit beschäftigt. Ich durfte zugucken, wenn Herr Grell einen Hauptgang vorbereitete, wie er geschickt Steak oder Entrecôte auf einem alten Bräter richtig *bleu* oder *saignant* briet. Dieses Gerät, ein schwarzer, schräger Aufsatz mit Rillen, kam auf die Gasflamme und ersetzte eine Pfanne. Ich durfte nie daran. Das Fleisch ist Sache des Chefs.

Irgendwann durfte ich mit dem Lehrling eine Vorspeise vorbereiten, zuerst *une pâte brisée,* so ein halbblättriger Teig, um eine *Quiche lorraine* zu machen. Es war eine richtige Tortur. Jeder Griff von mir war falsch. Ich war entweder zu schnell oder zu langsam, zu ungeschickt. Da ich war ehrgeizig war, übte ich abends zu Hause. Bald wurde auch mein Teig perfekt, und daraus backte ich eine »Quiche lorraine« in einer runden Form. Speck und Comté de Savoie, so eine Art französischer Greyezer, durften ebenso wenig fehlen wie Eier und Crème fraîche. Wir in Lothringen lieben unsere Quiche. Die vielen im Laufe der Zeit entstandenen Abwandlungen sind oft billige Nachahmungen, bei denen der eigentliche Geschmack verlorengeht.

Herr Grell lehrte mich, daß eine Quiche lorraine steht und fällt mit dem Speck. Der Speck aus den Vogesen ist etwas Besonderes, er ist durchwachsen, wird mit Kräutern gewürzt und sehr lange und langsam geräuchert. Er ist oft etwas härter als der »normale« Speck, aber dafür sehr würzig und einmalig.

»Ein bißchen weiter Richtung Nancy, der Hauptstadt von Lothringen, nehmen die Köche gekochten Schinken statt Speck, und die Quiche schmeckt nicht so gut« sagte mir Herr Grell. Ich hatte endlich etwas gelernt, leider nur die Zubereitung von Vorspeisen, Suppen, Salaten und das Gemüsekochen. Eine andere französische Spezialität durfte ich auch bald machen, *vinaigrette,* unsere Salatsauce mit Senf, Essig (meist zwei bis drei Sorten), Salz, Pfeffer und Öl (auch oft zwei Sorten). Die Sauce Vinaigrette war keine Hürde mehr für mich, aber die Mayonnaise. Es war sehr schwer, sie richtig zu »montieren«. Ich fand anfangs nie die richtige Geschwindigkeit, mit dem Schneebesen, dieses Gemisch aus Eigelb, Essig und Salz mit dem langsam dazuzugebenden Öl zu rühren. Es fiel oft auseinander. Ich versuchte es auch zu Hause, und bald gelang es mir, diese einfache Sauce auch so gut wie der Lehrling zu machen.

Eines Vormittags entdeckte ich im Kühlschrank zwei »Schalen«. Ich nannte sie »Schalen«, weil ich bis zu diesem Zeitpunkt keine Jakobsmuschel gesehen hatte. Sie waren schon gefüllt und etwas vorbereitet. Ich fragte Herrn Grell, was das wäre, und ich durfte sie nach einer kleinen Erklärung essen. Er bereitete sie zu, und ich aß sie und ging nach Hause. Ich arbeitete vormittags von 9 bis 14 Uhr und abends, wenn ich wollte, von 18 bis 21 Uhr, manchmal länger. Samstag und Sonntag mußte ich unbedingt erscheinen; die anderen Tage waren nicht so wichtig. Ich ging an diesem Tag nach Hause. Es war Sommer und heiß. Ich bereitete im Garten ein kleines Feuer, um die Abfälle zu verbrennen. An diesem Tag schwitzte ich unheimlich, viel mehr als sonst, und ich ertrug an diesem Tag die Hitze nicht. Es wurde mir sehr schlecht, ich mußte mich übergeben, und das nicht nur einmal. Nach dem vierten oder fünften Mal holte meine Mutter eine neue Ärztin, Frau Dr. Behr, eine aus der Provence stammende Frau. Sie sprach mit einem Akzent, der mir lieb im Ohr geblieben ist. Mein Erbrochenes war inzwischen gelb und grün und sehr flüssig. Es ging mir sehr schlecht, ich bekam Kopfschmerzen und Bauchschmerzen dazu. Madame Behr war ausgesprochen hübsch, das konnte ich noch sehen, als sie kam. Sie war sehr groß, schlank und trug langes offenes Haar und untersuchte mich sanft und gründlich. Was für ein Unterschied zu Dr. Pelletier! Endlich ein Arzt mit Gefühl, dachte ich damals. Als sie aber meinen Oberbauch, die Leber und Magengegend anfaßte, schrie ich vor Schmerzen. Ich hatte eine Lebensmittelvergiftung. Sie fragte mich, was ich gegessen hätte, und ich erzählte ihr von meiner erste Begegnung mit Jakobsmuscheln. Sie gab mir ein paar Spritzen und sagte, es könnte sein, daß ich nachts ins Krankenhaus müßte, falls ich innerhalb der nächsten drei bis vier Stunden nicht aufhören würde zu erbrechen. Es ging mir innerhalb von zwei Tagen wieder sehr gut. Ich überwand diese »kleine« Lebensmittelvergiftung sehr schnell, blieb aber trotzdem eine Woche zu Hause, da die Ärztin es befohlen hatte. Nach drei Tagen durfte ich schon nach draußen gehen.

Ich war selbst überrascht über meine körperliche Verfassung, denn ich wurde immer stärker und gesünder. Ich entdeckte langsam den Zustand, gesund zu sein. Gut, ich hatte seit drei Jahren immer wieder Ohrenentzündungen, kleine Unfälle und jetzt diese Indigestion gehabt, aber ich blieb von großen, schweren Krankheiten verschont. Herr Grell wollte nichts davon wissen, daß die Jakobsmuscheln schuld an meiner »leichten Lebensmittelvergiftung« waren. Sie wären in einem ordentlichen, frischen Zustand gewesen, erklärte er mir. Ich erinnerte mich, wie er vor dem Essen sagte, es wäre der Rest gewesen. Dafür durfte ich etwas später Steaks essen, vielleicht als Entschuldigung.

In diesem Sommer traf ich mich oft mit Bernard Ferry, und wir gingen in die Kneipe »Le troquet chez Cintra«. Der Besitzer hieß damals Jean-Charles. Er war ein kleiner, arroganter Angeber, der uns tolerierte. Diese Eckkneipe am Ende der Hauptstraße schräg gegenüber der Kathedrale existiert heute noch. Wir gingen nur dort hin, um zu spielen, tranken aber ab und an unsere *diabolos*. »Flipper« und »Babyfoot«, diesen unmöglichen Tischfußball, spielten wir. Bernard war darin ein As, ich eine Niete. Ich spielte lieber Flipper, denn da hatte ich keinen direkten Gegner. Besonders gut war ich nicht, aber es gelang mir, hin und wieder ein freies Spiel zu gewinnen. In diesem Sommer verdiente ich fünfzig Francs für etwa sieben Wochen Arbeit in diesem Restaurant. Das Geld kassierte *ich* dieses Mal. Vater wollte wissen, wieviel Francs Herr Grell mir gegeben hatte. Als er die Antwort erfuhr, sprang er nach draußen und fuhr mit dem Moped los. Ich wußte, was er wollte und fuhr mit dem Fahrrad hinterher. Ich traf ihn in der Küche von Herrn Grell, als er schon dabei war, den armen Herrn Grell auszuschimpfen. Er hatte schon recht, nur die Form, die er aussuchte, um seinen Unmut auszudrücken, diese Form war etwas roh und brutal. Wie immer fing Vater an, egal, wer vor ihm stand, den Gegner mit Worten zu beleidigen, die oft sehr verletzend und vulgär waren. »Non, mais vous êtes con ou quoi? Espèce d'enculé. Si tu n'arrêtes pas, tu prendras ma main sur la gueule. Pourriture ...« Eine kleine Auswahl, die ich nur schwerlich übersetzen kann, ohne den Ursprung zu verfälschen: »Sind Sie blöde oder was? Arschficker. Wenn du nicht aufhörst, kriegst du eins aufs Maul ...« Sicherlich war Herr Grell sehr beeindruckt von dem Auftreten meines Vaters. Er gab ihm noch fünfzig Francs und bat ihn höflich, nie wieder das Restaurant zu betreten. Vater ließ beim Verlassen des Restaurants noch ein paar Worte los wie: Betrüger, Kinderschinder, Rassist, Idiot und so fort. Mir gegenüber war Vater zu dieser Zeit etwas respektvoller geworden und sogar netter. Er gab mir die fünfzig Francs freiwillig ohne eine Bemerkung. Ich nahm das Geld und kaufte mir dafür eine Hose, eine hellgrüne, häßliche Sommerhose, die keiner mochte. Ich mochte sie auch nicht, aber sie provozierte gut.

Im Schuljahr 1964/65 kam ich in die dritte Klasse der Realschule mit dem Ziel der Mittleren Reife. Dieses Schuljahr sollte für mich eine große Veränderung mit sich bringen. Ich wollte weg und bereitete den Weg, so gut es ging. Seit einiger Zeit hatte ich nicht mehr ins Bett gemacht. Ich merkte es erst allmählich. Damals wußte ich: Jeder Tag, der trocken war, wurde innerlich gefeiert. Ich genoß es, normal zu werden und wurde langsam ein junger Mann. Die äußeren Merkmale waren kaum zu sehen. Ich bekam ein paar Schamhaare, die Stimme wurde etwas tiefer, blieb aber noch sehr kindlich, und ich fing an, mich für Mädchen zu interessieren. Ich entdeckte das »schwache Geschlecht« auf meine Art und Weise. Ich war noch nicht soweit, einem Mädchen den Hof zu machen, daran hatte ich noch nicht gedacht, aber ich war den Mädchen schon offener gegenüber, sprach sie an, redete mit ihnen, aber mehr noch nicht. Mir blieben die Träume. Ich suchte mir meine Jugendliebe abends im Bett. Mit der Zeit hatte ich Bilder von berühmten Kinoschauspielerinnen sowie Sängerinnen gesammelt, die ich oft abends betrachtete. Es waren Bilder von Claudia Cardinale, Brigitte Bardot, Katharina Valente, Nancy Holloway, Dalida, Gina Lollobrigida und so weiter. Ich hatte Favoritinnen, Bilder, die ich mehr liebte als andere. Zwei Traumfrauen hatte ich besonders gerne: Claudia Cardinale und Nancy Holloway. Ich nahm sie oft mit mir ins Bett und träumte. Das Gesicht war sehr wichtig, der Körper war uninteressant. Sie stellten ein weibliches Wesen dar, Frauen, die vielleicht eine Perspektive auf Liebe darstellen könnten. Ich sehnte mich nach Zuwendung, Zärtlichkeit und Liebe. Ja, die Liebe: ein Wort, das für mich keine faßbare Bedeutung hatte, das für mich keinen Geruch und noch keine Konturen hatte. Wir haben in Frankreich die schönsten Liebeslieder, die es gibt. Dieses Gefühl wurde und wird immer noch besungen. Ich hörte die Lieder damals jeden Tag. Wenn so viele Leute, so viele Sänger, so viele Dichter danach schreien und sich danach sehnen, mußte die Liebe wirklich etwas Unheimliches sein (schön oder schrecklich). Ich wußte noch nicht: war es Utopie, war es Selbstbetrug ... Die Liebe zu einer Frau schien mir der richtige Weg, wahre Liebe zu erfahren, ich wußte jedoch nicht, wie. Ich spielte mit meinen Bildern, wertete sie, gab Punkte und versuchte, dabei etwas zu empfinden – für ein Stück Papier. Aber ich empfand nicht viel dabei. Vielmehr merkte ich eher meine Anziehung zum anderen Geschlecht in der Schule.

Es gab eine Veränderung in der Klasse. Wir hatten zwei neue Schüler, die sitzengeblieben waren: Jean-Claude Simon und Francine. Ich war nicht mehr allein der Älteste in dieser Klasse. Jean-Claude Simon war Crossläufer, ein Langstreckenläufer, der in der Gegend schon viele Rennen gewonnen hatte. Für ihn rangierte Sport vor der Schule, und deswegen war er sitzengeblieben. Wir freundeten uns an. Er war sowieso ein Freund von Bernard Ferry. Beide wohnten nicht weit voneinander entfernt. Jean-Claude mit seinem sportlichen Ehrgeiz und mein Sportlehrer, der selbst ein Turner war, ein Barrenspezialist, brachten mich auf einen neuen Weg.

Ich nahm erst seit zwei Jahren am Sportunterricht teil, bis jetzt ohne großen Ehrgeiz und Eigenschaften. Ich war nicht schlecht, aber nicht so gut wie viele in der Klasse. Meine neu gewonnene Selbstsicherheit und meine für mich erstaunlich gute körperliche Verfassung machten mich ehrgeizig. Ich war fest entschlossen, eine Sportart zu betreiben, zumal meine Ärzte nichts mehr dagegen hatten. Es ging sehr schnell. Schon zwei Wochen nach dieser Entscheidung, etwa im Oktober 1964, hatte meine erste Trainingseinheit bei der Junioren-Rugbymannschaft von Saint Dié begonnen. Mein Vater hatte sich auch dieses Mal eingemischt und die nötigen Gespräche mit dem Trainer ermöglicht. Es gibt keinen Zufall im Leben, denn ein Buchhalter der Banque de France war gleichzeitig der Vereinskassenwart der Rugbymannschaft von Saint Dié. Der Trainer (Kapitän der A-Mannschaft), gleichzeitig ein Polizei Inspektor, Herr Lafitte, suchte gerade zu dieser Zeit junge Spieler meines *gabarit* (Körpergröße): groß, schlank und schnell. Mein Rugby-Vorhaben war keine Schnapsidee, sondern hat sich so zusammengefügt wie ein Puzzle aus wenigen Elementen. Für mich war es eine ganz neue, unbekannte Erfahrung, aus einem kranken Kind ein sportlicher Junge zu werden.

Herr Lafitte war ein Koloß: 1,90 Meter groß und um die 120 Kilogramm schwer. Ein Mann, aber sanft wie ein Kuscheltier. Er nahm mich sofort unter seine Fittiche und gab mir zu verstehen, daß Rugby kein brutaler Sport wäre, im Gegenteil. Die erste Trainingseinheit fand im Schlamm statt. Wir trainierten sofort im Rugby-Dress. Ich trug die Nummer 8, hatte überhaupt keine Ahnung, was Rugby für ein Sport war. Ich wußte nur, daß diese Sportart im Süden der Republik als Nationalsport gespielt wurde und daß die Stadien immer voll waren. Sofort spürte ich, wie körperbetont dieser Sport war, *mêlées* und *touches* wurden geübt sowie *plaquages:* Der Pack mit acht Spielern auf jeder Seite aufgereiht in drei verschiedenen Reihen (3/2/3). Die Nummer 8 gehörte dazu, sie war in der Mitte der dritten Reihe. Diese Stellung und die Wichtigkeit dieser Nummer erfuhr ich erst viel später. Dieser Spieler sollte sich schnell vom Pack lösen, um die Hintermänner zu bedienen. Die *touche,* die Angabe vom Spielrand, war genauso körpernah wie das erste, was ich gelernt hatte. Da ich fast einer der Größten war, zeigte mir Herr Lafitte, was ich zu tun hatte. Ich sollte den Ball fangen, an den Bauch halten, »mit dem Arsch zurück zum Gegner blockieren«, wie er sich ausdrückte, um die Mitspieler zu bedienen. Es ging sehr hart, aber sehr fair zu. Wir durften bestimmte Körperteile des Gegners nie berühren, sonst bekämen wir Strafen vom Schiedsrichter, meinte Herr Lafitte. Es war alles zuviel an diesem ersten Tag. Nach zwei Stunden tat mir alles weh, ich war dreckig, ausgelaugt und leer, besonders im Kopf. Nach einer Dusche fühlte ich mich wieder gut, sogar sehr gut. Ich war dankbar, einfach dankbar, meinen Körper so zu erleben, mit allen diesen positiven Schmerzen. Ich wußte damals nicht, was noch alles auf mich zukommen würde.

Vater wurde langsam wieder unerträglich. Meine Mutter war gesund und voll einsatzfähig und Vater übernahm wieder voll und ganz seine Paschaallüren. Er nahm keine Rücksicht auf uns. Ein Streitpunkt, einer mehr, war das beliebte Essen. Vater hatte mich als kleines Kind immer gehänselt und nachgemacht, wenn er sich beim Essen bediente. Er bediente sich immer als erster, nahm die größte Portion und der Rest der Familie konnte zugucken. Damals, als Fünf- oder Sechsjähriger, als ich noch weinen durfte, reagierte ich mit Tränen und jammerte: »Er hat alles aufgegessen«, wobei mein Vater mich immer auslachte und nachahmte wie ein Papagei. Jetzt verstand ich meine früheren Reaktionen. Vater kam zu Tisch, egal, ob wir schon dasaßen oder nicht, setzte sich und fing an. Mutter bediente Vater immer zuerst. Falls es Fleisch gab, stürzte sich Vater zuerst auf das größte Stück oder nahm ein zweites, falls Mutter ihn nicht bedient hatte. Irgendwann sagte ich ihm, er solle auf uns warten und korrekter austeilen. Ich sagte es immer sehr ruhig und verbot ab einer bestimmten Zeit meiner Mutter, ihn zuerst zu bedienen. Die Situation war so entstanden: Vater brachte unsere seltenen, aber sehr beliebten Steaks. Er hatte gesagt: »Samstag gibt es Fleisch.« Es war schon toll von ihm. Mittags kam er nach Hause und brachte die Steaks. Mutter hatte schon unsere Kartoffeln kleingeschnitten, um Pommes frites zu machen. Es gab auch Salat. Mutter hatte die Angewohnheit, Steaks mit feingeschnittenem Knoblauch in Butter ganz kurz zu braten. Dreißig Jahre später brät sie ihre Steaks immer noch so, und sie schmecken vorzüglich. Wir wußten es damals schon, Vater auch. Mutter hatte alles fertiggemacht. Die Pommes frites waren gebacken, der Salat war zubereitet. Sie briet die fünf mitgebrachten Steaks nach ihrer beliebten Methode. Diesmal hatten alle Steaks die gleiche Größe. Als die Steaks auf den Tisch kamen, stand Vater auf und nahm zwei Steaks. Ich griff dazwischen und wollte ihm eines abnehmen. Er lief rot an und packte mich am Kragen. »Ich verdiene das Geld und habe das Recht zu nehmen, was ich brauche.« Marc weinte schon. Francine hielt sich zurück, und Mutter sagte wie immer nichts. Ich war allein gegen ihn und schubste ihn so stark, daß er fiel. Dann nahm ich ihm ein Steak weg und gab es Marc. Mein Vater war stets unberechenbar. Dieses Mal nahm er ein Küchenmesser und sagte aufgeregt und bebend wie immer: »Wenn ich zustoße, wird jeder mir recht geben!« Ich blieb stehen und wartete gespannt auf die nächste Aktion meines Vaters. Mutter, Marc und Francine waren zusammengerückt und schrien laut »Nein!« Vater hatte keine Zeit gehabt, zuzustechen. Er lag wieder unten mit einer blutenden Lippe. Ich hatte – ich weiß nicht mehr wie – voll zugeschlagen. Ich kann die genaue Stimmung nicht exakt beschreiben. Ruhig war ich nicht, im Gegenteil, ich muß genauso weiß und blaß wie Vater ausgesehen haben. Ich bebte genauso wie er. Es war wirklich ein Kampf ums Überleben, einer von uns war zu viel in diesem Haus. Das wurde mir immer deutlicher. Es ging nicht nur um die Macht oder darum, wer hier etwas zu sagen hatte, sondern auch um die Position, und Vater hatte sie verspielt und zwar wortwörtlich. Er hatte sich abseits der Familie gestellt und durch sein Verhalten die ganze Familie, ich in der Vorderfront, gegen sich gebracht. Vater war sicherlich nicht glücklich über diese Situation. Es mag sein, daß er sogar traurig darüber war. Ich nehme es an, bin aber gleichzeitig sicher, daß so etwas in ihm nie hochkam. Er hat nie ein Wort der Reue geäußert, hat sich nie entschuldigt, hat nie versucht, seine Meinung in Frage zu stellen. Er ist nie einen Kompromiß eingegangen ... Die Liste dieser sturen Haltung ist leider sehr groß. Das Crescendo nahm seinen Lauf und hörte nie auf, solange ich in Saint Dié lebte.

 Diese Zeilen wühlen mich immer noch auf. Vater ist, wenn ich dieses niederschreibe, siebzig Jahre alt und immer noch wie damals, sogar, durch seine Senilität verstärkt, noch schlimmer. Immer noch muß ich in seiner Gegenwart aufpassen, meine Worte auswählen, ihm das Gefühl geben, er hat recht: »So ist es gut, wie du es meinst.« Heute kann ich es, ich kann mich über seinen Charakter setzen, aber damals konnte ich es nicht. Dieses instinktive Agieren war meine Rettung. Der Druck, wegzugehen, wurde immer größer. Mein Bauch sagte mir schon damals, es würde nicht gut sein, hier bei der Familie zu bleiben. Etwa eine oder zwei Wochen später, als Vater sich beruhigt hatte, sprach ich ihn wegen meiner Berufsvorstellung an: »Ich will zur École Hôtelière de Grenoble gehen.« Ich hatte schon geschrieben und mich so formell beworben. Er sagte nicht viel dazu. Er wollte auf die Antwort warten, als ob er etwas geahnt hätte. Die Antwort mit dem Bewerbungsformular kam bald zurück. Es war voller Bedingungen. Die meisten konnte ich erfüllen, sogar die Mittlere Reife, wenn es sein mußte. Eine einzige Bedingung konnte ich nicht erfüllen: Die Schule fing am 1. September 1965 an, ich durfte nicht älter als 16 Jahre sein in diesem Schuljahr. Bei der Bewerbung war ich schon ein halbes Jahr älter und ein Jahr später viel zu alt für diese Schule. Ich sprach Madame Pierre an und fragte, was ich tun sollte. Jeder wußte, daß ich oft krank gewesen war und sehr oft gefehlt hatte und deswegen sehr spät ins College kam. Sie sagte, ich solle vom Arzt alle Beweise und Atteste sowie die Verschickungspapiere verlangen und sie bei der Bewerbung mitschicken.

Es dauerte eine lange Zeit, bis ich alles zusammenhatte und die Bewerbung wegschicken durfte. Inzwischen war das Leben im College einigermaßen lustig geworden. Mein Physik- und Chemielehrer Herr Boss nannte mich immer *grand con,* so etwas wie blöder Hund, weil ich sehr oft lustig in der Klasse war und den Unterricht störte. Im Physiksaal saß ich deswegen ganz vorn außen. So konnte Herr Boss mit seinem Holzbein doch relativ schnell bei mir sein.

Eines Tages, ich weiß nicht, ob eine Chemie- oder Physikstunde stattfand, zeigte uns Herr Boss verschiedene Metallstückchen, um die Densität kennenzulernen. Er ließ zehn bis fünfzehn Metallplättchen von Schüler zu Schüler gehen. Sie landeten alle bei mir, worüber ich froh war. Ich stapelte sie so geschickt, daß es einen kleinen Turm gab. Herr Boss schaute schon sehr skeptisch in meine Richtung. »Rolin, fais pas de conneries!« (»Rolin, mach keinen Blödsinn!«) Ich hatte den Satz nicht richtig begreifen wollen und baute meinen Turm zu Ende. Er hielt, wackelte ein bißchen, war aber einigermaßen stabil. Herr Boss machte seinen Unterricht weiter und vergaß mich.

Es war ganz ruhig in der Klasse, es war fast immer so bei ihm. Ich wartete ein paar Minuten und stupste den Turm um. Es war so laut, daß ein paar Schüler erschraken – mit leichtem Schreien. Herr Boss fuhr hoch. Ich entschuldigte mich: »Ich bin aus Versehen darangekommen.« – »Tu l'as fait exprès.« (»Du hast es absichtlich gemacht.«) – »Nein, Herr Boss, ich schwöre, es war wirklich unabsichtlich.« Er kam zu mir, schaute mich streng an und sagte: »Paß auf, sonst fliegst du aus der Klasse!«

Ich fühlte mich an dem Tag sehr wohl und gelassen und baute ganz diskret, ohne Geräusche, ohne daß Herr Boss sofort sah, was ich machte, so schnell wie möglich, einen zweiten Turm. Als er hoch genug war, stupste ich den Turm, so daß die Metallplättchen durch die Gegend flogen. Herr Boss: »Rolin, je vais te foutre à la porte avec un grand coup de pied dans le cul. Grand con!« (»Rolin, ich schmeiß dich mit einem großen Tritt am Arsch raus. Blöder Hund!«)

Er kam zu mir. Ich stand auf und wartete auf ihn. Als er zuschlagen wollte, machte ich einen Sprung zur Seite. Die Klasse lachte. Er versuchte es ein zweites Mal, ich ging nach vorn. Er versuchte es noch einmal. Ich rannte weg. Er versuchte, hinter mir herzurennen. Es war eine richtig komische Situation entstanden. Boss versuchte immer wieder humpelnd, mich mit dem Holzbein zu treffen. Der Lacherfolg war so groß, daß ich beschloß, eine zweite Runde zu drehen. »Hau ab, blöder Hund«, wiederholte Herr Boss die ganze Zeit. Irgendwann lachte auch er dabei. Ich ging wieder zu meinem Platz. Boss lachte und war gleichzeitig sauer auf mich. »Si grand et si con« (»So groß und noch so blöde«), war sein Kommentar. »Ruhe jetzt!« Die Klasse konnte sich nicht so schnell beruhigen. Ich mußte auch grinsen. Die Situation war filmreif, so urkomisch, daß sie in der Pause auf dem ganzen Hof erzählt wurde. Herr Boss versuchte nicht mehr, mir einen Fußtritt zu geben. Er war im Grunde genommen sehr nett zu mir.

Um mich mit ihm zu versöhnen, wurde ich in diesem ersten Trimester der 10. Klasse, Erster in Physik und Zwölfter in Chemie bei dem trimestriellen Klassement. Herr Boss gab mir die Klausuren zurück mit diesem Kommentar: »Sans conneries tu aurais pu mieux faire.« (»Ohne Blödsinn hättest du noch besser sein können.«) Er war immer ernst, sogar mürrisch und sah fast immer schlecht gelaunt aus. Ich war der einzige, der es je geschafft hatte, ihn zu einem Lachen zu bringen, und es wurde ein Bild für die Götter: es war ein verkrampftes Lächeln, er sah aus, als ob er widerwillig lächeln mußte, als ob er dabei sein Gesicht und seine Autorität verlieren würde. Ich mochte ihn sehr, unsern kleinen Herrn Boss.

Francine, die neue in unserer Klasse, war ein großes, sehr schlankes Mädchen. Sie war ein Jahr jünger als ich. Ich fand sie sehr schön, war von ihrem Lächeln fasziniert und merkte bald, wie sie mich interessierte. Noch nie hatte ich so offen Sympathie für eine werdende Frau empfunden. Es geschah etwas Neues in mir. Auf einmal enstanden neue körperliche Beschwerden, die aber nur in der Nähe von Francine auftraten. Ich kriegte leicht wackelige Beine oder Ohrensausen. Mein Herz schlug schneller und drohte zu zerbersten. Der Darm spielte auf einmal eine düstere Musik. Meine Unsicherheit nahm zu.

Ich war verliebt und wußte es nicht.

Ich plagte mich lange mit diesem Gefühl im Bauch, unfähig, es zu benennen und etwas dagegen zu unternehmen. Bernard wußte es lange vor mir. Er merkte, wie ich in der Nähe von Francine ganz anders wurde. Als er behauptete, ich wäre in sie verliebt, wurde ich ganz sauer auf ihn. Ich fragte: »Comment le sais-tu?« (»Woher weißt du das?«) – »Je suis tombé souvent amoureux. Mais ça passe vite!« (»Ich war schon oft verliebt. Es vergeht schnell!«) meinte Nanard, aber davon wußte ich nichts. Wir waren oft zusammen; er hatte Freundinnen, aber daß er in sie verliebt war, war mir ganz fremd. Er gab mir einen Tip. Ich sollte sie nach Hause begleiten, und es würde schon funken. Was er dabei wohl gemeint hatte! Nach langen und reifen Überlegungen, die sicherlich über eine Woche dauerten, fragte ich Francine nach der Schule, ob ich sie nach Hause begleiten dürfte. »Warum nicht, wenn es dir Spaß macht. Ich wohne in St. Roch.« St. Roch war ein relativ neues Viertel auf der anderen Seite von Saint Dié, etwa drei Kilometer vom Gymnasium entfernt. Für mich war es nicht so weit, und ich begleitete Francine jeden Nachmittag etwa zwischen 16 und 16.30 Uhr nach Hause. Wir redeten viel und trennten uns jeden Tag mit einem Handschlag. Bernard fragte mich zwei bis drei Wochen später. »Na, wie weit bist du?«

Was meinte er damit: »Wie weit bist du?« »Est-ce-que tu l'as déjà embrassée sur la bouche? As-tu déjà couché avec elle?« (»Hast du sie schon geküßt? Hast du schon mit ihr geschlafen?«) Gut, ich war fast siebzehn Jahre alt, aber diese Fragen waren deplaziert. Ich wußte nur eine Antwort: »Nein« und »Warum?« Bernard lachte mich aus und sagte, daß ich ein Mann bin und wir dafür geboren sind, mit Frauen zusammenzusein, dazu gehörte auch Küssen und Beischlaf. Es wäre Zeit, damit anzufangen. Ich fragte Bernard, ob er schon ein Mädchen geküßt hätte. Sein Lachen wurde lauter und ironischer. »Jean-Jacques. T'es vraiment con!« (»Jean-Jacques, du bist wirklich blöde.«) Es stimmte. Ich war wirklich blöde. Wie hätte ich es anstellen können, sie zu küssen. Einfach fragen: »Francine darf ich dich küssen?« »Nein«, sagte Bernard, »Tu es da auf den Mund. Auf den Mund, ja. Und du schiebst deine Zunge in ihren Mund.« – »Wirklich? Wonach schmeckt es?« Bernard krümmte sich und konnte nicht mehr aufhören zu lachen. Bernard war ein guter Kumpel. Er wußte viel von mir und war doch sehr feinfühlig zu mir. Nie erzählte er meinen Erfahrungsmangel in der Klasse. Ich glaube, jeder und jede wußten es genau. Francine auch, glaube ich.

Ich brachte sie weiterhin fast jeden Nachmittag nach Hause, ohne daß ich jemals gewagt hätte, etwas zu unternehmen. Bernard ließ nicht locker. Ich gab zu, daß ich sie gern mochte und gern küssen würde. Mit dem Rest müßte ich noch warten. Ich war noch so jung.

Nach einem Vierteljahr war ich so weit. Ich hatte abends zu Hause fleißig mit meinem Kopfkissen geübt und versuchte mir vorzustellen, wie es sein könnte. Meine Vorstellungskraft reichte nicht aus, das Kopfkissen antwortete nicht und blieb reglos. Ich probierte es ausgiebig und kam zu dem Schluß: »Ich muß es tun!«

Also, ich wartete irgendeinen Donnerstagnachmittag in der Bar Cintra mit Bernard auf sie. Ich wußte, sie ging wie viele von uns jeden Donnerstagnachmittag in die Stadt, um Freunde und Freundinnen zu treffen. Ich spielte Flipper und wartete ungeduldig auf sie. Als ich sie sah, schubste Bernard mich sofort nach draußen, damit ich nicht kniff. Ich ging zu Francine und fragte, ob ich sie begleiten dürfte. Wir blieben den ganzen Nachmittag zusammen, und ich brachte sie nach Hause. Kurz vor dem Hause blieben wir an einer hohen Mauer stehen. Sie lehnte sich mit dem Rücken an diese Mauer. Ich kam näher – ich war doch größer als sie – und streckte meinen Arm über ihre linke Schulter gegen die Mauer. Wir blieben einen Moment so, mir war es ganz flau im Magen. Ich hatte das Gefühl, jede Minute kleiner zu werden, weil meine Beine immer mehr zitterten und wartete noch auf die Eingebung. Sie kam plötzlich, und ich bückte mich zu Francine und suchte zaghaft mit meinem Mund ihre Lippen. Ich kam sehr nah, immer näher, und als ich ihre Lippen erreichte, drehte Francine ihren Kopf weg und sagte mir: »Ce n'est pas permis, car j'ai un petit ami!« (»Du darfst es nicht. Ich habe einen Freund!«) Na schön. Es war schon vorbei, bevor es anfing. Ich ging sehr schnell nach Hause und zeigte niemandem meine Enttäuschung. Bernard fragte mich, ob ich es endlich erreicht hätte, mit Francine zu schlafen. »Ich habe Schluß gemacht!« sagte ich lapidar. »Hast du sie wenigstens geküßt?« Er ließ nicht locker. »Nein. Ich kann es nicht!« – »Jeder kann das!« Ja, vielleicht irgendwann, aber es war doch zu früh für mich. Ich ließ zuerst alle Mädchen beiseite und konzentrierte mich voll auf meinen Sport.

Die Schule lief mehr oder weniger zufriedenstellend. Rugby wurde für mich eine gute Schulung im Sinne der körperlichen Disziplin. Es machte mir Spaß, mich zu verausgaben. Ich liebte diese Trainingseinheiten. Lafitte sagte mir nach etwa sechs Wochen Training: »Du kommst Sonntagmorgen mit. Wir spielen in Straßburg.« Ich sollte in der Juniormannschaft von Saint Dié spielen. Wir spielten immer vor der ersten Mannschaft. Lafitte war immer dabei. Es war Winter, und der Boden war halb gefroren, als wir nach Straßburg fuhren. Inzwischen hatte ich einiges gelernt und war körperlich stabil genug, um achtzig Minuten lang zu spielen. Mein Auftritt dauerte fünfzehn Minuten und ich mußte ausgewechselt werden. Wir hatten gelernt, wie man den Gegner mit einer klassischen *plaquage* stoppen kann. Ich mußte den Gegenspieler an den Oberschenkel fassen mit beiden Armen und meinen Kopf auf seinen Bauch stellen, um ihn damit zu Fall zu bringen. Diese erste Partie war zäh und der Gegner überlegen. Ich stand oft dumm da und wußte noch nicht, was ich zu tun hatte. Lafitte schrie: »Geh ran, da ist dein Mann!« Ich ging heran und brachte ihn zu Fall. Leider hatte ich mich auf die falsche Seite gestellt, so daß mein Gegner auf meinen Kopf fiel. Ich wurde herausgetragen. Die Sternen leuchteten abends noch in meinem Kopf. Es war aber nicht so schlimm. Seitdem wußte ich genau, wie man den Gegner zum Stoppen brachte. Da ich war ziemlich schnell war und relativ hoch sprang, zwei Vorteile, die für die Mannschaft von Wichtigkeit waren, wurde ich in die Mannschaft integriert. Das Mannschaftsspiel war etwas, was mir sehr gefiel. Ich durfte und mußte dabei sein. Wir trafen uns in unserer Kneipe »Le Bar Terminus«, wo der Rugbyverein seinen Sitz hatte. Samstag und Sonntag waren immer Rugbyspieler dort zu finden. Der Samstag bedeutete oft Pflichtbesuch für mich und die meisten von uns, denn Samstagnachmittag fand im Fernsehen die direkte Übertragung eines Rugbyspiels der französischen ersten Liga statt. Wir saßen oft zu zwanzig, manchmal dreißig Spielern im großen Saal und gingen mit unserer Lieblingsmannschaft mit. Volles Haus gab es, wenn es ein Match des *Tournoi des 5 Nations* gab. Ein Turnier zwischen Wales, Irland, Schottland, England und Frankreich, war der Höhepunkt der Saison. Es gab acht Begegnungen mit Frankreich, und es gab jedesmal eine unbeschreibliche Hochstimmung im »Terminus«. Die meisten unserer Spieler kamen aus dem Süden Frankreichs, auch die Junioren. Herr Lafitte und ein Unternehmer hatten diese Spieler hergelockt, um in Saint Dié eine Mannschaft zu gründen. Sie hatten alle Arbeit und Wohnungen bekommen. Die erste Mannschaft wurde auf Anhieb Meister von Elsaß-Lothringen. Bei solchen Fernsehübertragungen war die Stimmung kochend heiß. Die »Südländer«, wie wir sie nannten, feierten lauthals und mit einer unheimlichen Gestik. Bei meinem ersten Besuch war ich vollkommen erdrückt von dieser Atmosphäre. Ich saß in einer Ecke, sagte kaum etwas und beobachtete die Zuschauer und ihre Reaktionen. Sie waren alle parteiisch und sehr chauvinistisch. Wenn Franzosen am Ball waren, standen immer ein paar Zuschauer und spielten mit dem Körper mit; deswegen stand ich oft hinten, um besser zu sehen. Es war für mich nach anfänglichen Zögerungen und Skepsis immer ein kleines Fest, dabei sein zu dürfen. Ich war oft da, weil wir zu Hause keinen Fernseher hatten, wie die meisten Spieler, und genoß diese familiäre, oft explosive Luft, die verströmt wurde. Wie aus »einer Brust«, wie aus »einem Mund« wurde gesprochen, gesungen und geschrien. Mit der Zeit machte ich mit, nicht nur in der »Reserve«. Ich fühlte mich sehr wohl in dieser »kleinen Männerwelt«, weit weg von meinen Problemen zu Hause. Es wurde nie über persönliche Belange gesprochen. Wir waren zusammen, motiviert und getragen vom selben Verlangen, uns in diesem Sport den Frust aus dem Leib herauszuarbeiten oder wie hier herauszuschreien. Ich wurde von allen akzeptiert und respektiert, war nicht mehr der Schwächling, auch nicht der Crack, aber jemand, den man durchaus ernstnehmen durfte. Jean-Claude, das älteste Kind meiner Patentante Madeleine, war oft mit mir zusammen in diesem Frühjahr 1965. Wir trafen uns oft in der rue Thiers oder bei ihm zu Hause. Madelaine hatte schon einen Fernseher. Sie besaß sogar ein Auto, einen Skoda, den sie allein fuhr. Ihr Mann hatte den Führerschein nie bestehen können. Madeleine, meine eifersüchtige Tante, war immer bestrebt, uns zu zeigen, daß sie etwas Besseres war als wir. Ihr Sohn, Jean-Claude, war in ihren Augen der bessere von uns beiden. Die Konkurrenz war unglaublich hart und unerbittlich. Tante Madelaine ließ keine Möglichkeit aus, es uns zu sagen. Jean-Claude und ich wußten nichts von einer Konkurrenz, wir mochten uns und gingen gern zusammen aus. Er war ein lieber, etwas einfacher Junge ohne Ehrgeiz, er ging in die Schule und war nicht besonders gut gewesen, deswegen mußte er schon arbeiten, und ich war im Collège. Ich weiß, wo da eine Konkurrenz zu sehen war. Meine Tante, verbissen bis ins Mark, stellte zunehmend Unruhe in der Familie her. Sie mochte meinen Vater nicht und unterstützte Mutter offensichtlich. Vater hatte sie ein paar Mal herausgeworfen, als ich nicht da war. In meiner Gegenwart blieb er etwas ruhiger. Madeleine versuchte, getragen durch ihre Eifersucht, mich auch schlecht zu machen. Sie behauptete irgendwann sogar, ich würde die »École Hôtelière« nicht schaffen, weil ich vorher die Mittlere Reife sowieso nie und nimmer bestehen würde. Sie wettete sogar mit mir. Ich würde eine elektrische Gitarre kriegen, falls ich, ja falls ich diese Prüfung bestehen würde. Sie war sich so sicher, meine Tante. Sie verlor. Ich habe nie eine elektrische Gitarre von ihr bekommen. Die starke Veränderung meiner Tante lag sicherlich an ihrer religiösen Bekehrung. Sie war seit etwa zwei Jahren zu den Zeugen Jehovas übergetreten und seitdem sehr negativ eingestellt, was uns betraf, mich besonders. Ich begriff damals diese relativ plötzliche Veränderung nicht, ich führte sie auf ihren Neid zurück, auf ihre Unfähigkeit, den Tatsachen ins Auge zu sehen, daß ihre Kinder nicht so gut waren in der Schule wie ich bis jetzt. Nein, die Veränderung lag viel tiefer; sie fing an zu hassen. Alles, was nicht in ihre neuen Weltansichten paßte, wurde abgelehnt. Madeleine versuchte auch, uns zu bekehren, ihre Familie zuerst und dann unsere. Ausdauer hat sie keine gehabt, denn sie versuchte es heute noch, hat aber niemanden bekehren können. Sie blieb und bleibt die einzige unserer großen Familie, die zu den Zeugen Jehovas gehört.

Das Frühjahr 1965 verging sehr schnell. Irgendwann mußte ich mich um meine Mittlere Reife kümmern. Eine Woche vorher lernte ich fast Tag und Nacht, besonders nachts. Ich weiß noch, wie ich nachmittags nach der Schule draußen auf den Stufen, die zum Flur und zur Küche führten, Physik und Chemie lernte. Wir wußten nicht, was geprüft wurde, welche Themen dran kamen. Infolgedessen mußten wir das ganze Programm lernen. Mathematik war immer ein Schwachpunkt für mich gewesen. Ich konnte diese Formeln nicht behalten und hatte sowieso keine Lust, so einen »Unsinn« zu behalten, lernte aber trotzdem, weil ich wußte, daß ich Erfolg haben mußte, um auf einem offiziellen Weg von der Schule weggehen zu können. Ich mußte diese Prüfung schaffen und der Rest wäre noch eine Kleinigkeit. Bis spät in die Nacht lernte ich, ohne müde zu werden und fühlte mich motiviert und dabei sehr gut. Ich schaffte meine Mittlere Reife mit einer respektablen Note, ohne hervorragend zu sein. Mein Ziel war geschafft. Ich hatte mein erstes Ziel erreicht und war überglücklich, als ich nach dem Bekanntmachen der Ergebnisse nach Hause kam.

Meine Eltern warteten aufgeregt auf mich. Das heißt, Mutter wartete sehnsüchtig auf mich, um zu erfahren, ob ihr »Großer« es geschafft hatte. Sie war überglücklich, aber nur für kurze Zeit. Ihr Stolz war in ihren Augen zu sehen, aber ihr Gesicht wurde sehr traurig nach dieser Blitzfreude. Sie wußte, ich würde im Herbst dann weg sein. Vater war eher sehr glücklich, was mich überraschte. Wir waren ständig im Clinch und eher befeindet als befreundet. Sein glückliches Gesicht ließ mich nichts Gutes ahnen. Er stand vor der Küchentür und hielt das dritte »bulletin trimestriel« des Schuljahres 1964/65. Er strahlte, als er las: »Admis en seconde! Trop âgé pour le lycée hôtelier de Grenoble!« (»Kann die elfte Klasse besuchen! Ist aber zu alt für das Hotellerie-Fachgymnasium von Grenoble.«) Der Schlag traf mich sehr tief. Ich durfte in die 11. Klasse, aber nicht nach Grenoble, ich war zu alt. Ohne Kommentar. Diese Nachricht ging zuerst zu Madame Pierre, unserer Schuldirektorin. Ich wartete seit Wochen, um zu hören, ob ich angenommen wurde oder nicht, und »der alte General« wußte wahrscheinlich seit Wochen, daß es nicht klappen würde und ließ mich sogar die Mittlere Reife machen und überstehen, um dann trocken per Brief zu sagen: »Es war alles umsonst.«

Ich tobte, war sauer, schmiß alles, was greifbar war, durch die Luft und bekam einen richtigen Wutanfall. Ich nahm die Hündin, die sehr froh war, mit mir abzuhauen. Wir verschwanden im Wald und blieben stundenlang weg. Mein Traum war weg. Ein einziges Mal, seitdem ich auf der Erde war, ein einziges Mal wollte ich, ich allein, etwas, das *ich* ausgesucht und bestimmt hatte, realisieren. Ich hatte mir einen Weg ausgedacht, um die Familie zu verlassen und allein irgendwo anders leben und lernen zu können. Die Enttäuschung saß sehr tief. Meine Hündin spürte es. Wir liefen durch das ganze Kembergmassiv. Nachdem wir hoch zu dem Anozelfelsen geklettert waren, blieben wir auf dem Bergkamm und liefen auf etwa 800 Meter Höhe den ganzen Gipfel entlang. Der Kemberg war ein paar Kilometer lang und bildete eine Art Mauer auf der Südseite von Saint Dié. Die erste Stunde blieb sie ständig neben mir, ohne daß ich ihr etwas befohlen hatte. Da oben, allein mit meinem Hund, dachte ich über meine Zukunft nach. Ich wußte nicht, was ich tun sollte. Vater wollte mich nicht gehen lassen. Ich »gehörte« ihm bis zum 21. Lebensjahr. Er hatte eingewilligt, als ich zur Fachschule gehen wollte, wahrscheinlich wohlwissend, daß es nicht klappen würde. Er hatte irgendwie noch einmal gesiegt. Ich blieb da. Mutter war so froh, Marc und Francine auch, Diane auch, Madame Hocquel auch und andere auch ... Ich allein war der einzige, der die Enttäuschung verkraften mußte.

JUNI 1965 – FEBRUAR 1966

Diesen Sommer 1965 verbrachte ich ohne Arbeit ... Ich hatte mich darum nicht gekümmert, weil ich dachte, ich wäre damit beschäftigt, mich zu verabschieden und vorzubereiten für die Zukunft außerhalb von Saint Dié.

Ich war in den Ferien viel im Garten, baute sogar zwei wackelige Bänke aus Birkenholz hinter dem Haus, ging viel im Wald spazieren mit meiner Hündin Diane und ging ab und zu ins Kino. Es war die große Zeit von Elvis Presley. Ich hatte die Gelegenheit, ein paar Filme von ihm zu sehen. Allesamt sind mir nicht in Erinnerung geblieben. Meine filmische Vorliebe galt einem kleinen, sehr begabten spanischen Sänger namens Joselito. Ich habe seine Filme sehr geliebt. Seine Kinodarstellungen waren ziemlich einseitig, schnulzig rührselig und teilweise sehr dramatisch. Ich war fast erwachsen und durfte abends ins Kino gehen. Ich verdiente das bißchen Geld, das ich brauchte, mit kleinen »Arbeiten«, die ich im Viertel erledigte: da ein Kaninchen schlachten, hier Lebensmittel für eine ältere Nachbarin besorgen, dort Heu und Gras schneiden und später heimbringen. Es ergab sich immer etwas, um ein paar Münzen zu verdienen. Ich war bei unseren Witwen im Quartier ein begehrtes Objekt, ein Instrumentarium, das gern benutzt wurde, um die gestorbenen Männer zu ersetzen.

In diesem Sommer half ich einem Cousin von uns beim Bauen seines neuen Hauses, um genauer zu sein, er war dabei, das Fundament zu gießen, natürlich alles per Handkarren, der Beton wurde auch von Hand gemischt. Ich kam unregelmäßig, aber im Gegenzug durfte ich bei ihm fernsehen. Sie besaßen schon einen Fernseher, wir nicht. Dieser Cousin war nicht mein Cousin, aber der meines Vaters. Ich nannte ihn einfach Onkel, weil er zu mir damals sehr nett war. Er hieß Bourgard und sah etwas degeneriert aus. In seiner Nähe wohnte die Familie Ferry in einer kleinen Baracke, so ähnlich wie die, in der wir elf Jahre lang gewohnt hatten. Die Ferrys: eine Familie, die keine war! In diesem Haus lebten eine alte »Dame«, die keine war, ihr Schwiegersohn, mit dem sie ein Kind gezeugt hatte, ihre eigene Tochter, die wiederum jedes Jahr schwanger wurde von dem Mann, der ihre eigene Mutter auch geschwängert hatte ... Es war schwer für uns Nachbarn, durchzublikken ...

Die ältesten Kinder waren schon um die zwanzig. Die Familie war sehr arm, und ich weiß noch, wie die »ewig schwangere« Frau ihre Wäsche im Fluß neben dem Bauernhof von Madame Maire wusch. Es gab dort eine kleine betonierte Stelle, parallel zum Fluß, mit einem großem Holzbrett, worauf die heiße Wäsche, die zuerst kam, gewaschen wurde, ins kalte Wasser getaucht wurde, wieder aufs Brett kam, gebürstet wurde.

Diese Frau Ferry kam fast jeden Morgen, schwanger oder nicht, mit ihrer Handkarre und blieb niederkniend Stunden und wusch und wusch ... sommers wie winters ... Ich hatte schon Mitleid mit ihr! Mit ihren Söhnen nicht! Zwei ihrer größeren Söhne mochten mich überhaupt nicht, und sie ließen nie eine Gelegenheit aus, es mich spüren zu lassen. Ich wurde immer von weitem ausgeschimpft, beleidigt durch einfache Schimpfwörter, die den Reichtum der französischen Sprache ausmachen! Meistens ignorierte ich diese Provokationen, weil sie fast immer zu zweit waren und ich fast immer allein!

Eines Tages in diesem Sommer 1965 holte eine dieser »Mißgeburten« die Wäsche vom Fluß ab, wo die »wahrscheinliche« Mutter wartete. Ich kam gerade vom Grasschneiden und war mit nacktem Oberkörper auf dem Nachhauseweg, um die großen Segeltücher zu holen, in denen das frische Gras transportiert werden sollte. Das Gras wurde auf dem Rücken getragen, nachdem man die vier Ecken des Tuches zusammengebunden hatte. Ich traf diesen Sohn, ich weiß nicht mehr, wie er hieß, kurz nach dem Bahnübergang. Er ging sofort auf mich los und fing an, mir eine unverständliche Serie von ausgesuchten Schimpfwörtern fast ins Gesicht zu spucken, anders kann ich es nicht beschreiben. Francine spielte Seilspringen mit anderen Kindern und konnte die sich abspielende Szene beobachten. Ich versuchte, an ihm vorbeizukommen, ohne etwas zu sagen. Er stellte sich sofort quer, um mir jede Fluchtmöglichkeit wegzunehmen! Ich hielt an und sagte, er solle aufhören, mich zu belästigen, was er nicht tat! Er machte weiter und ging sogar auf mich los. Er wurde handgreiflich, und die Schläge prasselten langsam auf mich herunter. Francine alarmierte Mutter, die irgendwo im Garten war. Mutter kam und trennte uns energisch! Er hatte inzwischen meine beiden von der Sonne leicht geröteten Schultern total zerkratzt. Ich rannte blutend sofort nach Hause, um ein Hemd überzuziehen. Wütend band ich meine Hündin los und rannte zum Ort des Geschehens zurück. Ferry sah die Hündin laut bellend auf sich zu kommen. Er versuchte, wegzurennen, war aber nicht schnell genug, um dem Angriff meiner Diane auszuweichen. Sie hatte ihn schon am Knöchel gepackt. Ich kam kurze Zeit später zu dem verängstigtem Ferry, der endlich ruhig wurde. Seine Mutter und eine seiner Schwestern oder Halbschwestern waren auch da sowie andere vom Geschrei alarmierten Nachbarn. Ich war sehr aufgeregt, ließ Ferry in der Umklammerung des scharfen Gebisses meiner Hündin noch etwas zappeln und sagte ganz laut: »Wenn jemand mich oder meine Familie angreift, werde ich ab jetzt meinen Hund auf jeden loslassen!« Ich befreite den armen Kerl endlich aus dem Maul meiner Hündin, die sichtlich froh war, mir geholfen zu haben. Der Vorfall brachte mir Anerkennung, weil die Ferrys nicht sehr beliebt waren, und ich hatte denen eine kleine Lektion erteilt. Ab da an wurde unsere Familie in Ruhe gelassen.

Dieser Sommer brachte eine einschneidende Wende meines Verhaltens. Ich wurde zunehmend unzufriedener, ungeduldiger als sonst und sehr schnell aggressiv. Zu Hause konnte ich es kaum aushalten. Ich half Mutter nur noch bei größeren Arbeiten. Francine war groß genug und dazu ein Mädchen, demnach eher geschaffen für die Hausarbeit als ich, dachte ich damals. Eines hatte sich zu dieser Zeit nicht verändert, es war das Verhältnis zu meinem Vater! Ich achtete wie ein Wachhund sehr darauf, daß André ja die Familie in Ruhe ließ. In kritischen Momenten, also wenn Vater anfing zu spinnen, wurde ich teilweise brutal und unnachgiebig. Es war auch die Zeit, in der ich abends, wenn Vater zu Hause war und im Bett neben Mutter lag, ins Schlafzimmer ging, um zu verhandeln. Ich wollte von zu Hause weggehen, um einen Beruf zu lernen oder einfach zu arbeiten, oder, oder ... einfach weg, weit weg ... für immer! Eine Sehnsucht ... ein Leitmotiv ... ein quälender Gedanke ...

Es war immer ein Dialog zwischen Vater und mir. Mutter sagte nie etwas dazu! Sie hörte nur zu, wenn »André-der-Große« ständig wiederholte: »Ich opfere mich für euch!« Das war der Leitsatz, der »Abblocker«. Ich hatte keine Arbeit, keine Lehre angefangen, nichts, gar nichts!!! Es galt keine Argumentation von meiner Seite. Er blieb stur. Nur eines galt: ich war der Sohn eines »Rolins« und infolgedessen immer abhängig. »Im Namen des Vaters«, und der Vater war *er!!*

Diese Abhängigkeit wurde mir immer wieder gezeigt, immer wieder bis ins Detail! Ich weiß nicht, was sich Vater für eine Methodik angeeignet hatte, aber sie funktionierte vorzüglich, diese fiese Methode! Das Essen wurde oft Spielbühne dieses mehr als schlechten Theaterstückes, eine ungesunde Mischung zweier Theaterrichtungen, der Groteske und des Dramas (Vater beherrschte sie in ausgezeichneter Manier). Mehrere kleine bissige Sätze gehörten zu seinem Manuskript:

»Wenn du so stark bist, dann geh arbeiten, um die Familie zu ernähren!«

»Ich bin hier der Chef, und die Befehle, die ich verteile, werden ausgeführt!«

»Wenn es dir nicht paßt, die Tür ist offen!«

Und es war genau der Satz, den ich nicht mehr hören konnte. Ich wollte wirklich weggehen, und jedes Mal, wenn ich seine »Generalität« fragte, kam immer dieselbe tendenziöse Antwort: »Ich entscheide, wann du gehen darfst!« Dieser Satz folgte meistens einem Wutanfall. Ja, es war logisch, warum war ich so dumm, noch einmal zu fragen, er konnte nur so reagieren, mein armer unverstandener Vater. Er versuchte, Mutter und den Rest der Familie gefügig zu machen. Es klappte nicht mehr so richtig. Die Fehlschläge mußten wir dann ertragen.

Irgendwann in diesem Sommer, gegen Ende der Schulferien, machte ich die Bekanntschaft zweier Brüder, die auch im Gymnasium von Saint Dié zur Schule gingen: die Gebrüder Courtois. Ich traf sie das erste Mal eines Nachmittags, in unserer Lieblingskneipe »Cintra«, gegenüber der schönen Kathedrale von Saint Dié. Sie tranken und spielten entweder Tischfußball oder Flipper, wie wir alle, die sich in diesem Loch langweilten! Es fiel mir sofort auf, daß der Älteste, Gerard hieß er, besonders viel Geld bei sich hatte. Er war natürlich viel kleiner als ich, etwas buckelig und hielt seinen Kopf immer schräg zur rechten Seite geneigt. Gerard war als »dunkle Gestalt« im Gymnasium bekannt, das wußte ich, aber mehr nicht. Er besuchte die zwölfte Klasse. Sein Bruder, der ein Jahr jüngere Daniel, besuchte die elfte Klasse.

Die Courtois nahmen mich schnell unter ihre Fittiche. Sie waren sehr bemüht, eine Freundschaft mit mir aufzubauen. Wir gingen von da an jeden Tag zusammen aus. Wir gingen unsere Hauptstraße, die »rue Thiers« herunter. Die ist nicht sehr lang und nicht besonders attraktiv, aber wir trafen gerade in der »rue Thiers« alle jungen Leute, die es zu treffen gab. Dabei erfuhr ich irgendeines Nachmittags, daß der Vater von Daniel und Gerard im Gefängnis saß, und dies für insgesamt sieben Jahre! »Une histoire d'argent!« war die Antwort auf meine Frage. Eine Geldgeschichte! Mehr erfuhr ich nie. Ich weiß bis heute nicht, warum er im Knast saß. Sie, die Söhne, waren absolut nicht stolz darüber und vermieden jede weitere Unterhaltung darüber.

Das Fundament unserer Zweckfreundschaft war die gemeinsame Unzufriedenheit in unseren eigenen Familien! Wir waren drei Jungen zwischen siebzehn und achtzehn Jahren, unglücklich mit unserem damaligen Schicksal. Ein gemeinsames Problem verband uns: der Vater! Ich erzählte aber auch nicht viel über meinen Vater, nur das Nötigste, daß er ein notorischer Spieler war und daß wir uns ab und an schlugen, mehr nicht! Wir suchten nach einer gemeinsamen Lösung, die wir sehr bald fanden! Ich wollte abhauen. Ich erzählte, daß mein erster offizieller Versuch gerade gescheitert war, und daß ich mir etwas anders überlegen wollte. Die Courtois hatten schon einen Plan parat. Als ich erfuhr, daß sie auch weggehen wollten, war ich einfach glücklich zu erfahren, daß ich nicht der einzige Junge war, der Fluchtgedanken hatte. Also die Courtois auch!!! Sie wollten mit dem Zug nach Südfrankreich fahren, um da Arbeit zu suchen. Ihre Entschlossenheit machte mir viel Mut. Wir sprachen kurz darüber, und ich durfte mitfahren. Warum gerade ich? Diese Frage stelle ich mir jetzt im nachhinein! Ja, warum? Sie hatten alles geplant! Sie hatten das Geld ... Ja ... Warum???

Die Schule hatte im September wieder angefangen. Ich kannte diese zwei Gesellen erst seit kurzem. Wir trafen uns täglich, die Zeit drängte. Die Courtois wollten so schnell wie möglich abhauen. Ich war noch in der Rugbymannschaft und ging noch regelmäßig zum Training, genauso zu den Begegnungen, die traditionell sonntags früh stattfanden. Der Plan wurde dann schnell geändert und sah so aus, daß wir zuerst »nur« bis Colmar fahren würden, und zwar an einem Werktag, um da sofort eine Arbeit zu suchen. Das Geld lag schon bereit. Aber nicht bei mir. »Es spielt keine Rolle«, sagte Gerard »Wir haben genügend für drei!« Wir beschlossen, Mitte September Saint Dié zu verlassen. Wir brauchten nicht viel. Einen kleinen Koffer. Mehr nicht! Aber gerade das, der Koffer! Wie sollte ich mir einen Koffer besorgen, ohne Geld und ohne meine Familie zu alarmieren? Wir hatten zu Hause einen sehr alten, noch aus einer Art Pappmaché, der mich schon zum Süden der Republik begleitet hatte. Ich beschloß, doch den alten Koffer zu nehmen! Mutter wußte sofort, was ich vorhatte! Ich log sie an und erfand eine unglaubwürdige Geschichte, die sie mir sowieso nicht abnahm. Aber Mutter hielt dicht! Und blieb sehr aufmerksam! Ich mußte alles herunterschlucken wie immer und wartete gottergeben auf die nächsten Tage. Die häufigste Frage, die sie mir zu dieser Zeit stellte, war: »Was wirst du in Zukunft machen?« Sie tat mir schon leid. Aber ich mußte an mich denken. Ich war allein auf mich gestellt, und Mutter hätte es nicht begreifen können, wenn ich mit ihr ehrlich geredet hätte. Sie hätte versucht, mich zurückzuhalten. Sie hätte versucht, mich umzustimmen. So aber verhielt sie sich, wie sie es immer getan hatte: sie schwieg!

Schweig, Mutter, schweig! Und leide in der Stille, aber leide so, daß jeder sieht, daß du leidest, Mutter!!

Also, ich mußte sie allein lassen: den kleinen Marc, die etwas größere Francine und meine Mutter. Allein gegen meinem Vater. Ich log Mutter noch einmal bewußt an: »Ich werde heute mittag fernbleiben und mit Bernard Ferry schwere Hausaufgaben bei ihm zu Hause erledigen!« So etwas nahm sie mir sicherlich nicht ab, zumal meine Professoren ständig solche Kommentare schrieben: »Zu faul!«, »Zu träge!«, »Intelligent, aber zu nachlässig!«, »Könnte viel besser sein, wenn er sich Mühe geben würde!« Mutter ahnte etwas.

Ich verschwand an einem Donnerstag und nahm mit den Courtois den ersten Zug nach Colmar! Wir verhielten uns im Zug »ganz normal«. Nichts war normal! Wir sprachen nicht miteinander! Es herrschte anderthalb Stunden lang absolute Funkstille zwischen uns. Erst als wir in Colmar angekommen waren, sagte Gerard, der das Kommando übernommen hatte: »Wir müssen zuerst zur Jugendherberge fahren, um eine Nacht sicher schlafen zu können!« Gesagt, getan. Wir fuhren mit dem Bus zur Herberge, die nicht so weit entfernt war. Ich glaube, wir zahlten fünf Francs pro Person und pro Nacht. Man stellte uns keine dummen Fragen, und der Wächter oder Aufpasser zeigte uns sofort das Zimmer, das kein Schlafzimmer war, sondern ein Schlafsaal mit mindestens zwanzig Betten. Wir waren an diesem Tag die einzigen »Gäste«. Das Gepäck ließen wir da und machten wir uns auf den Weg zum Arbeitsamt: »Bureau du travail et des emplois«. Wir waren über sechszehn Jahre alt und durften nach dem französischem Recht arbeiten, waren aber noch nicht volljährig. Zu dieser Zeit lag die Volljährigkeit immer noch bei 21 Jahren. Die drei Musketiere gingen also zum Arbeitsamt. Wir blieben alle drei zusammen. Wir wurden empfangen und sofort wieder herausgeschmissen. Es gab natürlich keine Arbeit, wir hatten alle keinen Schulabschluß und keinen Beruf. Das war die Hauptargumentation.

Wir schrieben das Jahr 1965. Und die sechziger Jahre waren in Frankreich »magere« Jahre, die immer noch unter den Kriegsfolgen litten. De Gaulle und seine Regierung waren noch nicht in der Lage gewesen, trotz eindeutig politischer Stabilität den nötigen wirtschaftlichen Schwung hervorzubringen. Wir fuhren mit dem Bus Richtung Kaysersberg, der Geburtsstadt von Albert Schweizer, was ich aber erst viel später erfuhr. In diesem Städtchen gab es damals einige kleine Fabriken. Wir dachten, da eine Chance zu haben, endlich arbeitsmäßig Fuß zu fassen. Die erste war eine Ziegelei, wir wurden hineingebeten. Man sprach mit uns. Mehr nicht! Wir hatten keine Chance, wie es der Mann vom Arbeitsamt prophezeit hatte. Wir waren enttäuscht, nicht niedergeschlagen, nein, nur enttäuscht, daß es nicht sofort geklappt hatte.

Wir beschlossen dann, wie ursprünglich geplant, doch Richtung Süden zu fahren, und zwar erst nach einem Halt in Fraize-Plainfaing. Colmar und Fraize-Plainfaing befinden sich quasi auf jeder Seite eines Bergmassivs, nur durch einen Paß getrennt, dem *Col du Bonhomme*. Wortwörtlich übersetzt bedeutet es: Paß des guten Herrn. Die Courtois hatten einen Onkel, der ein Haus in dieser kleinen Stadt besaß. Um Geld zu sparen, wollten wir die zweite Nacht in diesem Haus verbringen. Das Haus stand leer. Gerard hatte keinen Schlüssel, meinte aber: »Wir kommen auch so hinein.« Und wir kamen hinein. Gerard hatte innerhalb von Sekunden das Schloß geknackt! Ich dachte: »In den Fußstapfen seines Vaters!« Am nächsten Tag suchten wir auch in diesem kleinen Ort nach Arbeit. Umsonst.

Ich denke im nachhinein, daß ich die Situation gar nicht ernst genommen oder blindes Vertrauen zu den Courtois gehabt hatte. Ich glaube, die zweite Annahme ist die richtige! Ich dachte wirklich, es würde eine gute Lösung für uns geben und zwar sehr bald!

In Plainfaing gab es an diesem Abend einen Ball. So etwas kannte ich noch nicht. Ja, ich wußte wohl, daß es bei uns überall *bals champêtres* gab, ich war aber noch nie dort gewesen. Ich wollte nicht mitgehen. Meine »Fluchtkompagnons« überzeugten mich. Ich ging mit, fand sogar den Mut, mit einer jungen Frau zu tanzen. Na ja, ich glaube, das ganze hatte in keinem Fall etwas mit Tanzen zu tun! Es war eher der Versuch eines Bauern, eine Bäuerin zu erobern. Es wäre mir beinah geglückt! Ich durfte sie nach Hause begleiten. Zu meinen Mitausreißern sagte ich: »Ich komme gleich wieder.« Ich durfte sie küssen: mein erster richtiger Zungenkuß. Es war aufregend und gleichzeitig irgendwie ekelhaft. Diese bohrende Zunge in meinem Mund, vielleicht suchte sie nach etwas Bestimmtem? Nein, ich hatte keinen Kaugummi im Mund, den sie hätte entfernen wollen! Ich sagte es ihr, und wir verabschiedeten uns in einer sehr abrupten Manier, die ich nie vergessen werde. Ich hatte sowieso andere Sachen im Kopf. Ich kam dann schneller zurück, als gedacht. Die Courtois wollten sofort aufbrechen, was wir auch taten!

Als wir weggingen, hatte Gerard die Tür mit dem von ihm im Haus gefundenen Schlüssel abgeschlossen! Die Überraschung war sehr groß, als wir die Tür offen fanden. Wir gingen vorsichtig hinein und machten das Licht an. Das gesamte Gepäck war weg. Einfach geklaut! Wir waren immer noch auf der Flucht, aber jetzt ohne Bagage. Wir hatten vieles bis jetzt richtig geplant, hatten zwar noch keine Arbeit, aber wir waren nach wie vor fest entschlossen, weiter zu suchen! Jetzt ohne Gepäck! Gerard sagte: »Quelqu'un a averti les flics!« (»Jemand hat die Bullen benachrichtigt!«) – »Non«, sagte ich, »Personne ne sait que nous sommes ici!« (»Nein, niemand weiß, daß wir hier sind!«) – »Qu'allons nous faire à présent?« (»Was werden wir jetzt tun?«) fragte ich dann. Ja, was würden wir noch unternehmen können ohne Klamotten? Wir fingen an, uns zu beraten, als die Tür plötzlich aufging und die Polizei hereintrat. Wir wurden sofort verhaftet. Sie legten uns Handschellen an und schubsten uns unsanft in das Polizeiauto, wie gefährliche Verbrecher. Keiner von uns hatte die Zeit und die Geistespräsenz zu fragen, warum wir eigentlich festgenommen wurden. Als ich fragen wollte: »Pourquoi ...?« (»Warum ...?«) wurde ich mit einem lauten »Silence!« (»Ruhe!«) unterbrochen. Wir fuhren sofort los, und zwar Richtung Saint Dié. Während der ganzen Fahrt durften wir kein Wort sagen. Auf dem »commissariat de police de Saint Dié« warteten Monsieur l'inspecteur Lafitte, mein Rugbytrainer und mein Vater auf uns. Ich wußte sofort, was geschehen war. Vater hatte höchstpersönlich die Sucharbeit geleitet mit Hilfe meines Trainers. Ich sprang hinein, ging wutentbrannt direkt auf meinem Vater zu und wollte ihn zusammenschlagen! Lafitte war schneller. Ich bekam eine knallharte Ohrfeige, die mich zu Boden streckte! Lafitte sagte dann mit seinem provenzalisch singenden Akzent: »Ton père est peut-être un salaud, mais c'est ton père, respecte-le!« (»Dein Vater ist vielleicht ein Schwein, er ist trotzdem dein Vater, respektiere ihn!«) Vater fühlte sich dabei ganz stark und wollte mich auch schlagen. Lafitte ging dazwischen und trennte uns mit einem singenden: »Eh, con, ça suffit!« (»Es reicht jetzt!«) und dann zu mir: »Demain, tu seras présent à l'entraînement et après tu joueras, et tu seras en bonne forme. Maintenant fous-le-camp!« (»Morgen beim Training und danach beim Spiel bist du dabei, und gut in Form, mach, daß du jetzt abhaust!«) Es war der Oberinspektor Lafitte, ein Brocken von Mensch, der in Saint Dié Rugby als Sportart aus dem Süden Frankreichs importiert hatte. Er war in seiner Art rauh und mochte im Endeffekt Vater gar nicht. Seine Einstellung verstand ich damals gar nicht. Ich glaube, es ist eine typisch französische Einstellung: der Vater hat das Recht auf Leben und Tod über seine Familie. Und diese Grundhaltung war bei Vater besonders stark ausgeprägt!

Ich wurde mit dem Polizeiwagen nach Hause gefahren! Mutter umarmte mich weinend und sehr herzlich, fragte dann: »Pourquoi, mon grand, as-tu fait cela?« (»Warum, mein Großer, hast du das getan?«) Francine war genauso traurig wie Mutter, war aber froh, daß ich wieder daheim war. Sie sagte nur: »Tu ne partiras plus jamais! Tu restes ici maintenant!« (»Du gehst nie wieder fort! Du bleibst jetzt hier!«) Marc sagte gar nichts, stand aber lächelnd an meiner Seite und war doch stolz, so einen »Bruder« zu haben. Vater kam an. Wir hörten laut und deutlich sein Mofa um die Ecke. Ich ging sofort zur Tür, wurde aber von drei ängstlichen Personen zurückgehalten. »Heute abend bitte nicht!« sagte Mutter. Ihr Blick flehte mich förmlich an. Sie kam noch näher, immer noch gefolgt von Francine und Marc. »Je t'en prie, restes calme ce soir!« und weinte abermals dabei. Sie bat mich, an diesem Abend ruhig zu bleiben. Ich kochte vor Wut. Ich war wieder einmal von meinem Vater vorgeführt worden. Er hatte noch einmal eindeutig bewiesen, wer in der Familie das Sagen hatte. Es war für mich wieder eine bittere Niederlage gewesen. Wie viele konnte ich noch ertragen? Ich konnte den Mund nicht halten. Als er hereinkam, schrie ich ihn an: »Si, dans l'avenir tu ne te comportes pas comme un véritable père de famille, tu auras affaire à moi!« (»Wenn du dich die nächste Zeit nicht wie ein richtiger Vater benimmst, wirst du es mit mir zu tun bekommen!«) Vater kam auf mich zu mit der erhobener Faust: »Viens! Je te casse la gueule. Je vais te montrer qui est le chef ici!« (»Komm, ich werde dir das Maul polieren. Ich werde dir zeigen, wer hier der Boß ist!«) Es kam zu einem riesigen Geschrei, das erst aufhörte, als Vater, wahrscheinlich zum Kartenspielen, verschwand. Die Atmosphäre beruhigte sich schlagartig!

Meine Mutter hatte mich verraten. Sie erzählte es mir dann, als meine Geschwister im Bett waren. Als ich am Abend des Verschwindens nicht nach Hause kam, war mein Vater dermaßen durchgedreht, daß er drohte, alles kurz und klein zu schlagen, ebenso die Kinder, wenn Mutter nicht erzählen würde, was sie wußte. Sie sagte, was sie wußte: das mit dem Koffer und den angeblichen Schularbeiten ... Als er wußte, daß ich entflohen war, hatte er das Gymnasium alarmiert. Dabei erfuhr er, daß auch zwei andere Gymnasiasten fehlten: die Courtois! Er erfuhr über die Polizei und Herrn Courtois die Geschichte. Wir wurden am selben Abend als »offizielle Ausreißer« überall in der Provinz gesucht. Zwei Tage lang wurden wir von der Polizei gesucht, als ob wir Verbrecher gewesen wären! Ich machte Mutter keine Vorwürfe. Im Gehirn meines Vaters waren wir es doch schon! Unsere Nachbarin, Madame Hocquel, kam noch zu uns, um mich zu trösten, zu beruhigen. Sie war schon genügend bestraft mit so einem Ehemann! Madame Hocquel hat sehr viel für unsere Familie gemacht. Sie stand immer auf meiner Seite und versuchte, mich ständig zu verteidigen, so gut es ging.

Ich war zweimal nacheinander gescheitert. Nun wollte ich weg und war bis zu diesem Zeitpunkt unfähig gewesen, dieses Vorhaben zu realisieren. Ich war ziemlich durcheinander. Ich reagierte mich von da an auf eine extreme Art und Weise ab: Ich spielte überall den Störenfried. Sicherlich hätte ich in Frankreich der sechziger Jahre keine Chance gehabt, eine Arbeit zu finden. Die Arbeitssituation war in den Vogesen katastrophal. Viele Menschen verließen die Gegend, um irgendwo anders eine Stelle zu finden. Die Stadt wurde immer ärmer. Der ehemalige Reichtum von Saint Dié, die Holz- und Druckindustrie, die fast bis zur »Belle-Epoque« anhielt, war stark auf dem Rückmarsch. Viele Fabriken waren veraltet und verschwanden allmählich von der Bildfläche. Es blieb mir nichts anderes übrig, als auf dem Gymnasium zu bleiben! Bei der nächsten Trainingseinheit nahm mich Lafitte beiseite und sagte mir, daß er diesen Einsatz hätte lieber vermeiden wollen. Er hätte mir diese Demütigung ersparen wollen! Er machte nur seinen Job! Blabla, Blabla ... »Arschloch«, dachte ich, »großes Arschloch! Du tust, als ob du mich verstehen würdest, als ob du meinen Vater nicht magst! Du kennst ihn überhaupt nicht! Du kennst nur die Seite vom ihm, die er dir zeigt, nämlich die verlogene hypokritische Seite seines Charakters! Du stehst auf seiner Seite, weil du selbst Vater bist! Was für eine tolle Vatersolidarität!«

Ich war sauer auf Lafitte, denn ich hätte vom ihm mehr Unterstützung erwartet. Ich war auch sehr enttäuscht! Er hatte nicht einmal mit mir reden wollen! Mit diesen Sätzen wollte er nur sein Gewissen reinhalten! Sein Urteil stand vorher schon fest. Es war ihm im Endeffekt vollkommen egal, ob ich zu Hause glücklich war oder langsam verrecken würde! Ja, es war nicht sein Job. Und was sein Job war, hatte er mir gerade gezeigt! Ich war umgeben von Männern, die in ihrer veralteten Vorstellung vom »Vater-Kind-Verhältnis« nicht in der Lage waren, die einfachen Bedürfnisse des heranwachsenden Knaben zu akzeptieren und zu respektieren! Ich war ein untergeordnetes Objekt, eine

Figur auf dem Schachbrett der eigenen Familie, eine Figur, die geopfert wurde, um den König zu retten!!

Am folgenden Montag war ich im Gymnasium in meiner neuen Klasse der Held! Ich war gerade in dieser 2 CM7, wie die Klasse sich nannte und wurde schon gefeiert! Es tat mir gut! Ich wurde da zumindest akzeptiert und etwas verstanden. Ich wollte nicht mehr lernen und war trotzdem gezwungen, weiterhin in der Schule zu bleiben. Aber nun, im Mittelpunkt stehend, würde es erträglicher werden!

Nanard (Bernard Ferry), treu wie immer, war mit in die neue Klasse hineingerutscht! Ich kriegte sofort eine Schar neuer Kameraden, die sich um meine Wenigkeit kümmern wollten. Ich erinnere mich an Alain Voirin, Daniel Stouvenel, Jeanette Müller, Monique Hirsch und Josy. Ja, Josy! Sie versüßte mein Leben innerhalb des Klassenverbands. Ich hatte nur Augen für sie, aber sie nicht für mich! Sie kam aus dem Elsaß, aus Wisches, von der anderen Seite des Berges, genauso wie zwei andere Schüler aus dieser Klasse! Wir blieben bis zu meinen Abgang aus dem Gymnasium sehr gute Freunde!

In der Parallelklasse, auch eine elfte Klasse, war mein Freund, der »Beatle«. Ich habe irgendwann vielleicht gewußt, wie er hieß, aber in meinem Gedächtnis ist er so als »Beatle« geblieben. Er war ein »Brokken« von Mensch! Etwas kleiner als ich, aber doppelt so breit und stark wie ein Bär, leider auch etwas einfach im Denken. »Beatle« war ein richtiger Held. Er war aus dem vorherigem Gymnasium hinausgeworfen worden und kam schon als ungebändigter Naturbursche zu uns. Er benahm sich dementsprechend. Der Clown der gesamten Schule!

Un cancre (ein Taugenichts!) schlechthin! Er suhlte sich in dieser unangefochtenen Reputation! Bis dahin hatte ich nur Kontakt zu ihm durch unseren gemeinsamen Sport: Rugby! Er konnte kaum laufen, so schwer wie er war. Vorne im »Pack« war er unentbehrlich. Durch sein enormes Gewicht war er von keiner gegnerischen Mannschaft wegzubewegen. Wo »Beatle« stand, blieb er, egal, ob er allein da stand oder mehrere um ihn waren! In unserer jungen Mannschaft war er aber nicht allein der Held! Zwei *gitans* (Zigeuner) stahlen ihm ständig die Show. Ich weiß nur von einem den Namen. Er hieß »Napoleon«, weil er aus

Korsika kam. Beide waren die absoluten Stars der ganzen *équipe de rugby*. Sie waren nie beim Training. Sie hatten es nicht nötig, und in der Tat waren die beiden uns allen körperlich überlegen. Ich denke an eine Szene, die während einer offiziellen Begegnung in unserem Stadion stattfand. Wir waren wie fast immer auf der Verliererstraße und versuchten, so gut wie es ging, Einsatz zu zeigen, als »Napoleon« und sein Kumpel, nach einer umstrittenen Entscheidung des Schiedsrichters (ein zu diesem Zweck ernannten Spielers der ersten Mannschaft des damaligen Gegners) zu diesem nichts ahnenden Menschen gingen und ihn in einer Blitzaktion unter die Achseln packten, einer links, der andere rechts, und ihn aus dem Spielfeld trugen! Sie ließen ihn an der Außenlinie herunter, und »Napoleon« sagte ganz ruhig zu ihm: »Wir brauchen dich nicht mehr, du pfeifst sowieso gegen uns.« Er bückte sich zu ihm und dann etwas leiser: »Wenn du wieder hereinkommst, dann ...« und machte gleichzeitig mit seiner rechten Hand eine nicht zu übersehende »Guillotinebewegung« ... Nach einem stürmischen Hin und Her, durfte Lafitte die Partie weiter leiten! Der arme Schiedsrichter verschwand sofort und ließ sich nicht wieder blicken!

Nach meinem heroischen Empfang spürte ich, wie »Beatle« meine Nähe suchte. Er war, mindestens hier in der Schule, nicht mehr der alleinige Mittelpunkt. Er bekam eine nicht gern gesehene Konkurrenz durch mich! Die Courtois kamen eine Zeitlang nicht mehr in die Schule, und Gerard verschwand etwas später vollkommen von der Erdoberfläche, und bis heute habe ich nie erfahren, nicht mal von seinem Bruder, was aus ihm geworden ist. Also, ich war ganz schön beschäftigt, in meiner neuen Klasse die Einzelheiten so blumig wie möglich wiederzugeben. Ich weiß nicht mehr im Detail, was ich alles erzählt haben mag, aber ich glaube schon, aus dieser kleinen Eskapade in die Umgebung eine halbe Weltreise gemacht zu haben mit Tausenden von gefährlichen Abenteuern! Ich log, was das Zeug hielt! Die Wahrheit wäre zu uninteressant und sicherlich zu traurig gewesen!

Zwei Wochen später fand der jährlich stattfindende Rugbyball in unserem *Salle des fêtes* de Saint Dié statt! Die Attraktion des Jahres; in einem Kaff wie Saint Dié wurde jede große Veranstaltung zu einem

Weltereignis. In der Tat: schon unser neuer Tanzsaal war allein den Eintritt wert! Er wurde erst vor kurzem gebaut in der Nähe des Flusses »la Meurthe«, der durch Saint Dié fließt. Es ist ein rundes, massives, häßliches Gebäude, worauf die *déodatiens,* so werden die Einwohner unserer Stadt genannt, sehr stolz sind! Mein erster richtiger Ball in Saint Dié! Nanard und Daniel Dieudoné, ein neuer Schulklassenkamerad und ich hatten uns verabredet, um gemeinsam an einem Tisch zu sitzen. Dieudonné war ein kleiner Schönling, der gern den Frauenheld spielte, ohne Erfolg, wie ich später erfuhr. Er war auch ein kleinwüchsiger Mensch mit einer unantastbaren sportlichen Begabung, die ich nie besaß! Wir saßen an einem Tisch neben dem Tanzparkett, an einem für uns junge Spieler reservierten Platz. Da ich zum Verein gehörte, hatte ich natürlich nicht bezahlt. Die Tanzfläche war rund, und auf der anderen Seite saßen die Prominenten, Lafitte, der Vereinsvorsitzender, ein Buchhalter aus der Banque de France. Beatle war leider auch da und war nicht besonders am Tanzen interessiert. Seine Aufmerksamkeit galt eher der Getränkekarte. Man hörte seine Blödelei ständig im Hintergrund, da er in unserer Nähe saß. Edouard Duleu war der Akkordeonist, der mit seinem Orchester für Stimmung sorgen mußte. Er gehörte bei uns zu den berühmtesten Schifferklavierspielern. Und in der Tat gab es an diesem Abend eine sehr lockere, freudige und ungezwungene Atmosphäre. Die »musette« die nur mit Frankreich verbundene Musik, gehört einfach zu meiner Kindheit. Das Wort *musette* kommt eigentlich aus dem Altfranzösischen und bedeutet Chanson. Es ist auch die poetische Bezeichnung für den Dudelsack und natürlich für das fröhlich besungene Landleben. Für das fröhlich feuchte Landleben sorgte an diesem Abend Beatle!

Er sang schon neben uns in einer Lautstärke, die an der Grenze des Erträglichen lag! Er war dabei, seine eigene Fête zu feiern. Ich trug an diesem Abend einen kleinen Kunststoffhut, um lustig auszusehen wie die anderen. Tanzen konnte ich natürlich nicht, aber nachdem ich einige Biere getrunken hatte, fand ich sogar den Mut, ein Mädchen einzuladen. Ich mischte einfach mit, und es gelang mir, den Alltag zu vergessen. Nanard, Daniel und ich waren dabei, unsere männliche Anziehungskraft auszuprobieren, mit mehr oder weniger Erfolg. Was mich betraf, war mein »Erfolg« eher bescheiden. Ich tanzte zwar oft, aber nur mit einem einzigem Mädchen. Ich wurde ständig gehänselt: »Elle dit simplement ›oui‹ par politesse, parce que tu es le seul à l'inviter à danser!« (»Sie sagt einfach ›ja‹ aus Höflichkeit, da du der einzige bist, der sie einlädt!«) Peng! Es waren meine Freunde! Und die hatten recht, sie war nicht besonders hübsch, um nicht zu sagen, sie war häßlich! Sie sah aus, als ob sie weit über dreißig wäre, aber sie mußte in meinem Alter gewesen sein, da sie mit uns ins Gymnasium ging! Es war nicht so wichtig. Es war einfach gut, daß ich da war und mich wie die anderen freuen konnte, bis Beatle an meinem Tisch auftauchte. Er war schon hochgradig alkoholisiert und suchte einfach Streit. Er schaute mir jetzt direkt in die Augen:

»C'est la merde ici. Tout est con. Les filles sont con et même la musique est con. Et toi, Rolin, tu es le plus con de tous! Eh! Vous avez tous entendus: Rolin est le plus con de tous!« (»Alles Scheiße hier! Die Musik ist total doof! Die Mädchen auch! Und du, Rolin, du bist der doofste von allen! Ja! Hört mal alle zu: Rolin ist der doofste!«) Ich war gemeint, und die meisten hatten es verstanden. Nanard meinte, er solle uns in Ruhe lassen, da wir uns auch ohne ihn gut amüsieren könnten. Die Antwort kam laut und deutlich: »Ta gueule, toi le petit! Tu veux peut-être te mesurer avec moi? Personne ne peut se mesurer avec moi, même pas le Rolin!« (»Schnauze, du Kleiner! Willst du dich mit mir messen? Keiner kann sich mit mir messen, nicht einmal der Rolin!«) Ich, schon wieder. Ich hatte wirklich nicht die Absicht, mich mit ihm zu messen. Auch im betrunkenen Zustand war Beatle, diese monströse Mischung aus Muskeln und Fett, ein Hindernis, das nicht zu übersehen war und wahrscheinlich zu ungesund für mich! Ich reagierte nicht und ging einfach »tanzen«. Ich war dabei, mich mit den Geheimnissen des »zaghaften Schmusens« vertraut zu machen, als ich unsanft von einer kräftigen Pranke festgehalten wurde: »Je veux me battre avec toi!« (»Ich will mich mit dir schlagen!«) Wer sagte das? Natürlich Beatle! Er wollte auf der Tanzfläche mit mir kämpfen! »Moi, non! Tu es saoul! Laisse nous tranquille et rentre chez toi!« (»Ich aber nicht! Du bist betrunken! Geh nach Hause und laß uns endlich in Ruhe!«) Ich wurde laut, und wir wurden sofort getrennt, und Beatle verschwand! Ich war beruhigt und dachte, der Abend wäre gerettet!

Der Abend verlief ohne Zwischenfälle bis zu der Zeit, als ich die Toilette besuchen mußte. Ich konnte so viel tanzen, wie ich wollte, die Blase leerte sich nicht automatisch dabei! Ich betrat das Pissoir und sah Beatle in einer schwierigen Lage: Er versuchte, schwankend zu treffen, was ihm nicht richtig gelang ... er traf daneben ...! Ich erleichterte mich so unauffällig und so schnell wie möglich in der Hoffnung, nicht entdeckt zu werden. Ich war dabei, die Hose wieder zuzuknöpfen, als ich diese mich ständig verfolgende Stimme hörte: »Je vais te casser la gueule! Ici et tout de suite!« (»Ich haue dir die Fresse voll. Hier und sofort!«) Beatle kam drohend zu mir. Ich hatte nicht die Zeit, ans Händewaschen zu denken. Ich dachte nur daran, so schnell wie möglich abzuhauen! Ich rannte hinaus! Er hinter mir her! Ich flüchtete in die große Halle. Er schrie laut, wie entfesselt: »Je te casse la gueule! Je te casse la gueule! Chiard!« (»Ich haue dich, ich haue dich, du Feigling!«) Er war nicht mehr zu beruhigen. Der Tumult nahm in der Eingangshalle deutlich zu. Beatle sorgte dafür! Ein paar Rugbyspieler versuchten, den wütend agierenden Beatle zurückzuhalten. Vergebens. Er schob sie mit seiner Masse nach vorne in meine Richtung. Lafitte wurde alarmiert. Er kam und machte sich sofort ein Bild von der Situation. Er kam zu mir und sagte ganz laut: »Vas-y, Rolin! Il mérite une paire de coups de poings sur la gueule! N'ai pas peur, on reste près de toi!« (»Geh, Rolin! Haue ihm ein paar Schläge ins Gesicht! Er ist reif! Wir bleiben alle in der Nähe! Keine Widerrede!«) Also, so einfach ging das. Es wurde für mich entschieden. Natürlich gingen Nanard, Daniel, Lafitte und fast die ganze Rugbymannschaft auch raus, um dem Spektakel beizuwohnen! Beatle wurde hinausgebracht, wo ich schon wartete. Ich zog die Jacke aus und krempelte die Ärmel meines Hemdes hoch. Kaum war ich fertig, da stürzte sich Beatle mit voller Wucht auf mich! Lafitte schrie: »Boxe! Boxe le, sinon tu n'as aucune chance!« (»Boxen, boxen! Sonst hast du keine Chance!«) Und ich boxte und wie! Der erste Schlag traf Beatle voll ins Gesicht: Er torkelte ein wenig, schüttelte sich und wollte wieder zu mir ... Eins, zwei ... und noch einmal! Diese ersten Schläge waren noch so unsicher. Ich hatte noch nie geboxt. Und jetzt auf einmal gegen ein solches Monstrum wie Beatle. Beatle, anstatt müde zu werden, wachte langsam auf! Zu meinem Pech! Lafitte und Nanard schrien aus einer Kehle: »Fais attention! Tourne autour de lui, et frappe plus fort!« (»Paß auf! Dreh dich und hau viel stärker!«) Gut gesagt. Ich stand allein da gegen die wild gewordene Furie. Ich hielt Beatle auf Distanz und schlug nur zu, wenn er kam, und er kam ständig nach vorne! Er versuchte, mich zu packen, um mich am Boden festzuhalten, wo er mich sicherlich erwürgt hätte! »Frappe enfin plus fort!« (»Schlag endlich richtig zu!«) vernahm ich noch von irgendwo her. Und ich schlug zu, ein paar Mal nacheinander! Beatle konnte diese Schläge nicht abfangen! Er fiel blutend zu Boden! Die Nase und der Mund waren aufgeplatzt! »Arrêtez!« (»Stop!«) sagte Lafitte. Ich fühlte mich auf einmal stark und fragte Beatle: »Est-ce-que cette raclée te suffit pour aujourd'hui? Ou bien tu veux que je continue?« (»Reicht die Lektion aus, oder soll ich weitermachen?«) Beatle saß keuchend, aber endlich ruhig, elendig und »niedergeschlagen«. Er gab auf, er sagte gar nichts mehr. »Un d'entre vous doit le ramener chez lui, pour qu'il puisse cuver sa cuite!« (»Bringt ihn nach Hause, er soll seinen Rausch ausschlafen!«) sagte Lafitte.

Es war wirklich eine große Familie. Man konnte sich gegenseitig die Nase grün und blau schlagen, und danach befriedigt weiter zusammen feiern! Ich war noch nicht sehr lange dabei und hatte zum ersten Mal verstanden, was das Wort »Équipe« bedeuten könnte! Trotzdem verstand ich die Rolle von Lafitte damals nicht. Ich durfte knapp zwei Wochen vorher nicht meinen Vater schlagen, aber Beatle ja! Beatle, der mir im Grunde genommen nie etwas getan hatte! Ich hatte bis zu diesem Datum niemanden geschlagen, nicht einmal meinen Vater, und er hätte es schon verdient! Ich wurde als Sieger des Abends gefeiert und bekam Freibier. Ich war stolz, den stärksten Mann besiegt zu haben, wenn auch der Kampf unausgewogen war, immerhin hatte ich es allein geschafft! Ich sah danach Lafitte nicht mehr. Ich glaube, er verschwand nach Hause.

Am nächsten Tag, mittags, nachdem ich aufgestanden war, fragte mich Mutter, was mit meinem Hemd passiert wäre. Es wäre voll Blut! Das stimmte nicht ganz, aber es gab schon einige Blutflecken auf diesem Hemd! »Et tes chaussures sont aussi tachées de sang!« (»Übrigens, deine Schuhe sind auch mit Blut beschmiert!«) sagte Mutter dazu. Wir waren alle beim Mittagessen. Es war Sonntag, kurz nach eins. Ich war gerade aufgestanden, kam zum Rest der Familie, die schon am Tisch saß, als Mutter diese Fragen stellte. Vater saß auch mit am Tisch. Er hätte nie ein Mittagessen versäumt! Ich erzählte die ganze Geschichte ziemlich ausführlich und vergaß nicht, die Rolle von Lafitte hervorzuheben. Marc, Francine und Mutter schienen wirklich beeindruckt zu sein und zweifelten überhaupt nicht an der Richtigkeit meines Berichtes. Marc fragte mich, ob der Mann wirklich der stärkste von allen gewesen wäre. »Ce n'est pas vrai. Il ne raconte que des mensonges!« (»Es stimmt nicht. Er hat alles erlogen!«) sagte mein Vater dazwischen. »Tu peux demander à Lafitte lui-même, si je dis la vérité ou pas!« (»Du kannst Lafitte selbst fragen, ob es stimmt oder nicht!«) Mutter sagte, ich müßte schon die Wahrheit gesagt haben, weil das Hemd und die Schuhe voll mit Blut beschmiert wären!

»Tu nous racontes des conneries. T'es bien trop peureux pour te battre avec des mecs costauds!« (»Du erzählst einfach Blödsinn. Du bist zu feige, um mit dem Stärksten zu kämpfen!«) Ich wurde knallrot im Gesicht und spürte eine unheimliche Wut in mir aufsteigen: »Tu es une pourriture!« (»Du bist ein Aas!«) Es rutschte mir einfach so heraus. Ich stand aber gleichzeitig auf, um den Tisch zu verlassen. »Viens, si tu es un homme, montre ce que tu sais faire!« (»Komm, wenn du ein Mann bist und zeig, was du kannst!«) Ich ging schnell weg vom Tisch. Mutter sagte noch zu ihm, er solle mich in Ruhe lassen. Er sprang auf. Ich lief schnell in den Flur und wollte nach oben gehen. Vater schrie hinter mir her. »Si tu ne viens pas, je te tue!« (»Wenn du nicht kommst, bringe ich dich um!«) Diese Art von Auseinandersetzungen gab es in der letzteren Zeit des öfteren! Jedesmal vermittelte Mutter, und ich lief lieber weg. Dieses Mal wollte ich auch weglaufen! Vater war außer sich, er schrie sehr laut. Marc und Francine riefen beide: »Arrêtez!

Arrêtez!« (»Aufhören!«) Vater hörte nicht auf, sagte nur, sie sollten still sein, sonst würde er sie auch schlagen! Verängstigt sagten meine Geschwister gar nichts mehr. Ich war schon auf dem Weg nach oben. Ich hatte fast die Hälfte unserer alten Holztreppe geschafft, als Vater, ich weiß nicht wie, schon hinter mir war und mich am rechten Knöchel gefaßt hatte. Ich verlor das Gleichgewicht, konnte mich aber noch rechtzeitig am Geländer festhalten. Ich schrie: »Laisse-moi tranquille! Laisse-moi tranquille!« (»Laß mich los! Laß mich los!«) – »Menteur! Descends, si tu es un homme! Je suis ton père, et tu dois m'obéir!« (»Lügner, komm herunter, wenn du ein Mann bist. Ich bin dein Vater, und du mußt gehorchen!«) Vater zog mich langsam die Treppe herunter. Ich schrie noch einmal lauthals: »Lâche-moi! Sinon je te repousse à coups de pieds!« (»Laß mich los, sonst stoß ich zu!«) Er war wie besessen. Es half alles nichts. Der blanke Haß hatte die Oberhand gewonnen. Ich weiß noch genau, daß Vater dabei käseweiß war und einen starren Blick hatte. Ich hatte Angst, nicht wie gestern nacht, nein, es war ganz anders. Zu viele Emotionen, zu viel Konkurrenz, zu viel Haß waren zwischen uns beiden. Ich konnte mich kurzzeitig befreien und rannte hoch. Nicht schnell genug. Vater hatte mich wieder am Bein gepackt und fing an, mich zu schlagen. Er stand in der Rückwärtsbewegung, den Rücken nach unten gerichtet. Ich stieß einfach zu, wild um mich herum, um mich zu befreien! Vater fiel rückwärts die Treppe herunter, knallte mit dem Kopf ein paarmal auf und landete unglücklich auf seinem rechten Arm, dem Arm, mit dem er sich auffangen wollte! Vater schrie: »Mon bras, mon bras!« (»Mein Arm, mein Arm!«)

In der Tat! Sein Arm war zweifach gebrochen. Er hatte noch eine Rippenprellung und eine Mordswut auf mich. Ich war gar nicht glücklich über diese Eskalation! Ich sagte Mutter kurz nach diesem eher dramatischen Unfall, es könne so nicht weitergehen. »Il y en a un de trop, lui ou moi! Maman, laisse-moi partir sinon nous allons à la catastrophe!« (»Einer von uns beiden ist zu viel! Laß mich gehen, Mama, sonst steuern wir einer Katastrophe zu!«)

Ich mußte weg. Weit weg! Aber Mutter weinte bittere Tränen der Verzweiflung, als ich diesen Satz aussprach. Sie sagte, Mitleid erwekkend, ich solle noch Geduld haben, es gäbe sich wieder, und übrigens, sie bräuchte mich, ich sei so stark! Sie gab zum ersten Mal zu, mich zu brauchen. Sie gab zu, schwach zu sein. Sie gab zu, meine Stärke zu brauchen, um leben zu können. Sie hätte alles zugegeben, damit ich bei der Familie bliebe. Sie war Vaters Frau! Ich war nur ein unglückliches Produkt ihrer Ehe, ein Stoßdämpfer zwischen zwei unausgeglichenen Partnern, ein Punchingball! Das war ich – damals! Ich tröstete meine Mutter und sagte: »J'essaierai de rester calme les jours prochains!« (»Ich werde Vater weitgehend vermeiden, ich werde meinen Mund halten!«) Damit versprach ich Mutter, etwas Ordnung in dieses Chaos zu bringen!

Vater war krank geschrieben und suhlte sich in dieser »Opferrolle«. Er erzählte im ganzen Viertel, ob die Nachbarn es hören wollten oder nicht, wie es zu diesem Unfall kam! Er verlor keine Möglichkeit zu beschreiben, wie ihn sein krimineller Sohn die Treppen heruntergeschubst hatte, natürlich ohne Grund! Er versuchte mich sogar bei Madame Hocquel schlecht zu machen. Mutter half mir dabei, die Geschichte zumindest bei meiner Lieblingsnachbarin ins richtige Licht zu rücken! Germaine, so hieß sie mit Vornamen, hatte große Schwierigkeiten, mir zu glauben. Sie hat lange gebraucht, um einzusehen, daß ich damals die Wahrheit erzählte! Vater hatte seine Version der Tat so geschickt eingefädelt, hatte so ehrlich gelogen, daß diese Fälschung zur Wahrheit wurde, und heute noch so in seiner Erinnerung geblieben ist. Nicht in meiner! Um mich abzulenken, fuhr ich von diesem Vorfall an öfter zu meiner Oma.

»Mémère«, Oma, freute sich, mich zu sehen. Sie war 68 Jahre alt, und seit ich mich an sie erinnern kann, sah sie immer so aus: das Gesicht spitz, mager und faltig, die Lippen zusammengepreßt zu einem »*cul de poule*«-Mund. (Die richtige Übersetzung wäre »Hühnerarsch-Mund«). Bis zu dieser Zeit hatte Oma fast immer dieselbe Miene: ernst und ständig nachdenklich. Sie trug eine Art Überlegenheit auf ihrem Gesicht, die sie auch in vielen Fällen hatte. Oma trug, um das Bild meiner Großmutter zu vervollständigen, immer dieselben Kleider, dieselben Wollstrümpfe, davon trug sie gern mindestens drei Paare übereinander und im Winter die doppelte Anzahl. Großmutter stand bei meiner Ankunft auch fast immer an derselben Stelle, angelehnt an die offene Küchentür, die gleichzeitig auch die Eingangstür war, der rechte Unterarm um die Taille gelegt, der linke Ellenbogen darauf gestützt und die linke, halb offene Faust unter ihrem Kinn. Sie sah aus wie der berühmte *Penseur de Rodin,* aber im Stehen. Sie sah aus wie eine Institution, ja, sogar Bestandteil des Hauses! Heute noch, wenn ich in der Gegend bin, und an dem Haus meiner Großeltern (das nicht mehr Familienbesitz ist) vorbeifahre, sehe ich immer noch ihre Gestalt an der Tür, sie, präsent an der Schwelle, weil sie immer da gewesen ist und in meiner Erinnerung da bleiben wird!

Ich hatte nie eine intensive Beziehung zu meiner Großmutter, weil wir keine haben durften. Vater verbat es uns. Er mochte seine Mutter nicht. Er mag sie heute immer noch nicht! Deswegen das Verbot! Ich verstand damals seine Haltung nicht! Ich mußte so alt werden, um Oma doch kennenlernen zu dürfen! Sie war mir gegenüber stets freundlich gesinnt und offen.

Wenn ich zu Großmutter kam, gab es zwei Zeremonien (ab wann genau, weiß ich nicht mehr). Zuerst mußte ich meinen Großvater, der auf der Bank draußen saß, küssen. Und es bedeutete jedesmal eine große Überwindung. Opa rauchte sehr viel! *Du gris* (Grauer Tabak) hieß es bei uns. Aus einem kleinen viereckigen, grauen Päckchen nahm Opa, immer genüßlich, etwas Tabak heraus, legte das kleine Häufchen auf ein dafür vorbereitetes Zigarettenpapier und drehte und drehte ... Dann kam das Ablecken des Papiers ... Oje! ... Ich weiß noch, wie Opa schon beim Drehen seinen Speichel vorbereitete, langsam aber sicher wurde der Mund immer voller und voller, es lief ihm schon ab und an etwas herunter ... Jetzt das Ablecken ... Nichts für schwache Nerven! Mit einem plötzlichen, heftigen, sehr feuchten Zungenschlag leckte Großvater großzügig nicht nur den dafür vorgesehenen Rand, nein, es mußte halten, also wurde die ganze Zigarette sorgfältig überschwemmt! Es kam dabei irgendwann eine fast immer unförmige, rauchbare Stange, die Opa Zigarette nannte, heraus! Trotz häufigerer Angebote von Opa habe ich mich immer davor gedrückt, so etwas Ekliges zu rauchen!

Beim Rauchen gingen diese einmaligen Zigaretten ständig aus! Opa zündete sie immer wieder an, bis es irgendwann nicht mehr ging! Dann, wie eine Eidechse, schnappte sich Großvater mit einem Zungenschlag die Zigarette und fing an, sie zu kauen! Da sie wahrscheinlich sehr gut schmeckte, lief ihm bei dem Genuß die jetzt braun gewordene Spucke links und rechts den Mundwinkel herunter! Und dann Opa küssen!! Ich hatte irgendwann eine saubere Strategie entwickelt. Da Opa sitzen blieb beim Küssen, hob ich seine Mütze hoch und gab ihm die obligatorischen Küsse auf die Stirn!

Die zweite Zeremonie war anderer Natur. Oma bekam von mir zwei Küsse auf die Wangen, bei ihr konnte ich es ohne Gefahr wagen. »Viens gober ton oeuf frais!« (»Komm, du mußt dein rohes Ei aussaugen!«)

Wir gingen beide in die Küche. Oma nahm das rohe Ei und machte mit einer Haarnadel, die sie eigens dafür »zufällig« in ihrer Haarpracht trug, je ein Loch oben und unten. Das obere Loch war etwas größer als das untere, damit ich den Inhalt auf einmal leersaugen konnte! Sie ließ sich nie davon abbringen! Es war ein Muß! Ich hatte absolut nichts dagegen, weil Großmutter so überzeugend erzählte: »Tu as été si souvent malade, parce que tu manges mal! Mange cet oeuf, c'est très bon! Allez, gobe-le!« (»Du bist so oft krank gewesen, weil du nicht gut ernährt wirst! Es ist sehr gesund! Herunter damit!«) Sie stand wie ein General neben mir und beobachtete genau jede Bewegung von mir. Es galt keine Widerrede!

Meine Großmutter besaß hinter ihrem Haus einen Erdkeller. Er war ebenerdig, weil das Haus am Hang gebaut war. In diesem Keller bewahrte Oma ihre Geheimnisse auf. Ihr Keller war voll. Am Eingang lagen große Holzfässer, woraus köstliche Gerüche hochstiegen. Im ersten Faß war das Weißkohlsauerkraut. Eine wahre Delikatesse! Oma machte alles selbst. Im zweiten war das, was wir auch *choucroute* (Sauerkraut) nennen, und zwar von Steckrüben! Im dritten auch eine *choucroute* aus Mairübchen und im vierten eine aus ganzen grünen Bohnen! Während ich diese Zeilen schreibe, kommen mir diese Düfte in die Nase, und der ganze Raum riecht schon danach ... Das Wasser läuft mir im Mund zusammen! Wir bekamen nicht oft etwas von Oma zu dieser Zeit, aber was wir geschenkt kriegten, war wirklich ein Erlebnis für meinen schon damals feinen Gaumen!

Dahinter, etwas tiefer im Keller, standen vielen Holzregale, alle voll gefüllt mit Flaschen und Weckgläsern. In diesen Flaschen bewahrte Großmutter ihre eigentlichen Geheimnisse auf. Eines davon weiß ich heute noch. *Le sirop de bourgeons de sapins des Vosges.* Es war das beste, was Oma im Keller hatte. Es war ein selbstgemachter Hustensaft aus Tannensprossen, die Oma jedes Jahr sammelte. In einem Jahr, ich glaube, es war sogar in dem Jahr, das ich jetzt gerade beschreibe, durfte ich mit in den Wald gehen, um die Ernte mit ihr heimzufahren. Das Rezept dieses Saftes hat Oma mit in den Tod genommen. Zwanzig Jahre später ist es meiner Schwester gelungen, dieses Rezept bei einer alten Bäuerin ausfindig zu machen. Es ist nicht von Oma, schmeckt aber genauso, wie ich es in Erinnerung habe!

Bei jedem Besuch mußte ich von diesem Sirup etwas trinken, die Jahreszeiten waren für meine Oma egal. Die Prophylaxe war wichtiger! Es war nicht das einzige Getränk, das ich ohne Widerrede trinken mußte. Die Ziegenmilch! Und die Kuhmilch! Beides am liebsten noch euterwarm. Ich war schon über siebzehn und wurde von Oma wie ein zierliches und gebrechliches Wesen behandelt! Ich trank sie beide auch warm, wobei mir das Schlucken der Ziegenmilch etwas schwerfiel. Die Prophylaxe von Oma kannte keine Grenzen. Die vier Sorten von *choucroute* mußte ich auch abwechselnd löffelweise roh essen! Ich tat es ohne zu zögern, weil es mir ausgezeichnet schmeckte. Meine Großmutter sprach nie, sie schimpfte unentwegt schnell und laut, sprach in kurzen Sätzen, holte Luft und sprach weiter. Sie nickte dazu bei jedem neuen Satz mit dem Kopf, als ob sie dabei die Wichtigkeit ihrer Aussagen betonen wollte! Oft unterbrach sie ihre Sätze mit: »Ah, ah« und »Crois-moi, mon gamin« oder »tu verras, ce que je dis est vrai!« (»Glaub mir, mein Kind!« – »Du wirst sehen, was ich sage, ist wahr!«) Sie wußte es im voraus, sagte sie. Ich glaubte ihr! Sie hielt nicht viel von der Schule! »La terre, la forêt, les arbres, le travail, ça c'est la réalité! L'école, c'est de la pure bêtise, on n'y apprend rien du tout!« (»Die Erde, der Wald, die Bäume, die Arbeit, das ist die Realität! Die Schule ist reiner Blödsinn, man lernt nie etwas!«) Sie wußte, ich würde nie mein Abitur schaffen. Und sie wußte, ich würde bald erfolgreich abhauen. Außerdem sagte sie, ich würde wieder schwer krank werden und sollte deswegen aufpassen. Sie sah wie eine Bilderbuchhexe aus. Sie war auch eine Hexe: eine sehr gute Hexe für mich! Vater sagte immer über seine Mutter, sie wäre eine Hexe. Mutter auch. Zu dieser Zeit war ich dabei, nachzuprüfen, ob es stimmte. Ja, es stimmte! Und ich fand es in Ordnung! Endlich jemand in der Familie, der etwas darstellte, etwas, woran ich mich festhalten konnte! Ja, jemand, der sogar meiner Meinung war, sie teilte und sogar wußte, daß meine Zukunft außerhalb von Saint Dié stattfinden würde! Großmutter wuchs in mir zu einer wichtigen Person, vielleicht die wichtigste zu der damaligen Zeit! Sie war bodenständig, glaubwürdig und ehrlich! (Wenn ich damals nicht so mit mir beschäftigt gewesen wäre, hätte ich einige Zwischentöne heraushören müssen, die die schreckliche Wahrheit, meine Oma betreffend, andeuteten, eine Wahrheit, die ich erst im Alter von fünfzig Jahren erfahren habe!) Diese Besuche bei Großmutter waren leider zu selten!

In diesem Winter 1965/66 ging ich immer öfter aus und fing sogar an zu trinken. Ich kam nie angetrunken nach Hause. Ich trank, um mich anzupassen. Die meisten tranken Bier, ich fing auch an, Bier zu trinken. Nanard und Daniel Dieudonné gingen sehr oft aus. Ich ging auch mit. In den sechziger Jahre gab es bei uns in Lothringen fast jeden Samstag einen *bal champêtre* (Volksball) in der Gegend. Wir drei liefen bis zu zehn Kilometer (pro Strecke), um tanzen zu gehen. Ich war inzwischen körperlich so fit wie noch nie und konnte mit meinen Kompagnons gut mithalten! Daniel Dieudonné wurde achtzehn Jahre alt und gab eine *surprise-partie*. Eine Party! Meine erste! Ich wurde natürlich eingeladen, obgleich ich gar nicht wußte, wie ich mich verhalten sollte. Bei einem Ball war alles anders! Ich mußte nicht tanzen, was ich auch selten tat, aus dem einfachen Grund, daß ich immer noch nicht tanzen konnte! Aber da? Es fand bei ihm, eines Nachmittags, zu Hause statt! »Venez tous. Il y aura à boire pour tout le monde et bien sûr, beaucoup de nanas!« (»Kommt alle mit! Es gibt viel zu trinken!

Und viele ›nanas‹ [Mädchen]«) hatte Daniel einen Tag zuvor betont. Es gab viele Mädchen. Die meisten kannte ich aus dem Gymnasium. Und zu trinken gab es auch. Reichlich sogar! Ich trank nicht viel an diesem Donnerstagnachmittag. Ich war sehr beschäftigt, zu sehen, wie meine Schulkameraden ständig versuchten, ein Mädchen anzubaggern. Ich hatte schon ein Mädchen geküßt, und es reichte mir bis jetzt! Was sollte das Ganze? War es so wichtig? Ich hatte das Gefühl, es wurde eingeladen, dann so schnell wie möglich geknutscht, als ob die Schlußsirene jeder Zeit läuten würde, und dann kam die nächste an die Reihe. Ich fragte mich, wie viele am nächsten Tag in der Schule fehlen würden, wegen Krankheit? »Je crois que je vais en baiser une ce soir, Ça marche fort. Et toi ou t'en es?« fragte mich der Gastgeber. »Rien du tout. Je regarde. Je ne sais pas danser!« (»Ich glaube, ich werde heute abend eine junge Frau bumsen. Es läuft großartig! Und du, wie weit bist du?« – »Gar nichts. Ich schaue nur zu. Ich kann nicht tanzen!«) Ich konnte ihm nicht sagen, daß ich die Massenknutscherei als widerwärtig empfand. Und die Musik dazu. Bei rockigeren Stücken wurde getanzt, und das Licht blieb an! Bei den langsameren Musikstücken wurde das Licht ausgemacht, und es wurde angebaggert! Es wurden fast nur langsame Lieder gespielt. Ich tanzte ein paar Mal mit demselben Mädchen, um die Fassade zu wahren. Ich ging ziemlich früh nach Hause. Es war meine erste Party in Frankreich, und sie blieb auch die einzige! Es war nicht wichtig!

Das Gymnasium war auch nicht wichtig!

Wir hatten in der neuen Klasse nur neue Professoren, die ich alle nicht kannte. Professoren, die uns bis zum Abitur begleiten sollten. Wir hatten eine richtig bunte Palette von extrem verschiedenen Persönlichkeiten bekommen. Jeder für sich ein Unikum! Manche sogar museumsreif oder psychiatrieverdächtig! »Poulidor« war unser Mathematikprofessor. Ich weiß nicht mehr, wie er wirklich hieß. Er wurde »Poulidor« genannt, weil er Ähnlichkeiten hatte mit einem unserer »Helden« in Frankreich: Raymond Poulidor, genannt »Poupou« oder der »ewige Zweite«. Er war ein Profiradfahrer und in den sechziger Jahren der große Rivale von Jacques Anquetil. Anquetil gewann fast alles, unter anderem fünfmal die Tour de France, den Giro d'Itatlia und so weiter. Poulidor war dagegen der »ewige Zweite«, der deswegen genauso beliebt war, vielleicht sogar mehr als Anquetil. Unser »Poulidor« war ein begeisterter Sportler, der das Klassenzimmer als Trainingsplatz benutzte. Er erklärte, immer engagiert, eine Formel an der Tafel, meistens links anfangend, redete die ganze Zeit ununterbrochen, guckte kurz mit dem Kopf hoch und rannte mit großen Schritten, die Kreide in der Hand, zum andern Ende der Tafel, blieb einige Sekunden stehen und rannte zurück, um weiter zu erklären. Wahnsinn! Er rannte die ganze Stunde in diesem Tempo. Wir, die Schüler, waren mehr beschäftigt, die gelaufene Strecke zu zählen und dabei zu wetten, als zuzuhören! Beim ihm fiel ich nur durch meine sehr schlechten Zensuren auf! $y = x^2 + a + 7$. Um dieses Problem zu lösen, tippte ich, so wie beim Lotto, irgendein Ergebnis. Ich habe dabei nie Glück gehabt!

Herr Lacroix war der Deutschlehrer. Er sah aus wie ein Boxer, klein und gedrungen, fettleibig und sein Hauptmerkmal war Strenge. Er liebte Ordnung und Disziplin über alles. Wenn er in die Klasse hineinkam, mußten wir alle aufstehen. Er wartete an der Türschwelle, bis wir alle aufgestanden waren. Dann erst kam er herein und sagte gleichzeitig auf deutsch: »Guten Morgen!« Wir blieben dabei stehen und mußten wie aus einer Kehle: »Guten Morgen, Herr Lacroix!« antworten. Er ging zu seinem Platz, drehte sich um, warf rundum einen Blick auf die Klasse, räusperte sich, setzte sich hin und sagte dann ganz laut und deutlich, natürlich weiterhin in der Sprache von Goethe: »Setzt euch!« Er nahm sein Buch, öffnete es und verkündete: »Die heutige Lektion finden wir auf Seite 151!« Er wartete sehr aufmerksam, daß wir alle die Seite aufschlugen, und erst nach diesem ganzen Zeremoniell ging es los. Und das drei- bis viermal wöchentlich. Ich habe Herrn Lacroix fast zwei Jahre als Deutschlehrer gehabt, er fing grundsätzlich immer so an, jedes Mal. Er war geregelt wie eine Schweizer Uhr. Seine Vorliebe galt der Rezitation. Wir mußten ein Gedicht – da hatte er zwei Lieblinge: Goethe und Schiller – auswendig lernen und es mit Tempo und Betonung in der nächsten Stunde alleine vor der Klasse vortragen. Es erwischte mich kalt mit Goethe, der mir heute noch im Halse steckt!

Es war ein König in Thule, gar treu bis an sein Grab ... Ich habe zwei Wochen gebraucht, um diese Ballade auswendigzulernen, um dafür eine Sechs zu bekommen. Aber diese zwei Verse kann ich heute noch auswendig, den Rest habe ich schnell vergessen. Ich habe nicht bei ihm die deutsche Sprache gelernt. Wir waren tief in die deutsche Klassik eingedrungen, ohne Lust und ohne das Format zu besitzen, sie zu verstehen! Lacroix und Poulidor waren die einzigen zwei Professoren, die mir Respekt und Angst einflößten, so daß ich bei ihnen in der Klasse kaum etwas Lustiges anstellte!

Mein Englischlehrer hieß »Mister Bass«. Er war der Prototyp des »ungewollten Komikers«. Schon sein Aussehen brachte uns zum Lachen. Er liebte England und die Engländer über alles. Es war sein Lebensinhalt! Er zog sich sehr »englisch« an. Seine Anzüge kamen von irgendwoher aus England, hatten den klassisch englischen Schnitt und mußten alle aus Tweed sein, egal, welche Farben er trug, Hauptsache Tweed! Mister Bass war stets bemüht, ein reines Oxford-Englisch zu sprechen und versuchte, dieses auch zu vermitteln, was bei mir zu einem immer noch anhaltenden Schock geführt hat! Ich habe diesen Menschen am meisten verschaukelt! Seine Bemühungen, sehr »englisch« zu wirken, machten ihn allein schon lächerlich! Er kam wie Herr Lacroix in das Klassenzimmer hinein und veranstaltete ein ähnliches Ritual. Aber nicht nur die Sprache war anders, sondern die ganze Situation, die ganze Atmosphäre, der Stil waren anders. Das »Good morning« ging einigermaßen, und man konnte es gerade noch ertragen. Das »Set down«, nur durch die verzerrten Mundbewegungen hervorgerufen, war schon komischer. Als »The lection of the day ...« kam, konnte ich mein Lachen nicht mehr zurückhalten! Es war jedes Mal dasselbe. Nach einer gewissen Zeit guckte Herr Bass beim Aussprechen dieses Satzes automatisch zu mir, um meine Reaktion zu sehen. Er schaute sehr pikiert in meine Richtung, sagte nie etwas dabei. Er setzte sich und begann zu sprechen. Eines morgens, als wir geduldig auf unseren Herrn Bass warteten, kam mir aus Langeweile eine glänzende Idee. Ich sagte zu meinem *pote* (Kumpel) Voirin, er solle zur Tür gehen und Wache halten, um zu sehen, ob jemand um die Ecke käme, da die Tür obligatorisch offen blieb. Währenddessen ging ich zum Stuhl des Professors und malte die Kontur meines Fußes mit weißer Kreide auf seinen Stuhl und füllte dann den gemalten Fuß mit der Kreide voll aus, so daß es seine Wirkung nicht verfehlen würde. Ich ging schnell auf meinem Platz zurück. Ich saß neben Voirin. Er sagte mir: »T'es complètement con! Tu vas avoir des emmerdes avec le prof!« (»Du bist vollkommen verrückt. Du wirst große Schwierigkeiten mit dem Lehrer bekommen!«) – »On verra!« (»Abwarten!«) sagte ich lapidar, da Bass schon wartend an der Tür stand. Die Anfangszeremonie ging an diesem Tag reibungslos vonstatten bis zu dem Moment, als sich Herr Bass hinsetzte! Er hatte die Angewohnheit, die tägliche Lektion an die Tafel zu schreiben. Das Gemurmel, das schon anfing, als er Platz nahm, wurde lauter und verwandelte sich in ein großes Gelächter, als er aufstand und wir alle den schönen weißen Fuß an seiner *pantalon* (Hose) sahen! Er drehte sich empört um und sagte mit einem bis jetzt noch nie so schön »oxfordmäßig« gesprochenem: »What is it?« Ich meldete mich! »A question, Rolin?« Und ich antwortete auch mit meinem besten Englisch: »Yes, Sir!« Und dann kam meine »englische« Sternstunde. Ich glaube, ich habe seitdem nie wieder so gut und vor allem so akzentfrei gesprochen wie in diesem Moment: »You have a white foot on the back!« Die Klasse, die zustimmte, weil sie mich auf einmal verstand, sagte laut: »Oh yes!« Der Tumult nahm kein Ende! Es wurde sogar geschrien! Herr Bass ließ sich schnell aus der Fassung bringen! An diesem Tag besonders! Er vergaß sogar, englisch zu reden. Es kam ein Anflug von Panik in sein Gesicht! »Mais vous pouvez me dire ce qui se passe? Bon Dieu!« (»Können Sie mir sagen, was eigentlich los ist! Lieber Gott!«) Er fluchte sogar! Jemand sagte einfach: »La chaise!« (»Der Stuhl!«) Er verstand immer noch nicht! »Qu'est-ce qu'il y a avec la chaise?« (»Was ist mit dem Stuhl?«) Er ging zögernd zum Stuhl, betrachtete ihn und hielt in seiner Bewegung inne. Er überlegte so laut, daß die Klasse auf einmal still wurde! Nach einer Zeit der Besinnung drehte sich Herr Bass plötzlich um und schaute, so gut seine Gelenkigkeit es zuließ, seinen Hosenboden an. Er wurde rot im Gesicht und schrie – nein, er brüllte – förmlich außer sich: »Qui a fait ça? Qui a fait ça?« (»Wer war das? Wer war das?«) Die Stille nahm zu. Niemand antwortete! Ich war der einzige, der darüber lachen konnte. »Rolin! C'est vous qui avez fait ça?« (»Rolin, Sie haben es getan!«) Ich blieb dabei: Ich wäre es nicht gewesen und antwortete stoisch: »No, Sir!« Einige Zeit später schrieb ich, bevor er in die Klasse kam, an die Tafel: »Qui a fait maré(e) Bass(e)?« Es ist ein Wortspiel, fast gleichzeitig ein Idiom, das schwer zu übersetzen ist. Ohne die zwei »e« bedeutet es: »Wer hat Herrn Bass zum Lachen gebracht?« Mit diesen zwei »e« bedeutet es einfach Ebbe (marée basse = Ebbe). Es war wohl schwer zu verstehen! Ja, als Herr Bass hereinkam, blieb er vor er der Tafel stehen und verstand absolut nichts! Er ging an der Tafel vorbei und nahm einfach Platz! Ich war enttäuscht. Ich meldete mich ganz diszipliniert, indem ich meinen rechten Zeigefinger hob. »What is it, Rolin?« – »Je désire lire quelque chose!« (»Ich möchte etwas vorlesen!«) Bass sah ein wenig verblüfft aus. Es war nämlich das erste Mal, daß ich freiwillig vorlesen wollte. »Yes, Rolin!« Er murmelte noch einige Sätze dazu, die ich sowieso nicht verstand. Ich stand auf und las, was an der Tafel stand, vor, so deutlich, daß jeder verstand, sogar Bass. Er nahm sofort seine Lieblingsgesichtfarbe an, rot, dieses Mal »englischrot«. Wir lachten. Er stand auf und schrie: »Toute la classe sera punie, si dans l'espace d'une minute le fautif ne se dénonce pas!« (»Die ganze Klasse wird bestraft, wenn der Täter sich nicht innerhalb einer Minute meldet!«) Ich meldete mich sofort. »Rolin, encore vous!« (»Rolin, Sie schon wieder!«) – »Avouez que ce n'était pas mal, professeur!« (»Geben Sie es zu! Es war nicht schlecht, nicht wahr, Professor!«) Das war zu viel! Er rannte zur Tür, hielt sie offen und schrie: »Dehors, dehors!« (»Raus! Raus!«) – »Eh, il faut pas vous énerver, Mister Bass!« (»He, regen Sie sich nicht auf, Mister Bass!«) Wieder falsch! Ich erreichte genau das Gegenteil! Eine Furie kam auf mich zu, gestikulierend, brüllend, sogar drohend. Klassentüren gingen plötzlich auf, drei Professoren von Nachbarklassen kamen zu Hilfe! Er, Bass, tat so, als ob ich ihn hätte erwürgen wollen! Ich wurde hinauskatapultiert! Bass wollte nichts mehr von mir wissen. Ich war aus dem Englischkurs herausgeflogen!

Bei der nächsten Englischstunde war ich wieder dabei. Ich hatte keine Erlaubnis bekommen! Ich wollte nur wissen, ob er merken würde, daß ich wieder dabei war, oder ob er schon vergessen hätte? Ich saß da in der hinteren Reihe, unauffällig. Er nahm mich nicht wahr! Nach einer gewissen Zeit meldete ich mich: »Monsieur Bass. Je suis de nouveau présent, mais aujourd'hui, je reste sage!« (»Herr Bass! Ich bin auch hier. Ich bleibe aber heute ganz brav!«) Die verblüffende Antwort kam sofort: »Oui, je sais, je vous ai déjà vu. On verra ...« (»Ja, ich weiß! Ich habe Sie schon gesehen. Man wird sehen ...«) Er unterrichtete weiter, ohne sich weiter um mich zu kümmern! Herr Bass hatte den Zwischenfall einfach ad acta gelegt! Wir hatten noch einen Lehrer, den ich nur so beschreiben kann: klein, häßlich, hinterlistig, verklemmt und ... Nicht größer als 1,50 Meter war mein Geschichtsprofessor. Eine dunkle Gestalt in meiner Erinnerung. In der Tat trug er immer dunkle Anzüge. Er trug auch eine sehr dicke, dunkle Brille. Er bewegte sich so, als ob er die Pobacken nicht auseinanderkriegen könnte, er lief mit kleinen, engen Schritten. Er sprach nie richtig, sondern zischte zwischen seinen Zähnen, die er nie auseinanderkriegte, auch nicht, wenn er lachen mußte. »Was macht er beim Zähneputzen?« fragte ich mich oft. Ich habe versäumt, ihm diese Frage zu stellen! Unser Geschichtsprofessor war stinkkonservativ. Er war um die vierzig und noch ledig. Er war der einzige, der Mädchen und Jungen in der Klasse während des Unterrichts trennte: die Mädchen rechts, die Knaben, getrennt durch einen kleinen Gang, etwas weiter links! Die Kleinen ganz vorne und die Großen ganz nach hinten! Er ordnete die Klasse immer nach diesem Schema! Er machte keinen richtigen Unterricht: er las unentwegt aus seinem Buch vor, unterbrach nur kurz, um zu sehen, ob die Klasse nicht einschlief und las dann weiter! Er nutzte diese Unterbrechungen, um zurechtweisende Bemerkungen zu machen! Es war seine Spezialität! Er war bei allen richtig unbeliebt und wurde von seinen Kollegen gemieden. Seine Art des Unterrichtes war eine Strafe für uns alle. Ich sorgte gelegentlich für Stimmung. Einmal gelang mir ein kleiner Coup, der wie alle meine Einfälle spontan entstand. An diesem traurigen, verregneten Tag begann unserer Geschichtsprofessor wie immer monoton vorzulesen. Es war langweilig. Ich stand auf und sagte: »Il pleut!« (»Es regnet!«) – »Je vous prie de rester silencieux pendant le cours d'histoire, Rolin! Vous pouvez vous asseoir!« (»Ich bitte um Ruhe im Unterricht, Rolin! Setzen Sie sich!«) Ich saß wieder! Nach ein paar Minuten sagte ich noch einmal: »Il pleut!« (»Es regnet!«) Bei dieser zweiten unsinnigen Bemerkung sah ich, wie er die Zähne zusammenbiß und wie er auch die Kiefer schön zusammenhielt, als er (noch höflich) sagte: »C'est en racontant des bêtises, que vous voulez vous rendre intéressant, Rolin?« (»Möchten Sie sich interessant machen, indem Sie so einen Blödsinn erzählen, Rolin?«) – »Oui!« antwortete ich prompt. Die Klasse lachte schon und hieß diese leichte Abwechslung herzlich willkommen. Keiner meiner Mitschüler ahnte, was ich vorhatte. Der Professor auch nicht. Er bat mich, etwas schärfer im Ton, mich ab jetzt ruhig zu verhalten, was ich eine Zeitlang auch tat. Ich sagte zu Alain Voirin, der neben mir saß: »Tu me fais signe, si le professeur lève sa tête. Je vais faire un petit tour!« (»Gib mir ein Zeichen, wenn der Professor seinen Kopf hebt, ich mache einen kleinen Ausflug, ich melde mich gleich wieder!«) – »Arrête, tu vas avoir des emmerdes!« (»Tu es nicht, sonst wirst du Schwierigkeiten kriegen!«) Alain wußte nicht, was ich vorhatte, er ahnte nur, daß es wahrscheinlich Ärger geben würde. Ich blieb einige Zeit ruhig! Dann startete ich meinen kleinen Ausflug. Ich rutschte sehr vorsichtig von meinem Stuhl herunter und kroch auf allen vieren an der letzten Reihe entlang. Einige Schüler fingen sofort zu kichern an. Mit dem Zeigefinger auf dem Mund und anschließend einer beruhigenden Geste in ihre Richtung, gelang es mir, zuerst die Ruhe in der Klasse zu halten. Als ich endlich an dem freien Gang ankam, sah ich ganz deutlich meinen Geschichtsprofessor, immer noch vertieft vorlesend. Eine Mitschülerin auf der anderen Seite des freien Ganges sah mich und mußte dabei ganz spontan lachen. Der Professor schaute sofort hoch. »Qu'est-ce qu'il y a, mademoiselle ...? Pouvez-vous me dire ce qui vous fait rire? Ai-je dit quelque chose d'amusant?« (»Was ist, Fräulein ...? Was bringt Sie zum Lachen? Habe ich etwas Komisches gesagt?«) Ich kroch etwas zurück, um nicht von ihm gesehen zu werden. Das angesprochene Mädchen hielt sich tapfer, indem es nur sagte:

»Non, non ça m'est venu comme ça!« (»Nein, nein, es ist einfach so passiert!«) Der Professor räusperte sich ein wenig, ließ seinen prüfenden Blick durch die Klasse schweifen und las sofort weiter. Er entdeckte mich nicht! Ich nutzte die Gunst des Augenblicks, um die »ungeschützte Zone« zu durchqueren, gelangte unbemerkt auf die andere Seite und nahm Platz neben Michelle Rich, die mich angrinste, aber nichts sagte. Meine Schulkameraden verhielten sich großartig, als ob sie alle darauf warteten, ob er mich entdecken würde oder nicht. Ich unterhielt mich leise mit Michelle. Nichts! Ich erzählte ihr einen Witz, sie lachte, der Professor schaute etwas gelangweilt hoch, entdeckte nichts Anormales und vertiefte sich in sein Buch, er las weiter vor. Es schien sehr spannend für ihn zu sein, was er da erzählte. Er war der einzige, der auch richtig zuhörte.

Es wurde mir langsam zu bunt. Ich sagte ganz laut: »Il neige!« (»Es schneit!«) Der kleine Mann schrak auf. »Rolin!« kam aus seinem Mund herausgeschossen, gleichzeitig suchten seine Augen den Platz, auf dem ich vorher gesessen hatte. Er fand mich da nicht mehr. »Où est-ce qu'il est, ce petit con?« (»Wo ist er denn, der Blödmann?«) Man konnte das Staunen in seiner Stimme hören. »Où est-ce qu'il est?« (»Wo ist er denn?«) fragte er sich selbst. Dabei suchten seinen Augen unentwegt und streiften durch die Schulklasse, und dann entdeckte er mich bei den Mädchen! Er grinste und sagte bissig: »Ah, voyez-vous ce petit salaud de Rolin qui drague même pendant les cours d'histoire!« (»Ah, sehen Sie Rolin, das große Schwein, das sogar im Unterricht die Mädchen anbaggern muß.«) Er zischte förmlich diesen Satz heraus! Ich antwortete: »D'ici, j'entends beaucoup mieux!« (»Von hier aus kann ich Sie viel besser verstehen!«) – »Vous n'essayez pas de leur passer la main sous la jupe, par hasard?« (»Versuchen Sie nicht ›zufällig‹ ihrer Nachbarin unter den Rock zu greifen?«) Die Klasse, die anfangs still gehalten hatte, fing an, unruhig zu werden. Der Professor schien in seinem Element zu sein, und es machte meine Mitschüler mutig, sie kicherten und lachten leise, aber doch laut genug, um mich zu ermutigen, mitzuhalten!

Wir wußten alle, daß der verehrte Herr Professor ein verklemmter

Frauenverehrer war, der immer genau unsere Mitschülerinnen beobachtete. Er wußte genau, was sie am Vortag anhatten, wie sie frisiert waren und sogar, ob sie geschminkt waren oder nicht, als ob er ein Tagebuch über die Mädchen der Klasse führen würde! Es war alles zu verführerisch, ich mußte kontern! »Je ne suis pas comme vous!« (»Ich bin nicht wie Sie!«) Sein Grinsen verschwand sofort aus seinem Gesicht (die Klasse lachte dabei lauthals). Er versuchte, Contenance zu behalten. Er räusperte sich ausführlich und stand sogar auf, was er sonst nie zu tun pflegte! »Rolin, il ne faut pas que vous confondiez professeur et salaud. Le professeur, c'est moi! Le salaud, c'est vous! Est-ce que vous m'avez compris, petit fumier!« (»Rolin, Sie dürfen nicht Professor und Schwein verwechseln! Der Professor bin ich, und das Schwein sind Sie! Haben Sie mich verstanden, Sie kleiner Misthaufen!«) Er hatte diesen Satz durch seine zusammengepreßten Lippen gezischt! »Le professeur, c'est vous. Le salaud, ça je ne le sais pas du tout, Monsieur le professeur!« (»Der Professor sind Sie. Das Schwein weiß ich nicht, Herr Professor!«) Ich mußte mich in diesem Moment wahrscheinlich im Tonfall und in der Wortwahl vergriffen haben! Die Klasse stöhnte bei meiner Bemerkung, und der Herr Professor war konsterniert! »Rolin, vous me copierez cent fois cette phrase: Je ne dois plus jamais enquiquiner mes copines pendant les cours d'histoire! Évidemment pour demain matin, le tout contresigné par le proviseur du lycée!« (»Rolin, Sie werden mir hundertmal den folgenden Satz bis morgen früh aufschreiben müssen: Ich darf nicht mehr meine Schulkameradinnen während des Geschichtsunterricht stören! Natürlich muß das Ganze auch vom Schuldirektor unterschrieben werden!«) Das Raunen in der Klasse nahm kein Ende. Diese Strafe kam so gut wie nie vor! Sie war im Grunde genommen schon zur damaligen Zeit veraltet, und sie war harmlos, aber die Entscheidung des Professors, diese Strafarbeit vom Schuldirektor unterschreiben zu lassen, war die eigentliche, harte, unwiderrufliche Strafe! Ich ging zu meinem Platz zurück und schwieg dann die ganze Zeit. Ich habe diese Strafarbeit nicht gemacht. Ich ging am nächsten Tag nicht, wie befohlen, zu meinem Geschichtsprofessor! Als wir ein paar Tage später wieder Unterricht bei diesem Professor hatten, wurde ich sofort nach vorne zitiert, um die Arbeit abzugeben. Ich blieb stur auf meinem Stuhl sitzen und schwieg! »Rolin, je vous ordonne de venir me présenter tout de suite votre punition,signée par le proviseur!« (»Rolin, ich befehle Ihnen sofort nach vorne zu kommen, um Ihre vom Schuldirektor unterschriebene Strafarbeit abzugeben!«) – »Je n'ai pas l'intention d'écrire des lignes aussi stupides que celles-là!« (»Ich habe nicht die Absicht, solche lächerlichen Zeilen zu schreiben!«) – »Ah, ah! Vous avez la trouille d'aller chez le proviseur. Vous avez une grande gueule mais pas de courage!« (»Ha, ha! Sie haben einfach Angst, sich bei dem Schuldirektor vorzustellen. Sie haben eine große Schnauze, aber keinen Mut!«) – »Avouez que vous auriez aimer être à ma place! Vous étiez simplement jaloux et c'est pour ça que vous m'avez puni!« (»Geben Sie zu, Sie hätten neulich gerne meinem Platz eingenommen! Sie waren einfach eifersüchtig, und deswegen haben Sie mich bestraft!«) Es kam so aus mir herausgeschossen und traf den verblüfften Professor voll in den Unterleib! Er bekam keine Luft und schrie zum ersten Mal: »Vous vous foutez de moi?« (»Machen Sie sich über mich lustig?«) – »Oui, monsieur!« (»Ja, mein Herr!«) Der Anfall wurde stärker, und wir bekamen langsam Angst um ihn. Seine Luftknappheit und sein gequältes Gesicht waren besorgniserregend. Es kam noch ein gepreßtes: »Vous faites ça avec chaque professeur?« (»Benehmen Sie sich immer so, bei jedem Professor?«) – »Non, seulement avec les sadistes!« (»Nein, nur bei den Sadisten!«) Hier hatte ich mich in der Wortwahl vergriffen: es war zuviel, ich war schon wieder zu weit gegangen. Ich wurde aus der Klasse herausgeworfen und sollte mich am nächsten Tag beim Schuldirektor in der Gegenwart des Professors vorstellen. Es kam nicht dazu. Der Schuldirektor bestand aber auf der Strafarbeit, die ich doch, wenn auch ungern, geschrieben habe. Der Geschichtsprofessor erlaubte uns etwas später, da zu sitzen, wo wir wollten!

Februar 1966 – Februar 1967

Das Jahr 1966 fing mit einer Einladung zur »Musterung« an. Im Februar wurde ich achtzehn Jahre alt, und es war Pflicht für drei Tage, in die Kaserne nach Commercy zu gehen. *Les 3 jours de Commercy.* Es ist eine kleine Stadt im Lothringen, berühmt für zwei Dinge. Eben dieses Musterungszentrum und die *madeleines:* es sind kleine Gebäcke mit Butter, die in einer Spezialform gebacken werden. Und in dieser kleinen Stadt sollte ich auf meine Armeetauglichkeit hin geprüft werden! Ich mußte dafür, da ich noch Gymnasiast war, aus unserem Sekretariat eine Bescheinigung holen, die ich anstandslos bekam. Wir waren eine relativ große Truppe aus der Schule und der Umgebung, die zur selben Zeit nach Commercy bestellt war. Die meisten kannte ich nur vom Sehen und hatte zu ihnen kein besonderes Verhältnis. Trotzdem gestaltete sich die Pflichtreise nach Commercy zu einer angenehmen »Lachparade«!

Ich erfuhr im Zug, daß viele Schüler mit dem Gedanken spielten, sich bei der französischen Armee zu verpflichten, was mich im höchsten Maß überraschte. Ich dachte bis zu diesem Zeitpunkt, daß die meisten mit ihrem Schicksal zufrieden wären. Irrtum! Die Arbeitslosigkeit, die wirtschaftliche Einöde, die veraltete Industrie (Papier und Textil) sowie der Mangel an Studienplätzen in der Gegend zwangen viele junge Menschen, Saint Dié zu verlassen. Ein guter Grund, sich bei der Armee zu verpflichten, war die steigende Werbung für unsere Verteidigung, die man überall lesen konnte, zum Beispiel: »Engagez-vous, vous verrez du pays.« (»Verpflichten Sie sich bei der Armee, Sie werden verreisen.«) Die ständig zunehmende Anzahl der Studenten brachte die damalige Regierung von de Gaulle und seinen Premierminister Pompidou arg in Bedrängnis. Die Nachrichten berichteten schon zu dieser Zeit über diese schwierigen Probleme, ohne den Eindruck zu erwecken, es würde etwas dagegen unternommen. Die Armee, mit ihrem riesigen Bedarf, war dann für viele eine annehmbare Alternative! Ohne eine etwaige Vorstellung über meine Zukunft zu haben, wußte ich zumindest, daß ich mich auf keinen Fall verpflichten würde!

Wir kamen in Commercy an. Ich hatte viel Schlechtes über dieses Musterungszentrum gehört und war auf einiges gefaßt. Die Ankunft am Bahnhof von Commercy übertraf jedoch meine Erwartungen. Das Angebot an Soldaten, die alle auf uns warteten, ließ mehr an eine Belagerung denken, als an einen Empfang. Hier, am Bahnhof, wurde schon demonstriert, was auf uns zukommen würde. Wir waren bei der glorreichen französischen Armee! Wie das Vieh, das zum Schlachten bestimmt ist, wurden wir unsanft in die Militärfahrzeuge hineingeschubst. Der Ton unserer »Helfer« war militärisch laut und gleichzeitig lächerlich. Also, wir durften »die kleinen Soldaten« spielen! In der Tat wurden wir, nachdem wir in der Kaserne angekommen waren, in Reih und Glied formiert und mußten sofort bis zu unserem Quartier marschieren, was sehenswert gewesen sein muß! In meiner Phantasie würde ich behaupten, daß wir sogar Militärklamotten für drei Tage bekommen haben. In Wirklichkeit kann ich mich nicht mehr daran erinnern, ob es tatsächlich so gewesen ist oder nicht, deswegen lasse ich dieses Thema fallen und widme mich meinen noch sehr gut vorhandenen Erinnerungen!

Eine davon ist die unvergessene »ärztliche Untersuchung«, eine Untersuchung, die ich später nie wieder in dieser Art erlebt habe. Wir wurden in Gruppen eingeteilt, etwa vierzig bis fünfzig Männer zusammengesteckt ohne sichtbare Affinitäten. Diese Gruppen blieben drei Tage lang zusammen. Am ersten Tag, kurz nach der Ankunft, wurde meine Gruppe zur ärztlichen Untersuchung geführt. Es war immerhin wichtig zu wissen, ob ich für die Armee tauglich wäre oder nicht. Zuerst mußten wir unter die Dusche gehen. Es war ein riesiger Duschraum, gekachelt und nur mit großen Brausen an der Decke versehen. Es gab keine Hähne, um die Temperatur zu regulieren. Es wurde mutwillig von einem Sergeanten, der draußen stand, entweder kalt oder warm gestellt. Wir hatten am Anfang Glück: das Wasser war einigermaßen warm. Wir standen alle nackt da und teilten uns drei große Seifen, *savons de Marseille* (Seifen auf Olivenölbasis aus der Gegend von Marseille, übrigens eine sehr gute Seife ... für die Wäsche!). Am Eingang der Dusche standen vier (natürlich angezogene) Sergeanten, die uns anfeuerten, uns richtig zu waschen mit der ewigen Drohung: »Wir prüfen nach.« Als ich laut fragte: »Et aussi dans la raie du cul?« (»Auch in der Analfalte?«), wurde die Stimme eines Sergeanten so laut, daß wir, anstatt ruhiger zu werden, was sein Ziel war, in ein gemeinsames, chaotisches Gelächter ausbrachen. Die folgende kalte Dusche brachte etwas Ruhe in den Duschraum! Die Stimme des Sergeanten war jetzt deutlich zu vernehmen, und was er sagte, war nicht besonders nett: »Vous êtes ici dans l'armée française. Et vous n'êtes rien du tout! Absolument rien! Vous n'avez qu'une chose à faire ici, c'est d'obéir! Vous n'êtes que ce que je commande!« (»Ihr seid hier in der französischen Armee. Und ihr seid nichts! Gar nichts! Und ihr habt nur eine Sache zu machen: Gehorchen! Ich seid nur das, was ich erlaube!«) Ich fragte höflich: »Si nous ne sommes rien, on peut arrêter de se laver. Quand pensez-vous?« – »Ta gueule, le grand dans le coin! Si tu veux faire le con, on sera deux, toi et moi!« – (»Wenn wir sowieso nichts sind, dann können wir aufhören, uns zu waschen! Wie denken Sie darüber?« – »Halt die Schnauze, du in der Ecke! Wenn du den Idiot spielen willst, dann werden wir zu zweit sein, du und ich!«) Ich war knapp zwei Stunden in diesem Zentrum und wurde schmerzhaft mit der Intelligenz unserer Verteidigungskraft konfrontiert. Es wäre unsinnig gewesen, etwas zu erwidern! Wir warteten nach der Dusche in einem anliegendem Raum, natürlich immer noch nackt. Jeder von uns wurde gerufen, um sich vom Militärarzt untersuchen zu lassen. Alle fünf Minuten kam das eintönige »au suivant!« (»Der nächste bitte!«) Ich, wir blieben zwei Stunden in diesem warmen Raum! Es war köstlich zu sehen, wie verschieden wir auf dieses »nackte« Warten reagierten. Einige gestikulierten, damit sich das dabei frei gewordene Glied ausgiebig bewegen konnte. Andere hielten eine imaginäre Zeitschrift vor ihre Männlichkeit. Es gab auch manche Kluge, die »trainierten«, indem sie einfach husteten, damit ihre Hoden hochschnellen konnten ... Und es gab noch einen Schüler aus Saint Dié, der ganz andere Schwierigkeiten hatte ... Ich entdeckte seine Schwierigkeit und schrie ganz laut: »Regardez! Il bande!« (»Schaut hin, er hat einen Ständer!«) Tatsächlich versuchte der arme Kerl, seinen Schwanz mit beiden Händen herunterzudrücken, anstatt aufs Klo zu gehen. Wir machten uns über ihn lustig! Einer fragte ihn sogar: »Y-a-t-il un sergent qui te plait?« (»Gibt es einen Sergeanten, der dir gefällt?«) Diese anzügliche Bemerkung ließ ihn noch verlegener werden. Seine Gesichtsröte war nicht zu übersehen! Wir versammelten uns um ihn und wurden etwas lauter. Einer unserer Aufpasser« fragte sofort, was los wäre und zwar so laut und so plötzlich, aß der arme gequälte Schüler sofort die ersehnte Erleichterung fand und endlich frei über seine Hände verfügen konnte! *Au suivant!* (Dabei mußte ich ständig an das berühmte Lied von Jacques Brel denken, das auch so heißt und auch so eine ähnliche Situation beschreibt!) *Au suivant!*

Endlich kam ich an die Reihe! Die Militärärzte saßen um einen sehr großen Schreibtisch herum. Es müssen mindestens drei oder vier gewesen sein, die alle im weißen Kittel gierig auf ihre Opfer warteten! Es gab noch zwei Schreibkräfte dabei und Leute in Uniform, die ich damals nicht in ihrem Rang hätte identifizieren können. Und ich dazwischen! Es war wie bei einer Prüfung. Ich stand in der Mitte, etwas plump und geniert. Ich hatte nicht mal die Möglichkeit, meine Hände irgendwo verstecken zu können ... Name? Vorname? Adresse? Krankheiten? Bei diesem Wort wurde ich munter. Ich hatte genügend zu erzählen und fing an. Nach ein paar Minuten kam aus einem Mund ein gelangweiltes: »Ça va! Ça va! La cour est pleine!« (»Es reicht! Es reicht! Der Hof ist voll!«) (Sinngemäß: Das Maß ist voll!) Und dann: »T'as pas besoin de nous mentir!« (»Du brauchst uns nicht anzulügen!«) Ich log sie nicht an. Ich hatte gerade erzählt, daß ich als Baby eine eitrige Innenohrentzündung bekommen hatte und daß mich der Arzt in der Küche auf seinem Schoß operiert hatte! Der »Chefarzt« stand auf und kam zu mir. Er schaute gründlich meine Ohren an und sagte laut und selbstherrlich: »C'est ce que je pensais: pas de cicatrices!« (»Dachte ich mir. Keine Narben!«)

Damals kam ich nicht mehr dazu zu erklären, daß der Arzt einen kleinen Eingriff durch den Ohrkanal gemacht hatte, damit der Eiter herauslaufen konnte. Nein, soweit kam ich nicht, da er mich schon kräftig am »Sack« gepackt hatte und gleichzeitig brüllte: »Toussez!«

(»Husten!«) Ich sagte ihm, ich könne nicht husten, es täte mir weh! Ich bekam eine ironische Bemerkung zu hören über mein »mimosenhaftes« Verhalten. Ich hustete so merkwürdig, daß er sofort anfing, meine Lungen abzuhorchen! Ich erzählte noch über meine schwere Lungenkrankheit, er aber unterbrach meinen Redefluß, indem er mir einen kleinen Holzstab brutal in den Mund steckte und sagte, ich solle »ah« sagen.

Er ging an seinen Platz zurück. »Un peu maigre, un peu fragile pour sa taille! Pour les paras et pour la légion, ça ne suffira pas, mais comme tu es dispensé pour deux ans, tu seras d'ici là en forme, alors pour le reste oui! Bon pour le service! Au suivant!« (»Ein bißchen mager und zerbrechlich für seine Größe. Für die Waffengattungen Fremdenlegion und Fallschirmjäger wird es nicht ausreichen, da du aber durch die Schule für zwei Jahre zurückgestellt bist, wirst du bis dahin absolut gut in Form sein! Tauglich für die anderen Waffengattungen! Tauglich für die Armee! Der nächste!«)

Ich war wieder draußen und durfte mich endlich wieder anziehen. *Ich war so verblüfft!* Es war gerade die gefürchtete »Musterungsuntersuchung« gewesen! Eine Burleske, ein *Vaudeville* (Theaterstück mit Chansons) in Vollendung! Ich glaube, sie hätten mich auch als Krüppel genommen. Die Untersuchung lief nach dem Fließbandmuster ab.

Die Armee brauchte neue Soldaten, und wir jungen Männer wurden herzlich eingeladen, in diese Großfamilie einzutreten. Frankreich war nach dem Zweiten Weltkrieg immer in irgendeinen Krieg in der Welt verwickelt. Korea, Vietnam (besonders die schmerzhafte Niederlage von Dien Bien Phu) und nicht zuletzt Nordafrika mit dem beschämenden Algerienkrieg und der Imageverlust unserer so hoch angesehenen Armee: Erneuerungen waren erforderlich! Und es sah so aus, als ob Commercy eine wichtige Rolle in dieser Rekrutstrategie spielte!

Le Ministère de la Défense nationale (Verteidigungsministerium) hatte schon eine großangelegte Werbekampagne gestartet, um neue Rekruten in die Armee zu locken. Die Wehrpflicht, die noch 10 Jahre zuvor, 28 Monate, betrug, war auf 16 Monate reduziert worden. Dadurch entstand in den sechziger Jahren in meinem Heimatland diese

Soldatennachfrage. Es durfte das Musterungsverfahren stark beeinflußt haben, wie ich es gerade erfahren hatte.

Am nächsten Tag gingen die Untersuchungen weiter. Wir wurden auf die geistigen Fähigkeiten geprüft. Wir, die als Schüler die Richtung Abitur ansteuerten, wurden sofort gesondert in einem Klassenraum zusammengeführt. Dieser Test diente, wie ich später erfuhr, der Aufnahme in eine »Offizierschnellschule für Pflichtsoldaten«. Man konnte zu dieser Zeit Aspirant und später sogar Unterleutnant während des Wehrdienstes werden! Wir wurden den ganzen Vormittag geprüft: es war fast wie im Gymnasium. Ich weiß nicht mehr genau, was von uns verlangt wurde, es war auf jeden Fall zu schwer für mich. Ich schnitt sehr schlecht ab, so daß ich für diese Karriere nicht in Frage kam.

Nach diesem anstrengenden Vormittag wurden wir zum Refektorium geführt. Ich freute mich schon auf diesen kulinarischen Moment, weil ich einfach Hunger hatte. Meine Phantasie brachte mich in Verbindung mit Fernand Point, und der Ort war nicht mehr Commercy, sondern Vienne, und das Refektorium hieß auf einmal »Pyramide«. Ich roch schon gastronomische Hochgenüsse in der Luft. In der Tat roch es schon von draußen nach etwas, das ich noch nicht kannte! Ich reihte mich ein und kam dann in den Speisesaal hinein: Fernand Point muß sich in diesem Moment im Grabe umgedreht haben. Das Refektorium sah wie eine riesige, kahle, übelriechende Lagerhalle aus! Ich bekam, immer noch schön in der Kolonne stehend, ein Tablett (es sah eher wie eine abgeflachte Blechdose aus) und näherte mich dem Standort der Essensverteilung. Der Geruch wurde immer stärker, je näher ich dem Essen kam. Ich hörte schon meinen Kameraden vor mir fluchen. Ich achtete nicht darauf und wartete geduldig, bis ich dran war. Endlich stand ich vor der Lösung des Riechrätsels, das gleichzeitig das Essen war: Bohnen! Bis dato wußte ich nicht, daß dicke weiße Bohnen so aussehen und riechen konnten! Die Nausea in der Nase, fragte ich den Soldaten, der vor mir stand und es eilig hatte, die Ladung aus der Kelle auf meinem Tablett loszuwerden, ob es sich tatsächlich um Bohnen handeln würde, oder ... Ich bekam eine positive Antwort und als Dank eine zweite Portion dazu. Ich verstand erst viel später, daß die klebende Nahrung notwendig gewesen war, um den Nachmittag überstehen zu können!

An diesem zweiten Tag wurde die körperliche Verfassung geprüft. Wie immer, wimmelte es überall von Sergeanten. Ich glaubte fest daran, daß die französische Armee nur aus Sergeanten besteht! In der Tat waren sie omnipräsent! In der Turnhalle, wo wir uns jetzt befanden, besonders, als ob ständig Fluchtgefahr bestehen würde.

Die Halle war sehr hoch, und es hingen eine Unmenge von dicken Seilen von der Decke herunter. Wir trugen geliehene Kurzhosen und mußten hinaufklettern. »Nur mit der Armkraft«, meinte ein unvermeidbarer Sergeant »Bitte nach Ihnen!« kam meine Antwort. Und tatsächlich, in Windeseile kletterte der Kerl in voller Montur, die Beine hängen lassend, das Seil hoch! Ich wollte nicht hochklettern, es wäre kein Beweis für eine gute körperliche Verfassung. Die schon so oft gehörte Antwort kam prompt von ihm: »La ferme!« (»Schnauze!«) und das zweite Leitmotiv der französischen Armee: »Un ordre est un ordre!« (»Befehl ist Befehl!«) Bei solch einer unwidersprechlichen Argumentation blieb mir nichts anderes übrig, als zu versuchen, hochzuklettern. Ich schaffte knapp drei Meter, womit ich mir den Hohn des Sergeanten zuzog! Dann, die unübertroffene Spezialität des Bundes! Ich glaube, sie ist in jeder Armee der Welt überall gleich geliebt: Liegestütze *(Les pompes* bei uns genannt, *Pumpen).* Hundert Stück an der Zahl wollte der Kerl von mir haben! Ich bot ihm zehn an! Er war damit nicht einverstanden. Ich sollte so viele schaffen, wie es geht! Ich machte meine zehn Liegestützen! Mehr kann ich sowieso nicht. Das Laufen kam an die Reihe! Eine Disziplin, die ich einigermaßen gut beherrschte. Ich weiß nicht mehr, was wir noch alles anstellen durften in Commercy. Im Zug, auf der Rückfahrt nach Saint Dié, erfuhr ich, daß wir alle, ohne Ausnahme, für tüchtig befunden wurden, um uneingeschränkt in der französischen Armee zu dienen! Diese drei Tage sind in meiner Vergangenheit der Inbegriff der Sinnlosigkeit geblieben.

Als ich nach Hause kam, wurde ich herzlich von meiner Familie empfangen, als ob ich das Familienoberhaupt gewesen wäre (Vater war nicht da). Ich erfuhr, daß es in dieser Zeit absolut keine Probleme gegeben hatte. Vater hatte sich fast immer ruhig verhalten. Francine sagte, bei den wenigen Malen, bei denen er versucht hätte, die Familie (besonders Mutter) zu quälen, hätte sie jedes Mal gedroht, mir alles zu erzählen; er hätte dann nachgegeben und wäre, wie fast immer, in irgendeiner Kneipe verschwunden, um natürlich um Geld zu spielen! Als Vater nach Hause kam, erfuhr er von mir, daß ich *bon pour le service* (tauglich für die Armee) war!

Er war sichtlich stolz über diese Nachricht. Ich, ein ewig krankes Kind, wurde gerade als zukünftiger Soldat in die französische Armee aufgenommen. Mutter war genauso stolz darüber und gleichzeitig erleichtert. Erleichtert über die Tatsache, daß ich nicht in die Fremdenlegion aufgenommen werden durfte. Ein Bruder von ihr, Marcel, war Fremdenlegionär im Zweiten Weltkrieg gewesen und fiel fürs Vaterland! Sie haßte deswegen diese *Légion étrangère,* die in Frankreich immer noch als ruhmreich gilt und Respekt einflößt.

Das Familienleben hatte mich wieder fest im Griff. Die Auseinandersetzungen mit meinem Vater nahmen zu. Es gab nur noch einen einzigen Punkt, womit mich Vater noch in der Hand hatte: das Geld! Er hielt mich damit in seiner Macht und verlor keine Möglichkeit, es mich spüren zu lassen. Um die Familie richtig zu ernähren (Zitat meines Vaters) mußte er nebenbei noch arbeiten, und wir mußten dabei helfen. Diese Arbeiten waren in den Vogesen mehr traditionell vererbte Nebenbeschäftigungen. Wir lebten mit und aus dem Wald. Die reichen Tannenwälder meiner Heimat lieferten einige exzellente Produkte, die wir verkauften. Es seien zuerst erwähnt: Pfifferlinge, Steinpilze und Morcheln, Waldbeeren, besonders Blaubeeren, Brombeeren, Walderdbeeren und Waldhimbeeren. Vater war ein großer Pfifferlingssammler. Ich bin ein paar Mal mit ihm im Wald gewesen, und Vater überraschte mich immer wieder mit seiner Ortskenntnis! Er fand die Stellen, die oft sehr versteckt waren, mit einer unglaublichen Treffsicherheit. Er pflückte die Stellen fast immer leer und zählte die Pfifferlinge einzeln! An manchen Stellen waren es über dreihundert, und er schaffte es, an einem Tag, bis zu zehn Kilo zu sammeln.

Das meiste verkaufte er an seine Stammkunden, und der Rest wurde von uns in langen, mühsamen Stunden geputzt und von Mutter eingeweckt.

Eine besondere Gewohnheit von Vater war das Sammeln von Maiglöckchenknospen ab Mitte April. Vater fuhr, entweder allein mit dem Mofa oder mit einem Freund im Auto, in die elsässische Ebene, nach Neufbrisach hinter Colmar, um Maiglöckchen zu pflücken. Er kam abends zurück mit Tausenden von Maiglöckchenknospen, die wir sofort, mit Vaters Hilfe, in einer großen, mit Salzwasser gefüllten Wanne vorsichtig senkrecht hinstellten und im Keller aufbewahrten. Und es funktionierte immer. Am dreißigsten April waren alle Knospen in voller Blüte. Der Tag wurde auf Vaters Anweisung geopfert. Wir mußten die Maiglöckchen in kleinen Bündeln von jeweils zehn Blüten zusammenbinden. Es war eine sehr anstrengende Arbeit, die wir, nachdem Francine und Marc schon im Bett waren, zu dritt bis spät in die Nacht weiterführten. Am nächsten Morgen, am ersten Mai, stand Vater sehr früh auf, um Maiglöckchen in der Stadt zu verkaufen.

Dieses Jahr durfte ich zum ersten und gleichzeitig zum letzten Mal mit in die Stadt fahren, um mit Vater zu verkaufen. Ich bekam eine kleine Holzkiste mit einigen Sträußchen Maiglöckchen, das meiste behielt Vater für sich. Wir standen beide in der Nähe der St.-Martin-Kirche, nicht weit voneinander entfernt. Als wir um zwölf Uhr nach Hause fuhren, hatte ich wenig verkauft und kaum Geld eingenommen! Vater war sauer auf mich und nannte mich zum x-ten Mal *bon-à-rien* (Taugenichts). An diesem Tag blieb ich friedlich und beschloß, nach dem Mittagessen mit Nanard (Bernard Ferry) ins Kino zu gehen. Wir gingen von da an wöchentlich ins Kino. Auch an diesem Nachmittag, Anfang Juni 1966. Es gab zu dieser Zeit eine kleine Invasion von Filmen aus Italien über die Antike und die römische und griechische Mythologie, wie »Romulus und Remus« (mit Steve Reeve und Gordon Scott) und »Herakles« in verschiedenen Varianten ... Diese Filme, ohne große künstlerische Werte, waren mir willkommen, um mich aus dem Alltag in eine andere Welt zu versetzen, eine Welt, in der starke Männer das Sagen hatten. Da wir keinen Fernseher besaßen, war das Kino die einzige Abwechslung in dieser toten Stadt. Ich glaube, wir haben uns einen Film angeschaut, der »Die letzten Tage von Pompei« hieß. In diesem Film spielten der »Schwarzenegger« dieser Zeit, nämlich Steve Reeve und auch Christine Kaufmann. Saint Dié besaß zwei große Kinosäle, in der jeweils 600 Zuschauer Platz nehmen konnten. Sie hießen »L'Empire« und »L'Exelsior«.

Mein Lieblingskino war das »L'Exelsior«, da der Besitzer der Vater eines Mitschülers war, Francois Lasalle. An diesem Tag waren Nanard und ich wiederum in unserem Stammkino. Wir nahmen zwei Balkonplätze, die etwas teurer waren als Plätze im Parkett. Zufällig saßen wir neben zwei jungen Frauen, in der Mitte einer langen, fast leeren Reihe. Das Kinoprogramm lief immer nach demselben Schema: vor der Pause kam zuerst ein Dokumentar- oder ein Kurzfilm, dann die Wochenschau und eine oder zwei Werbefilme (meist über Produkte, die man während der Pause kaufen konnte).

Eine bestimmte Werbung lief jahrelang im Kino. Sie wurde ein Klassiker in diesem Genre, zumindest in meinem Gedächtnis: ein Mann steht an der Kasse eines Kinos und fragt, was an diesem Tag laufen würde. Die Kassiererin antwortet: »Als Vorfilm ein Western!«, und prompt steckt ein Indianerpfeil in dem Hut des potentiellen Kinobesuchers. »Und danach?« – »Ein Dokumentarfilm über den Sardinenfang im Mittelmeer!« Gleich danach steckt ein Fisch unter seinem Hut. »Und weiter?« – »Dann kommt die Pause, und dabei gibt es Miko«. Es erscheint in seiner Hand ein prachtvolles Eis am Stiel. Diese Werbung gehörte einfach dazu, sonst hätte sicherlich etwas gefehlt.

Nach der Pause lief dann der große Film. Ich weiß gar nicht mehr, welche Vorfilme wir an diesem Tag zu sehen bekamen. Ich war sehr beschäftigt, meine Nachbarinnen zu beobachten, da die beiden ständig kicherten und für Unruhe sorgten. »Elles veulent certainement quelque chose de nous!« (»Die wollen sicherlich etwas von uns!«) meinte Nanard. »Oui! Mais quoi?« (»Ja, meinst du? Aber was?«) war meine naive Frage. »Tu es vraiment con, Jean-Jacques. Elles veulent qu'on les draguent!« (»Du bist blöd, sie wollen sicherlich von uns erobert werden!«) – »Tu crois?« (»Meinst du wirklich?«) Ich schaute meine Nachbarin an, sie schaute mir direkt in die Augen und lächelte mich dabei sehr natürlich an. Ich lächelte (es war sicherlich mehr ein Grinsen) etwas verlegen zurück und drehte mich zu Nanard um. Er bat mich mit einem diskreten Zeichen, mit ihm hinauszugehen, um mit mir in Ruhe reden zu können. »Assieds-toi a côté d'elle, elle n'attend que ça, et puis elle a l'air sympa!« (»Setz dich neben sie! Sie wartet sehnsüchtig darauf! Und übrigens, sie sieht sehr sympathisch aus!«) Ich war, wie schon erwähnt, vollkommen unerfahren und besaß noch meine naive Jungfräulichkeit! Ich war an diesem Nachmittag nicht anders als sonst, aber begünstigt durch die aufmunternden Worte von Nanard, fühlte ich mich ein bißchen mutiger als gewöhnlich! Nach der Pause saß ich zufällig neben ihr und Nanard neben ihrer Freundin. Es wurde stillschweigend hingenommen.

Der Hauptfilm fing an. Meine Nachbarin auch. Sie suchte sofort meine Hand, und sie fand sie. Ohne mich zu wehren, überließ ich ihr die Initiative. Sie streichelte sehr zärtlich meine Hand, und eine kurze Zeit danach umarmten wir uns. Es geschah alles spontan, ohne Worte, ohne Überlegung! Sie brauchte nicht zu reden, ich auch nicht (Ich hätte sowieso nicht gewußt, was ich hätte sagen können!) Sie suchte meinem Mund, und wir küßten uns zaghaft und gleichwohl leidenschaftlich! Nach dem Film wartete sie auf mich. Ich verabschiedete mich von meinem Freund und brachte Noëlle nach Hause. So hieß meine neue Freundin. Sie war ein gutes Stück kleiner als ich und erst gerade fünfzehn Jahre alt geworden. Sie sah sehr lebendig und für ihr Alter viel reifer aus.

Sie wohnte, und wie hätte es anders sein können, am anderen Ende der Stadt. Wir gingen Hand in Hand nebeneinander. Ich erfuhr, daß sie eine Lehre als Näherin in einer Fabrik absolvierte und daß sie sich dabei sehr wohl fühlte. Wir blieben vor ihrem Haus stehen, umarmten uns und küßten uns sehr zärtlich. Noëlle flüsterte mir dabei folgendes ins Ohr:

»Demain soir, mes parents seront absents. Je serai toute seule! Je vais te montrer ma chambre. Tu viendras vers huit heures du soir. Tu frapperas à ma fenêtre et je te laisserai entrer!« (»Meine Eltern sind morgen abend nicht da. Ich bin allein! Ich zeige dir gleich mein Zimmer. Du kommst morgen um 20 Uhr. Du mußt an mein Fenster klopfen, und ich lasse dich herein!«)

Mir blieb die Luft weg. Ich konnte nicht mehr richtig atmen. Ich konnte auch kein Wort sagen. Panik überfiel mir. Noëlle fragte mich, was los wäre. Mit zittriger Stimme sagte ich ihr, ich wäre leider schon an diesem Abend verabredet, aber wir könnten uns in zwei Tagen in der Stadt, im Park vor dem Rathaus treffen. Sie war sofort einverstanden. Ich war froh, mich so gut aus der Affäre gezogen zu haben und rannte nach Hause! Allein in meinem Zimmer, ließ ich mich einfach aufs Bett fallen und blieb einen Moment reglos, den Kopf im *édredon* (Federbett) versteckt, als ob ich die nicht vorhandenen Tränen trotzdem ersticken wollte. Ich war traurig. Ich hatte genau gespürt, was mit mir los war: ich wußte, was hätte passieren können. Ich hatte das Verlangen gehabt, mit Noëlle zu schlafen! Aber wie? Schon die Vorstellung, mit ihr allein im Zimmer zu sein, löste in mir eine unbeschreibliche Panik aus. Ich hatte Angst, einer einfachen Sehnsucht nachzugehen. Ich war es damals gewohnt, eine Photographie eines weiblichen Idols dieser Zeit zu nehmen, das Bild vor mich zu stellen und zu onanieren, indem ich mir Geschlechtsverkehr mit der photographierten Person vorstellte! Wie oft habe ich mit Claudia Cardinale, Brigitte Bardot, Gina Lollobrigida, Sophia Loren und Nancy Holloway geschlafen! Ich kannte nichts anderes. Und jetzt, da ich ein reelle Gelegenheit hatte, mußte ich kneifen, weil mir der Mut fehlte!

Wir trafen uns, wie verabredet, bei einer Bank im Stadtpark. Sie umarmte mich sofort und küßte mich sanft auf den Mund. Sie war in mich verliebt und zeigte mir direkt, was sie fühlte und wollte. Ich mochte sie sehr gern, vielleicht war ich sogar in sie verliebt, aber es ging mir alles zu schnell. Ich war zu gehemmt, um etwas Passendes zu erwidern. Ich konnte den in mir aufsteigenden Gefühlen nicht trauen. Wir blieben nicht lange auf dieser Bank. Wir gingen eine Zeitlang spazieren, und ich brachte sie nach Hause. Wir blieben einige Minuten umschlungen. Ich spürte sie sehr deutlich und dachte daran, davonzulaufen, blieb aber steif wie ein Brett stehen. Ich konnte mich nicht mehr bewegen. Noëlle wiederholte ihr Angebot:

»Ce prochain week-end, je suis de nouveau toute seule et je désire le passer avec toi!« (»Ich bin am kommenden Wochenende schon wieder ganz allein, und ich möchte es mit dir verbringen!«)

Ich mußte schnell handeln, und bat sie, mich vorher da abzuholen, wo wir uns heute getroffen hatten. Sie stimmte zu. Ich hatte schon wieder Zeit gewonnen! Ich ging nicht zu diesem Rendezvous, ich ließ sie einfach endlos auf mich warten! Ich hatte keinen Mut, ihr zu sagen: »Ich habe noch nie mit einer Frau geschlafen«, und das mit achtzehn Jahren! Es wäre zu beschämend gewesen!!

Ich muß zugeben, daß ich die Woche danach, in der Schule sehr trübsinnig und melancholisch war. Ich dachte, ohne es zu wollen, ständig an die kleine Noëlle! Nanard merkte, daß etwas nicht stimmte. Er fragte mich direkt, ob ich mit Noëlle befreundet wäre und wie es mit uns liefe. Ich sagte, ich hätte Schluß gemacht. Ob er mir geglaubt hat, weiß ich nicht. Ich hatte sie, die kleine lebensbejahende Noëlle, einfach verlassen, ohne ein Wort, eine Erklärung abzugeben. *Poser un lapin* fällt mir spontan ein. Einen Hasen hinstellen. Es bedeutet einfach, ein Rendezvous nicht einzuhalten.

Wir hatten schon Mitte Juni, und diese kleine Stadt fieberte einem ganz neuen Ereignis entgegen! Es sollte zum ersten Mal Wasserspiele auf unserem kleinen Fluß »la Meurthe« geben. »Les joutes de la Meurthe!« Die Vorbereitungen liefen auf vollen Touren, als ich mit meinem Cousin Jean-Claude an diesem Donnerstagnachmittag die »rue Thiers« hin- und herlief. Wir kamen zu unserem Freund »le père Korette«, der seine Hot dogs immer noch an der Brücke verkaufte. Wir waren gerade angekommen, als der Stadtbus an uns vorbeifuhr. Ich schaute zufällig hin. Am Ende des Busses saß Noëlle. Sie winkte mir heftig zu, als sie mich entdeckte. Ich hatte sie seit über einer Woche nicht mehr gesehen. Sie stieg bei der nächsten Bushaltestelle aus und rannte in meine Richtung. Ich verabschiedete mich schnell von meinem Cousin. Ich ging zu ihr mit gemäßigtem Schritt!

Sie stürzte sich förmlich in meine Arme, als ob nichts gewesen wäre. Sie freute sich einfach. Ich mich auch, aber nicht einfach. Noëlle sagte mir, sie hätte keine Zeit, ihre Eltern würden auf sie warten. Wir verabredeten uns für das kommende Fest. Ich versprach, auf jeden Fall zu kommen. Ich ging erleichtert nach Hause. Beim Abendessen sagte Vater beiläufig, er würde bei diesem Fest an einem Eingang stehen und Karten verkaufen. Der Samstag kam. Ich habe nie nachgeprüft, aber laut meinen Erinnerungen, muß es der 18. Juni 1966 gewesen sein.

Ein denkwürdiger Tag in meinem Leben! Wie verabredet, traf ich am späten Nachmittag Noëlle, die schon auf mich wartete. Wir kauften eine Eintrittskarte in Form eines Schlüsselanhängers, den ich sehr lange noch besessen habe, um ihn doch irgendwann zu verlieren. Noëlle hatte einen dunkelgrünen Hosenanzug an und sah an diesem Tag besonders hübsch aus. Wir gingen durch die abgesperrte Stadt, um uns gemeinsam zu amüsieren. Die Sonne war mit von der Partie und begleitete uns den ganzen Nachmittag. Die Wasserkämpfe, die in mittelalterlichen Kostümen stattfanden, waren eher mickrig und absolut uninteressant. Wir gingen zu meinem Freund Korette, der an diesem Abend allerhand zu tun hatte.

Korette war ein gebürtiger Algerier, der nach der Unabhängigkeit seines Heimatlandes aus einem bestimmten Grund in Frankreich geblieben war. Er war damals schon über sechzig Jahre alt und hatte im Zweiten Weltkrieg an der Seite von Frankreich (er war immer Franzose gewesen) gekämpft. Er konnte kaum Französisch reden. Er sprach mit dem typischen Araberakzent: »Qu'est-ce que ti veux, mon z'ami?« (»Was willst du, mein Freund?«) Ich kann nur wortwörtlich übersetzen, ohne auf die Besonderheiten dieser Sprache eingehen zu können. An seinem Stand aßen wir zusammen seine unübertroffenen Hot dogs. (Diese Hot dogs sind die besten, die ich jemals gegessen habe!) Er fragte mich ganz offen, ob die »Kleine« meine Freundin wäre. Noëlle bejahte es für mich.

Die Abenddämmerung küßte schon den Tag und lud langsam die Nacht ein, ihren Mantel anzuziehen, um uns in die Dunkelheit zu hüllen. Noëlle wollte aus dieser »gesperrten« Stadt herauskommen, um mit mir spazieren zu gehen. Wir mußten an einem Schalter vorbei. Das Glück bescherte uns meinen Vater als Aufpasser. Er war sehr überrascht, mich in Begleitung einer jungen Frau zu sehen. Er sagte gar nichts. Er strahlte mich so an, als ob ich sein Lieblingskind wäre! Im Grunde genommen, war er nur stolz zu sehen, daß ich eine Freundin hatte. Wir gingen Richtung »la roche St.-Martin«, einem roten Sandsteinfelsen auf einem kleinen Gipfel im Massiv des Kembergs. Wir gingen nicht bis nach oben. Wir machten am Fuß des Berges auf einer Bank eine Pause. Es war schon sehr dunkel. Noëlle fing an, mich leidenschaftlich zu küssen, so leidenschaftlich, daß sich in meiner Erinnerung das Leiden mehr eingeprägt hat als die Freude. Sie fing an, mich zu streicheln. Ich versuchte schüchtern, ihre Brüste, natürlich über ihrer Bluse, zu berühren. Noëlle ging direkt an meine Männlichkeit. Sie rieb, auch über der Hose, meinen verängstigten Penis. Sie zeigte mir sehr deutlich, was sie wollte. »Je veux faire l'amour avec toi!« (»Ich will mit dir schlafen!«) Da wir beide alleine waren, mußte ich gemeint sein! Ich schluckte ein paar Mal laut! Mein Gott, ich wollte es auch. Aber wie sollte ich es anstellen? Sie war noch angezogen. »Déshabille-moi tout de suite!« (»Zieh mich aus, sofort!«) flüsterte sie mir ins Ohr. Ich hatte bis dahin noch nie eine Frau nackt gesehen, und ich hatte auch nicht die Absicht, es an diesem Abend zu tun. Es war, Gott sei Dank, dunkel! Ich machte mich, unter den Anweisungen von Noëlle, an ihre Hose. Diese Hose! Sie war nicht für Anfänger gedacht. Im Gegenteil! Sie besaß eine Knopfreihe, die schräg verlief. Ich kriegte sie irgendwie auf. Es lag leider eine zweite Reihe darunter. Meine Hände fingen an zu zittern. Noëlle übernahm die Initiative. Sie zog ihre Hose aus. Ich schaffte es gerade noch, meinen Penis aus meinem Reißverschluß zu bringen. Die Operation *Défloration* (Entjungferung) nahm ihren Lauf. Ich weiß noch, daß ich meine Hose halb auszog. Was dann passierte, entzieh sich meiner Erinnerungswelt. Ich war so aufgeregt, daß ich nicht mehr weiß, ob ich wirklich mit meinem Glied in ihr gewesen bin. Ich war in diesem Moment so beschäftigt, alles unter Kontrolle zu bekommen: meine Angst, meine Erregung, meine Lust, meine Neugierde. Es war zu viel auf einmal, so daß ich das Wichtigste vergaß: zu genießen! Im Moment der Erlösung empfand ich einfach Angst, mich in einer Frau oder daneben zu ergießen, es war furchterregend! Noëlle war sehr lieb und einfühlsam. Sie hatte sicherlich bemerkt, daß ich unerfahren war. Sie hatte auch nicht viel mehr Erfahrungen als ich, und trotzdem kam ich mir dabei als großer Versager vor, ein Gefühl, daß mich, wie ein Leitmotiv, jahrelang bei jedem Geschlechtsverkehr begleiten würde! Ich war nicht ihr erster Mann, sonst hätte sie einen Schock für ihr ganzes Leben behalten! Sie erzählte es mir auf dem Weg nach unten.

Ich hatte Durst. Ich mußte meine Enttäuschung herunterspülen! Noëlle war einverstanden, mit mir in eine Kneipe zu gehen, die in der Nähe vom Bahnhof lag. Unterwegs verlor ich etwas von meiner Enttäuschung, und ich gewann wieder an Sicherheit. Meine Freundin half mir mit ihrem natürlichen Verhalten, die Sache leichter zu nehmen und weniger darüber nachzudenken. Meine Blessur ist nie verheilt. Sie hat vieles von ihrer Wichtigkeit verloren und hat eine untergeordnete Rolle in meinem Herz bekommen. Trotzdem hätte ich es gerne anders erlebt, ohne genau definieren zu können, wie!

In der Kneipe trafen wir Nanard mit einer Frau, die ich nicht kannte. Wir nahmen Platz an seinem Tisch, und ich bestellte zwei Bier: zwei Kronenburg (ein Bier, das damals die vulgäre Bezeichnung »pissig« verdient hätte). Noëlle war nach wie vor anschmiegsam und sehr zärtlich zu mir. Sie schien nicht enttäuscht zu sein. Ich blieb sehr ruhig, ich hatte Angst, man könnte es mir anmerken. Ich hatte auch das Gefühl, Nanard würde mich sehr genau beobachten! Sie blieben, gottlob, nicht sehr lange, so daß wir noch eine Weile in der Kneipe blieben. Noëlle sprach nicht über mein Mißgeschick. Ich hätte sie gern gefragt, ich hätte gerne gewußt, ich ... sagte nichts.

In dieser Stunde war ich froh, nicht reden zu müssen! Ich begleitete sie nach Hause. Wir verabredeten uns für den nächsten Nachmittag. Ich sollte sie abholen. Ich ging nach Hause, wo ich sofort ins Bett ging und keinen Schlaf finden konnte. Ich schämte mich, so ungeschickt gewesen zu sein. Ich empfand es damals als passend zu meiner verkorksten Kindheit und Jugend. Es sollte sicherlich nicht anders sein! Ich sprach mit niemandem darüber und vergrub es sehr lange tief in mir!

Am nächsten Nachmittag ging ich mit Noëlle wieder in demselben

Wald spazieren. Wir gingen dieses Mal richtig den Hang hoch, zu hoch, wie es sich später herausstellen sollte, und versuchten, uns gerade an einem solchen steilen Hang zu lieben. Es klappte nicht viel besser als am Tag zuvor! Kaum war ich in Noëlle, rutschte ich sofort wieder heraus. Ich probierte es noch einmal und rutschte prompt zum zweiten Mal aus ihr. Erst beim dritten Anlauf gelang es mir, in Noëlle ein paar Sekunden zu bleiben. Ein spontaner Samenerguß beendete meinen zweiten Beischlafsversuch! Es war wieder kein Genuß dabei gewesen, nur eine beschämende Enttäuschung. Im nachhinein bewundere ich Noëlle für ihre Geduld und ihre immense Zärtlichkeit, ohne sie hätte ich den Versuch, mit einer Frau (mit ihr) zu schlafen, überhaupt nicht gewagt! Im nachhinein!! Ich begleitete sie nach Hause. Wir verabredeten uns ... Ich sah sie nie wieder: Ich wollte mit ihr nichts mehr zu tun haben! Meine Scham war unerträglich. Ich lief einfach davon. Ich war, so glaubte ich es damals, mindestens mit meiner Männlichkeit gescheitert! Ich war unfähig gewesen!! Wie oft habe ich mir, zwar viel später, gewünscht, Noëlle wiederzusehen, um zu erfahren, ob es wirklich so gewesen ist, wie ich es gerade berichtet habe! Aber leider viel zu spät, da ich schon bereits über dreißig war, als ich anfing, an mir zu arbeiten, um die Vergangenheit zu bewältigen!

Kurz danach habe ich beschlossen, während der Schulferien zu arbeiten, um Geld zu verdienen, da Vater nicht bereit war, mir regelmäßig welches zu geben. Genauer gesagt, ich hatte es satt zu betteln, um ein paar Franken zu bekommen, und als ich sie bekam, mußte ich den Hohn meines Vaters ertragen. Er zeigte mir bei der kleinsten Gelegenheit seine nur noch mit dem Geld verbundene Macht über mich.

Die Rugbysaison war zu Ende, die Schule auch, und jetzt hatte ich zehn Wochen Zeit, um Geld zu verdienen. Ich wollte mir einige Sachen leisten, die andere Schüler schon längst hatten wie zum Beispiel einen Plattenspieler und Platten. Es gab, mitten in Saint Dié, eine große Druckerei, die einer Familie namens Loos gehörte. Sie gehörten zu den reichsten Leuten der Stadt und besaßen ein bildhübsches Schloß, nicht weit vom »Paradis«, wo ich damals gewohnt hatte. Ich hatte mich vorgestellt mit einem neuem Freund, der Gerard Denis hieß. Wir wurden sofort für acht Wochen angestellt, wie viele andere Schüler, wie ich später erfahren sollte. Zu Hause war Vater kaum zu sehen. Er mied mich und umgekehrt. Daher war die Atmosphäre ziemlich ruhig zu dieser Zeit. Ich war noch bemüht, Mutter zuliebe Auseinandersetzungen zu vermeiden. Aber mein Grundgefühl, wegzugehen, blieb stark in mir verborgen.

Freitag, den 1. Juli 1966 betrat ich um 6.30 Uhr die Schwelle der Druckerei Loos. Ich war in Begleitung von mindestens zehn Schülern, fast alle aus meinem Gymnasium. Wir waren alle gemeinsam da, um Taschengeld zu verdienen. Der erste Tag war nicht sehr anstrengend! Ich durfte mit einer Papierpresse sämtliche Abfälle der Produktion in große Ballen zusammenpressen. An diesem ersten Tag arbeitete ich bis 18.15 Uhr, um präzise zu sein.

Nach Feierabend ging ich mit meiner Kusine Martine durch die rue Thiers spazieren. Wir machten dabei die Bekanntschaft einer jungen Frau namens Marie-Christine. Am nächsten Tag arbeitete ich nur vier Stunden, da es Samstag war. Nachmittags fuhr ich mit meinem Fahrrad zu meinen Großeltern, die ich schon lange nicht mehr gesehen hatte, nach St.-Michel. Sie empfingen mich sehr herzlich. Ich freute mich, da zu sein. Ich hatte inzwischen ein gutes, »normales« Verhältnis zu meiner Oma. Es war ganz offen und frei von irgendwelchen Ressentiments und Beeinflussungen. Sie zeigte mir, daß sie mich mochte. Ich brachte ihr dieselben Gefühle entgegen.

Die folgende Woche arbeitete ich von 7 bis 12 Uhr vormittags und von 14 bis 18 Uhr nachmittags und am Samstag nur vormittags. Es war der Rhythmus, der sich aber bald ändern würde. Die Arbeit an der Papierpresse war gar nicht so schwer. Diese Presse war Bestandteil des Lagers. An der Presse war »Neuneuil«, ein junger, geistig ein wenig zurückgebliebener Mann, der so genannt wurde, weil er nur ein gesundes Auge besaß. In diesem Lager arbeitete auch ein Herr Riefel, der seine Zeit damit verbrachte, Radio zu hören. Besonders am Nachmittag, wenn er mal nüchtern war, hörte er gerne die aktuellen Ergebnisse der Pferderennen. Er wettete jeden Tag in der Hoffnung, wie Vater, eines Tages den großen Gewinn zu bekommen.

Eines Tages beschlossen wir, Gerard Denis und ich, Herrn Riefel einen kleinen Streich zu spielen! Gerard fragte vormittags Herrn Riefel, auf welche Pferde er an diesem Tag gesetzt hätte. Ahnungslos verriet er ihm die drei Nummern in der richtigen Reihenfolge. Nach dem Mittagessen kam Gerard mit einem kleinen Tonbandgerät an, und wir nahmen »eine kleine Reportage über Pferderennen in Auteuil« auf. Natürlich waren die von Riefel gesetzten Pferde auch Sieger geworden! An diesem Nachmittag bereiteten wir uns sorgfältig vor. Herr Riefel kam irgendwann zu uns – wir warteten schon eine kleine Weile auf ihn – und wurde sofort ernsthaft von Gerard Denis apostrophiert: »Ta gueule Riefel, on écoute le résultat des courses de chevaux à Auteuil!« (»Halt's Maul, Riefel! Wir hören das Ergebnis der Pferderennen von heute in Auteuil!«) – »He, arrête, je veux écouter les résultats, car j'ai joué ce matin!« (»He, stop! Ich möchte auch zuhören. Ich habe heute früh gewettet!«) Er holte gleichzeitig seinen Tippzettel heraus und wartete ungeduldig auf die Resultate. Als er hörte, daß er gewonnen hatte, sprang er auf, holte seine Flasche Rotwein und kam zu uns zurück. Er setzte sich hin und trank einen großzügigen Schluck aus dieser Flasche (es war genau die Hälfte). Wir ermutigten ihn, noch die ganze Flasche auszuleeren, was er ohne Anstrengung schaffte. Er ging abends vollkommen betrunken nach Hause, und wir hatten unseren Spaß daran gehabt. Riefel sah am folgenden Vormittag elend aus! Er schien die ganze Nacht vor einem großen Problem gestanden zu haben! Er kam zu uns und fragte uns, warum zu Hause im Radio ganz andere Nummern als Sieger genannt wurden. Gerard holte sein Gerät heraus und spielte ihm das Band vor. Zuerst begriff er gar nicht, worum es ging. Dann aber doch! Denis fing laut an zu lachen. Er verstand, daß er einem Streich aufgesessen war! Er war gar nicht böse auf uns. Wir hatten ihm eine Flasche Rotwein mitgebracht, um ihm zu zeigen, daß wir es nicht so ernst gemeint hatten. Er war glücklich und meinte, wir könnten so viele Scherze mit ihm machen, wie wir wollten, solange das Ergebnis immer stimmte, er meinte natürlich die Flasche Wein. Er ging abends volltrunken nach Hause.

Ich fühlte mich sehr wohl in dieser Druckerei. Ich wurde so gut angesehen, daß ich nach drei Wochen zum Meister gerufen wurde! Es war Mittwoch, der 20. Juli 1966. »Gégène«, so nannten wir den Meister, sagte mir, ich wäre so tüchtig, daß ich ab sofort mehr Stundenlohn bekommen würde und daß ich, natürlich nur, wenn ich es wollte, auch ab sofort Überstunden machen könnte. Ich arbeitete ohne das Gefühl zu haben, mehr als die anderen zu tun. Es machte mir einfach Spaß, einer Beschäftigung nachzugehen und dafür Geld zu bekommen.

Ich vergaß das Gymnasium, stürzte mich mit einem ungebändigten Elan in diese neue Herausforderung und fühlte mich glänzend in Form. Ich erzählte zu Hause, was ich durch meine Arbeit erreicht hatte und daß ich ab dem nächsten Tag um vier Uhr anfangen würde, um endlich viel Geld zu verdienen. Vater hatte etwas dagegen und wollte die Hälfte des Lohnes für sich in Anspruch nehmen. Es war während des Abendessens. Als ich diese Unverschämtheit hörte, stand ich auf und sagte ihm, nachdem ich ihn am Kragen gepackt hatte: »Tu te souviens de ce qui c'est passé il y a quelque temps. Si tu ne ferme pas ta gueule, je vais te mettre la peau en sang!« (»Du weißt genau, was vor kurzem passiert ist! Wenn du die Klappe nicht hältst, werde ich dich blutig schlagen!«) Mutter und die Kinder versuchten, mich zu beruhigen! Ich schaffte es, Vater aus der Wohnung zu jagen, nicht ohne ihm ein paar Schläge verpaßt zu haben. Ich fühlte eine wahnsinnige, unkontrollierbare Aggression in mir und hatte keine Hemmungen mehr. Ich wäre bereit gewesen, meinen Vater richtig zusammenzuschlagen, um meine gewonnene Stärke zu demonstrieren.

Die Stimmung war, seitdem ich Arbeit hatte, täglich schlechter geworden. Vater war einfach eifersüchtig auf meine Einstellung bei der Firma Loos. Er gönnte mir nicht einmal diese Arbeit. Anstatt glücklich darüber zu sein, war mein Erzeuger empört über meine Tätigkeit. Ich durfte nicht an Wichtigkeit zunehmen, es könnte noch gefährlicher für ihn sein. Es gab zwei Fronten innerhalb der Familie: auf der einen Seite meinen Vater, und auf der anderen mich, wohl wissend, den Rest der Familie an meiner Seite zu haben. Diese explosive, vergiftete Atmosphäre bremste mich nicht. Im Gegenteil! Ich war stolz, zu Leistungen heranzuwachsen. Ich hätte alles gemacht, um Anerkennung zu bekommen! Ab Donnerstag fing ich um 4 Uhr an zu arbeiten bis Mittag und von 13 bis 18 Uhr abends. Am Samstag fing ich sogar um 2 Uhr an bis um 11Uhr! In dieser Zeit hatten meine neuen Kumpel und ich einen Liter Rotwein und zwei Liter Bier getrunken. Nach der Arbeit ging ich mit Marc Odile, dem sympathischen Lagerarbeiter, den unvermeidlichen *apéro,* Aperitif trinken. Ich kam angetrunken nach Hause, legte mich sofort ins Bett und schlief mich an diesem angebrochenen Wochenende aus, weil ich mein Arbeitspensum während der nächsten Woche noch steigern wollte. In der Tat! Montag arbeitete ich von 7 Uhr früh an bis Mitternacht. Ich hatte an diesem Tag über 16 Stunden gearbeitet. Meine Arbeiten waren vielseitig. Ich wurde überall eingesetzt, wo jemand gebraucht wurde. Die meiste Zeit stand ich an einer Maschine und sammelte die Abfälle, die ich dann selbst preßte ... Am nächsten Tag arbeitete ich genauso viel wie am Vortag, wieder 16 Stunden! Am Mittwoch, dem 27. Juli 1966, stand ich um 10 Uhr auf, fing um 13 Uhr an und sollte bis um 1 Uhr nachts arbeiten. Ich stand schon mit Halsschmerzen auf und konnte kaum mein Mittagessen herunterkriegen. Ich ging trotzdem zur Arbeit, hielt aber nicht ganz durch. Um 23 Uhr wurde ich von einem Arbeiter der Firma nach Hause gefahren. Ich konnte nicht mehr reden. Mein Hals war zugeschnürt. Ich hatte Fieber, und es ging mir sehr schlecht. Ich ging sofort ins Bett. Am nächsten Morgen durfte ich nicht zur Arbeit gehen. Mutter verbot es mir, obgleich ich trotz des Fiebers arbeiten wollte. Mutter verständigte unseren Arzt, der am Nachmittag um 15 Uhr kam. Er diagnostizierte eine eitrige Angina mit gefährlichen Viren. Ich bekam sofort zwei Penicillinspritzen. Ich durfte nur Milch trinken und Bananen essen, alles auf Anweisung des Arztes. Ein Wort zu diesem Arzt: es war Doktor Beaudouin, derselbe Arzt, der schon einmal, am Anfang meiner Kindheit, mein Leben gerettet hatte. Er kannte mich seit der Babyzeit, und aus irgendeinem Grund war er lange nicht mehr bei uns gewesen. Der »Zufall« wollte es. Er kam wieder zu mir. (Ich glaube nicht an Zufälle, ich weiß, es war einfach Bestimmung!) Ich soll angeblich selbst nach ihm gefragt haben.

Keine Arbeit! Absolute Bettruhe! Diät! Keine Zigaretten! Aber Medikamente über Medikamente sollten mir verabreicht werden. Ich schlief den ganzen Tag und weiß gar nichts mehr davon. Am nächsten Tag, Freitag, wachte ich mit einem unheimlich dicken Kopf auf. Ich hatte über vierzig Grad Fieber! Beaudouin kam sofort. Ich kriegte wieder zwei dicke Spritzen, die damals noch aus richtigem Glas bestanden. Der Arzt kam nach dem Mittagessen, ohne Einladung, noch einmal zu mir und sagte zu Mutter: »Ton fils est très gravement malade, et j'ai l'impression que ça se passera très mal. C'est pour ça que j'ai fait un prélevement des muqueuses de la gorge!« (»Dein Sohn ist schwer erkrankt, und ich habe kein gutes Gefühl dabei. Ich habe deswegen einen Abstrich gemacht.«) Ich war in der Tat schwer krank und nahm es noch nicht wahr. Ich war schweißgebadet, konnte kein Wort artikulieren, konnte mich nicht mehr bewegen und war schon wie gelähmt. Ich hatte ständig über vierzig Grad Fieber. Der Arzt kam abends noch einmal zu uns und spritzte mir eine riesige Dosis an Serum, weil er, wie er selbst zu meiner Mutter sagte, davon überzeugt war, daß ich eine bösartige Krankheit durchzustehen hätte. Samstag früh kam eine Krankenschwester (das ewig betrunkene Fräulein Grandidier), und ich bekam schon wieder zwei riesige Spritzen und schlief wieder ein. Ich hatte immer noch über vierzig Grad Fieber. Ich war total dicht. Ich konnte weder reden, noch essen, noch aufstehen. Und ich schlief schon ständig, wurde aber noch ab und an wach und nahm meine Umgebung einigermaßen wahr.

Um 17 Uhr kamen gleichzeitig Vater und der Arzt in die Wohnung. Doktor Beaudouin, kaum angekommen, stürzte sich in mein Zimmer und gab mir weitere vier große Spritzen. Er sagte gleichzeitig zu Mutter: »Louise, assied-toi et écoute-moi! Ton fils est vraiment très gravement malade, comme j'en avais le soupçon! Il a la diphtérie et cinq autres microbes très dangereux!« (»Louise, setz dich hin und hör zu: dein Sohn ist sehr schwer krank. Er hat die Diphtherie und dazu fünf andere, verschiedene, sehr gefährliche Viren!«) Mutter war wie vom Blitz getroffen und kam nicht dazu, etwas zu sagen. Beaudouin sprach schon weiter: »Il n'est plus transportable. Nous n'avons plus une minute à perdre. Il a déjà plus de quarante de fièvre depuis près de trois jours. Et elle va encore monter! Louise, je te donne une blouse d'infirmière! Tu seras la seule à pouvoir entrer dans la chambre du malade. Tu sais comment ça marche!« (»Er ist nicht mehr transportfähig. Wir haben keine Zeit mehr zu verlieren. Er hat schon seit über drei Tage um die vierzig Grad Fieber, und es wird noch steigen. Louise, du kriegst einen Kittel. Nur du allein darfst zu ihm gehen, du weißt schon, wie es geht!«) Doktor Beaudouin kannte sie aus der Waisenhauszeit, wo sie im Krankenhaus als Hilfsschwester anfing. Seitdem duzte er sie!

Beaudouin sprach mit demselben ruhigen, aber bestimmenden und überzeugenden Ton weiter: »Les enfants n'ont plus le droit d'aller à l'école! Ton mari doit aussi être dispensé de son travail! Ce sont des dispositions obligatoires qui dureront jusqu'à la fin de l'alarme! J'ai téléphoné à la direction générale du ministère de la santé à Nancy, pour les informer. Ce soir, aux informations de 19 heures, il y aura un communiqué sur ce premier cas de diphtérie en France depuis plus de sept ans!« (»Die Kinder dürfen nicht mehr in die Schule gehen! Dein Mann darf auch nicht mehr arbeiten. Es sind obligatorische Maßnahmen, bis die Gefahr vorbei ist. Ich habe die Zweigstelle des Gesundheitsministeriums in Nancy angerufen. Es wird heute abend im Radio, in den Spätnachrichten ein Kommuniqué geben. Es ist der erste Fall von Diphtherie in Frankreich seit sieben Jahren.«) Der Arzt machte eine Atempause, um sich kurz zu besinnen. Er hatte den Kampf aufgenommen, um mich zu retten. Mutter weinte schon die ganze Zeit. Marc und Francine wurden nach draußen geschickt. Ich wurde umquartiert. Das Schlafzimmer meiner Eltern wurde blitzschnell in eine Intensivstation umgewandelt, wo mich nur der Arzt und Mutter, beide mit Schutzkitteln, besuchen und pflegen durften. Der Schock saß tief. Die Familie sagte nichts. Ich weiß noch, daß Francine irgendwann in die Wohnung hereinkommen wollte. Sie wurde im Flur abgefangen und wartete bis der Arzt herauskam. Sie fragte ihn: »Qu'est-ce-que c'est la diphtérie, docteur Beaudouin?« (»Was ist die Diphtherie, Doktor Beaudouin?«) – »C'est une maladie, une infection de la gorge et de plus très contagieuse. Ils se forment des peaux sur toute la gorge et elles peuvent même aller jusqu'aux poumons! Ton frère est très gravement malade, et il peut en mourir!« (»Es ist eine infektiöse, ansteckende Krankheit des Halses. Es werden Häute gebildet, die alles verstopfen können. Es gibt eine tödlich verlaufende Form. Dein Bruder ist schwer krank. Er kann dabei sterben!«) Er drehte sich zu Mutter: »Louise, je vous laisse, mais il faut m'appeler tout de suite si son cas s'aggrave. De toute façon je repasse dans quelques heures. Il faut le laisser se battre tout seul maintenant, car il a reçu les doses de médicaments les plus fortes. Il faut attendre!« (»Louise, ich stehe auf Abruf und komme sowieso bald vorbei. Er kriegt so viele starke Medikamente. Er muß jetzt allein gegen die Krankheit kämpfen. Wir müssen abwarten!«) Von dem Zeitpunkt an weiß ich nicht mehr, was geschah.

Wie der Zufall es will, hatte ich seit dem 1. Juli ein Tagebuch geschrieben: mein erstes Tagebuch! Die vergangenen und die nächsten Tage habe ich später nachgetragen. Tatsächlich stieg mein Fieber bis über 41 Grad. Ich fiel in einen komatösen Zustand! Ich schlief die ganze Zeit und war nicht mehr ansprechbar. Mein Geist verließ mich, mein Bewußtsein hatte mich schon verlassen. Ich war auf der Abreise. Mein Körper allein rang mit dem Tod! Abends kam Beaudouin noch einmal, um zu sehen, in welchem Zustand ich mich befand. Mutter war außer sich. »Il est dans le coma depuis tout l'après-midi!« (»Er ist schon den ganzen Nachmittag bewußtlos!«) sagte sie zum Arzt. »Je vais lui donner une piqûre pour soutenir son cœur. On ne peut plus faire rien d'autre. Il a déjà trop eu de médicaments. Si la fièvre reste aussi haute pendant plus de trois jours, son état deviendra dramatique. Ne pleure pas Louise! Ton fils lutte, et nous avec lui! Et il gagnera cette fois de nouveau. Comme toujours!« (»Ich gebe ihm ein paar Spritzen zusätzlich, um das Herz zu unterstützen. Mehr können wir nicht für ihn tun. Er ist voll mit Medikamenten. Wenn das Fieber noch drei Tage so hoch bleibt, wird es dramatisch. Weine nicht, Louise! Dein Sohn kämpft und wir auch mit ihm. Er wird es schaffen! Er hat es immer geschafft!«) Mutter erinnerte ihn an den Satz, den er vor langer Zeit gesagt hatte. »Docteur, vous vous souvenez de ce que vous m'aviez dit juste après sa naissance?«(»Doktor Beaudouin. Sie wissen, was Sie mir schon einmal über Jean-Jacques gesagt haben, unmittelbar nach seiner Geburt!«) – »Oui, Louise. Je me souviens très bien d'avoir dit, qu'il n'atteindrait jamais l' âge de vingt ans!« (»Ja, Louise. Ich glaube, gesagt zu haben, er wird nie zwanzig Jahre alt! Meinst du das?«) – »Oui, docteur!« (»Ja, Doktor!«) antworte Mutter und fuhr fort: »Et, vous pensez avoir raison?« (»Und werden Sie recht behalten?«) Beaudouin war nicht optimistisch, berichtete mir Mutter später. Er äußerte sich nicht mehr und ging schweigend und bedrückt nach Hause. Beaudouin besaß selbst eine Privatklinik. Er hätte sicherlich die Möglichkeit gehabt, mich bei sich unterzubringen. Er hätte aber nicht mehr machen können als das, was er schon tat!

Der Arzt hielt durch. Ich auch!

Er kam zwei Tage lang viermal pro Tag. Ich bekam bis sechs Spritzen jedes Mal. Sonntagabend blieb er lange bei mir, weil mein Fieber absolut nicht heruntergehen wollte. Diese Nacht wachte Mutter in der Küche in der Hoffnung, daß ich endlich aufwache! Ich war nach wie vor in tiefstem Schlaf! Montag gegen Abend sank mein Fieber zum ersten Mal seit Tagen unter vierzig Grad Mutter bestellte sofort Beaudouin, der sowieso gekommen wäre. Er erhöhte noch einmal die Anzahl der Spritzen und meinte: »Quitte ou double! Ton fils est dur comme de la carne! Mais moi aussi!« (»Jetzt oder nie. Dein Sohn ist verdammt zäh. Ich auch!«) Mutter faßte die Äußerung als eine leichte Hoffnung auf.

Dienstag hatte ich, und es war wie ein Wunder, nur noch knapp unter 38 Grad. Gegen Mittag wachte ich auf!

Das Erwachen war ein Erlebnis, das ich nie vergessen werde, solange ich lebe. Ich sah vor mir ein riesiges Blumenmeer in zwei einzigen Farben: grün und gelb! Es war kühl um mich, und ich stand strahlend mitten drin! Ich stand gesund und glücklich voller Energie und Hoffnung. Mit offenen Augen betrachtete ich seelenruhig meine »Wiedergeburt«. Ich glaube, *avec le recul du temps* (im nachhinein), daß ich an diesem Tag tief in mir eine Entscheidung traf, die ich später umsetzte. Es nahm an diesem Tag in mir Formen an. Ich war wach, noch ohne

Regung, aber glücklich. Ich besaß eine Zufriedenheit in mir, die nie so intensiv wiederkam! Mutter fand mich reglos mit offenen Augen und dachte eine kurze Zeit, es wäre aus. Als ich sie zaghaft anlächelte, atmete sie laut auf und weinte lautlos vor Erleichterung! Sofort wurden Marc, Francine und Vater benachrichtigt. Die Tür wurde ganz geöffnet, ich war noch in Quarantäne, und von der Schwelle aus konnten alle vier sehen: ich lebte noch oder wieder! Ich konnte nicht sprechen, ich konnte mich nicht bewegen. Mir tat alles weh. Mein Gesäß brannte wie Feuer. Ich konnte nicht mehr liegen. Trotzdem lachte ich, soweit meine Kräfte an diesem Tag reichten. Ich war noch nicht gesund. Nein! Aber ich war gerettet! Doktor Beaudouin kam sofort, und ich erfuhr dabei, daß Vater immer mit dem Mofa durch die Gegend fuhr, um alles für mich zu organisieren, da wir kein Telefon hatten. Er war auch um mich besorgt gewesen! Beaudouin schaute sofort meinen Hals an, untersuchte mich gründlich und sagte dann, sehr zufrieden mit sich selbst und mit mir, zu meiner Mutter: »Je me répète, mais ton fils, c'est de la carne. Il est increvable. Il vient de nous faire une diphterie maligne, et il l'a survécue. Il revient de loin!« (»Ich wiederhole mich, aber dein Sohn ist mehr als zäh. Er ist nicht totzukriegen. Er hat gerade eine lebensgefährliche Krankheit überlebt!«) – »Tu restes évidemment encore au lit. Je te donnes toujours des piqûres, pour consolider ton état convalescent. Dès que tu te sentiras mieux tu pourras te lever. Mais je te garde à l'œil!« (»Du bleibst natürlich noch im Bett. Du kriegst noch Spritzen, um deine Genesung zu unterstützen. Sobald es dir besser gehst, kannst du aufstehen. Ich paß noch auf dich auf!«) Ich konnte unmöglich aufstehen. Mein Hintern war so durchbohrt, daß jede Bewegung eine Qual war! Ich erholte mich ziemlich schnell, konnte aber tagelang kaum gehen. Mutter mußte mich stützen, wenn ich aufs Klo ging. Ich hatte in einer Woche über fünfzig Spritzen in das Gesäß bekommen und bekam noch jeden Tag welche!

Von da an bekam ich jeden Tag ein Steak und frisches Gemüse, um so schnell wie möglich wieder auf die Beine zu kommen. Am Donnerstag durfte ich schon zwei Zigaretten rauchen. Am Nachmittag kam Doktor Beaudouin und sagte uns folgendes: »La maladie a été vaincue comme par miracle! Comme c'est une maladie très dangereuse et très contagieuse, il nous faut prendre des précautions et respecter les lois! Premièrement: toute la famille Rolin devra quitter cet appartement pendant huit jours durant, pour qu'il puisse être désinfecter. Une équipe spécialisée viendra faire ce travail! Deuxièmement: dans deux ou trois semaines, Jean-Jacques devra se faire enlever les amygdales dans ma clinique, parce qu'elles sont complètement infectées. Troisièmement il faut faire tuer les animaux domestiques. Les chats et en ce qui concerne le chien ...« (»Die Krankheit ist überwunden, wie ein Wunder. Da sie sehr gefährlich und ansteckend war, müssen gewissen Vorschriften Folge geleistet und Vorsichtsmaßnahmen eingeleitet werden. Zuerst muß die Familie Rolin die Wohnung eine Woche lang verlassen, damit sie desinfiziert werden kann! Eine spezialisierte Mannschaft ist dafür vorgesehen. Zweitens: Jean-Jacques muß sich die Mandeln, die sehr befallen sind, operieren lassen, in den nächsten zwei bis drei Wochen in meiner Klinik. Drittens: die Haustiere müssen eingeschläfert werden! Die Katzen sowieso. Was den Hund betrifft ...«) Bei diesem Wort sprang ich auf und schrie: »Pas le chien! Vous ne toucherez pas à Diane, sinon ...« (»Nicht den Hund! Sie dürfen Diane nicht berühren, sonst ...«) Ich kam nicht weiter und fiel um. Beaudouin und Mutter fingen mich auf und legten mich hin. Ich war zu plötzlich aufgestanden und hatte einen kleinen Kreislaufkollaps. Es war nur eine Folge der allgemeinen Schwäche. Beaudouin beruhigte mich väterlich: »Calme-toi. Je voulais dire qu'on sera obliger de la faire vacciner par un vétérinaire, d'ailleurs, tout les gens du quartier devront se faire vacciner aussi, c'est nécessaire!« (»Beruhige dich, ich wollte lediglich sagen, daß wir deine Hündin impfen lassen müssen von einem Tierarzt. Übrigens, die Nachbarn müssen sich auch untersuchen und sogar impfen lassen. Es ist notwendig!«)

Es war eine tolle Geschichte im Viertel und in der Stadt ebenso. Wir kamen nicht namentlich in die Schlagzeilen, aber es wurde sehr oft erwähnt. Die Diphtherie schien eine gefürchtete Krankheit zu sein. Man nannte sie mit viel Respekt! Es ging mir sehr schnell viel besser. Die Krankheit schien so zu verschwinden, wie sie kam: plötzlich! Ich bekam nur noch drei Spritzen am Tag! Mein Gesäß war schon lange nicht mehr aufnahmefähig! Ich bekam sie jetzt in die Oberschenkelmuskulatur, was mir höllisch weh tat! Ich hatte nach wie vor erhebliche Schwierigkeiten, aufrecht zu gehen.

Am 8. August, einem Montag, wurden wir um 18 Uhr abgeholt und fuhren zu meinen Großeltern, die sich bereit erklärt hatten, uns für eine Woche aufzunehmen, die Hündin auch! Ich durfte am ersten Tag nicht hinausgehen. Ich blieb in der Küche oder im Bett und las. Trotz dieser Ruhe bekam ich abends wieder heftige Halsschmerzen. Einer meiner Onkel – zwei lebten bei meinen Großeltern, nämlich Raymond und Lucien, und beide besaßen je ein Motorrad, Onkel Lucien ein schwarzes der Marke »Terrot«, und Onkel Raymond ein blaues der Marke Peugeot – fuhr sofort auf seinem Motorrad in die Stadt, um Beaudouin zu holen. Ich glaube, es war mein Patenonkel Lucien, der fuhr. Der Arzt kam sofort. Es war nur eine kleine Erkältung. Ich sollte mich auf keinen Fall anstrengen, meinte der fürsorgliche »Hausfreund«. Ich fühlte mich wie im Gefängnis! Ich durfte nur zweimal am Tag für eine Stunde hinausgehen. Ich nahm diese Gelegenheit wahr, um mit meiner Hündin spazierenzugehen. Francine und Marc waren meine unvermeidlichen Aufpasser.

Ich mußte mich zwingen zu lesen. Meine Familie tat zu dieser Zeit alles für mich. Ich wünschte mir »Les Rougon-Macquart«, ein Familienepos aus der Feder von Emile Zola. Es ist eine monumentale Skizze der französischen Gesellschaft während der Industrialisierung im 19. Jahrhundert in Frankreich. Ich glaube, ich fing mit »Germinal« an. Das Buch fesselte mich besonders. Überhaupt, der gewaltige Stil paßte sehr gut zu dieser harten Zeit. Die Ungerechtigkeit kränkte mich während der Lektüre dieser Bücher immer wieder. Ich weiß, daß ich danach noch »Les misérables« von Victor Hugo las, und das Mitleiden nahm keine Ende. Ich empfand für schwache und kranke Menschen immer ein Mitgefühl. Ich glaube, es war eher das Gefühl der Zugehörigkeit. Ich kannte einen Teil dieser Leiden, wenn auch nicht so extrem, wie es in »Les misérables« beschrieben wurde. Diese geistige Nahrung, die ich gierig herunterschlang, brachte mir gleichzeitig die Bestätigung meiner inneren Entscheidung. Ich fand dabei die seelische Kraft, die durch die Diphtherie in mir geweckt wurde, bestätigt durch das Leiden anderer. Ich konnte damals die Diphtherie nicht als letzten Warnschuß erkennen, als letzte Möglichkeit zu reagieren. Ich nahm die Veränderung so hin, ohne darüber nachzudenken. Etwas Wichtiges war in mir passiert: mein Körper hatte allein schon reagiert und gesiegt. Dabei muß ich erwähnen, daß es meine letzte Krankheit wurde. Seitdem bin ich vollkommen gesund – im körperlichen Sinne! Die Woche verging, besonders durch die liebevolle Betreuung von Oma und Mutter, wie ein langsam dahinfließender, ruhiger Fluß. Ich kann mich nicht an eine harmonischere, friedlichere, schönere Woche als diese erinnern! Es war auf einmal das Paradies auf Erden. Vater paßte sich erstaunlicherweise dieser friedvollen Atmosphäre an: er ging wieder zur Arbeit und kam erst abends zu uns. Ich war wieder ein kleines Kind, das geliebt und behütet wurde, und das mit 18 Jahren! (Bei dieser Rekonvaleszenz bekam ich, wie damals als Dreijähriger, jeden Tag frische Ziegenmilch zu trinken, und Oma räumte ihren Keller auf, um mir aus ihrer Naturapotheke die nötige Kraft zu geben: Der Kreis schloß sich schon, und ich merkte es noch nicht!). Ich durfte mir fast alles wünschen und bekam es. Es lief einfach. Es war die schönste Woche meines Lebens und wahrlich in dieser Form die einzige, die aber viel zu spät kam. Dieses Familienglück kam nie wieder!

Die Familie und ich kamen an Marias Namenstag, am 15. August, abends um 18 Uhr in unsere Wohnung zurück. Es war grauenhaft. Das ganze Haus stank fürchterlich nach Formalin. Die Arbeiter des Gesundheitswesens haben es wahrscheinlich gut gemeint und gedacht: »Hier soll es nie wieder eine gefährliche, ansteckende Krankheit geben!« Die Wohnung roch so penetrant nach diesem Zeug, daß meine Hündin zuerst nicht hereinkommen wollte! Die nächsten zwei Wochen war Francine mein Rehabilitationsengel: sie wich kaum von meiner Seite! Ich schleppte sie fast überall mit. Diese zwei Wochen verliefen sehr ruhig. Ich verbrachte die Zeit mit Lesen und leichter Gartenarbeit. Ab und zu ging ich in die Stadt in der Hoffnung, Kumpel zu treffen. Ich traf niemanden. Es war Ferienzeit, und die meisten waren sicherlich weggefahren. Ich ging auch abends ins Kino. Elvis Presley, Fernandel in einem berühmten Film, den ich zum zweiten Mal sah: »*La vache et le prisonier*« (»Der Gefangene und die Kuh«). Wie Doktor Beaudouin, zu dem ich immer noch regelmäßig ging, gesagt hatte – ich mußte bald meine Mandeln entfernen lassen. Er gab mir einen Termin, und ich kam am 26.8.66 um 11.30 Uhr in seiner Klinik an. Es war ein Freitag. Ich nahm in einem Sessel Platz. Er wurde von seiner Tochter assistiert, die sehr nett und zuvorkommend war bis zu dem Moment, als ich eine Gasmaske auf die Nase bekam. Nicht nur das, ich wurde zusätzlich gefesselt und bekam so viel Gummi in den Mund geschoben, daß man daraus sicherlich einen Autoreifen hätte bauen können. Ich war entsetzt, konnte aber nicht mehr reden. Die Schwester bemerkte es und streichelte meine Wange mit ihrem Handrücken! »Wie kannst du so etwas tun?« dachte ich, »mich fesseln und dann streicheln. Wenn ich wach werde ...« Der Arzt war schon da. Sie drehte dann das Gas auf, sicherlich war es die Antwort auf meinen Blick, und bückte sich, um mir lächelnd wieder über die Wange zu streicheln. Sie war hübsch, sie hatte schöne Augen. Das Luder. Ich schlief ein!

Aber nicht lange. Ich wachte auf, und es ging richtig los. Beaudouin sagte mir, daß er mir die Schmerzen der Spritzen nicht zumuten wollte, deswegen diese »Vornarkose«. Ich fand es nicht so lustig, zumal ich jetzt alles mitkriegen konnte. Er ging richtig zur Sache, und ich bekam doch etwas zu spüren. Es dröhnte in meinem Kopf. Jeder Griff, jede Handlung hallte in meinem Schädel wieder. Und diese Schwester, die mir hinterlistig Mut zusprach und mich wieder streichelte ... »Warte, wenn ich frei bin, wirst du etwas von mir hören!« dachte ich die ganze Zeit. Sie sah mich an und strahlte. Mein Gott, war ich sauer. Ich bewegte mich auf dem Stuhl. Wenn ich hätte treten können! Dieses wurde mir auch nicht gegönnt!

Ich wurde dann, nach dieser Tortur, ins Zimmer begleitet, wo ich zur Beobachtung ein paar Stunden liegen sollte. Nach etwa zwei Stunden tat mir alles im Munde weh. Ich konnte nicht reden, deswegen hatte sie gelacht ... Sie kam trotzdem zu mir, blieb doch lange im Zimmer und sprach mir gut zu: die Wunden im Munde wären ziemlich groß, aber ich würde es überleben, ich hätte schließlich gerade bewiesen, wie stark mein Körper wäre. Sie war reizend. Trotz ihrer Schönheit fühlte ich mich nicht von ihr angezogen, im Gegenteil. Abends wurde ich mit dem Taxi nach Hause gefahren.

Mutter wurde am nächsten Morgen in eine Privatklinik eingeliefert, zunächst für acht Tage. Es wurde uns nicht gesagt, warum. Mutter selbst wußte nicht mehr, daß sie kurz nach meiner Diphtherie im Krankenhaus gewesen war. Ich habe zum Glück diesen Aufenthalt notiert, sonst wäre noch ein Stück Wahrheit aus der Vergangenheit verschwunden. Mutter hatte einen erneuten Nervenzusammenbruch *(une crise de nerfs,* wie es zu Hause genannt wurde). Sie brauchte unbedingt Ruhe! In der Tat war Mutter immer latent depressiv gewesen. Diese Latenz wurde meist im Kreis der Familie gut aufgefangen. Wenn aber Mutter allein in die Verantwortung gezogen wurde, entstanden diese Reaktionen. Sie brauchte eine Schlafkur *(une cure de sommeil),* die meist zu Hause gemacht wurde. Wie damals, als Marc geboren wurde. Sie hatte ihr Kind geboren, und kurz danach verschwand sie in ihrem Zimmer, wo sie wochenlang, unterstützt von Medikamenten, in der Dunkelheit schlief. Mich, zehnjährig damals, und meinen Onkel ließ sie mit der Verantwortung allein. Jetzt brauchte sie wieder Ruhe, wie einst, jetzt durften wir uns um Mutter kümmern!

Ich schreibe diesen Zeilen sehr bewußt, nicht, um Mutter als chronisch krank zu titulieren. Ich möchte dabei die krankhaften Verschiebungen innerhalb des Familienverbandes darstellen. Mutter war nie stark gewesen und hatte nie die Chance, gegen meinen tyrannischen Vater zu bestehen. Ihre einzige Stütze waren ihre Kinder, solange sie in der Lage waren, mitzumachen. In diesem Sommer hatte ich wieder schlappgemacht, weil ich selbst mit der Situation überfordert war! Und Mutter spürte es. Sie spürte eine Wendung. Sie zog sich in ihr Inneres zurück, um uns zu zeigen, wie schwach sie war und wie dringend sie uns, sie mich brauchte! Ich konnte sie, genauso wie meine Geschwister, nicht vor sich selbst retten.

Ich besuchte sie jeden Tag. Sie nahm mich, wenn sie wach war, schon wahr, vergaß aber sofort, daß ich da gewesen war. »Tu n'es pas venu hier!« (»Du warst gestern nicht da!«) hörte ich jeden Tag. »Si maman, je suis venu te rendre visite hier!« (»Doch, Mama, ich war gestern hier!«) Ich hörte aber nicht: »Was macht dein Hals?« oder einfach: »Wie geht es dir?« Nein, die trügerische Idylle von St.-Michel war endgültig vorbei. Ich versorgte meine Geschwister zu Hause, eine Rolle, die ich gut kannte. Samstag, genau eine Woche später, holten wir Mutter aus dem Krankenhaus. Sie war noch schwach und schläfrig. Sonntag beköstigte ich die ganze Familie mit meinen Kochkünsten! Es schmeckte allen. Mutter war glücklich. Sie hatte allen Grund dazu, es lief wieder nach Plan, nach ihrem Plan!

Das Gymnasium öffnete seine Türen Mitte September. Und ich ging in die Abiturklasse (es gab damals noch zwei Arten Abitur in Frankreich, wobei man beide brauchte, um studieren zu können) mit denselben Mitschülern, die in der vorherigen Klasse mit mir zusammen waren. Ich war nicht besonders glücklich darüber, immer noch im Gymnasium als Schüler zu sein. Daniel Dieudonné war auch in dieser Klasse. Um den Schulanfang richtig zu feiern, kam er auf die Idee, eine Party zu organisieren.

Hinter dem Bahnhof, an einem Hang des Berges »Kemberg« gab es einen Reitclub, wie die Reitschulen bei uns genannt werden. Daniel war weitläufig mit dem Besitzer verwandt. Er bekam die Erlaubnis, eine große Party in den Stallungen zu organisieren. Die Pferde waren natürlich draußen auf der Weide. Um diese Party besonders attraktiv zu gestalten, hatte Daniel zwei Getränke (außer Wasser) anzubieten: *mirabelle et prune* (Mirabellen- und Pflaumenschnaps). Viele Bauern und auch Privatleute brennen ihren Schnaps heute auch noch selbst. Der Alkoholgehalt dieser Edelgetränke beträgt fünfzig Prozent und mehr! Es wurde reichlich davon angeboten! Der größte Teil unserer männlichen Mitschüler der Klasse war an diesem späten Nachmittag anwesend. Unsere Mitschülerinnen fehlten alle. Ich weiß nicht mehr, ob man sie bewußt nicht eingeladen hatte oder ob sie freiwillig ferngeblieben waren! Es gab junge Frauen, die ich alle nicht kannte. Die meisten gehörten zu einem Gymnastikverein, der zu dieser Zeit sehr erfolgreich war! Da ich kein weibliches Wesen kannte, überwachte ich freiwillig den Ausschank des Schnapses. Ich sorgte dafür, daß diese Kostbarkeiten die richtige Temperatur hatten und die exakte Handhabung bekamen. Ich brauchte kein Thermometer dafür, sondern probierte immer wieder, um eine genaue Feststellung der Temperatur zu ermöglichen, anfangs sehr verhalten, später etwas forscher. Ich konnte dieser Beschäftigung leider nicht sehr lange nachgehen. Ich bekam sehr schnell einen dicken Kopf und weiche Knie. Ich war schon betrunken!

Von drei Frauen, die ich bis zu diesem Zeitpunkt noch nicht kannte, wurde ich in die Stadt heruntergeschleppt. Wir landeten nach einem sehr mühseligen Abstieg in einer Brasserie, wo ich schon des öfteren gewesen war. Ich bekam Kaffee über Kaffee zu trinken. Diese drei Damen waren sehr bemüht, mich wieder nüchtern zu bekommen. Als ich langsam klarere Gedanken bekam, verabschiedeten sich zwei junge Frauen, und ich blieb allein mit der dritten. Sie stellte sich vor. Sie hieß Irène und stammte nicht direkt aus Saint Dié, aber aus der Umgebung. Sie war bei einem Lebensmittelhändler als Au-pair-Mädchen für ein Jahr angestellt. Sie wohnte in einem Zimmer über dem Geschäft. Es handelte sich um das beste Feinkostgeschäft der damaligen Zeit in der Gegend. Mahuas war der Besitzer. Ich kannte das Geschäft nur von außen, weil ich im Herbst des öfteren davorstand, um das hängende Wild anzuschauen. Es hingen ganze Wildschweine, Wildhasen und Rehe, die alle noch ihr eigenes Fell besaßen! Irène blieb bei mir und wartete geduldig auf mich. Sie wollte sicher sein, daß es mir besser ginge, was einige Zeit brauchte. Wir verließen das Lokal. Ich durfte sie nach Hause begleiten. Sie hielt mich vorsichtshalber am Arm fest, weil ich noch nicht ganz sicher auf den Beinen war. Wir verabredeten uns, um am nächsten Tag zusammen ins Kino zu gehen. Ich ging, noch ganz schön malade und unsicher, nach Hause!

Am Tag danach wartete ich, wie verabredet, auf Irène vor dem Kino. Zum Glück erkannte ich sie und ging zu ihr. Sie umarmte mich und gab mir zwei von diesen berühmten französischen Küßchen auf die Wangen. Ich erwiderte die Küsse, aber meine waren etwas feuchter: sie trocknete sich sofort die Wangen mit ihrem Taschentuch ab. (Ich war nicht besonders geschickt gewesen.) Irène lachte mich dabei an.

Ich ließ mein Blick über ihre Physiognomie gleiten. Sie war keine Schönheit! Sie war etwas kleiner als ich, gut proportioniert, etwas fleischig, ohne dick zu sein. Ihr Gesicht bedurfte einer gewissen Eingewöhnungszeit, um es als schön zu empfinden. Sie war rundum sehr sympathisch und das war das Wichtigste! Wir mochten uns sofort. Wir gingen ins Kino. Wir freundeten uns an. Ich durfte sie auf den Mund küssen, aber nirgendwo anders anfassen. Irène war schon 23 Jahre alt, noch Jungfrau und wollte es noch bis zur Hochzeit bleiben. Sie sagte es mir sofort, ohne zu zögern. Ich wurde gewarnt. Es störte in keinem Fall unsere beginnende Beziehung. Wir trafen uns einige Male im Kino und auch in der Kneipe, wo ich sie kennengelernt hatte. Wir trafen uns auch, begleitet von Daniel Dieudonné, der inzwischen mit einer der jungen Frauen befreundet war, die mich mit Irène in die Stadt begleitet hatte.

Eines kalten Abends, Ende Oktober, trafen wir uns in unserer habituellen Brasserie. Nanard und Daniel waren auch da und spielten Bowling. Wir gesellten uns dazu und kegelten den ganzen Abend zusammen. Wir brachten Irène bis zu ihrem Haus. Es war bitterkalt. Sie bat uns, mit hochzukommen, um mit ihr noch ein Glas zu trinken. Ich hatte sie nach jeder Verabredung nach Hause gebracht, und nie hatte ich eine Einladung bekommen, mit hochzugehen. Sie fühlte sich mit uns dreien wahrscheinlich in Sicherheit. Es war ein ganz einfaches Zimmer mit Dusch- und Toilettenbenutzung im Flur. Sie bot uns einen Rum an. Irène und ich saßen auf der Bettkante nebeneinander, Nanard und Daniel auf dem Fußboden. Meine Freunde, die absolut nichts über Irène und ihre Ansichten wußten, tranken ihren Rum sehr schnell und verschwanden! Ich blieb allein mit Irène. Sie servierte uns noch einen Rum, den wir genüßlich tranken. Ich verschweige die Einzelheiten, die tief in mir verborgen bleiben, die dazu führten, daß wir zusammen schliefen. Wir zogen uns nicht ganz aus, nur das Nötigste, um zum Wesentlichen zu kommen. Sie war Jungfrau und ich in der Tat dieses Mal sicherlich willig, aber immer noch unfähig. Der Dank für die amateurhafte Defloration hörte sich auf französisch so an: »Salaud. Tu as tout arrangé. Maintenant vas-t-en!« (»Schwein, du hast alles geplant!

Jetzt hau ab!«) Ich antwortete, es wäre nicht geplant gewesen, sie hätte uns selbst eingeladen. Ich sagte, daß diese Entjungferung nicht geplant gewesen war, es wäre eher ein Produkt des Zufalls gewesen und übrigens wäre ich nicht viel erfahrener als sie! Sie beruhigte sich. Ich mußte ihr versprechen, es nie wieder zu tun, was ich auch sofort versprach. So toll waren meine sexuellen Erfahrungen bis jetzt nicht gewesen!

Im Gymnasium gab es relativ viel Unruhe zu dieser Zeit! Der Grund war einfach: viele männliche Schüler verließen das Gymnasium, um sich bei der französischen Armee zu engagieren. Ein Bekannter von Nanard, Jean-Claude Simon, der Crossläufer, hatte sich gerade für fünf Jahre bei den Pionieren verpflichtet. Ich traf mich mit ihm und fragte nach den Bedingungen: man mußte über 18 Jahre alt sein und die Genehmigung des Familienvaters haben. Jean-Claude hatte sich in Epinal, der »Hauptstadt« der Vogesen, verpflichtet. Ich hatte ein bißchen Geld gespart und beschloß eines Tages, die Schule zu schwänzen, um nach Epinal zu fahren. Ich hatte keine klaren Vorstellungen über das, was geschehen würde. Ich war sehr neugierig geworden und wollte selbst erfahren, was die Armee anzubieten hatte. Als ich in Epinal ankam, wußte ich genau, warum ich da war. Es war genau das, was ich wollte: offiziell die Erlaubnis bekommen, die Familie zu verlassen. Ich ging in dieses *bureau de recrutement* hinein und sagte forsch: »Ich möchte zur Fremdenlegion gehen!« Ich mußte zusätzlich zwei andere Waffengattungen nennen und entschied mich für die Fallschirmjäger und die Pioniere!

Die Fremdenlegion hatte einen besonderen Nimbus in meinem Herzen. Mutter hatte zwei Brüder, die bei der Legion im Zweiten Weltkrieg waren. Beide starben als kleine, unbekannte »Helden«. Mutter hatte uns oft diese Schicksale erzählt. Sie war gleichzeitig stolz und traurig darüber: stolz, eine »Perrin« zu sein, was gleichbedeutend war mit »servir la France et mourir pour elle!« (»Frankreich dienen und für das Land sterben!«) und traurig, weil sie zwei Familienmitglieder dabei verloren hatte. Als ich abends nach Hause kam, fragte mich Mutter, warum ich mittags nicht zum Essen gekommen wäre. Ich erzählte ihr die Wahrheit: »Ich habe mich gerade bei der Armee für fünf Jahre verpflichtet, der einzige Weg für mich, die Familie zu verlassen.« – »Ton père ne donnera jamais son consentement!« (»Vater wird nie zustimmen!«) sagte sie mir, um meine Hoffnungen zu untergraben. Damit hatte sie sicherlich recht. Ich ließ mich nicht mehr einschüchtern. Als Vater nach Hause kam, erzählte ich, wo ich heute gewesen war und warum. »Je viens de m'engager pour cinq ans, et de plus chez les paras. J'ai signé, et ton autorisation je la signerai aussi que tu le veuilles ou pas. Maintenant, c'est moi qui décide!« (»Ich habe mich für fünf Jahre bei den Fallschirmjägern verpflichtet. Ich habe selbst unterschrieben, und deine Genehmigung werde ich auch noch selbst unterschreiben, ob du es willst oder nicht. Jetzt entscheide ich!«) Mein Vater tobte! Wie konnte ich wagen, seine Autorität zu untergraben! Wie würde ich es schaffen, seine Unterschrift zu fälschen? Er wurde, wie immer, wenn es nicht so lief, wie er wollte, cholerisch und sehr aggressiv.

Er machte erneut den Versuch, mich zu schlagen. Es blieb bei dem Versuch, da ich schon meinem Vater eine saftige Ohrfeige, die eher einem Faustschlag ähnelte, verpaßt hatte! Er fiel zu Boden und wollte schreiend, wutentbrannt, mich töten: »Je te tue!« (»Ich töte dich!«) Dieser Satz kam des öfteren über sein Lippen im Moment des Unterlegenseins! Ich führte den Kampf am Boden weiter und sah die Angst meines Vaters in seinen Augen. Er war blaß geworden und zitterte. Er spuckte immer noch seine aus Verzweiflung vergifteten Wörter. Ich war genau so exaltiert wie er! Haßerfüllt, waren wir dabei, uns zu vernichten, wie zwei Kampfhähne, die sich bekämpfen, bis einer stirbt. Ich schlug Vater mit meiner ganzen Kraft und warf ihn dann heraus. »N'essaie jamais plus de me toucher. Le temps qui me reste à passer ici, je veux le passer sans bagarre!« (»Wage nicht, mich noch einmal anzufassen. Die restliche Zeit, die ich hier noch verbringen muß, möchte ich ohne Kämpfe verleben!«) Nach dieser erneuten Eskalation bat mich Mutter, ruhig zu bleiben und Vater nicht mehr zu provozieren. »Mais c'est lui qui a commencé!« (»Aber er hat angefangen!«) Ein Leitsatz als Familienerbe. Ein Satz, der mir, zugegeben unbewußt, heute noch herausrutscht.

Ich bat Mutter, mir zu helfen, was sie, ohne zu zögern, tat. Sie fing die Post aus Epinal ab, die an meinen Vater adressiert war und übergab sie mir. Ich unterschrieb die benötigten Dokumente, indem ich die Unterschrift meines Vaters nachmachte. Es war ein Kinderspiel: Vater hatte eine ganz einfache Art zu unterschreiben. Es war nicht möglich, irgendeinen Unterschied festzustellen. Ich erzählte es ihm ein paar Tagen später, um anzugeben. Mein Vater glaubte mir nicht. Er versuchte, in Epinal den Verlauf des Unterfangens zu stoppen, was ihm nicht gelang: keiner wollte ihm abnehmen, daß er nicht selbst unterzeichnet hatte. Ich glaube, er fühlte sich danach geschlagen. Ich erfuhr dabei, daß ich am 27. Februar, am Tag meines 19. Geburtstags eingezogen werden sollte!

Die Tränen meiner Mutter berührten mich nicht mehr. Ich war froh, einen Weg gefunden zu haben. Ich konnte offiziell die Familie verlassen, auch wenn der Weg nicht ganz legal gewesen war.

Ich verbrachte viele Abende dieses letzten Winters in Saint Dié mit Lesen und gleichzeitig Radiohören. Mir fällt gerade eine Besonderheit eines Radiosenders (Europe 1) ein, die ich aber zeitlich nicht unbedingt richtig eingeordnet habe, es war »*La chanson interdite*« (»Das verbotene Lied«). Es handelte sich um Lieder mit pornographischen Tendenzen. Ich kann mich an drei davon erinnern. Zwei wurden von Pierre Vassiliu gesungen und hießen: »*La femme du sergent*« und »*Armand*« (»Die Frau des Sergeanten« und »Armand«). Einige andere Abende verliefen in einer bestimmten Manier: eine kleine Reise in meiner begrenzten Phantasie, wobei ich mir das Szenario so vorstellte: Ich, gefangen in einem Kerker, wollte partout meine Geliebte – natürlich eine sehr schöne Prinzessin –, die von einem bösen Tyrannen gefangen war, retten. Ich mußte mein Leben riskieren, um mich zu befreien, mir den Weg nach außen erkämpfen, mir ein großes weißes Pferd besorgen, um meine Geliebte aus den Händen des Feindes zu befreien! Die Realisierung dieses Drehbuches verlangte von mir zuerst Geduld. Ich wartete darauf, daß meine Eltern eingeschlafen waren, dazu ging ich öfter herunter, um nachzuprüfen, ob sie schliefen. Der Schlaf meines Vaters war mir sehr wichtig: den erkannte ich immer am Schnarchen! Als ich sicher war, daß meine »Wache« schlief, konnte ich mich anziehen und leise hinausgehen. Mein Vater besaß ein Mofa der Marke »Mobylette«, die er abends in den großen Schuppen fuhr. Ich mußte an meiner Hündin vorbei, die sich freute, mich zu so später Stunde noch zu sehen. Ich schaffte es immer, sie zu beruhigen, indem ich sie in ihre Nische zurückbrachte, ihr ganz lieb den Bauch streichelte und sie bat, dort zu bleiben und zu schlafen. Nachdem diese zweite Gefahr auch überwunden war, stahl ich »mein weißes Roß« und schob es vorsichtig aus dem Schuppen. Ich schob es weiter, bis ich weit genug von zu Hause entfernt war. Dann machte ich es an und fuhr zu Irène in die Stadt. Meine Prinzessin wartete leider nie auf mich.

Das erste Mal, als ich auf diese Weise vor ihrem Haus stand, war der Empfang alles andere als die romantische Befreiung, die ich mir vorgestellt hatte. Also, ich kam an und klingelte mehrere Male nacheinander und rief ihren Namen nach jedem Klingeln. Ich insistierte so lange, bis sie ans Fenster kam und es aufmachte. »Jean-Jacques! Mais qu'est-ce-que tu fais ici? Tu fais trop de bruit, tu risques de réveiller tout le monde! Vas-t-en!« (»Jean-Jacques, was machst du hier? Du machst zu viel Krach, du wirst alle aufwecken! Hau ab!«) Ich hatte mir eine ganze andere Begrüßung gewünscht als diese! Erst an dieser Stelle merkte ich, daß etwas nicht stimmte in meinem Szenario. Irène schloß sofort danach das Fenster und ließ mich allein mit meiner Enttäuschung, die nicht lange dauerte. Ich wollte zu ihr hoch, und ich wußte, ich würde es schaffen! Es war noch nicht so spät; es müßte um Mitternacht gewesen sein! Ich ließ mich nicht entmutigen und fing an zu pfeifen. Ich kann absolut nicht pfeifen. Irène hörte es sofort und machte das Fenster wieder auf und sprach dieses Mal etwas lauter: »Arrête de siffler, c'est terrible. Je sais ce que tu veux, et ce n'est pas bien. Alors rentre gentillement à la maison!« (»Hör auf zu pfeifen, es ist furchtbar! Ich weiß, was du willst, und es ist nicht richtig. Sei so nett und fahr bitte nach Hause!«) Als Ritter hatte ich versagt. Als pfeifender Liebhaber auch. Aber Irène hatte gesagt, es wäre nicht richtig! Sie hatte nicht gesagt: Ich will es nicht. Das gab mir Kraft und Hoffnung! Ich versuchte dann, den »Romeo« in mir zu wecken, um meine hartnäckige Julia aus Lothringen zu erobern. Ich fing an, ein Lied von Charles Trenet zu singen, es hieß auch so »Je chante« (»Ich singe«). Ich weiß nicht, warum ich gerade diese Lied ausgesucht hatte; »Sur le pont d'Avignon« wäre einfacher gewesen! Ich sang lauthals und sicherlich auch nicht ganz richtig. Die Wirkung ließ nicht auf sich warten. Irène machte sofort wieder das Fenster auf und sagte lächelnd: »Arrête, arrête, viens!« (»Hör auf! Hör auf, komm hoch!«) Warum nicht sofort. Irène war wirklich keine Märchenfigur, und ich sah nicht gerade aus wie Casanova.

Zuerst mußte ich mir anhören, daß ich mich wie ein Idiot benommen hätte. Meine Freundin hatte wirklich keinen Sinn für Romantik. Zweitens sagte sie mir, ich sänge wie ein »un siphon bouché« (»verstopftes Rohr«). Ich hielt meinen Mund nicht mehr und sagte ihr: »Pour un baiser de toi, j'aurais chanter toute la nuit!« (»Für einen Kuß von dir, hätte ich die ganze Nacht gesungen!«) Irène mußte schmunzeln. »Ja, aber nur einen einzigen!« Es blieb nicht nur bei einem Kuß. Irène protestierte halbherzig. Die Lust und vielleicht auch die Leidenschaft war in uns beiden, und wir ließen sie sprechen. Wir liebten uns zum zweiten Mal, vielleicht etwas intensiver, aber immer noch halb angezogen. Sie beschimpfte mich dieses Mal nicht danach, in der Gewißheit, daß es in Ordnung war, weil wir uns mochten. Lieben? Es war ein Wort für das Kino, auch für das Theater, aber nicht für mich! Ich borgte mir des öfteren das Moped meines Vaters, um Irène zu besuchen. Ich weiß noch, daß ich in einer Nacht, am Ende meiner Eskapade, vor verschlossener Tür stand. Ich vermutete, daß Vater mich doch gehört und deswegen ausgesperrt hatte. Es war kein Problem für mich: ich kletterte auf das Geländer der Außentreppe, um durch das kleine Fenster der Toilette hineinzuschlüpfen.

Ich habe sehr viel vergessen von dem letzten Vierteljahr, das ich zu Hause verbrachte. Ich habe Weihnachten 1966 vergessen, habe keine Bilder mehr davon. Ich habe die Atmosphäre daheim nur noch als Kampf und Krampf in Erinnerung. Im Hinblick auf das Gymnasium erinnere ich mich noch, es war schon Anfang 1967, an das Erscheinen meiner Wenigkeit vor dem Disziplinarrat des Gymnasiums, die höchste Strafe für einen Schüler. Den Januar 1967 verbrachte ich in einem Trancezustand. Ich war in einer unrealistischen Abschiedsstimmung. Ich verabschiedete mich Ende Januar von meiner Klasse, ohne Reue, ohne gezeigte Trauer. Aus diesem Gymnasium hatten sich noch drei andere Schüler für die Armee entschieden, und zwei davon wurden am selben Tag wie ich zur Truppe einberufen. Ich bekam ungefähr zu dieser Zeit einen Brief aus Epinal. Dieser Brief – er kam aus dem Verteidigungsministerium – befahl mir folgendes: Ich dürfte sowieso nicht in die »Legion étrangère« gehen, aber auch nicht mehr nach Pau (Ausbildungszentrum der Fallschirmjäger), sondern nach Angers (Ausbildungszentrum der Pioniere). Ich durfte doch nicht dahingehen, wohin ich wollte, verschwendete jedoch keine Gedanken an diese kurzfristige Veränderung. Ich war schon auf der Abreise, und kein Zwischenfall hätte meine Euphorie trüben können. Es blieben mir über drei Wochen bis zum Abschied.

Ich ging zur Druckerei Loos, wo ich bis zum Ausbruch meiner Diphtherie gearbeitet hatte, und wurde fast wie ein Held empfangen, als ich die Firma betrat. Viele Arbeiter, die ich seitdem nicht mehr gesehen hatte, waren erfreut, mich wieder bei voller Gesundheit zu erleben. Ich wurde von Marc Odile, zu dem ich schon immer eine besondere Beziehung gehabt hatte, besonders herzlich empfangen. Er, der joviale Familienvater mit dem rosafarbenen Babygesicht, freute sich am meisten über meinen Entschluß, bis zum Einzug in die Armee, noch drei Wochen in der Firma zu arbeiten. Er war 38 Jahre alt, verheiratet und Vater von zwei Kindern. Er war eine einmalige Erscheinung: vielleicht 1,75 Meter groß, etwas korpulent gebaut und mit einem runden rosigen Gesicht, das von einem breiten, gut gepflegten Schnurrbart unterbrochen war. Das Gesicht von Marc Odile lachte immer, auch wenn er nicht lachen wollte: es konnte nichts an diesem Zustand ändern. Er war der Strahlemann par excellence. Ich weiß nicht mehr, was er für eine genaue Funktion hatte, ob er wirklich im Lager arbeitete oder in der Produktion oder irgendwo anders; seine Hauptbeschäftigung war, gute Laune zu verbreiten. Heute noch hole ich sein Gesicht aus meinem Gedächtnis, wenn ich die reine Lebenslust definieren will! Mein Bruder sollte später in dieser Firma seine Lehre machen, und Marc Odile ließ mich, auch Jahre danach, immer lieb grüßen.

Die Zeit verging sehr schnell. Ich bekam wöchentlich Geld. Mit diesem Geld kaufte ich sofort Abschiedsgeschenke für die ganze Familie. Für Mutter kaufte ich im »Printania«, dem ersten Supermarkt in der Hauptstraße, ein Tablett aus Ebenholz mit fernöstlichen Malereien. (Viel später erfuhr ich, daß es einfaches, lackiertes Holz war.) Es war schick und teuer! Das beste in meinen Augen für Mutter. Ich weiß nicht mehr, was Marc und Francine von mir bekamen! Ich weiß auch nicht mehr, ob mein Vater überhaupt etwas von mir zum Abschied bekam. Ich traf mich während dieser Zeit kaum mit Irène: ich war zu sehr mit mir selbst beschäftigt.

Der 26. Februar war ein Samstag. Mutter wollte nach wie vor nicht glauben, ich würde am nächsten Tag, dem Tag meines 19. Geburtstages, tatsächlich zur Armee fahren. Vater war genauso skeptisch und beschloß, mit mir bis nach Epinal zu dieser Sammelkaserne zu fahren, um nachzuprüfen, ob »seine« Unterschrift wirklich anerkannt wurde. An diesem Samstag kaufte ich mir einen Koffer. Mutter packte mir meine Klamotten ein. Sie weinte die ganze Zeit dabei, sie fragte mich, ob ich nach fünf Jahren zurückkommen würde. Ich sagte »Ja«, um sie zu trösten, mit der Gewißheit, sie angelogen zu haben! Der Nachmittag war sehr traurig. Francine, Marc und Mutter versuchten, den endgültigen Abschied zu beschwören, als ob Dämonen und Geister noch etwas hätten verändern können! Vater war, wie immer, weg. Das Kartenspielen war sowieso wichtiger als der Abschied des älteren Sohnes, der morgen – wie er dachte – auf jeden Fall mit ihm nach Hause zurückfahren würde!

Es war zuviel für mich!

Ich wollte am letzten Abend noch einmal ausgehen. Ich traf zufällig abends in der Stadt einen Bekannten namens Antoine. Mit ihm beschloß ich, zu Fuß nach St. Michel zu gehen. Es gab im Dorf, wo Großmutter wohnte (war es Zufall oder ein Augenzwinkern des Schicksals?), einen Ball. An diesem Abend machte ich die Bekanntschaft einer jungen Frau, Christine, Verkäuferin in einem Dessousladen in Saint Dié. Wir freundeten uns an, küßten uns leidenschaftlich, vielleicht in dem Bewußtsein des Abschieds vor dem richtigen Kennenlernen. Wir tauschten die Adressen, besser gesagt, ich bekam ihre Adresse und versprach, ihr zu schreiben. Mehr geschah nicht an diesem Abend und später auch nicht. Es war ein Abschied nach Maß. In meiner Heimat war es mir nie gelungen, ein normales Verhältnis zu einer Frau zu haben, und es würde nie klappen. Die Oberflächlichkeit, das Antippen, der Vorgeschmack, dies alles durfte ich kennenlernen. Es war sicherlich noch zu früh, um in den vollen Genuß der Liebe zu kommen!

Ich traf in der Nacht zu Hause ein. Vater wartete auf mich und wollte sich noch ein letztes Mal mit mir anlegen. Wie könnte ich so spät heimkommen? Ich sollte mich schämen, so ein Leben zu führen. Ich sollte mich schämen, so ein schlechtes Beispiel für meine Geschwister abzugeben. Ich sollte mich ... Vater hatte das Glück auf seiner Seite. Mutter hörte uns, stand auf, stellte sich sofort zwischen uns, noch bevor ich Vater attackierte. Ich glaube, ich hätte ihm in dieser Nacht den Garaus gemacht! Bis zum Schluß sollte der Kampf zwischen uns beiden bestehen bleiben. Vater besaß nie die Intelligenz und die Größe, einfach zu vergessen und zu verzeihen. Ich besaß sie zu diesem Zeitpunkt auch nicht!

Um sechs Uhr standen wir alle auf. Marc, mit seinen neun Jahren, war vollkommen aufgeregt. Kaum aufgestanden, stürzte er sich auf mich und bombardierte mich mit Fragen: »Tu viens manger dimanche avec nous?« – »Non, Marc, Angers se trouve à 800 kilomètres de Saint Dié, c'est trop loin.« – »Mais dimanche d'après tu viendras certainement!« – »Non, Marc, je n'aurai ma première permission que dans huit ou dix semaines!« – »Oh, ça ne fait rien, tu viendras quand même!« (»Ißt du Sonntag mit uns?« – »Nein, Marc, Angers ist 800 Kilometer von Saint Dié entfernt, es ist zu weit!« – »Aber du kommst sicherlich am Sonntag danach!« – »Nein, Marc, ich werde erst in acht oder zehn Wochen meine erste Erlaubnis bekommen!« – »Es macht nichts, du kommst trotzdem!«)

Ich weiß nicht, ob ich Marc jemals gemocht habe. Ich hatte meinen Bruder (genauso wie Francine und Mutter) immer wieder geschützt. Ich hatte mich nie gefragt, ob ich etwas für ihn empfand. Spätestens an diesem Vormittag, sicherlich auch zum ersten Mal, wurde es mir bewußt, daß ich etwas für das kleine Kind empfand, das nicht meines war, aber sich fast dementsprechend benahm. Er war verzweifelt und suchte nach einem Anker, den ich nicht werfen konnte! Als er dann sagte: »Oh, c'est bientôt, je suis content!« (»Oh, es ist bald, ich freue mich schon!«), mußte ich mich brutal mit einem »Tu m'énerves, je n'ai plus de temps!« (»Du nervst mich, ich habe keine Zeit mehr!«) schützen! Francine weinte nur und wiederholte mehrere Male diesen Satz: »Qu'est-ce que je ferai sans toi? Je serai toute seule!« (»Was werde ich ohne dich tun? Ich werde allein sein!«) – »Fais attention à maman, elle aura besoin de toi!« (»Paß auf Mutter auf, sie wird dich brauchen!«)

In der Tat blieb meine Mutter meine größte Sorge! Ich ließ sie allein. Ich mußte fort, um mich zu retten, und überließ sie ihrem Schicksal. »Mon grand, tu t'en vas vraiment!« (»Mein Großer, du gehst wirklich!«) Ich hatte kein Mitleid. Ich konnte zu dieser Zeit, zum Glück, schon lange nicht mehr weinen. Ich sagte ihr nur: »Maman, il faut que je parte. L'armée m'attend!« (»Mama, ich muß weg, die Armee wartet auf mich!«) Vater kam im richtigem Moment, um mich aus dieser Situation zu retten! »Alors, Jean-Jacques, t'es prêt? Tu as tout? Tes papiers? De l'argent? Alors embrasse ta famille et on y va!« (»So Jean-Jacques, bist du bereit? Hast du alles? Deine Papiere? Geld? Jetzt umarme deine Familie, und wir fahren!«)

Er hatte sogar ein Taxi bestellt, um uns zu ersparen, diese sechs Kilometer bis zum Bahnhof zu laufen! Ich umarmte zuerst meine Geschwister und dann Mutter. Es waren lange Umarmungen, die wir austauschten. Mutter wollte sich nicht von mir trennen! Ich hatte verlernt zu weinen. Das Weinen als Zeichen der Schwäche war mir ausgetrieben worden. Trotzdem stach mein Herz heftig in meiner Brust. Die Hose war feucht. Die Knie weicher als sonst. Die Fassade stimmte immer noch, ich war gefaßt auf dem Höhepunkt der Situation. Ich hielt durch.

Der Taxi hupte vor der Tür. Ich kam heraus. Die halbe Nachbarschaft wartete auf mich. Madame Nicolas von schräg gegenüber stand auf der höchsten Stufe ihrer Treppe und wünschte mir viel Glück. Die

Hienlis (die Mutter mit Anne-Marie und Francine) standen am offenen Küchenfenster und grüßten mich freundlich. Pierre Collé, der Dorfnarr *(le fou du cartier),* wie er genannt wurde, kam auch zu mir, um mir die Hand zu geben. Seine Mutter stand auch auf der Treppe und winkte mir zu. Madame Hocquel kam weinend zu mir und wiederholte ununterbrochen: »Mon grand, mon grand ...« (»Mein Großer, mein Großer ...«) Es war zu viel für mich. Diese Verkündigung der Freundschaft schwirrt heute noch in meinem Kopf herum, wenn ich diese Abschiedsszene beschreibe. »Depêche-toi, sinon on va rater le train!« (»Beeile dich, sonst werden wir den Zug verpassen!«) Die »melodische« Stimme meines Vater unterbrach diese für mich dramatischen Abschiedsszenen. Ich stieg schnell in das Taxi. Vater stieg vorne ein, kurbelte das Fenster herunter und sagte: »Restez dehors, on passe dans environ vingt minutes avec le train!« (»Bleibt draußen, der Zug fährt in etwa zwanzig Minuten vorbei!«)

Der Taxifahrer fuhr bewußt langsam an, damit der Abschied wirklich im Gedächtnis bleiben würde. Ich drehte mich um, um sie alle noch einmal zu grüßen. Etwa zwölf Jahre zuvor wurde ich, auch per Taxi, von Zuhause weggefahren, krank und zerbrechlich, nicht wissend, wo die Reise hinging. Ich kam erst nach fast einem Jahr zurück, sicherlich noch gebrochener als vorher. Jetzt, an meinem 19. Geburtstag, hatte ich selbst – eigenmächtig – beschlossen, wegzugehen, Destination: die Armee, wohl wissend, nie wiederkehren zu wollen.

Am Bahnhof gingen die Formalitäten sehr schnell. Vater nahm eine Rückfahrkarte nach Epinal. Ich eine einfache nach Angers. Der Zug fuhr pünktlich ab. Vater und ich suchten sofort einen Fensterplatz und machten das Fenster auf. Die Familie und sicherlich auch die Nachbarn warteten auf uns.

Unsere Wohnung lag unmittelbar hinter dem Bahnübergang, der damals noch nicht bewacht war. Der Lokomotivführer mußte laut pfeifen, um zu warnen. An diesem Tag pfiff er länger und lauter als sonst!

Sie standen da, die Rolins, wie verabredet, auf der Treppe und winkten uns zu. Marc unten, Francine in der Mitte und Mutter ganz oben, alle drei mit Taschentüchern in der Hand. Alle drei weinend. Ich erkannte sie, die Nachbarn vielleicht auch, ich nahm aber nur eine Person wahr: meine Mutter! Ich vergaß alle anderen und starrte im Vorbeifahren auf die Silhouette meiner verzweifelten Mutter.

Sie weinte sich die Seele aus!

Das letzte Bild aus der Heimat!

ENDE

Herzlich bedanke ich mich bei

Frau Barbara Günther,

*ohne deren Hilfe und ständige moralische Unterstützung
ich es nicht geschafft hätte, die Erinnerungen
an meine Kindheit und Jugend in Frankreich
zu Ende zu schreiben.*

J.-J. R.

Die Deutsche Bibliothek – CIP-Einheitsaufnahme

Rolin, Jean-Jacques:
Der Bettnässer :
Kindheit und Jugend in Frankreich /
Jean-Jacques Rolin. – Orig.-Ausg., 1. Aufl. –
Aachen : Fischer, 1999
ISBN 3-89514-226-3

© 1999 by Karin Fischer Verlag GmbH
Postfach 19 87, D-52021 Aachen

1. Auflage
Originalausgabe
Alle Rechte vorbehalten

Redaktion: Katja Bündgens

Gesamtgestaltung: yen-ka

Umschlaggestaltung unter Verwendung
dreier Photos aus dem Familienarchiv des Autors;
das rechte Photo (1959) zeigt den Autor im Alter von acht Jahren;
die beiden anderen Photos entstanden vor 1959
in der Siedlung »Paradis«, Saint Dié des Vosges.

Printed in Germany 1999